福建師範大學文學院百年學術論叢　第七輯

臺灣基督教史

林金水　主編

第七輯
總序

　　適值福建師範大學一百一十五周年華誕，我校文學院又與臺北萬卷樓圖書公司合作推出「百年學術論叢」第七輯，持續為兩岸學術文化交流增光添彩。

　　本輯十種論著，文史兼收，道藝相通，求實創新，各有專精。

　　歷史學方面四種：王曉德教授的《美國文化與外交》，從文化維度審視美國外交的歷史與現實，深入揭示美國外交與文化擴張追求自我利益之實質，獨具隻眼，鞭辟入裏；林國平教授的《閩臺民間信仰源流》，通過田野調查和文獻考察，全面研究閩臺民間信仰的源流關係及相互影響作用，實證周詳，論述精到；林金水教授的《臺灣基督教史》，系統研究臺灣基督教歷史與現狀，並揭示祖國大陸與臺灣不可分割的歷史淵源與民族感情，考證謹嚴，頗具史識；吳巍巍研究員的《他者的視界：晚清來華傳教士與福建社會文化》，探討西方傳教士視野中的晚清福建社會文化的內容與特徵，視角迴特，別開生面。

　　文藝學方面四種，聚焦於詩學領域：王光明教授的《現代漢詩論集》，率先提出「現代漢詩」的詩學概念，集中探討其融合現代經驗、現代漢語和詩歌藝術而生成現代詩歌類型、重建象徵體系和文類秩序的創新意義，獨闢蹊徑，富有創見；伍明春教授的《早期新詩的合法性研究》，為中國新詩發生學探尋多方面理據，追根溯源，允足徵信；陳培浩教授的《歌謠與中國新詩》，理清「新詩歌謠化」的譜系、動因和限度，條分縷析，持正出新；王兵教授的《清人選清詩與清代文學》，從選本批評學角度推進清代詩學研究，論世知人，平情達理。

　　藝術學方面兩種：李豫閩教授的《閩臺民間美術》，通過田野調查和比較研究，透視閩臺民間藝術的親緣關係和審美特徵，實事求是，切中肯綮；陳新鳳教授的《中國傳統音樂民間術語研究》，提煉和闡釋傳統民間音樂文化與民間音樂智慧，辨析細緻，言近旨遠。

　　應當指出，上述作者分別來自我校文學院、社會歷史學院、音樂學院、美術學院和閩臺區域研究中心，其術業雖異，道志則同，他們的宏文偉論，既豐富了本論叢多彩多姿的學術內涵，又為跨院系多學科協同發展樹立了風範。對此，我感佩深切，特向諸位加盟的學者恭致敬意和謝忱！

　　薪火相傳，弦歌不絕。本論叢已在臺灣刊行七輯七十種專著，歷經近十年兩岸交流的起伏變遷，我輩同仁仍不忘初心，堅持學術乃天下公器之理念，堅信兩岸間的學術切磋、文化互動必將日益發揚光大。本輯論著編纂於疫情流行、交往乖阻之際，各書作者均能與編輯一如既往地精誠合作，敬業奉獻，確保書稿的編校品質和及時出版，實甚難能可貴。我由衷讚賞本校同仁和萬卷樓圖書公司的貞純合作精神，熱誠祈盼兩岸學術交流越來越順暢活躍，共同譜寫中華文化復興繁榮的新篇章！

汪文頂

西元二〇二二年十一月於福州

代前言
從「手術刀」到「出頭天」

　　基督教（新教）最早傳入中國應自明末天啟四年（1624）荷蘭新教在臺灣傳播開始。而一六六二年荷蘭殖民主義在臺統治的失敗，宣告了基督教在華傳教的第一歷史時期的終結。其時間極為短暫，不過三十八年。也許正因為這個原因，或其他研究上的疏忽，在中國基督教史研究上，荷據時期基督教在臺的傳播和活動似乎並沒有引起人們多大的重視，而被忽略了。但這一忽略，一部完整的中國基督教史的第一頁也就被人為地撕了下來，使人感到略有所失。

　　明末荷蘭殖民主義入侵中國與近代鴉片戰爭後西方列強侵略中國其本質都一樣，都是靠武力。後者略有不同的是打著不平等條約的「合法」外衣，冠冕堂皇地踏上中國的大地。而在兩岸基督教傳播史上，荷蘭新教傳教士的入臺，首次打開了基督教在華傳播的大門，他們的傳教的動機、策略、方法和手段與基督教十九世紀傳入大陸相比，沒有根本上的差異。兩者都要為殖民主義統治和列強侵略中國及其在華利益服務。前者在基督教在臺傳不下去的時候，採用武力手段，後者在民教衝突得不到解決的時候訴諸武力。前者原想以他們的傳教實踐使臺灣成為基督教在東亞傳播的榜樣，但他們的願望隨著鄭成功收復臺灣而告終。不過荷蘭傳教士卻為他們的後輩留下了汗牛充棟的荷蘭語在臺傳教的紀實。也許因為歷史的割斷，或語言的隔閡，或缺乏歷史學家「資治通鑒」的本能，十九世紀來華的基督教傳教士又走了一條與他們前人相同的平行路線，去做前人所做過的同樣的事情。表面上看是，你做你的，我做我的，並不相干，但只要在中華這塊大地上，前者與後者最終都要解決一個問題：基督教如何與中國傳

統文化的隨和與調適。十九世紀的新教傳教士沒有去借鑒十七世紀荷蘭傳教士的經驗與教訓，除來臺傳教的英國和加拿大傳教士外，而荷蘭傳教士也沒有去借鑒同時期比他們更早到達的天主教傳教士的做法，雖然他們曾有機會接觸過說同一語種的耶穌會士柏應理。[1]

　　隨和與調適必須建立在對中國傳統文化和習俗應有的理解基礎上。這對於初來乍到的第一位荷蘭傳教士干治士是做不到的。他僅僅看到的是臺灣原住民的「聰明機智」、「心情溫順」等外表的形象，而對他們內心的信仰卻知之甚少，以致狂妄地說出，他能夠使臺灣原住民拋棄「違背主的意旨的宗教、風俗和行為」。而臺灣原住民明確告訴他們：「我們的巫師每天與神靈對話，她們能分辨是非，並告訴我們該怎麼做」，「如果我們不聽巫師的話，神靈就會發怒，不給我們雨水，並且還會懲罰我們。」要讓他們信教，傳教士就要表演魔法，以檢驗他們所宣揚的教義是否靈驗。這雖然令干治士啼笑皆非，但也是基督教傳入中國後，人們對新教作出的第一次反應。如果說耶穌可以靠他神跡的靈驗，引得信徒的崇拜，那麼臺灣原住民的這個要求也屬於正常的宗教心理。因此，在一六二四年至一六三五年荷蘭傳教士在臺傳教開創時期，他們首先要正視和解決臺灣原住民的民間信仰問題。

　　一六三四年至一六四〇年是基督教在臺迅速發展時期。表面上看是原住民對荷蘭殖民主義者的抵抗，引起了荷蘭殖民主義者的武力鎮壓。但究其深層的原因，除了以鞏固殖民主義統治外，其中還夾帶著傳教上的需要。一六二九年來臺的傳教士尤紐斯，不無高興地道出了他們的心聲：武力的征服為「上帝敞開了異教皈依的寬廣的大門！」雖然，他們並沒有用武力脅迫原住民拋棄偶像，但每當他們到被征服的番社時，都要告戒社民：要與荷蘭人保持和平，服從長老的命令，不要暴力行事，否則將會受到嚴厲的懲罰。在殖民主義者的「討伐、

1　Paul Demaerel, Coupet and the Dutch, Monumenta Serica XXII,

威壓、宣撫」和傳教士的「責備、警戒、勸勉」配合下，當地社民拋棄不拋棄偶像，已無自願可言，信奉基督教，是他們當時僅有的選擇。荷蘭人用槍架起的「十字架」就是這樣迅速地在各地傳播開來。一六三九年，受洗的教徒達到了二〇一四人。而到了一六四一至一六五〇年這一時期，發展雖然緩慢，但傳教的地區和受洗人數有所擴大、增加，並開始創建了教會組織。一六五九年以後荷蘭殖民主義統治危機四伏，傳教士的策略和方法不斷改變，先是由硬而軟，「溫和傳教」，但看到崇拜偶像、通姦、亂倫的現象累禁不止時，又由軟而硬，以「鞭笞」、「流放」懲處教徒。不過，他們萬萬沒想到這種「暴力」的「福音」傳播，最終懲罰到他們自己。隨著「國姓爺」（鄭成功）的到來，信徒們又恢復到往日的偶像崇拜中，他們甚至把傳教士的頭顱割下來，「大家圍著跳舞、狂歡。」荷蘭傳教士帶給臺灣人的基督教信仰，也隨著其殖民主義的統治的結束而消失，未留下任何實質性的影響。荷蘭傳教士走了，但作為新教首次在華傳播，在傳教策略和方法上，他們開了在華傳教辦學的先河，給中國基督教史留下了是其同時期人——明末清初天主教傳教士所未曾做過的一件事：要在中國傳教，就必須辦教育。一六三五年他們在被征服的部落辦起了學校，採取上學給予伙食補貼，輟學家長要受到經濟處罰的強硬措施。學生除了學習教義外，還要學習荷蘭語、拉丁語、希臘語，學會懂得「禮貌」、「仁慈」、「遵從」。據對五個村莊的統計，一六四七年各類學生人數達到一三六四名。這種「殖民化」的教會教育，為他們培養土著傳教人員和馴服「未開化」的原住民，起到了作用。十九世紀中葉以後來華的傳教士不約而同地都走上了教會辦教育的路線。

　　十七世紀六〇年代以後的二百年時間裡，在臺灣的基督教已基本絕跡，既沒有外國的傳教士，也不見基督教信仰的存在。首批踏上臺灣島的傳教士是一八六〇年英國長老會的牧師杜嘉德和馬肯查。而重新打開基督教在臺灣傳播的則是馬雅各醫生。與荷蘭傳教士做法不同

的是，他們要拯救靈魂先從拯救病人開始，因此，醫療與傳教同時進行，以手中的「手術刀」為「十字架」的架設鳴鑼開道。巫師——昔日傳教的最大障礙者，面對現代醫學的傳入，「得病是神仙的懲罰」的說教不攻自破。「巫師」與「牧師」、「神仙」與「上帝」，孰靈孰非，臺灣民眾「或許會質疑十字架的意義，卻不會漠視手術刀的效果。」這一點使近代傳教士一來到臺灣，很輕易地獲得了傳教的主動權，有了他們意想不到的眾多的信男信女，出現了「當中國居民一聽說傳教士裡有醫生時，就好像整個城市的人都立刻生了病。」的怪異現象。但在「病人」與「教徒」之間，臺灣民眾如何做出自己的選擇，他們自己心中最清楚，在得病的時候可以「合二為一」，在不需要的時候則「一分為二」。而傳教士們心中也很清楚，治病不是他們的宗旨，讓他們受洗才是真正的目的：「醫療的功用是在於使人脫離惡鬼的束縛，使人通過醫療與傳道而與上帝相遇，得到罪的審判與赦免。醫療傳道能達成此目的時，它才是盡其當做的事。人能通過醫療而被導致於信仰時，這肉體上的醫治才對他具有宗教及信仰上的意義。」英國長老會和一八七二年來臺的加拿大長老會馬偕牧師就是採取這種辦法開始了在臺灣南部和北部的「天路歷程」。

英國長老會先在臺南府（打狗）傳教。一八六六年，馬雅各在打狗建起第一座教堂，高長等四人受洗，這是二百年後十字架又一次在臺豎起。隨後來臺的傳教士主要有：李庥、甘為霖、巴克禮等牧師。

長老會在南部、中部的原住民中的傳教獲得了成功，與荷據時期用武力脅迫原住民皈依基督教相比，可謂此一時彼一時。很顯然，導致這種變化的一個重要原因是清政府為基督教在臺灣的傳播提供了良好的外部環境。在「朕思民番皆吾赤子」撫綏下，原住民的經濟開始得到發展，生活有了改善，社會有了進步。這無疑為基督教的傳播提供了有利的社會條件。一旦社會進入安定之後，信仰的需求就突顯出來。而原住民傳統的宗教信仰：自然崇拜、祖先崇拜、巫神崇拜，隨

著社會的變遷而削弱，出現了「信仰危機」。在生產力低下，人不能不沒有信仰和新的社會關係和生活方式又需要有新的價值體系來支撐的前提下，基督教乘虛而入填補了這個真空。基督教在平埔族社會的傳播就是一個有力的證明。一方面，基督教能為原住民提供有效的庇護。一八六八年臺灣教案中的傳教士的表現，使平埔族人看到了傳教士的作用，「傳教士是非常厲害的，可以迫使清政府官員站到他們（傳教士）這一邊。」另一方面，物質生活極端匱乏，饑餓、疾病和各種自然災害的威脅常常困擾著他們。傳教士們施醫送藥，憑藉他們的醫術，比巫術及中國的民間信仰更有效地解除他們的痛苦和不幸。因此傳教士的醫療與善舉贏得人們的認可。再有，傳教士宣傳的基督教的平等觀和對他們的關心和幫助，也補償了平埔族長期受歧視而形成的自卑心理，使他們在做人的尊嚴上得到了滿足。美國歷史學家裴士丹說過：「儘管加入基督教並不能在物質上使平埔族更富有，也不能提升平埔族在漢人社會中的地位，而且基督教中的『罪人』比漢人的『野蠻人』的形容好不了多少。但平埔族人確實感到心理上的滿足。他們可以輕視漢人為崇拜偶像的異教徒，而不用尊重他們為文明的傳入者。」如果說原住民真的想通過信仰代表西方文明的基督教，來抬高自己地位時，這只是對自己的自嘲。在臺灣是否信仰基督教並不成為他們地位高低的劃分標準。他們之中誰也不會以基督教信仰的虔誠者自詡，也沒有人把中國的教徒看成是西方的文明者。在中國不管是漢族還是土著民族，任何宗教的信仰者都帶有極端的功利主義思想，信徒信仰的虔誠度並不決定於哪個宗教教義的真諦是否誘人，最終起作用的還是物質的滿足程度。因此，儘管長老會在原住民中的傳教比較順利，但到頭來，他們看到的是那些「想要達到某個目的時，便急於加入教會；當他們的目的達成時，便又紛紛離開教會，」只有「三分之一的人是真正為了信仰而來」，甚至可以說：「從未遇到為了信仰本身而入教的信徒」。

　　英國與加拿大兩國長老會在臺灣的傳教活動以大甲溪為分界線，英國長老會居南，加拿大長老會居北。由於傳教士不適應臺灣的氣候和經費的短缺，南北長老會深感有必要充分利用中國傳道人員來傳教。馬偕曾說過，「我深知只有少數外國人能抵抗臺灣氣候的危害，所以主張要用本地的工作人員去發展教會傳教事業」。「本地傳教者及其家族所需經費不多，所以外國教會所奉獻的金錢僱用些外國傳教士，足以維持更多更大的本地傳教者幹部。」而為培養本地傳教人員的需要，先是英國長老會巴克禮牧師，一八八〇年在臺南創辦了神學院，由他任第一任校長。兩年後，一八八二年，加拿大長老會也在淡水，由馬偕創辦了近代臺灣的第一所西學學堂——「理學堂大書院」（Oxford College），至一八九一年共有八十三名傳教士是從該校畢業的。

　　在培養本地教牧人員的同時，長老會教會最早在臺灣開展了「三自」運動。早在馬雅各醫生、李庥牧師於原住民中間傳教時，這種自養運動就已萌芽。那時的他們就已開始有意無意地讓信徒們用他們自己的人力、物力、財力建設本地的教堂了。李庥牧師曾說：「埤頭教會在年初時決定要獻出傳教者的薪金，也要設立基金幫助生病的弟兄。打狗的信徒也願意獻出半年的薪金，而我想我也可以勸阿里港的教會這樣做，我從頭就鼓勵他們能早日獨立，也說中國的教會越早能不依靠外國人，就越能有助於建立健全的教會」。一八七六年，施大闢牧師來臺，掌管教會財務工作，他提出教徒除了每週必須的獻金外，還應設有另外特別項目的獻金，以喚起信徒的關心和愛心，這為他獲取了大量的經費，一八八〇年獻金達一四二七元。在臺南教會自養運動的影響下，澎湖島其他各地的教會的自養運動也相繼開展起來。據一八八〇年十月的統計，在有傳教士駐紮的二十九個傳教所中，已有五個達到了完全自養，四個達到了半自養，即由英國教會支付駐地傳教人員半年的薪水，六個由英國教會支付九個月的薪水，四個由英國教會支付十個月的薪水，六個支付十一個月的薪水，其餘的

四個則完全由英國教會維持。「自養」的結果給教會節省了大量的開支。傳教士不花錢，或者說花最少的錢，換來的卻是教會的發展和擴充。從這一點意義上說，長老會推行的「三自」，「自治」是誘餌，「自養」才是他們最終要達到的目的。

基督教傳入臺灣，民教衝突不斷發生是無法避免的，而臺灣教案的發生與同時期大陸發生的教案既有它相同的地方，又具有臺灣自身的特殊性。臺灣教案大致可分為兩個時期：前期民教衝突（1859-1868）和後期臺灣教案（1874-1895）。前期臺灣發生大小民教糾紛十餘起，計有：一、咸豐九年（1859）鳳山戲獅甲案；二、同治元年（1862）鳳山萬金案；三、同治二年（1863）鳳山萬金案；四、同治三年（1864）鳳山溝仔墘案；五、同治四年（1865）鳳山萬金縱火案；六、同治四年（1865）鳳山萬金案；七、同治四年（1865）鳳山溝仔墘案；八、同治四年（1865）臺南府教案；九、同治五年（1866）鳳山溝仔墘案；十、同治六年（1867）鳳山萬金綁架案；十一、同治六年（1867）鳳山埤頭案。同治七年（1868年）臺灣中外糾紛期間發生的幾起教案有鳳山溝仔墘教堂第三次被毀、鳳山貓角案、鳳山高掌案、焚堂案、莊清風案、樟腦糾紛、華洋交毆、許建勳案等。

在前期教案中，開始多由臺灣人民對外人的排斥的心理和對基督教穿鑿附會的謠言及誤解而引起的。面對民眾的焚堂打教，傳教士或上訴領事、或求助於地方官，若抗議無效，地方官不理，則無可奈何，聽之任之。最初，西方列強並沒有因教案問題而訴諸武力，民教衝突的結果多不了了之。而臺灣教案中列強訴諸武力的始作俑者，則是同治七年的樟腦糾紛中下令炮擊安平事件的英國新任領事官吉必勳。此時的教案並不出於世俗與非世俗之間在信仰上的衝突原因，而是在臺的商業利益上列強與清政府之間攫取與反攫取的鬥爭，臺灣對外的樟腦貿易和臺灣地方官員對它的管理，直接涉及到臺灣經濟命脈

的控制權及地方政府的稅收來源，牽連到中國的內政與國體。因此教案成為了英國謀求商務利益的最好藉口。

在一八七四年至一八九五年後期臺灣教案中，主要有：一、同治十三年（1874）嘉義白水溪教案，這是同治七年後爆發的第一次以鄉紳為首的反洋教反動；二、光緒元年（1875）新店教案；三、光緒二年（1876）三重埔教案；四、光緒三年（1877）和尚州嚴懲教民案；五、光緒三年（1877）艋舺建堂案；六、光緒六年（1880）臺灣府阻建女堂案；七、光緒十一年（1885）南臺利崙教案；八、光緒十三年（1887）大稻埕教案；九、光緒十八年（1892）彰化教案；十、光緒二十年（1894）雲林掛牌案；十一、光緒二十一年（1895）中日戰爭間的教案。後期教案的發生主要因教士、教民的劣行，違法妄為，任意插訟，干預中國內政以及中法戰爭和中日戰爭列強對臺的入侵而引起的。尤其在中日戰爭間的教案中，臺灣各地亦掀起了轟轟烈烈的反對列強，特別是外國傳教士的鬥爭。他們聞知外國傳教士為日本侵略軍做嚮導，頓時怒氣沖沖地襲擊了教堂，對教會的助紂為虐，給以沉重的打擊。

在臺灣教案中逐漸形成了以地方鄉紳為中堅力量，以廣大人民為先鋒，以地方官府為保護傘的三位一體的反教格局。官府反教偏重於政治權威與社會秩序的維護，士紳反教在於價值觀念的差異與維護自身地位的需要，民眾則側重於個人實際利益的得失與否。臺灣各地教案發生的原因因單純的宗教教理之爭而引發的是極少數，相當多數的則是臺灣人民在當時半殖民地半封建條件下，為了反對帝國主義洋教士騎在自己頭上胡作非為而奮起的自發的反抗和鬥爭，是為保衛自己起碼的人權，民族的榮譽和國家的尊嚴而戰。從這個意義上講，臺灣同胞不屈不撓地開展反洋教鬥爭，應看成是反抗外來侵略和民族精神的表現，正是這種民族精神，促使臺灣同胞產生不可戰勝的偉大力量。

　　在中國基督教史上，基督教從來都是接受中國統治者，漢民族或其他少數民族統治者的管理，而在外來民族統治下的中國的基督教又是如何地生存和發展？外來統治者與中國統治者在對待基督教的立場、態度及其施行的政策、法規上又有什麼不同之處呢？日本統治下的臺灣基督教是唯一能夠為我們提供這方面比較的歷史依據。

　　日本統治臺灣時期，島上的宗教既有傳統的佛教、道教以及民間信仰，還有外國傳入的基督教與天主教。在日本侵占和吞併臺灣島的初期，為了安定民心，日本統治當局根據其「帝國憲法」保障信仰自由的條款，尊重臺灣人的信仰自由。對臺灣的寺廟，原則上不加干涉，任其自由發展。在這種所謂的「宗教信仰自由」的政策下，臺灣的基督教曾一度得到發展。日本國內的基督教教派日本基督教會、日本聖公會、日本組合基督教會、救世團（又名救世軍）、日本聖教會、日本美以美會、第七日再臨團（即安息日會）以及日本的日本天主教、日本哈里斯特正教會（即希臘正教會）等也乘機傳入臺灣。大陸的真耶穌教也於一九二六年傳到臺灣。一時間島上教派林立，各派都積極採取措施爭取信徒。

　　另外，日本在臺實行的某些殖民統治政策無形中也幫了教會的忙，如在社會風俗上，禁止在年輕人中纏足，婦女閉門不出的風氣也得以改變，上學的女孩的數目越來越多，男女同學可以自由地玩耍。這在教會看來，「是一個最有偉大意義的社會事實。」

　　日本統治者實行的「宗教信仰自由」政策，隨著一九三一年「九・一八」事變的爆發，也開始發生了根本的轉變。一九三六年，臺灣總督小林下令，臺灣官民「無論所信宗教為何，每家應設神棚，安置『神宮大麻』以為祭祀皇祖之聖壇。」

　　日本統治者企圖通過這種「信仰的皇民化」，讓「所有臺灣人都瞻仰日本的神，讚美日本的神，相信日本的惟神之道為無上的真道，並進而成為自己的生活規範，且將這規範納入實際生活中具體實

行。」以日本的國家神道的思想來代替臺灣固有的宗教信仰，從思想上清除臺胞的民族意識，從生活上改變漢族的風俗習慣，從而全面動員臺胞參加侵華戰爭。他們很清楚地看到，「倘若此地居住的日本人（按：指臺灣人）沒有作為日本人應有的精神思想，惜力謀私，僅披著日本人的假面具，政治、經濟方面暫且不論，國防上便猶如坐在火山口上。」因此，為確保日本人的價值觀和理想都能灌輸到他的殖民地的臣民中，根除所有不同的觀點，取得對華戰爭的勝利，日本統治者對臺灣的基督教加以遏制和打擊，要求傳教士做到使「基督教之日本化」，他們直言不愧地對西方傳教士說，「我們知道你們基督教宣揚的是愛、和平與親善。在和平時期我們並不反對。但如今日本國正處在戰爭之中，如果你們有一個字妨害或削弱在戰時的我們，我們將讓你們基督教徒和你們的教堂在世上消失。」

這時，整個教會的活動被監視，談不上開展任何積極的活動，大部分的教會，特別是農村教會，被日本士兵占去，牧師只能在家中服務。任何基督教的聚會或定期禮拜日的戶外活動都須經特別警察的同意，會上警察要做記錄。牧師無論前往所在城鎮之外的任何堂會，都必須向警察報告。週末還要彙報整週的活動情況，報告時如果有任何不全面的地方，警察就會成功把它指出來。有些人還因日本懷疑與美軍配合登陸臺灣島而受到迫害，「日本人並不隱瞞這個事實，如果美軍登陸，他們打算殺掉所有基督徒，男人、女人和小孩，一份死亡名單都已編好了。」在這種情況下，「也不免有人恐慌並退教，不過大部分人還能堅持他們的信仰。」

如果對大陸基督教和臺灣基督教作比較，人們將會發現：日據時期的臺灣基督教與基督教在大陸的狀況有很大的差異，其中最根本的不同是，傳教士以不平等條約在大陸獲得的一切傳教特權在臺灣已蕩然無存，因為此時日本已經以列強之一的身分統治臺灣，從過去與中國爭奪特權轉變到現在不容許西方列強染指其殖民地的立場上。日本

從清政府手中接管臺灣，並不想承認清政府與外國列強簽定的不平等條約中所包含的通商口岸、領事裁判權、協定關稅、外國人的居住及擁有不動產等特權，「日本完全控制本島事物後，傳教士已不再有這個『保護』的特權，日本人推行各種計畫時，不喜歡別人，尤其是歐洲人來干擾。」這就大大限制了傳教士的傳教活動，不像在大陸的傳教士可以有恃無恐地深入到他們想去就能去的地方。臺灣的傳教士不得不承認在清政府統治臺灣時期，清政府給予了西方傳教士的種種的方便，他們「從來不會無緣無故的檢查護照；我不記得，有任何清朝官吏曾主動和歐洲人攀談或查看護照。日本人正好相反，他們對護照最苛刻，絕不放棄任何檢查護照的機會，即使日本警察知道我們帶了護照，他們還是要查看護照有沒有過期。」只有到了日本統治時，傳教士才感到了麻煩，「這就是日本警察的態度。……一個人除非事先報告從何處來、往何處去，否則不能在城外過夜。……除這一切外，還必須回答一些不相干的問題，如：你到底為了什麼事情，非要出城不可？在外面要停留幾天？為什麼還要回來等等。」這些事實從另一方面也告訴我們，清政府對傳教士的管理不力。

　　因這個根本的不同帶來的另一個大陸基督教與日據時期的臺灣基督教不同的是，以往在大陸入教吃教和尋求教會庇護的現象大量減少。由於傳教士特權的失去，基督教也就沒有了它的「吸引力」，這在原住民中表現尤為突出，平埔族民的信徒其入教動機本來就不是為了信仰，他們入教的動機就是要求得傳教士的「保護」，或出於對傳教醫師「手術刀」的感情回報，因此許多信徒並未真正瞭解福音，不做禮拜，不遵守教會的規戒律事，有些人乾脆離開教會，造成大量的平埔族人退教。

　　在中國基督教史上，「禮儀之爭」曾是明末清初天主教在華傳播遇到的一個大問題，其牽涉到的是「祭祖祭孔」的問題，它引起了康熙皇帝與羅馬梵蒂岡的紛爭。在近代新教在華傳播不可避免地也遇到

了這個同樣的問題，但它僅限於差會內部在考慮到傳教後果時要採取何種方針、策略時的選擇，清政府並沒有在這個純屬教務問題上與基督教會發生糾紛，而日據時期的臺灣基督教所遇到的「神社參拜」問題，又是大陸基督教與臺灣基督教狀況不同的又一個典型的事例。

　　日本統治者明確規定，在教會辦的學校裡，學生要參拜神社。臺灣基督教會則以信仰不同的原因，拒絕參拜神社。因為神社包含有神道教的因素，不但牴觸憲法對人民保障的信教自由，而且違背了當局所提倡的教育與宗教分離的主張。對此，日本政府解釋說，神道不是一種宗教，而是一種有關帝國家族的國家禮儀，是保存國家古老傳統的愛國組織。而對於基督徒來說，這種說法顯然站不住腳，參加神道節日明明帶有某種宗教成分。但作為臺灣的殖民主義統治者，為了鞏固其殖民統治和侵華戰爭的需要，最後強行以「神道是超宗教的，作為一個忠貞臣民，不論他本人信仰何種宗教，對神道的參拜都是他應盡的責任」的理由，加以推行。在這種情況下，臺灣的基督教教會，不得不在自欺欺人的所謂「神社參拜非宗教性」的藉口下，允許學生參拜神社。這就是中國基督教在外來侵略者統治下必然的遭遇，它完全有別於明清天主教與近代基督教所遇到的同樣的問題，基督教被迫成了日本殖民統治者政治的附庸。

　　一九四五年臺灣回歸中國後，臺灣基督教在國民黨統治下，步入了中國基督教史上從未有過的錯綜複雜的政教紛爭時期。臺灣基督教，按教派來分，大的主要有五個：長老會，浸信會、衛理公會、聚會處和新約教會。而按政教關係來分，即根據它們對國民黨的政治態度，又分為四個派別：一、代表閩南語系統的長老會，對國民黨政府採取激烈對抗的態度；二、代表國語系統的浸信會、衛理公會，與國民黨政府有限度地合作；三、獨立教派聚會處，完全不理會現實的政治；四、新興教派的新約教會，因宗教的原因與政府激烈對抗。

　　最早埋下政教關係緊張種子的是一九四七年的「二二八事件」。

「二二八事件」本來是臺灣人民與國民黨當局壓迫與反壓迫、專制與反專制、獨裁與反獨裁的鬥爭，「而非本省人與外省人的對立」。但是在西方反華勢力的煽動下，基督教教會中的少數別有用心的人，藉口「二二八事件處理委員會」的基督教上層人物，事後遭到蔣介石政權的逮捕與殺害，以「省籍情結」，積極地參與政治活動，將反對國民黨的情緒逐漸轉移到排斥外省人以至中國大陸上來。從此在各派教會中，長老會儼然成了「臺獨」的推手。

長老會是臺灣目前最大的教會組織。一九九八年，該會共有信徒二一八一六〇人，占全臺灣基督教信徒的半數左右。長老會總會下共有：東部中會、七星中會、臺北中會、新竹中會、臺中中會、彰化中會、嘉義中會、臺南中會、高雄中會、壽山中會、屏東中會、太魯閣中會、阿美中會、東美中會、西美中會、排灣中會、泰雅中會、布農中會、中布中會、南布中會、東部排灣區會、鄒族區會、達悟區會、魯凱區會、普悠瑪區會、瑟基克區會。其中臺南中會的信徒人數最多，一九九八年達二〇五八六人。臺灣原住民（即高山族人士）是該會重要的組成部分。在七〇年代末，會內有十個山地部族，教徒人數約六、七萬人。

長老會是屬於新教加爾文宗，該宗由長老監督執行，長老是由最基層的宗教單位的信徒共同推舉宗教操守最好，行政能力最強，經營能力最好的人來當任。臺灣的基督長老教會，不論是在神學上，還是教會的體制或信仰生活的模式，都堅持加爾宗的傳統。他們認為，加爾文宗的神學就是介入世界，號召人民起來反抗國家暴力。教會本身則是站在先知的立場，在國家和人民之間傳達上帝的旨意。因此，他們提出：「臺灣基督教長老會除了宣揚耶穌基督的福音外，也是一個最關懷社會品質與政治品質的教會。」

長老會強調「臺灣本土」色彩，在教會中推廣閩南語，特地把閩南語改稱為「臺語」，同樣不稱普通話為國語（中國語），而只稱它是

北京話，以此作為對國民黨政權推行的「獨尊國語，罷黜方言」政策的不滿和反抗。語言問題初期是長老會與國民黨當局政教鬥爭的一種工具，到了二十世紀九〇年代「臺獨」分子，利用它從文化上消除臺灣民眾對「中國人」和「中華民族」認同的意識，他們危言聳聽，認為使用國語將會導致臺灣本土人的「種族滅絕」。陳水扁上臺後，多次在公開場合宣揚「臺灣閩南語不是福建閩南語的一個分支，是『臺語』」等謬論，並要求在「本土化教育」中，使用「河洛話」（閩南語）。「臺獨」分子在語言問題上大做文章，這與西方民族分離主義者利用語言問題搞民族分裂如出一轍，如西班牙的「巴斯克」。

　　二十世紀七〇年代，臺灣被驅逐出聯合國，日本、美國相繼與中華人民共和國建交，臺灣國民黨當局在國際上面臨著空前的孤立，臺灣長老會此時與島內的「臺獨」分子結盟，看準時機，主張「臺獨」，作為與國民黨當局抗衡的政治行動。首先發難者是時任臺灣長老會總幹事的高俊明，在他領導下，長老會成為一股不可忽視的「臺獨」勢力。

　　一九七一年年十二月十九日，在美國總統尼克遜訪華前夕，臺灣長老會發表了《臺灣基督教會對國是的聲明與建議》。這個聲明「宣稱臺灣住民的人權是上帝所賜，臺灣主權屬於臺灣全體住民，呼籲臺灣政府採取『德國模式』，以突破難關，並舉行中央民意代表全面改選，以利民主團結與國際尊嚴」。一九七五年十一月十八日，長老會又選擇美國總統福特訪問中國前夕，發表《我們的呼籲》，再度強調《國是聲明與建議》的內容，並要求國民黨政府推行民主政治。一九七七年八月十六日，臺灣長老會在美國國務卿范錫訪問中國前夕，向美國卡特政府發表《人權宣言》，要求美國政府尊重臺灣的「人權」，公然要求國民黨「政府於此國際情勢危急之際，面對現實，採取有效措施，使臺灣成為一個『新而獨立的國家』」。長老會的如意算盤是「假如臺灣仍屬於中國的內政問題，那麼，中共就隨時使用武力；但

是，假如臺灣和大陸分離，中共便必須謀取對臺灣之事再加考慮，因為它必須對爆發的國際爭端付出代價。」

這三份聲明表明了長老會所鼓吹的「臺獨」政治主張，其矛頭直指臺灣國民黨當局。臺灣當局面對長老會這樣一個宗教團體和國際人權組織口口聲聲所要維護的「宗教信仰自由」，它再也承受不了在國際社會上的孤立，不敢作出有損自己形象的事，因此對長老會的挑戰手軟了，「長老會屬於國際宗教團體，臺灣政府不欲使國際上少數政治的宗教人物，趁機破壞臺灣本已相當孤立的形象，實為主因」。因此，國民黨只能在語言問題上，給予長老會以制裁，沒收了長老會內泰雅語《聖經》及聖詩、羅馬拼音《聖經》及閩南語《聖經》。長老會打著「信仰自由」的口號，抓住臺灣當局深怕孤立的擔憂，沿著「臺獨」的深淵越陷越深。而在臺灣島「文化臺獨」的喧囂聲中，更有欺騙性、煽動性，危害極大的是長老會在神學上為「臺獨」拋出的「鄉土神學」、「出頭天神學」的理論。臺灣的鄉土意識是臺灣知識分子在臺灣回歸祖國初期懷有的歸祖國、愛臺灣心情的一種流露。長老會抓住臺灣同胞這種心情，以鄉土意識去對基督教「本色化神學」作出詮釋，「鄉土神學」、「出頭天神學」正是在這一背景下出臺的。

「鄉土神學」的代表人物有長老會臺南神學院院長黃彰輝、宋泉盛和聖公會的王憲治。「鄉土神學」要求神學反省與臺灣社會政治生活相結合，試圖通過對文化的認知和身分上的認同，徹底切斷臺灣和中國大陸的文化臍帶。在「鄉土神學」的眼中，臺灣是「亞細亞孤兒」或「歷劫佳人」。大陸成了「埃及」，臺灣則是上帝應許的「迦南地」。而臺灣人就是要出「埃及」的「以色列人」，無怪乎今日的「臺獨」分子會自認為「摩西」和「約書亞」。因此，作為「新的民族」的臺灣人，理所當然就要為「新而獨立的國家」而鬥爭。「鄉土神學」雖然神學研究取向，思想深度各有不同，但都是圍繞臺灣所謂「自決」（self-determination）這個核心問題，試圖用神學思想來證明

他們推動的「臺獨運動」的「合理性」。故此，所謂「本土神學」是不折不扣的政治神學。它和它所服務的「臺獨運動」一樣，都是別有用心的。

　　「出頭天神學」是由臺灣長老會研究發展中心主任黃伯和提出的。「出頭天神學」以閩南俗語「出頭天」作為研究起點。黃伯和明知「出頭」、「出頭天」出自閩南的方言和詞典，但他卻別有用心地論證，「出頭天」這個詞是「臺語」所特有的，「其與臺灣經驗有特別密切的關係，若非形成於臺灣，則其豐富意涵必是以臺灣經驗為背景發展而成。」黃伯和煞費苦心要把「出頭天」看成是獨立於中國文化之外的臺灣「本土文化」的產物，其要達到的目的很清楚，鼓動臺灣民眾「共同為臺灣的歷史及文化之去腐除弊而努力，以喚起臺灣人民更積極參與臺灣文化的改造運動，投身臺灣前途與命運的塑造。」讓臺灣民眾明白，只有臺灣的「獨立」，才有他們的「出頭」之天。所以，「出頭天」一直是「臺獨」分子的一張宣傳的招牌，海外的「臺獨」分子及其組織在他們出版的刊物，早就以《出頭天》（Self-determination）作為他們的名稱。「本土神學」和「出頭天神學」成了當前臺灣島內「臺獨」分子搞「文化臺獨」的理論工具。

　　隨著臺灣政局的變化，長老會與國民黨的政教紛爭逐漸從過去的對抗轉為妥協和合作。這在長老會會友李登輝上臺後，表現得更加突出。長老會鼓吹的「本土神學」和「出頭天神學」理論遂成了李登輝「臺獨」言論和行動的最好腳注。如李登輝提出的「臺獨」新口號：「經營大臺灣，建立新中原」。他公開聲稱，「臺灣文化是海洋文化與大陸文化的結合物」，是「文化新中原」而不是「中國文化的一部分」。在他「執政」時期，「教育部長」宣布要實行「雙語」教育，新修訂的國小課程標準決定，從一九九六年開始，三年級到六年級增設「鄉土教學活動」一科，其中包括「鄉土語言」教學。一九九七年二月，出籠的《地理篇》、《歷史篇》、《社會篇》、《認識臺灣》等中學歷

史教科書。其中《社會篇》一開始就大談葡萄牙人「發現」臺灣的歷史，對此前臺灣與中國大陸的歷史文化聯繫卻隻字不提，並由此得出結論：臺灣自古就是一個「無主之島」，迄今只有四百多年的歷史。

李登輝和長老會的關係十分密切。李登輝早年任職臺灣「農復會」時是聚會處的信徒，其後任臺北市市長時轉到長老會濟南堂。據長老會牧師翁修恭稱：「李登輝對長老教會精神，有相當程度的瞭解」，翁修恭並表示：「李登輝很愛護教會，並且有高度的政治智能。在長老會會遭受各方清剿時，他並未避諱長老教會，反而選擇了長老教會聚會」。正是在長老教會中，李登輝對著民進黨主席姚嘉文夫人周清玉的面，說：「民進黨要辦就要辦好，我希望你們是成功的反對黨，大家一起來競爭」。一九九九年，李登輝推出「兩國論」，長老會極力支持。長老會在二○○○年一月的《教會公報》上稱：「七月初世界歸正教會聯盟執委會在臺北舉行，由臺灣基督長老教會做東。七月九日該聯盟代表由臺灣基督長老教會代表陪同會見李登輝『總統』，談話間李『總統』堅定指出：『一個中國，不包括臺灣』，並說明在臺灣的『中華民國』和在大陸的中華人民共和國是兩個不同的國家。當天下午李登輝『總統』接見德國記者時，又更進一步闡述『兩國論』。長老教會立刻發表對『兩國論』的肯定與呼籲，期望更進一步制定新憲法、公投立法、以臺灣之名加入聯合國。」

二○○○年臺灣「總統」選舉，民進黨人陳水扁上臺。為穩定統治，陳水扁在兩岸關係上，不敢公開宣布「臺灣獨立」。長老會遂在《教會公報》發表社論，警告「政府要正視『一中』的危險性」。長老會總幹事羅榮光也站出來宣稱：「臺灣是一個『主權』獨立的『國家』，所陳述的事實不只在於政治上的意義，在文化上臺灣人要追求多元族群的包容文化和海洋文化，在心靈上臺灣人要追求認同鄉土和國家的歸屬感和安全感。所以臺灣應該推動『一個臺灣 vs.一個中國』的宣導運動，與中國共同尋求一個和平相處、互相尊重的關係，

來擺脫大一統的思想桎梏」。

　　民進黨上臺後，長老會雖然與國民黨的政教鬥爭告一段落，但他們要搞「臺灣獨立」的目標還沒有實現。因此，長老會依然打著「人民自決」旗號，走宗教干預政治的道路。

　　然而要指出的是長老會內部並非鐵板一塊，以臺灣神學院為中心的北部地區的牧師和許多信眾並不認同長老會總會挑起政治爭端的作法。在「退出普世教協案」，通過《對國是的聲明與建議》、《人權宣言》等重大事件中，長老會北部教會都有不同的聲音。臺北長老會濟南堂的牧師翁修恭不支持長老會的「臺獨」立場。陳溪圳牧師也認為，「不應濫用權利，做些超出宗教範圍的事」等等。而且，在臺灣宗教界，長老會也只代表一部分宗教群體。

　　一部臺灣基督教史從西方傳教士用「手術刀」作為敲門磚，把「十字架」插到臺灣島之後，到二十世紀末葉長老會利用「鄉土神學」和「出頭天」的神學來充當臺灣政治的婢女時，人們可以看到，在很長的一段時間裡政治與宗教就像一對雙胞胎，一直陪伴著臺灣基督教的傳播與發展。此時，作為耶穌的信徒，當他們在翻開《聖經》上耶穌所說的「把愷撒的東西給愷撒，把上帝的東西給上帝」，不知作何理解！？

林金水

2022年8月

目次

荷據時期
（1624-1683）

第一章
荷蘭侵占臺灣

　　臺灣地處中國東南沿海，北鄰日本，南接菲律賓群島，東向太平洋，西隔臺灣海峽與福建相望，是西太平洋上的重要島嶼。

　　臺灣自古以來就是中國的領土。早在一萬多年至三萬多年前的更新世晚期，臺灣還與大陸連在一起。其時，臺灣早期古人類左鎮人可能就是經過長途跋涉從大陸而入臺灣的。臺灣的大岔坑、圓山等早期古文化遺址的研究表明：最遲在新石器時代晚期，福建與臺灣的先民之間就已相互往來。[1] 三國時期，吳國孫權曾遣將軍衛溫、諸葛直率「甲士萬人浮海求夷洲」，[2] 史學界一般認為，夷洲即今天的臺灣。隋朝時稱臺灣為流求。大業六年（西元610年），隋將陳棱曾率軍抵達臺灣，「流求人初見船艦，以為商旅，往往詣軍中貿易」，[3] 說明此時臺灣已與大陸有了一定的貿易往來。宋元時期，臺灣與大陸聯繫更為密切，南宋乾道七年（1171），泉州知府汪大猷為加強海防，「建屋二百間，遣將分屯」，[4] 這是中國歷史上第一次正式在臺灣地區駐軍。元時更在澎湖設巡檢司，「以周歲額辦鹽課中統錢鈔一十錠二十五兩，別無科差」，[5] 首次將臺灣劃歸中國行政機構管理。明初，太祖朱元璋為穩固其封建統治，實行嚴厲的海禁政策，「盡徙嶼民，廢巡司而墟其

1　參見韓起：〈臺灣省原始社會考古概述〉，《考古》1979年第3期。
2　《三國志》〈孫權傳〉。
3　《隋書》〈陳棱傳〉。
4　樓鑰：《攻愧集》卷88〈汪大猷行狀〉，。
5　汪大淵：《島夷志略校釋》（北京市：中華書局，1981年），頁13「彭湖」。

地」。[6]從此，臺澎地區防務空虛，留下了後來海盜日聚的隱患。荷蘭
殖民主義者正是在這一背景下入侵臺灣。

第一節　荷據前的臺灣社會

明朝中後期，隨著東南沿海商品經濟的長足發展和明王室的日益
衰微，臺澎地區逐漸成為海上武裝集團活動的主要場所。這些武裝集
團多以劫掠商舶起家，四處招兵買馬，「擄掠商船，招亡納叛」，[7]橫
行東南洋面。為利所趨時，他們常與活躍在這一地區的日倭、西方殖
民者相互勾結，共同對付明朝的海禁政策，如海商頭目林錦吾曾設互
市於北港，「引倭人入近地，奸民日往如鶩」；[8]當發生利害衝突時，
他們亦能奮起反抗，趕走侵略者，因而形成了一股介於明朝政府與殖
民者之間的重要力量。當時活動在這一地帶的重要海商集團首領主要
有林道乾、林鳳、林錦吾、李旦、顏思齊、鄭芝龍等，其中與臺澎關
係最密切的當為後來的鄭芝龍集團。當時鄭芝龍以臺灣為據點，建立
政權，設置官職，招撫流民，「漳、泉人至者日多，闢土田，建部
落，以鎮撫土番」，[9]管理並經營著這塊土地。

與海上武裝集團在臺澎地區活動的同時，許多東南沿海居民迫於
國內連年戰禍，生計無著，亦紛紛突破海禁，渡海到臺。起初，移民
為臺澎一帶漁利所趨，多以捕魚為生，「其採捕於澎湖、北港之間
者，歲無慮數十百艘」，[10]後來，部分移民亦開始利用臺灣肥沃的土地
從事耕作等農業活動。由於沒有封建苛捐雜稅的剝削，移民的生產積

6　顧祖禹：《讀史方輿記要》卷99〈福建五·晉江縣〉，「彭湖嶼」。

7　曹學佺：《湘西紀行》下卷〈倭患始末〉。

8　沈演：〈答海澄〉，《止止齋集》，卷56。

9　連橫：〈開闢記〉，《臺灣通史》（臺北市：臺灣商務印書館，1983年修訂第2版），卷
　1，頁9。

10　黃承玄：〈條陳海防事宜疏〉，《明經世文編》，卷479〈黃中丞奏疏〉。

極性很高，出現了「稻米登場，蔗漿成糖，有餘配售印度諸國」[11]的富裕景象。捕魚、農耕而外，也有移民從事與原住民之間的貿易。他們用米、鹽、衣物等換取原住民的鹿皮、礦砂等土特產。天啟六年（1626），西班牙殖民者在雞籠、淡水發現有漢人與原住民進行硫磺等交易。在安平附近亦有二萬五千多名移民從事貿易與農耕。隨著農業的不斷發展，墾殖範圍的日益擴大，許多移民還與原住民聯姻，並開始建立村莊定居下來。由此可見，在西方殖民者到來之前，許多漢族移民已在臺灣落地生根，並與原住民有了密切的往來。

　　由於歷史、地理的因素，十六、十七世紀時的臺灣原住民社會還沒有發展到中國的封建制度和社會文明，他們仍然停留在較原始的社會狀態中。一六二八年，荷蘭首任駐臺牧師干治士（George Candidius）與臺南平埔族西拉雅人共同生活了十六個月後，寫成《臺灣略說》（*Short Accout Of The Island Of Formosa*）一書，[12]對當時居住在臺南的西拉雅平埔族原住民的社會生活作了詳細的田野記錄，從中我們可以窺見臺灣原住民社會生活之一般。

　　男女分工明確。女子主要承擔田間勞作，捕捉魚蝦，釀製米酒。由於沒有鋤、犁、鐮刀等鐵製工具，亦無牛馬等役使牲畜，大部分田間勞動要靠手工完成。男子很少出現在田間，他們的主要任務是打獵和打仗。打獵時用逐漸縮小包圍圈的原始方法圍捕鹿、豬等，常常一村甚至幾村人同時出動。獵物除食用外，還常用來與當地的漢族移民進行交易。打仗時亦是全村男子一起參加。各村社中存在著獵首級的習慣，他們把獲取敵人的首級看作最大勝利，常大擺筵席慶賀，並殺

---

11 魏清德編譯：《被忽視之臺灣》（C.E.S, *Verwaarloose Formosa*），《文獻專刊》第2卷第1、2期，《中國方志叢書》臺灣地區第87號，臺北市：成文出版社，1954-1971年油印及排版本（以下略）。

12 此文被W. Campbell（甘為霖）收入其*Formosa under the Dutch*, Ch`eng Wen Publishing Company, Taipei, 1972，已被葉春榮翻譯為〈荷據初期的西拉雅平埔族〉，《臺灣風物》第44卷第3期，自立報系文化出版部。

豬以謝神。獲得首級最多的男子通常被選為這個部落的首領。村落中沒有等級差別，年齡是劃分尊卑的唯一標準，老人普遍受到大家的尊敬。

各部落散處獨立，不相統屬。在名義上，各部落存在著一個「議事會」（nominal council），由十二位年齡在四十歲左右、名聲較好的長老（councillors）組成。長老的任期為兩年，每一年拔其額毛為證。議事會的其主要職責是商議解決村中的大事。每有事情發生，議事會首先開會商議，並將結果提交村民大會。村民根據各自意願對議案進行表決。議事會對全體村民沒有絕對的統治權，他們形成的決議並不能強迫全村人執行。因而，這種部落議事會帶有較多的原始共產主義的痕跡。

缺乏法制觀念。平埔族人所謂的「罪」是對既成風俗的違反。對「犯罪」者，長老或長者有權對其執行懲罰。但這種懲罰通常不是肉體的，而是物質的，如罰兩張鹿皮或兩件衣服。當某人被偷了東西，他可以帶人到小偷家裡將東西要回來。但有些罪惡譬如說謊、謀殺等，平埔族人也看作是違法的。

實行母系氏族外婚制。男子提媒，女子受聘，也不舉行成親儀式。婚後實行分居制，夫妻雙方各自生活，很少見面。妻子在三十七歲之前不能生小孩，否則被認為是恥辱與罪過，故墮胎之風盛行。而且婚姻關係很不牢固，只要提出理由，丈夫就可以離開妻子，另娶別人，因而丈夫遺棄妻子的事情常有發生。

獨特的葬禮及殘忍的治病方法。為死者舉行葬禮時，全村人都來參加。跳舞是他們葬禮儀式上的主要內容，通常持續兩個多小時。屍體要在屋外停放九天，以使其乾燥，且每天都要擦洗。因為平埔族人認為死者每天會回來洗澡。九天期滿後，村人把屍體抬進屋裡再放三年，然後將骨骼埋在屋內。平埔人治病的方法很野蠻，當人患病時，平埔人通常拿一根繩子繞住患者的脖子，將他吊起來，突然又把他放下。據稱他們的目的是要減輕他的痛苦或使他早死。

　　平埔族人認為世界是永無休止地存在的，靈魂是不會消失的，人死後，靈魂會受到懲罰或獎勵。平埔人是泛神信仰者，供奉許多神靈，諸如雨神、惡神、戰神、醜神、美神等。村落中到處可見寺廟，且每家都有祭祀的場所。平埔族的祭司全是女性，稱為女巫（Inib）。[13]遇到災難時，常請她們來作法。這些女巫會念咒語作法，並能使神靈「附身」。由於平埔族人篤信巫師之言，使得女巫在臺灣原住民的社會生活中占有重要地位，她們的命令常由議事會來監督村民共同執行，違反者要予以懲罰。祭神而外，預測天氣、除穢去邪也在她們的職權範圍之內。西拉雅平埔族人還有裸體祈神的習俗，一年中要有三個月裸露身體，否則「神就不會給他們雨水，稻米也就沒有收成。」

　　萬曆三十一年（1603），明代音韻學家、福建連江人陳第曾隨都司沈有容到達大員（臺南）。根據當地酋長提供的資料，陳第寫成了〈東番記〉，[14]亦是研究此一時期平埔族基本社會面貌的重要文獻。其記載摘錄如下：

> 「種類甚繁，別為社，社或千人，或五、六百，無酋長，子女多者眾雄之」，「族又共屋一區，稍大，曰公廨……約事屬公廨，調發易也」，「無揖讓拜跪禮」。
>
> 「鄰社有隙則興兵，期而後戰，疾力相殺傷，次日即解怨，往來如初，不相仇。」
>
> 「無水田，治畬種禾，山花開則耕，禾熟拔其穗」，「酷畏海，捕魚則於溪澗」，「冬，鹿群出，則約百十人，即之窮追，既及，合圍衷之。」
>
> 男方托媒，「女子不受則已，受，夜造其家，不呼門，彈口琴挑之……女聞納宿，未明徑走，不見女父母……迨產子女，始

13　在葉春榮譯文中稱為「尪姨」。

14　陳第：〈東番記〉，載沈有容：《閩海贈言》。

往婿家迎婿如親迎。婿始見足著代故也。」

「家有死者，擊鼓哭，置屍於地，環焙以烈女父母，遂家其家，養女父母終身，其本父母不得子也。故生女喜倍男。為女可繼嗣，男不火，乾，露置之不理屋內，不棺。」

「無日曆文字，計月圓為一月，十月為一年，久則忘之，故率不紀歲」，「交易結繩以憶」。

　　以上史料說明，臺灣西南沿海一帶的原住民在十七世紀以前，尚未發展到原始社會野蠻期的高級階段。[15]

　　與平埔族人相比，生活在臺南的琅嶠人則相對進步。據十七世紀一個荷蘭旅行家的記述，當時琅嶠人的社會已經出現了階級分化，有一個稱為「蘭洛」的家族統治著附近十六個村莊，任頭目、徵稅租，並擁有大量的侍從，死後由長子襲位，開始具有奴隸社會的某些特點。

　　總起來說，十六、十七世紀的臺灣社會中，其原住民絕大部分仍然處於原始社會狀態，具有較高生產力水平的大陸漢族移民的足跡已遍及臺灣各地，主要從事漁獵、農耕、貿易等生產活動，與原住民和睦相處，共同開發著臺灣的土地和資源。

第二節　荷蘭侵占臺灣及其殖民統治

　　十五、十六世紀，西方國家正處於對外擴張時期。新航路開闢後，歐洲各主要資本主義國家紛紛到美洲、亞洲、非洲開展殖民活動。明嘉靖三十六年（1557）葡萄牙占據了澳門，萬曆十五年（1570）西班牙侵占了菲律賓。繼葡、西之後，荷蘭作為一個新興的殖民主義國家，亦將侵略矛頭指向亞洲。

---

15 施聯朱：《臺灣史略》（福州市：福建人民出版社，1980年），頁77。

一　荷蘭侵占臺灣

荷蘭是十七世紀歐洲後起的資本主義國家，其軍事和經濟實力在當時世界上首屈一指，船隊在五大洲暢通無阻，被稱為「全世界的馬車夫」。十六、十七世紀之交，它趁葡、西兩國殖民勢力日益削弱和英法兩國陷於國內危機的可乘之時，大規模入侵亞洲。萬曆三十年（1602），荷蘭成立了亞洲第一個商業殖民機構——荷蘭聯合東印度公司（Verengigde Oost Indische Compagnie，簡稱 VOC），「該公司被授予好望角和麥哲倫之間地區的貿易壟斷權，期限暫定二十一年。公司還享有訂立條約、修築城堡、擁有武裝力量和設置法官的權力。」[16]公司總部設在荷蘭的阿姆斯特丹。一六○九年，該公司在日本平戶設立商館，一六一九年，又占領了巴達維亞。至十七世紀五○年代，東印度公司已在西起中東，東至摩鹿加群島，北迄日本，南抵爪哇的廣大亞洲地區建立了商館、要塞，形成了以巴達維亞為中心的廣大商業網路。

荷蘭殖民者對中國市場垂涎已久。早在東印度公司成立以前，就曾有荷蘭商人提出了對華貿易的要求。萬曆二十九年（1601），兩艘荷蘭船駛抵澳門，要求與中國通商。「澳中人（葡萄牙殖民者——引者）慮其登陸，謹防禦」，[17]不果而歸。萬曆三十二年（1604），韋麻郎（Wijbrand Van Waerwijk）率領一支龐大船隊再次攻擊澳門的葡人，又遭敗跡。滯留大泥期間，他曾受計於華商李錦，欲占澳門，以此作為對華貿易的據點。[18]六月，韋麻郎率船前往澳門，因途中遇風

---

16 〔英〕霍爾著，中山大學東南亞歷史研究所譯：《東南亞史》（北京市：商務印書館，1982年），頁363-364。

17 《明史》〈和蘭傳〉。

18 據François Valentyn, *Notice of Formosa*中記載：曾有福建官員索要三萬元作為報酬。*Chinese Repository*. Vol VI, From May 1837 To April 1838.

暴，遂於八月抵達澎湖，「伐木築舍，為久居計」。[19]當時澎湖為明軍汛地，福建巡撫徐學聚深知荷蘭占據澎湖，於國、於民、於地方皆大不利，便委派浯嶼（金門）把總沈有容前往澎湖進行交涉。在沈有容的指陳利害下，韋麻郎滯留了一三一天後離開澎湖。

　　一六〇三年，一次偶然的機會，荷蘭艦隊截獲了一艘對華貿易的葡萄牙商船，大獲其利，再一次激起了他們對華貿易的欲望。萬曆三十六年（1608），東印度公司發出指示：「必須盡一切可能增進對華貿易，首要目標是獲得中國生絲。因為生絲利潤優厚，大宗販運能夠為我們帶來更多的收入與繁榮。」[20]萬曆四十八年（1620）公司又指示：有必要攻取一個對華貿易的據點，而小琉球（臺灣）就是一個很合適的地方。與此同時，西班牙殖民者亦將侵略目標對準了臺灣。但是，西班牙的這一計畫被荷蘭所截獲。於是，荷蘭決定搶先攻擊澳門，如果失敗，則直接航向澎湖或臺灣。天啟二年（1622），荷蘭艦隊在與葡人的戰鬥中再次失敗，遂直航澎湖。

　　在返航途中，荷蘭殖民者曾從大陸沿海擄去約六百多艘漁船以充資或充當苦力，此後更經常地在沿岸擄掠大陸居民。巴達維亞城總督在給東印度公司的信中曾說：「我們在佩斯卡多爾（即澎湖群島——引者注）集中了一一五〇名中國俘虜，其中一半死於傷感、病痛、貧困的強迫勞動。在乘齊里克澤號（Zienick Zee）來這裡的五七一名中國人中，四六三人（按：應為473人——引者注）死於途中，餘者六十五人到達時痛苦地死於水病（傷寒？），所以這些壯丁中只有三十三人倖存。」[21]荷蘭殖民者的這種殘暴行逕曾被荷蘭歷史學家凡列丁

---

19 《明史》〈和蘭傳〉。

20 參見黃文鷹：《荷屬東印度公司統治時期吧城華僑人口分析》（廈門市：廈門大學華僑研究所，1981年），頁74。

21 〔英〕C. R. 博克塞：〈鄭芝龍（尼古拉‧一官）興衰記〉，《中國史研究動態》1984年第3期。

（Valentyn）指斥為基督教精神的恥辱。

荷蘭殖民者在澎湖築城的同時，並不忘與中國通商的企圖，但它向福建當局遞交的通商文書又一次遭到福建當局的拒絕。福建地方聲明，在其未離開澎湖之前，絕不與他們貿易，「因為這島是中國皇帝的財產」。[22]荷蘭殖民者見與中國通商無望，決定訴諸武力，派兵到廈門一帶燒殺搶掠，引起明政府的極大關注，遂令南居益接任福建巡撫，籌畫驅荷事宜。天啟三年（1623）十月，南居益與總兵密謀將荷人引至浯嶼，「擒其酋，火其艦，俘六十餘人，焚溺無算。」[23]次年（1624）明朝繼續增兵澎湖。新任荷蘭軍隊司令宋克（Martinus Sonck）自知難以抵抗中國軍隊的攻勢，遂與清軍達成協議：荷人退離澎湖，福建當局允許其在臺灣貿易。

荷蘭占據臺灣，自有其嚴密計謀，但明朝統治腐敗，邊防空虛，亦給了荷蘭殖民者以可乘之機。從此，荷蘭開始了在臺灣長達三十八年的殖民統治。

二　荷蘭在臺灣的殖民統治

荷蘭據臺後，即建立了以熱蘭遮城為中心的殖民統治，具體事務則由荷蘭東印度公司操縱。公司設在臺灣的最高決策機構為評議會，有評議長一名，評議員若干，最高行政官員為行政長官[24]。長官雖然權力很大，但須經評議會同意後才能執行。此外荷蘭殖民者還以臺灣本地官員「行為不法，經常發生問題」[25]為藉口，將他們解職，而代

---

22 廈門大學鄭成功歷史調查研究組編：《鄭成功收復臺灣史料選編》（增訂本）（福州市：福建人民出版社，1982年），頁92。

23 〈舊事志・紀兵〉，《廈門志》，卷16。

24 荷蘭據臺三十八年間，共派出十二名臺灣長官。

25 〔日〕村上直次郎譯，〔日〕中村孝志校注：《巴達維亞城日記》（東京市：平凡社，1975年），第2冊，頁297-298。

之以公司派遣的政務員、稅務員、檢察員等。

　　為管理之便，荷蘭殖民者把其勢力所及範圍劃分成七個行政區，任命各社、各村的長老為首領，並授藤杖一根作為職權的象徵，同時召開年議會進行監督。公司總督或長官也常常到各地巡視，並以物質利益為誘餌來維持他們為荷蘭殖民當局服務的熱情。

　　為防漢民引誘臺灣原住民起來反抗，荷蘭殖民者還將漢族移民限制在固定的區域，禁止隨意遷移，更不准與原住民有任何往來。對於人數眾多、性情野蠻的原住民，荷蘭殖民者則採取了野蠻的武裝鎮壓手段。郁永河曾在《稗海紀遊》中記載「自紅毛始踞時，平地土番悉受約束，力役輸賦不敢違。犯法殺人者，剿滅無人遺。」[26]當時的荷蘭官員也曾說：「這些殘餘諸村，不是以平穩的方法，使之歸於我們支配下的，……也不如尤紐斯說，是由於其緩撫或不使用武力或其他嚴重方法，使之歸於平穩的。」[27]

　　在武力討伐原住民時，荷蘭殖民者常常武裝土著居民，讓部落之間互相殘殺，甚至人為地製造矛盾，導致番與番關係的不和，達到以番制番的險惡用心。在荷蘭人的報告中就記載著：「新港……其中一五四人可武裝，……目加溜灣……其中一五〇人武裝，蕭壠社……其中五百人可武裝」。[28]同時，為了挑撥漢番關係，征討原住民時，強迫移民參加，而在鎮壓移民起義時，又常利用原住民上陣。如一六五二年郭懷一起義時，就利用新港人前去鎮壓。曾任臺灣長官的普特曼斯（Hans Putmans）曾說：「原住民的非常好戰之傾向，究非單為爭取名譽……實為掠奪……此種極度之貪欲，頗可增進公司利益，吾人應大大利用之……假使他們能聰明一點，一定不會同現在一樣地繼續從

26　郁永河：《稗海紀遊》，卷下。

27　莊松林：〈荷蘭之臺灣統治〉，《臺灣文獻》第10卷第3期。

28　W. Campbell, *Formosa Under the Dutch*, pp. 179-180.

順的。」[29]可以說，荷蘭殖民統治的前二十年基本上是在武力征服中度過的。而正是通過這種血腥鎮壓，荷蘭人才建立了較穩固的殖民統治。

然而荷蘭據臺並非為了建立殖民地，商業利益始終是他們的原始驅動力和終極目標。在臺進行一切殖民活動都是為從臺灣攫取最大限度利潤這一目的服務的。「其所採取的政治政策不外乎重商主義，那是以貿易為重點」，[30]就連熱蘭遮城區的選址亦是為了「更注意於便於船貨的起卸」。[31]

荷蘭的經濟利益是通過殘酷地掠奪臺灣同胞獲得的。由於當時移民與原住民處於不同的經濟文化水平，荷蘭殖民者為榨取更多的利益，對於移民和原住民，採取分而治之的政策。

荷蘭殖民者通過徵收名目繁多的稅賦來剝削漢族移民。其中最主要的是官租，又稱稻作稅。荷蘭人將土地收歸國有，實行王田制，並依據田、園的肥瘠豐寡劃分為上、中、下三則。荷蘭時期上田的稅賦數是康熙二十三年至雍正六年的二倍餘，中田是雍正七年至乾隆八年所征數的八倍餘，園的徵稅數也呈這一趨勢。就其絕對數言，它大大高於清領時期，所征賦稅是相當沉重的。具體見下表：

年代 田園類別	荷蘭王田時期 （1624-1662）	康熙二十三年至雍正六年（1864-1772）	雍正七年至乾隆八年（1728-1743）
上田	180	88	
中田	156	74	175
下田	102	55	
上園	102	50	

---

29 莊松林：〈荷蘭之臺灣統治〉。

30 連溫卿：〈臺灣文化的特質〉，《臺北文物》第3卷第2期，《中國方志叢書》臺灣第89號。

31 魏清德編譯：〈被忽視之臺灣〉（C.E.S., *Verwaerloosde Formosa*），《文獻專刊》第2卷第1、2期。

年代 田園類別	荷蘭王田時期 （1624-1662）	康熙二十三年至雍正 六年（1864-1772）	雍正七年至乾隆八年 （1728-1743）
中園	81	40	171
下園	54	24	

注：一、上表所列田園以每甲計算，交納賦稅以石計算。
注：二、荷蘭王田時期，參見連橫：《臺灣通史》卷八〈田賦志〉；康熙二十三年至
　　　雍正六年，參見《福建通志臺灣府》，臺灣文獻叢刊第八十四種，頁165；
　　　雍正七年至乾隆八年，參見余文儀：《續修臺灣府志》，臺灣文獻叢刊第一
　　　二一種，頁241。

　　同時，荷蘭殖民者還壟斷了臺灣農業的另一大支柱——蔗糖業，
並不惜從大陸誘騙大量移民來臺充當苦力。在臺灣同胞的辛勤勞作
下，荷蘭的砂糖貿易不斷增長。據《巴達維亞城日記》所載，一六三
六年荷蘭東印度公司輸往日本之砂糖達十二萬斤，至一六五八年時，
輸往日本的砂糖達到了六十萬斤。一六四八年時，砂糖產量約九十萬
斤，其中以三十萬斤計畫輸往波斯，餘則運至荷蘭。及至一六五八
年，砂糖產量猛增至一七三萬斤，其中八十萬斤輸往波斯，六十萬斤
輸往日本。

　　除此之外，荷蘭還對臺灣移民征以輸出稅、人頭稅、捕魚稅、狩
獵稅、贌社稅、宰豬稅、衡量稅、酒稅、賭稅等等。對移民輸出的鹿
皮、鹿肉等，在安平徵收一成的稅款，使移民喪失了貿易獨立性。一
六四〇年，為便於管理和減少公司開支，荷蘭殖民統治當局又將各種
稅收的徵收採用讓漢人投標承包的方式執行，即建立贌社制度。

　　在荷蘭殖民者幾近蠶食鯨吞的壓榨下，東印度公司的利潤連年增
長，而廣大勞動者卻日益貧困，以致「許多中國人窮得付不起執照
費」。[32]

---

32 福建師範大學歷史系鄭成功史料編輯組編《鄭成功史料選編》（福州市：福建教育出
　　版社，1982年），頁221。

　　由於原住民此時尚處於原始生產的狀態中，沒有貨幣、納稅等觀念，因而荷蘭殖民當局採取徵收實物的剝削方式，其中最主要的是鹿皮。臺灣盛產鹿，狩獵捕鹿成為原住民維持生活的重要手段，臺民狩獵，「獲若丘陵，社社無不飽鹿者」。[33]荷蘭初據臺灣時，由於沒有太多的自然資源可供他們榨取，鹿皮便成為滿足他們貪欲、實現其在臺灣攫取大量利潤的主要方式。荷蘭人對原住民鹿皮的剝奪，大致有以下兩個渠道：一是通過漢民的贌社活動將收集到的鹿皮轉賣給公司，二是強迫原住民捕取鹿皮以貢納，如在征服法沃蘭後，即令「每戶一年應繳米十把，鹿皮五領」。[34]統計荷人據臺期間，至少輸出鹿皮一百萬張以上。荷蘭人的這種毀滅性的掠奪方式，給臺灣的麋鹿資源帶來極大破壞，更對原住民的生活造成嚴重威脅。

　　在征伐原住民過程中，荷蘭人還大規模地掠奪臺灣的黃金、硫磺、煤炭等自然資源。荷蘭人探知臺灣東部有金礦，遂於一六四五年命令征服後的哆囉嘓社（Dotko）當地人每戶每年交納一錢的黃金，同時派人到該地區收集和購買。硫磺作為重要的礦產資源和出口物資，亦甚為荷人所關注。據《巴達維亞城日記》一六四〇年十二月六日條載，「商人 Peco 和 Campe 派遣往淡水的三艘戎克船於十月歸航，載來粗製硫磺十萬斤。」一六四一年又勸商人 Peco 繼續到淡水從事硫磺貿易。[35]一六四一年四月十九日，有一艘荷船從日本經大員抵達巴達維亞，運載精製硫磺一萬斤，一六四四年又有「大小戎克船三十艘往淡水運載硫磺。」[36]

　　通過對移民的壓制和對原住民的征討，一六五〇年左右，荷蘭在臺的殖民統治達到鼎盛。大約有四十五個種族共約二百九十三個村落

33 陳第：〈東番記〉。
34 莊松林：〈荷蘭之臺灣統治〉。
35 《巴達維亞城日記》，第2冊，頁38。
36 《巴達維亞城日記》，第2冊，頁128。

承認了荷蘭殖民者的統治權。[37]為了徹底征服臺灣人民，使之實現在心理上的完全歸順，荷蘭殖民當局在進行武力鎮壓的同時，還對臺灣民眾施以教化，「荷蘭為羈縻土人，馴服土人，而採用的就是布教和教育」，[38]以此作為政治統治的補充，「以謀永居之計」。[39]在臺灣，荷蘭的教化政策是與基督教的傳播同步進行的，從而為其教化打上了深深的殖民主義的烙印。

---

37 Dudwig Riess（李斯）*Geshichte der Insel Formasa*（《臺灣島史》），莊松林譯：第八章〈荷蘭統治下的臺灣〉，見《臺灣文獻》第10卷第3期，《中國方志叢書》臺灣地區第88號。

38 廖漢臣：〈臺南縣下的教化事業──荷蘭的布教及教育〉，《南瀛文獻》第1卷第2期，《中國方志叢書》臺灣地區第98號。

39 臺灣省文獻委員會編印：《臺灣省通志稿》，卷5〈教育志‧制度沿革篇〉，《中國方志叢書》臺灣地區第64號。

第二章
荷據時期的臺灣基督教

　　十五、十六世紀，羅馬教皇對政治的壟斷和封建統治的日益腐敗越來越嚴重地阻礙歐洲工商業的發展。一五一七年的馬丁・路德的宗教改革則打破了這一局面，更為資本主義發展掃清道路，「甚至連西班牙人都知道異端邪說（即荷蘭人的加爾文教）促進了貿易」。[1] 在其影響下，歐洲許多國家進行了以發展經濟、擴大積累為實質內容，即以宗教改革為外在形式的商業革命。這些國家在對外殖民擴張的同時，為擴大宗教的影響，亦極力向外傳播基督教。一五九〇年，荷蘭牧師伏利亞（Adrianus Savavia）就曾向教會進言：「你們往普天下傳播福音給凡受造的聽。」[2] 一六一二年萊登大學神學教授瓦拉奧斯（Antonius Walaeus）在荷蘭東印度公司的資助下，創辦了第一所海外傳教士培訓學院——瓦拉奧斯學院（Walaeus Seminary），許多前往遠東地區的傳教人員，包括派往臺灣的許多傳教士，都是在這所學校裡接受訓練的。作為海外殖民的先驅，傳教事業也被包括在荷蘭東印度公司的特許之內，「東印度公司認為促進基督教是其任務之一，並選派牧師照顧歐洲人及勸服土著信奉基督教」。[3]

1　馬克斯・韋伯著，于曉、陳維綱等譯：《新教倫理與資本主義精神》（上海市：上海三聯書店，1987年），頁29。

2　徐謙信：〈前篇〉，《荷蘭時代臺灣基督教史》（臺北市：臺灣教會公報社，1965年），頁4。。

3　Kenneth Scott Latourette, *Three Centuries of Advance*, p. 303. 引自徐謙信：《荷蘭時代臺灣基督教史》，頁26。

第一節　新教在臺灣的傳播

　　隨著荷蘭在臺灣殖民統治的確立，基督教也隨之傳入臺灣。前已述及，荷蘭在臺的一切活動都是為獲取商業利益服務的，傳教事業當然也不例外。「在臺灣的荷蘭教職人員，其傳教目的只不過是他們一般服務中的一面而已，公司派這些教士前往臺灣，最初是擔任荷蘭官員、士兵及其眷屬的牧師，地方官員則僱用他們擔任通譯，民事官員則請他們收集貢物，出售狩獵執照，用鹽、布匹及念珠交換當地產品，特別是獸皮，至於建立教徒聚會處所，雖然認為很有其價值，太守也予以支持，而相形之下，卻不怎麼重要。」[4]這樣做，「一方面是為了展示他們對天國的極度熱忱，另一方面期望上帝保佑他們在與這些地區的貿易額中打下一個良好的基礎。」[5]因而，公司聘用的許多神職人員都必須承擔一定的世俗事務，他們相當於公司的職員，由公司發給薪水。從而使傳教本身沾染了政治色彩。

　　因荷蘭殖民統治的商業性，必然導致公司隨著國際政治經濟環境和貿易狀況的改變而不斷調整對臺統治政策，傳教事業作為政治統治的補充與輔助手段，也不免受到影響。根據荷蘭在臺統治策略的變化，以多次大規模的軍事行動為基本線索，並參照其統治範圍的擴展與教勢的盛衰，我們可以把荷據時期基督教在臺的傳播分為四個時期。

一　開創時期（1624-1635）

　　一六二四年，荷蘭傳教士米歇爾・塞多瑞（Michiel Theodori）隨

4　比克門（George M. Beckmann）：〈荷蘭與西班牙的短期統治〉，文載薛光前、朱建民主編：《近代的臺灣》（臺北市：正中書局印行，1972年），頁33。

5　W. Campbell, *Formosa Under the Dutch*, p. 99.

同首任臺灣長官宋克到達臺灣，但「由於他難以相處」，[6]不久即被遣送回巴達維亞。另一位傳教士羅瑞茲（Lauwrenszoon）於一六二五年七月接替他的職務，直到一六二七年五月。[7]期間，曾有傳教士Herman Bruyning 到達臺灣。[8]但他們都沒有能夠在臺灣常駐傳教。

　　荷蘭東印度公司派往臺灣的首任牧師是喬治・干治士。干治士，一五九七年出生於當時德國境內的巴拉丁領地（Palatinate，德文作Pfalz）的 Kuchardt。他原被派往好望角（the Cope of Good Hope），當他到達那裡時，發現巴達維亞已派有一位傳教士，遂前往公司在印度東南部科羅曼德（Coromandel）海岸的據點傳教。[9]因而，在臺灣傳教過程中，他常拿印度的例子來與臺灣相比。

　　一六二七年，他被公司任命為臺灣的首任傳教士，於當年五月四日抵達熱蘭遮城，開始了在臺灣的傳教生涯。不久，干治士在赤嵌以北七英里的新港社（Sinkan）定居下來。

　　干治士在新港社定居後，開始潛心學習當地語言，瞭解當地的風俗、習慣、宗教等各方面的情況，並於一六二九年寫成了《臺灣略說》，對臺灣當時的自然地理、風俗習慣、宗教文化和社會政治經濟等狀況均作了詳細的描述與研究，以便為今後的傳教工作打下了基礎。

　　經過初步的接觸與瞭解，干治士認為臺灣原住民可以成為他們傳教的對象，其根據：

　　第一，臺灣的土著居民聰明機智，記憶超群。「整個印度群島的居民甚至荷蘭本國的居民要兩個星期學會的東西，臺灣的土著人只要用一個星期就可以學會。」

　　第二，臺灣土著居民性情溫順，容易接受新的事物。「我依然相

6　W. Campbell, *Formosa Under the Dutch*, p. 78.

7　W. Campbell, *The Early Dutch Mission in Formosa, Chinese Recorder*, Vol .20, May.

8　W. Campbell, *Formosa Under the Dutch*, p. 78.

9　葉春榮譯：〈荷據初期的西拉雅平埔族〉。

信，他們（臺灣土著人）比其他人更容易服從，這是顯而易見的道理。」

第三，臺灣土著居民與印度其他地方的居民（如摩爾人）不同，摩爾人有自己的國王、首領，做什麼事都必須徵得他們的同意。而臺灣的土著居民們沒有嚴密的社會組織，「每個人信仰自由。」

第四，臺灣土著居民沒有文字，亦沒有專門教師，宗教知識靠口頭傳授，難以廣泛傳播，使得本土宗教信仰勢力很弱。「對此，我最好的證明就是：在我剛到的十六個月的時間裡，我已看到有一百二十位，無論男女老幼已在接受上帝的教導。」[10]

基於此，干治士對基督教在臺灣的傳播前景異常樂觀。當第三任臺灣長官彼得・訥茨（Piter Nuyts）問及當地土著居民能否接受基督教時，干治士狂妄地聲稱：「我毫不懷疑，上帝的信仰將會根植於他們的內心，而違背主的意旨的宗教、風俗和行為將被拋棄。我並且確信：臺灣不僅會成為整個東印度基督教社會的榜樣，而且還能與繁榮的荷蘭相媲美。」[11]

一六二八年，為了方便傳教工作的開展，干治士用拉丁字母拼寫新港語，編輯了一本新港語詞典，並用新港語編譯成祈禱文和基督教要理問答書，從而為基督教在臺灣的傳播掃清了語言上的障礙。

然而，實際情況並沒有如干治士所想像的那樣。

在短暫的傳教經歷中，干治士深刻體會到根深柢固的舊習俗特別是女巫在臺灣原住民社會中的崇高地位是基督教傳播的一大障礙。雖然有些土著居民對干治士所宣講的教義表示贊同，但卻不信仰它，仍然按照部落的舊習俗殺豬祭神，信奉女巫，絲毫沒有改變的跡象。「我們的習慣就是這樣一代一代傳下來的，沒法改變」、「我們的巫師每天與神靈對話，她們能分辨是非，並告訴我們該怎麼做」、「如果我

10　W. Campbell, *Formosa Under the Dutch*, p. 89.

11　W. Campbell, *Formosa Under the Dutch*, p. 78.

們不聽巫師的話，神靈就會發怒，不給我們雨水，並且還會懲罰我們。」[12]不僅如此，當地居民還認為，干治士極力勸說他們信奉基督教是故意引誘他們犯錯誤，以使神靈懲罰他們。他們還要干治士給他們表演魔法，以檢驗干治士所宣揚的教義是否靈驗，這使干治士感到哭笑不得而又無可奈何。

不僅如此，國際貿易形勢的變化也對干治士在臺的傳教事業造成了影響。荷蘭與日本本來就存在著摩擦，而一六二八年的濱田彌兵衛事件[13]使這一局面更加惡化。日本中止了與荷蘭人的繼續貿易，並封閉了荷蘭在平戶的商館，甚至提出了接管熱蘭遮城的要求。這給荷蘭殖民者在臺灣的統治以沉重的打擊，在新港社傳教的干治士的人身安全也因此而受到了當地居民的威脅。

面對基督教在臺傳播幾臨中斷的危機，此時，干治士作為荷蘭殖民主義侵略的急先鋒的本性，立即突顯出來。他一方面寫信給當時臺灣長官訥茨，極力鼓吹占據臺灣的重要性，堅決反對荷蘭殖民當局放棄臺灣：「最重要的是，臺灣決不可放棄，也不能落入日本人的手中。否則，臺灣將會被西班牙人所吞併。即使在日本的統治下，基督教的傳播也無法得到保障。」為了達到長期占據臺灣的企圖，他極力呼籲東印度公司再派一位牧師來臺，「如果需要，應派其餘的傳教士來臺灣，不要讓此地空著，因為缺乏聰明而親愛的朋友，即使只有一年，也定會後患無窮。」[14]

---

12 W. Campbell, *Formosa Under the Dutch*, p. 95.

13 一六二七年，日本商船船長濱田彌兵衛為報復荷蘭人未曾借船給他們到中國沿海裝運生絲所造成的損失，將在新港社所誘騙的理加（Dika）等十六名當地土著居民回日本，並宣稱他們是「臺灣代表團」，因不滿荷蘭人的統治而欲把臺灣獻給日本，並受到了德川將軍的接見。次年五月，理加等人與濱田彌兵衛同船返回臺灣後，除五人死於航海途中外，其餘均被荷蘭人控為叛逆，激起了新港社居民對荷蘭殖民者的怨恨，進一步加深了日荷兩國的矛盾，史稱為「濱田彌兵衛事件」。

14 W. Campbell, *Formosa Under the Dutch*, p. 91.

　　另一方面，為了使基督教能夠在臺灣繼續傳播下去，干治士撕下了往日「仁慈」的臉孔，建議臺灣長官對新港社採取軍事行動，以強迫新港人就範。在給巴達維亞總督柯恩（J. P. Coen）的一封信中，他寫道：「我只是想說，如果我提出的建議付諸實施，我將信心百倍，反之，還是盡快停止這裡的（傳教）工作吧，以免浪費時間！」[15]但當時訥茨未曾答應干治士的請求。但為了穩定局勢，訥茨視察了新港社，並向當地土著居民發表演說，許諾如果新港居民信奉基督教，荷蘭人就會保護他們，並以干治士的名義發放給他們三十件衣服。在訥茨的恐嚇與利誘下，許多人來聽干治士布教。到一六二八年的聖誕節，有一一〇名男女老幼都會背誦祈禱文，且都能很流利地回答有關基督教教義的一些重要問題。

　　正當傳教局面出現轉機的時候，濱田彌兵衛又率眾偷襲了訥茨的住宅，並將其據為人質，要求釋放被囚禁的新港人，歸還被沒收的所有財物。經過談判，理加等十六名當地土著居民等人返回新港，並受到了新港社人的熱烈歡迎。他們向同胞盛讚日本人的熱情款待，譴責荷蘭人的殘酷統治。因此，新港人心向背，更對荷蘭人充滿了敵意。

　　一六二九年一月，訥茨為報舊怨，率兵前去捉拿理加，但他早已被當地土著隱藏起來。訥茨於是當眾威脅：「如果六日之內交不出理加，等待你們的將不是和平，而是戰爭！」[16]同時，為保證干治士的人身安全，他勸說干治士暫時離開新港，返回熱蘭遮城。六日過後，當訥茨再次率兵趕到新港時，卻撲了個空。因為除幾位老人外，其餘的人都帶著全部家產躲到深山裡去了。一氣之下，訥茨搗毀了參與理加事件的土著的住房，並脅迫新港人上交三十個豬頭，每戶十捆稻穀，另外還要為荷蘭人修建一座房屋，作為對他們的懲罰。

15　W. Campbell, *Formosa Under the Dutch*, p. 97.

16　W. Campbell, *Formosa Under the Dutch*, p. 99.

　　理加事件平息後，干治士又回到了新港社，但情況已發生了很大
的變化，「許多逃亡者仍沒有歸還，其中一些人將永遠不回來了，其
餘住在村子裡的人也不再來我的住所，因為他們已不信任我了。」[17]
面對如此場景，干治士知道他的牧師說教，再也沒人相信了，在萬般
無奈下，他寫信給巴達維亞城總督柯恩，要求再派一名牧師來臺接替
他的工作，同時表示，他願意將他所編輯並翻譯成新港語的一切書
籍，諸如字彙、祈禱文、基督教教理問答書等交出來，以便使其能盡
快地掌握當地土語，開展傳教工作。

　　為了穩固荷蘭的殖民統治，同時也為了不使傳教事業的中斷，東
印度公司應干治士的要求，派遣羅伯特・尤紐斯牧師（Robertus
Junius）來臺，協助干治士從事傳教工作。一六二九年尤紐斯抵達臺
灣。在干治士的幫助下，尤紐斯運用土語的能力不斷提高，他還準備
了大、小教理問答，甚至翻譯了聖經中的幾個部分。而在東印度公司
的勸說下，干治士考慮到臺灣傳教人手的缺少，亦終於同意留在臺
灣。傳教事業在兩位牧師共同努力下又重新開展起來。

　　一六三一年，為了緩和與新港人的矛盾，籠絡新港人心，荷蘭軍
隊襲擊了與新港社向為夙敵的麻豆社（Mattau）。「征伐的結果令人滿
意，因為新港人對我們產生了好感，並且非常樂意於接受我們的宗
教。一些頭面人物（其他人都要看其眼色行事）已經拋棄了偶像，每
天聆聽干治士的教導。種種跡象表明：福音的傳播將會取得大的進
展，其成果也將比從前更為輝煌！」[18]這種拉一派打一派的武力征
服，與福音的傳播成了荷蘭傳教士在臺傳播基督教過程中交替使用的
手段。

　　一六三一年三月，干治士在新港的住所即將完工，基督教的傳播
也出現了初步的成果。干治士為他認為符合條件的五十名信徒進行了

17　W. Campbell, *Formosa Under the Dutch*, p. 99.

18　W. Campbell, *Formosa Under the Dutch*, p. 103.

施洗，這標誌著臺灣乃至整個中國第一批新教教徒的誕生。不久，干治士被召回巴達維亞，留下尤紐斯一人在臺從事工作。在尤紐斯的努力下，新港社的教務繼續向前發展，信徒數量也不斷增加，據一六三三年一月十八日臺灣長官普德曼斯（Hans Putmans）給巴達維亞總督的信中說：「所有的新港人都拋棄了他們原來的偶像，全部都祈求唯一、全能、而又真實的上帝。」[19]

　　一六三三年七月干治士重新回到臺灣，由於干治士、尤紐斯及其他傳教士的盡心工作，有關傳教進展的好消息更是頻頻傳至巴達維亞、阿姆斯特丹。十月二十一日，有報告說：沒有麻豆居民搗亂，新港的傳教事業取得了很順利的進展；十月三十一日，又有報告傳來：新港的教務正在快速發展，教務每天都在擴展。到一六三五年，在新港社已有七百多人接受了洗禮。

　　隨著傳教事業的展開，信徒人數的增加，傳教工作中的問題開始逐漸出現。首先就是傳教人員的不足。干治士與尤紐斯曾多次請求公司增派宣教士來臺，並於一六三四年九月、十月兩次向公司要求選擇原住民充任教師，用當地的土語向土著居民進行傳教，同時，為了使教務取得更大進步，他們還建議「挑選四、五名才智出眾的新港兒童，由在臺的傳教士送往荷蘭進行培訓，讓他們在荷蘭本土的學校、大學裡接受基督教教育，使其成為真正的傳教人員和牧師。」[20]

　　但公司考慮到此項建議所需費用不菲，而且與公司利益並無多大裨益，沒有同意兩位牧師的建議。東印度公司總督史柏克斯（Jacques Sprvz）在致函當時臺灣長官普特曼斯時即警告說：「茲聞新港住民之間，教化已有擴大及進步，至為欣慰。於此，干治士所表示之熱心固值贊許，然如對於其他事情，須有一定之節制及適中而止為宜。閣下對此事情，亟宜講究方法，以免加重公司負擔，故勿有所期待。不論

19　W. Campbell, *Formosa Under the Dutch*, p. 105.

20　W. Campbell, *Formosa Under the Dutch*, p. 109.

在該地或他處，不乏比新港更須支持之善良真摯之荷蘭基督教徒，然因公司貿易蒙受太大損失，現在即對新港之金錢的援助，亦殆無能力。倘然現狀不改，以今公司財源，欲輸送四千盾，以支持在臺之牧師及其薪津，實亦不易。」[21]東印度公司的經濟拮据多少也影響了傳教事業的開展。

干擾傳教士在臺開展工作的另一個重要障礙是他們所負擔的世俗事務。按照公司的章程，傳教士作為公司的職員，必須承擔一定的諸如徵收稅款、出售執照，充當司法人員等行政事務。而更讓他們感到厭煩的是，在他們處理這些事務時，常常受到村落中一些長老的干涉。這對傳教是沒有任何幫助的。因而，一六三五年，他們向東印度公司提出抗議，聲稱：「我們的良心不允許我們從事任何政治事務」，「而且，我們的教務評議會也沒有權力過問政治」，[22]強烈要求解除他們的世俗事務，否則，星期天他們將不再為大員的荷蘭人做禮拜，因為這不是他們的責任所在，他們的工作範圍僅限於新港社。在他們的強烈要求下，公司被迫減輕了他們的行政事務。而干治士、尤紐斯的繼任者並沒有像他們那樣專注於傳教事務，而是利用其手中的行政權力，過多地將個人的享受和經濟利益放在了優先的位置。

新港是荷蘭人據臺初期的軍事後方，也是第一個被征服、並向該地傳播基督教的部落。新港傳教的成功，穩固了荷蘭在臺的統治地位和貿易地位，同時也增長了他們繼續對臺傳教的信心。此後，臺灣的基督教傳播進入迅速發展時期，需要指出的是，這一時期，基督教的傳播是以荷蘭殖民者的武力征服為手段。

21　W. Campbell, *Formosa Under the Dutch*, p. 103.

22　W. Campbell, *Formosa Under the Dutch*, p. 191, p. 193.

二　急速發展時期（1635-1640）

　　由於理加事件的影響，與新港社對立的附近諸番社不斷發生當地居民殺害荷蘭人的事情。麻豆、蕭壠兩社夙與新港不和，深惡新港人與荷蘭人接近，又不願受荷蘭人的約束，常常對荷蘭殖民者施以報復。一六二九年，有荷蘭兵五十二人前往麻豆社搜捕走私的大陸移民時被社民殺害；同年，大員附近的目加溜灣社亦殺死一名荷蘭人；一六三四年因番與番之間的矛盾，麻豆社人又殺害新港人六十三名。原住民對殖民者的仇殺給荷蘭在臺灣的統治造成了很大的威脅。考慮到當時荷蘭在臺灣的處境，更由於此時兵力不足，荷蘭軍隊只是制服了僅有一千餘人的目加溜灣社，而對其他人數較多、力量較強的麻豆社、蕭壠社等番社，則只好忍氣吞聲，遲遲不敢發兵鎮壓。

　　此時，荷蘭殖民者企圖通過武力迫使中國通商的希望再次成為泡影，於是他們不再期望對華直接通商，轉而安心臺灣的經營。為了穩固臺灣的中轉貿易地位和保護在臺荷蘭人的人身安全，一六三五年八月，當巴達維亞的援軍到達後，普特曼斯一改往日對原住民的溫順態度，開始了對他們大規模的武力征討。

　　一六三五年十一月，普特曼斯派兵五百名，分作七隊，向麻豆社進攻，新港社人隨征，殺害老幼二十六人，其他人早已聞風逃往山中避難。普特曼斯遂令士兵縱火焚燒了全社住宅。十二月，麻豆社居民懾於荷蘭人的威力，派四名代表前往熱蘭遮城表示歸服。

　　一六三六年一月，普特曼斯長官挾勝利之餘威，帶兵攻進蕭壠社，該社居民畏懼荷蘭人的殺戮，主動投降，並獻出殺害荷蘭人的幫凶七名。為離間蕭壠與新港二社，普特曼斯命令隨征的新港社人當場把七人刺死。隨後，為威嚇大武壠社，促其投降，普特曼斯又率軍長驅直入該地進行示威。荷蘭人對麻豆、蕭壠、大武壠的征討，使得附近各社膽顫心驚，先後前來投降。普特曼斯迫使他們與荷蘭人簽訂歸

服條約，從而獲得了對他們的統治權。

在武力征服安平北部附近諸社時，一六三五年十一月，普特曼斯還率領一支由荷蘭人和赤嵌附近歸順諸社徵召來的土著居民所組成的混合遠征隊，從陸路對南部各社進行了討伐，尤紐斯作為軍隊牧師隨軍出征。

最先接觸的番社是大加萊安社（Takareiang）。這個村舍是附近諸社中最大的一個番社，居民比較富裕。普特曼斯長官率軍長驅直入，擊斃社民九人，其餘全部逃散。普特曼斯遂又下令將全社放火焚燒。對大加萊安社的毀滅性焚殺，使得附近村落的居民大起恐懼之心，一六三六年二月，大加萊安社、Tamsuij、Tapoeliangh、Sataliouw 等社共同推選代表七人，攜帶著十七頭豬前來表示歸順。普特曼斯便依與麻豆、蕭壟諸社所訂立之條約准其降服，同時另有放索（Pangsoia）、多拉督（Dolatok）等七社亦表示歸服。

為了顯示荷軍的威力和征服的勝利，更為了引誘其他未降的諸社，一六三六年二月，荷蘭殖民者在新港舉行了為期三天的南北諸番社歸順典禮，共有南北番社二十八個村落參加。尤紐斯召開了長老會議，並向他們發放了藤杖、荷蘭國旗和衣物，號召他們向臺灣長官效忠。到一六三六年年底時，與荷蘭人締結條約的村落已達五十七個。

武力征服的成果，使尤紐斯驚歎不已，他驕傲地讚美道：「武力征服的效果是多麼令人滿意！你可以看到麻豆社和大加萊安社是怎麼樣屈服我們的統治的。在如此廣大的地域裡，上帝敞開了異教皈依的寬廣的大門！」[23]以武力鎮壓臺灣原住民皈依基督教這就是荷蘭殖民主義統治者所扮演的劊子手與牧師兩種職能的真實寫照。

南北諸社歸順典禮後不久，尤紐斯即奔赴各地巡視，以檢查他們是否遵守了條約的規定。一六三六年二月，尤紐斯首先到蕭壟、麻

---

23 W. Campbell, *Formosa Under the Dutch*, p. 140.

豆、目加溜灣等北部諸社。每到一地，都召集當地居民訓話，對他們的歸服表示歡迎，勸告他們要與荷蘭人保持和平，要服從長老的命令，不要暴力行事，否則將會受到嚴厲的懲罰。同時，勸說當地居民拋棄偶像，信奉基督教。三月，尤紐斯視察了 Magkinam 社，「我們向他們講了許多，尤其是要拋棄偶像，事奉唯一真正的上帝。我們有足夠的理由說服他們，因為周圍的村社也在盼望著能像五年前拋棄偶像的新港社一樣興盛起來。他們宣稱：只要我們派人去教導他們，定會遵從。」[24]

四月二十九日，大目降的居民決心信奉基督教，於是尤紐斯等人到該地替傳教士尋找合適的住所，並向當地原住民發表了演說，批判他們一直到現在還在崇拜的各種神靈，同時告訴他們信奉基督教所必須做的一些祈禱，然後商定了拋棄偶像的日子。五月五日，尤紐斯來到大目降，當地的居民把他們的偶像連同祭壇全部拿出來，親手點火焚毀。十八日，尤紐斯又前往該地守他們首次的安息日，幾乎全村落的居民都出來參加禮拜。

六月，目加溜灣、大武壠的社民也派代表來告訴尤紐斯：如果公司派人去教導他們，當地居民也願意拋棄偶像，信奉基督教的上帝。

諸番社的轉變使尤紐斯對教化事業充滿信心，他在九月五日所作的工作報告中說：他相信勸服麻豆及蕭壠這樣大部落的居民拋棄偶像也會是件容易的事。十二月，尤紐斯再次訪問蕭壠、麻豆、目加溜灣，「主要目的是弄清當地居民對基督教信仰的態度，檢查他們的熱情是否已達到傳播福音的程度」。[25]結果正象尤紐斯所預料的那樣，目加溜灣的居民拋棄了偶像，開始信仰基督教，並且修建了教堂和牧師住所，而麻豆與蕭壠兩大番社也於一六三七年月十一月在新任臺灣長

24　W. Campbell, *Formosa Under the Dutch*, p. 135.

25　W. Campbell, *Formosa Under the Dutch*, p. 154.

官范登堡（Jan Van der Burg）的蒞臨下，由尤紐斯和此年剛剛到臺的利未士（Gerardus Leeuwius）分別主持了嚴肅的偶像拋棄典禮，宣誓皈依上帝。

對於根據地新港，此年尤紐斯也有報告說：「至今新港的居民，均表現出他們是非常順從的人。最大的困難已被克服了；他們放棄了他們的偶像典禮；安息日在嚴格地被遵守著，而通常我們有六百至七百名的聽眾。我們的結婚典禮現在已成為普遍的事，五十對以上的夫婦依照上帝的命令由我們合婚。此外還有八百六十二位的信徒受洗。」[26]

在北部巡視的同時，一六三六年四月，尤紐斯也對南部的放索、Tamsuy、Dolatok 等社進行了考察。五天後，尤紐斯回來報告說：如果公司能派能幹的傳教士駐居上述各地，不久他們定能接受基督教。

為了傳教事業在臺灣的長遠利益，尤紐斯決定在新港創辦一所基督教學校，培養一批本土傳教人員，讓土著教師用他們當地土語教授居民基督教教義。他認為：一名本土傳教員比所有荷蘭傳教士取得的效果還要大。如在蕭壟社就有四位土著傳教員擔任學校校長，並承擔起在該地傳道的重任。同時，為了永久地占據臺灣，荷蘭殖民者更從兒童抓起，強迫他們入學接受基督教教育，尤紐斯再次建議荷蘭殖民者選派當地土著兒童到荷蘭學習。

在荷蘭殖民者的武力鎮壓和尤紐斯等人的不懈努力下，到一六三七年底，臺灣被征服的大部分地區的原住民都自願或不自願地拋棄了民族固有的偶像，信奉了基督教。一六三九年，臺灣長官范登堡陪同荷蘭東印度公司的特派員古肯貝克（Couckebacker）到被征服各地巡視，對尤紐斯的教化成績非常滿意，范登堡在給巴達維亞評議會的信中亦對尤紐斯的成績表示讚揚：「來到大員以後，我們有更多的機會

---

26 W. Campbell, *Formosa Under the Dutch*, p. 143.

認識尤紐斯先生。他是一位慈祥、熱情、充滿著基督愛心的人，他在
盡一切努力拓展著上帝的王國，並使我們堅信他們的願望一定能夠實
現！」[27]

至一六三九年十二月，各地的人口及信教狀況如下：

一六三九年月十二月北方五部落信教情況統計

村社	人口總數	受洗人數	受洗百分率	學生人數	學生占人口百分率	駐地牧師或傳教士
新港	1047	1047	100%	男生：45 女生：50-60	9.1%-10%	約得書
目加溜灣	1000	261	26.1%	87	8.7%	馬其紐斯
蕭壠	2600	282	10.8%	130	5%	四位土著學校校長
麻豆	3000	215	7.2%	140	4.6%	約翰西門
大目降	1000	209	20.9%	38	3.8%	阿格理哥拉
大目連				87		
總計	8647	2014	23.3%	577-587	6.7%-6.8%	九位

傳教前期，由於干治士單槍匹馬，教化效果並不理想，只是在荷
蘭人鎮壓了麻豆社以後，新港的教化工作才有了緩慢進展。到一六三
五年，該地的受洗人數才有七百餘人。但到了一六三九年，僅僅三年
的時間，不但受洗人數增加了，傳教範圍也由新港一社擴大至北方六
部落諸社。在荷蘭殖民勢力最強的新港社，受洗率高達百分之一百，
在目加溜灣社，有二六一人受洗，大目降也有二〇九人受洗，受洗率
都達百分之二十有餘，即使在最難馴服、人口最多的麻豆社亦有二一
五人受洗，使得這一時期受洗人數達到達二〇一四人。比前期八年奮
鬥的成果還要多，而所用時間卻不足其二分之一。這種結果的出現主

27　W. Campbell, *Formosa Under the Dutch*, p. 148.

要是由於荷蘭殖民者對北方原住民大規模武力征討所導致。因此，我們說：荷蘭在臺的教化事業具有強烈的軍事征服性，是以傳教士的「責備、警戒、勸勉」配合東印度公司的「討伐、威壓、宣撫」[28]來推行的。這就使得原住民宗教信仰的改變並非出於其自身心理需要的變化，而是帶有某種強迫性。所以，在鄭成功收復臺灣之時，大量的原住民立即改弦易轍，迅速拋棄基督教，轉入到反對荷蘭殖民者的大軍中。

　　異常光明的傳教前景，令尤紐斯興奮不已，而傳教人員缺乏的問題又擺在了他的面前，「地域變得愈來愈大，我們需要更多的人去播種。」[29]為此，他多次向公司懇請增派傳教士來臺。「福音的門戶非常廣闊，為了善用此機會，急需十位至二十位的傳教士，同時並迫切地請求增加一位牧師，……將來所派來的人必須從事一個長期的服務。」

　　一六三六年五月，巴達維亞的中會決定派遣何貞士丹牧師（Assuerus Hoosgeteyn）前往臺灣，六月，又決定恢復寧德本（Joannes Lindeborn）牧師的職位，與何貞士丹牧師一起增派到臺灣。何貞士丹牧師抵臺後，在新港向尤紐斯學習當地語言，並幫助尤紐斯領導駐在該部落的荷蘭人教會。十二月間，何貞士丹牧師被派往目加溜灣傳教，公司希望他能在此地有良好的表現。然而，一六三七年一月間，何貞士丹牧師卻因患病在該地去世。至於寧德本牧師，是同其妻一起來臺的。他性格固執，又嗜酒如命，不但拒絕學習新港土語，而且在醉酒後常常毆打妻子，一六三九年即被遣送回國。而就在此時，干治士又結束了他在臺長達十年之久的服務，離臺回國了，最終還是留下尤紐斯一人在臺從事廣大範圍內的傳教工作。他不得不再次向公司提

28　徐謙信：《荷蘭時代臺灣基督教史》，頁44。

29　W. Campbell, *Formosa Under the Dutch*, p. 142.

出派遣傳教士來臺的要求。

　　考慮到尤紐斯的難處，一六三七年，公司又派出了利未士牧師前往臺灣。利未士先在熱蘭遮城服務了一段時間，其後便去新港社學習當地的語言及風俗等，以備將來駐留於該部落傳教。然而，即使這樣也未能為尤紐斯減輕多少負擔，一六三八年七月，公司不得不又派蘇格搭拿斯牧師（Joannes Schotanus）來協助利未士牧師，使他不但能夠在新港專任，而且能夠陪同尤紐斯到各部落巡視。但蘇格搭拿斯生活放蕩，一六三九年亦被公司解職，而就在這一年，利未士又突然病逝於熱蘭遮城。牧師短缺的問題絲毫沒有得到解決。其後，公司在一六四○年、一六四一年又分別派出兩位牧師巴維斯（Joannes Bavius）、密克爾紐斯（N.Mirkinius）來臺工作。

　　儘管牧師問題沒有解決，在尤紐斯的努力下，來臺的傳教士隊伍卻逐漸壯大起來，他們在各自的居住地和原住民部落中傳教。耶路巴茲（Willeam Elberts）及阿勒豪夫（Hans Olhoff）兩位傳教士首先是在蕭壠合作，而後分別於一六三八年和一六四四年被派往南方的大目連（Tapouliang）服務。一六三八年同蘇格搭拿斯一起來臺的傳教士巴爾比安（Josephus Balbiaen）協助尤紐斯在新港工作，阿格理哥拉（Carolus Agricola）在大目降熱心服務，約書得（Joost van Bergen）在新港娶當地土著女子為妻，馬其紐斯（Andreas Merkinius）則在目加溜灣娶荷蘭女子為妻，約翰（Jan）及西門（Jan Symonz）在麻豆也有良好的表現。因而，當尤紐斯結束他在臺十年服務第一次返回巴達維亞時，曾向荷蘭殖民當局申請給傳教士中的優秀者加薪升職。

　　這期間，鑒於傳教人員的缺乏，公司採納了尤紐斯利用士兵作傳教士的建議，派遣在土著居民中頗有聲望的下士斯布爾曼士（Warnaert Spoelmans）到放索學習土語，並派一名能幹的當地青年作他的助手。不久，斯布爾曼士攜帶著由尤紐斯在巡視期間所收集到的三百放索語彙前往放索。一六三七年四月尤紐斯又批准傳教士米歇爾斯（Jan

Michiels)、士兵托馬斯（Marcus Thomas）、德貝爾（Huybert Trebbelji）到放索及其周圍的部落擔任當地基督教學校的校長。

　　同時，為了更有效地開展工作，尤紐斯多次懇請公司解除他的行政事務。「關於司法職責，它們占去了我太多的精力，並給我帶來了許多麻煩，……在處理這些案件時，我們不能用我們自己的法律去評判，而必須使用他們本土的語言，依照他們自己的習慣來審理，否則，他們就會起來反抗。」[30]由於公司一時還找不到像尤紐斯這樣既熟悉當地情形又認真肯幹的人選來接替他的職位，所以，尤紐斯的行政職責一直沒有得到解決。他常常一邊傳教，一邊處理土著居民的一些繁雜事務，直到他離職。

　　由上可見，儘管荷蘭在臺的傳教取得了較大的進展，但其傳教區域側重於大員附近以至諸羅山周圍的地區，主要傾向於中部六部落，即新港、麻豆、大目降、目加溜灣、蕭壠和大武壠。而在廣袤的南北兩地，較少有基督教的傳播。臺灣南部地區，雖然基督教傳入較早，但因該地氣候惡劣，環境險峻，且曾有數名傳教士病故於此。因此，即使曾有個別傳教士作了種種努力，但傳教效果並不十分理想。至於臺灣北部地區，荷蘭殖民者占據它主要是因為當地貯藏有豐富的黃金，而對於當地的民眾並沒有給予太多的關注，而且由於經常遭受原住民的突襲，公司當局遲遲沒有派遣傳教士前往傳教。

三　緩慢發展時期（1641-1650）

　　一六四一年以後，臺灣向日本輸出的商品逐年減少，這標誌著荷蘭在臺的轉口貿易開始下降。另一方面，內地的戰亂又使大量的難民遷居臺灣，為臺灣的農業提供了充足的勞動力，使得臺灣砂糖的生產

30　W. Campbell, *Formosa Under the Dutch*, p. 142.

數量逐年上升，從而使砂糖成為臺灣輸往其他地區的最重要的商品之一。與此同時，臺灣出口的鹿皮、硫磺、煤炭等亦呈增長趨勢。「如果說一六四○年以前臺灣主要是轉口貿易基地的話，那麼此後轉口貿易則開始衰落，本地生產出口的比重在明顯提升，這時臺灣逐漸演變為『轉口—出口』混合型貿易基地。」[31]貿易方式的轉變，使荷蘭東印度公司的對臺經營方針發生了改變，經營的重心逐漸轉向整個臺灣島，並加緊了對其資源的掠奪。

　　從一六四一年始，荷蘭軍隊多次掃蕩臺灣中部、北部和東部，並於一六四二年八月二十六日進駐雞籠，結束了西班牙侵略者在臺灣北部十六年的殖民統治。同時，為了強化政治統治，荷蘭當局開始編製「村舍戶口表」，即對所控制的原住民進行人口登記，劃分行政區域。為了達到長期獨霸臺灣的目的，公司更加注重基督教在臺灣的傳播，妄圖以此削弱臺灣民眾的反荷情緒，束縛他們的思想和心靈，使其在內心世界對荷蘭歸順和認可，「因為宗教是唯一能夠把這個『國家』同我們聯結起來的紐帶」。[32]

　　一六四○年三月，臺灣長官范登堡病逝。由於曾與新任臺灣長官保魯斯‧特羅登紐斯（Panlus Traudenius）有隙，尤紐斯向公司當局提出退職申請，「閣下應該理解我是多麼渴望能夠乘首次航船離開這裡，因為我已在臺服務多年，且疾病纏身，無法到各地巡視」。一六四一年五月九日，尤紐斯到巴達維亞中會（The Consistory in Batavia）接受詢問：到底是重返臺灣還是乘船回國。尤紐斯回答說：如果中會認為有必要，他同意十月初重返臺灣，並願意在那裡再工作兩年，但他要求增加薪水，並要求中會寫信給現任長官特羅登紐斯，保證不會干擾他的工作，一切都像前任長官范登堡在任時一樣。

---

31 楊彥傑：《荷據時代臺灣史》，頁139。

32 一六五五年十一月十九日臺灣評議會致東印度公司總督及評議會的信函，《臺灣社會經濟史全集》（12），頁65。

　　在東印度公司答應了一切要求後，尤紐斯返臺為荷蘭殖民者做了最後兩年的服務。一六四三年，尤紐斯謝絕臺灣教會的盛情挽留，乘船首先到達巴達維亞，次年回國。一六五〇年，尤紐斯在荷蘭出版了小冊子 *Of the Conversion of Five Thousand Nine Hundred East Indians in the Isle Formosa Nea China to the Profession of the True God in Jesus Christ*，詳細講述了他在臺灣的傳教經歷。一六五三年，尤紐斯轉至阿姆斯特丹，兩年後病逝，年僅四十九歲。

　　尤紐斯的離臺，給荷蘭殖民者的統治和臺灣的基督教事業，帶來了很大的影響。哈約翰牧師曾說：尤紐斯的離臺將會使臺灣基督教的傳播工作不但不會有所進展，還有可能出現倒退。事實也確實如此。繼尤紐斯離開後，一六四六年，哈約翰牧師病歿於熱蘭遮城。翌年，巴維斯牧師亦因病在該城去世，范布倫牧師（Simon Van Breen）也申請離臺。而一六四七年接任的哥拉維斯（Daniel Gravius）牧師、瓦提烈牧師（Jacobus Vertecht）也於一六五〇年提出離臺申請。使得本來人手就少的傳教事業開始頹廢起來。

　　但是，在荷蘭殖民者的強制下，臺灣的教化事業在整個四〇年代還是有緩慢發展的，某些地區甚至已進入穩定階段。這具體表現在以下四個方面：

（一）教徒人數的增加和質量的提高

　　據一六四三年十月臺灣教會向阿姆斯特丹大會的報告記載：尤紐斯已在北方六部落施洗了五千四百人，與一六三九年相比，受洗人數增加了三三八六人，增長了一點六八倍。而且這些信徒還能流利地回答〈主禱文〉、〈早晚祈禱文〉、〈餐前餐後祈禱文〉等有關基督教的基本知識。按照基督教典禮結婚的夫婦也比一六三九年增長了七點四倍。

　　在重點教化原住民的同時，荷蘭殖民者也沒有忘記漢族移民。一六四四年，熱蘭遮城評議會決議記載：「凡是與土著女基督教徒同居

的中國移民，在本年末或明年初應對宗教會議作他們對信仰基督教滿意的講話，如不履行這個義務，必須和那些女基督教徒們別居。如他們之間有子女時，必須給予必要的供給。」[33]在這一強制政策下，一部分漢族移民改信了基督教。

（二）學校教育對象的拓寬和學生成績的進步

自一六三六年尤紐斯在新港建立第一所基督教教會學校以來，學生數量不斷增加，由最初的七十多人增至一六四七年的一一〇人，女子學校則有一六四名學生。而且，附近的目加溜灣、蕭壠、麻豆等各個村社也隨之相繼建立了基督教學校，且學生數量都達到一百人以上，其中目加溜灣一〇三人，蕭壠一四一人，麻豆最多，達一四五人。為吸引更多的土著居民入教，各地的學校又將受教育對象擴大至成人，新港社的成年男子學校剛剛成立就招收了五十八名學生，目加溜灣的成年男子學校則多達一一〇人。此外，蕭壠社還建有一所幼兒園，招收了二五三名幼兒。在麻豆社還規定，除了上學的學生以外，其餘的人分成七組，每隔七週要到學校接受基督教祈禱文的教育。[34]

學生的成績也有了很大的提高。新港的少年學生已經相當熟悉祈禱文和新編的基督教教理問答書，其中一名年齡較大的男孩已掌握了其中的十八個問題，成年學生所掌握的祈禱文和基督教教理問答書內容不亞於少年男學生。女學生對祈禱文知道較少，但在別的方面與男子沒什麼差距。大目降的少年學生能夠回答基督教教理問答書的十五～十六個問題，成年學生則基本上掌握了祈禱文。目加溜灣的部分學生已能掌握五十～六十題，甚至七十五題，成年學生對祈禱文和基督教教理問答書亦很熟悉，可回答三十～四十個問題。而且這些學校的學生都具有一定的讀、寫能力。

33 W. Campbell, *Formosa Under the Dutch*, p. 139.

34 W. Campbell, *Formosa Under the Dutch*, pp. 225-226.

（三）傳教地區的延伸

　　這一時期，基督教的傳播開始向大員周圍和南部地區滲透。據一六四三年臺灣教會給阿姆斯特丹大會的報告說：哆囉嘓社已開辦了一所學校，來自麻豆的一位土著教師駐在那裡。諸羅山的居民也拋棄了偶像，亦有一位土著教師擔任學校校長，學生們每天到校學習早晚教理問答書。一六四四年，候補牧師漢斯・奧羅佛開始到南部傳教，駐在大目連。據他在一六四六年向臺灣教會的報告中說：在過去的幾年裡，上學的孩童和成年人總體上都有增加，尤其是在 Verovorong、大目連、Akau、Swatanau 等社。時任臺灣長官卡朗在給巴達維亞的報告書中亦稱：「漢斯・奧羅佛滿懷信心地去南部傳教，經過辛勤的勞動，終於在去年冬天獲得了成功，從而沒有使頹廢的傳教事業毀滅！」[35]

　　在法沃蘭（Favorlangh）地區，一六三七年尤紐斯曾有報告說：「當地土著居民殺死一名獵人，擄去一人，打傷數人，並奪取了狩獵許可證。」[36]當時的臺灣長官打算動用武力來馴服他們，但由於臺灣長官一職更迭頻繁，武力鎮壓的計畫直到一六四一年臺灣第六任長官托拉紐列斯（Paulus Traudenius）在任時才得以實施。是年十一月，托拉紐列斯率荷蘭兵和徵集來的中國移民三、四百人從水路進軍法沃蘭社區，尤紐斯牧師則帶領騎兵十五人及由新港等十個歸順部落召集的土著居民武裝一千四百餘人從陸路會師。

　　懾於荷蘭殖民軍隊的暴力，法沃蘭人於一六四二年表示歸服。為鞏固其武力征伐的成果，托拉紐列斯長官於一六四四年派范布倫前往該地傳教。不久就有致巴達維亞的報告說：「他（范布倫）不但能夠達成他的宗教任務，而且很會管理法沃蘭。因此盤據在那邊的叛逆者（指中國私販），因他採用平穩的方法，已從該村撤離，現在被繫於

35　W. Campbell, *Formosa Under the Dutch*, p. 215.

36　莊松林：〈荷蘭之臺灣統治〉。

鐵鍊受罪。」[37]一六四八年又有消息報告范布倫牧師在法沃蘭地區兩年半間的成績：「他（范布倫）不忘牧師的特別任務，現在經過二年半，不但已使該地歸於平靜，而且能夠使土人們，享受和平而快樂的生活……現在該地有六所設立完備的學校，學生精通祈禱文、信仰要項、十誡及法沃蘭語小教理問答書，並會讀寫，其成績可能已超過任何在臺灣之學校。」[38]

（四）教會組織的創建

在尤紐斯牧師的努力下，臺灣教會組織的建立也在醞釀之中。一六四三年十月，「不僅在大員，而且在蕭壠已經建立了教會會議」。[39]教會長老從荷蘭人和土著人當中挑選，范布倫任大員教會議長，伯爾（Pieter Boon）任長老；巴維斯任蕭壠教會書記，傑里斯（Joost Jielis）任長老。一六四七年十月七日，兩地聯合教會會議召開，選舉駐新港的范布倫牧師為議長，駐蕭壠的巴維斯牧師任書記。聯合教會的出現，標誌著荷蘭在臺灣的基督教傳播事業在局部已經進入穩固的時期。

四　衰落和終結時期（1651-1662）

一六五一年至一六六二年期間，是荷蘭殖民者在臺政治統治出現危機乃至最終失敗的時期，也是基督教傳播逐漸衰落直到絕跡的時期。

為了爭奪世界霸主的地位，荷英兩國拉開了爭奪世界貿易主導權鬥爭的序幕。一六五二至一六五四年間英荷兩國第一次海上大規模戰役的爆發。荷蘭戰敗，被迫承認了《航海條例》，並保證賠償從一六一一年起給英國東印度公司造成的損失。

---

37 《臺灣社會經濟史全集》（12），頁33。該文提到的「法布倫」即「范布倫」。
38 《臺灣社會經濟史全集》（13），頁15。
39 W. Campbell, *Formosa Under the Dutch*, p. 194.

　　為了彌補貿易上損失，荷蘭殖民者加強了對臺灣經濟及自然資源如黃金、硫磺的掠奪，並加重了對臺灣人民的經濟剝削。以人頭稅為例，由一六四〇年的每月四分之一里爾提高到一六五一年的二分之一里爾。從總收入來看，荷蘭據臺初期，人頭稅的年收入僅有幾萬盾，一六三三年以後上升到一二十萬盾，而到一六四七年竟高達四十餘萬盾，其中一六四九年最高達一百萬盾。早在一六四〇年尤紐斯就在信中寫道：「住在鄉村裡的中國人是非常窮困的，或許不能夠每月付出四分之一里爾。」[40]

　　在這種情況下，各地的反荷情緒亦日益高漲，尤其是遠離荷蘭當局統治中心的地區，反荷暴動時有發生。一六四九年和一六五〇年先後發生兩起荷蘭傳教士被殺事件，這預示著又一次反荷鬥爭高潮的到來。

　　一六五一年，臺灣的蔗糖和糧食產量大幅度下降，而大陸移民又大量增加，導致許多人無事可做，饑民遍野。而此時鄭成功海上武裝力量的崛起又給廣大的臺灣民眾帶來了希望。在各種因素的綜合作用下，終於在一六五二年爆發了規模宏大的郭懷一起義[41]。

　　郭懷一起義沉重打擊了荷蘭的殖民統治，使他們認識到：僅僅靠武力是不能征服臺灣人民的，就連率領殖民軍鎮壓起義的臺灣長官費爾堡也不得不承認：「對臺灣的繼續占領，隨處都有會遇到許多迫切的危險，這些危險不但來自十萬以上的野蠻人（殖民者對高山族的侮稱），而且來自居住有那裡的中國人。」[42]「常常想到那天晚上（按指

---

40 一六四〇年十月二十三日，尤紐斯牧師致巴達維亞總督的信，《鄭成功史料選編》，頁221。

41 郭懷一原為鄭芝龍舊部。鄭芝龍降明後，他留在臺灣從事農耕，並擔任赤嵌附近一個名叫士美村的長老。目睹臺灣人民苦於荷蘭殖民者的壓迫和剝削，他毅然走上了帶領人民武裝反抗侵略者的鬥爭之路。起義原定於農曆中秋節，由於計畫洩露，只得提前倉促行動。在荷蘭殖民者的殘酷鎮壓下，起義遂告失敗。

42 菲列普斯：〈荷蘭占領臺灣簡記〉，引自《中國評論》，卷10，頁127。

郭懷一起義）所發生的事，就會使我毛髮悚然……他們都有時常在尋找一切陷阱和隱處，因此任何時候都能向我方叛亂。」[43]

　　進入十七世紀五○年代以後，不但荷蘭人的政治統治危機四伏，傳教事業也每況愈下。一六五一年，哥拉維斯和瓦提烈兩位牧師期滿離臺，剛剛到任的魯德根茲（Johannes Lutgens）病逝，候補牧師漢斯‧奧羅佛病情加重，在臺僅有四位牧師，即克魯夫牧師（Joannes Cruyf）、特斯徹馬克牧師（Rutger Tesschemaker）、漢布魯克（Antonius Hambroek）牧師、哈帕特牧師（Gilbertus Happartius）。

　　在中部的法沃蘭地區，一六四六年，牧師范布倫因病解職，這一地方的教化工作遂出現阻塞，所建學校日漸荒廢下去。一六五三年，傳教士巴克爾斯（Joannes Bakkerus）繼任，傳教一年，似無建樹。

　　在荷蘭教化事業較落後的南部地區，一六五二年，漢斯‧奧羅佛的病逝使這一地區的傳教活動幾乎陷於停滯狀態。每個牧師都希望留在臺灣最好的地區，他們中沒有一個人真心願意到南部傳教。一六五四年十一月十九日，第十一任長官康納利期‧卡薩（Cornelis Cesar）致函東印度公司總督，報告南部一帶的教化情況說：「十二月末予（預）定派遣裁判性及宗教性委員到南部，調查有無必要在該地方繼續設置教會及學校，我們恐怕不能接到滿意的報告，又牧師們也憂慮不知道再遭遇到何種困難，主張中止努力。」[44]由此可見，荷蘭人在南部的教化工作已失去根基。

　　內憂外患，使在臺的荷蘭殖民者惶惶不可終日。尤其是郭懷一起義爆發後，荷蘭統治者意識到：僅僅依靠經濟掠奪和武力鎮壓，難以保持對臺灣的統治，要想達到長期占領臺灣的目的，必須軟硬共施。

---

43 一六五四年三月十日，荷蘭總督費爾堡致巴達維亞評議會的信，辛逝農：〈郭懷一抗荷事蹟考略〉，載《臺灣風物》第2卷第1期。

44 一六五四年十一月十九日臺灣長官卡薩給東印度公司總督的信函，莊松林：〈荷蘭之臺灣統治〉。

一方面，他們加緊戰備，在赤崁建造普羅文查城，同時從巴達維亞調遣軍隊。另一方面，他們又採取了一些緩和矛盾的措施，如減輕賦稅等，人頭稅也由每月二分之一里爾恢復到四分之一里爾。

同時，為了穩固統治基礎，征服人心，荷蘭殖民當局還對二十多年來在臺傳教的活動做出了一些具體的改進措施：

（一）傳教策略與方法的改變

荷蘭在臺的教化事業是靠武力作後盾來推行的，在他們的威脅與利誘下，成百上千的臺灣原住民和部分漢族移民被迫改信基督教。這種高壓政策的結果，使基督教在臺傳播，教徒數量上的增加與傳教區域的擴大，而教徒的信仰，其實並沒有實質性的改變，大部分信徒只是表面上的基督徒而已，尤其是一些年長者，暗地裡仍在從事原始的宗教活動。荷蘭傳教士們自己也已感覺到「基督教的信仰難以在短時期內根植於原住民的內心。」[45]臺灣人民的反荷鬥爭亦從另一方面證明：武力傳教是一種不切實際的、最終失敗了的策略，精神領域的信仰問題無法用軍事手段來解決。正如前任臺灣長官費爾堡所承認的：

> 我認為絕對沒有必要對不到校聽課的居民處以重罰。目前是一張鹿皮的懲罰，而實際上他們的糧倉空空如也，連肚子都填不飽，的確，這種處罰太嚴厲了。使人驚奇的是：在這種環境下，這些善良的人們仍能忍受一張鹿皮的嚴懲。誰曾聽說過一個人內心裡不願接受某個教義而又迫使他們信奉的事情呢？很顯然，牧者只能循序漸進地把一種信仰根植到一個人的心裡，這樣，他們就會自願地到教堂禮拜，去學校上課……。[46]

---

45 W. Campbell, *Formosa Under the Dutch*, p. 294.

46 W. Campbell, *Formosa Under the Dutch,*, p. 296.

　　但是，不論荷蘭傳教士採用什麼樣的傳教手段，荷蘭在臺統治的殖民侵略性，使得福音根本無法贏得人心。一六五八年三月二日，臺灣評議會在給巴達維亞總督及評議會的信中寫道：「臺灣人民不顧我們三番五次地告誡，仍然在崇拜偶像，通姦，甚至亂倫，……」荷蘭殖民者的「溫和傳教」並沒有取得任何效果。對此，殖民者感到束手無策，又不得不撕下「仁義慈愛」的面具，實施他們慣用的手法。「我們宣布了崇拜偶像的人首先當眾鞭笞，然後流放到其他地方。」[47]由此可見，在荷蘭當局殖民統治日益衰弱的情況下，儘管其傳教政策幾經變革，由硬而軟，由軟而硬，但荷蘭傳教士們努力開拓的教化事業最終走向衰亡已隱含括機於此。

（二）增派傳教人員

　　牧師緊缺的問題始終困擾著臺灣教會，被認為是傳教事業停滯不前的重要原因。一六五五年，為了重建臺灣的基督教殿堂，巴達維亞殖民當局向臺灣增派了五名牧師，這是基督教在臺傳播以來增派牧師最多的一次。一六五五年，在臺的荷蘭牧師已達八人，成為駐臺牧師最多的年份。這是自荷蘭人在臺灣傳播基督教以來第一次真正解決了傳教人員數量不夠的問題，以至於臺灣教會要求巴達維亞總督及其評議會不要再派傳教人員來臺。下面是這一年在臺牧師的配置情況：

牧師	傳教範圍
克魯夫（J. Kruyf）	大員
漢布魯克（A.Hambroek）	麻豆、哆囉啯
巴克爾斯（J .Backerus）	法沃蘭
馬修斯（M. Masius）	淡水、雞籠
布索夫（H. Bushoff）	蕭壠、目加溜灣、大武壠

47 W. Campbell, *Formosa Under the Dutch*, p. 316.

牧師	傳教範圍
威澤繆斯（A. Winsemius）	新港、大目降
默斯（P. Mus）	諸羅山及其附近地區
甘庇斯（J. Campius）	二林及其周圍各村社

同時，為了挽救南部的教化事業，臺灣教會決定：駐新港和蕭壟的牧師，每年輪流到南部巡視，並派候補牧師 Holthusius 駐勤目加溜灣，協助他們的工作，並規定「如果天氣允許的話，每月應到南部視察。」[48]另外，又向法沃蘭、二林及大武壠等地各派一名傳教士。

（三）籌建傳教士培訓學院，培養土著傳教人員

荷蘭傳教人員素質低劣的問題，一直使荷蘭殖民當局頭疼不已。為了改善傳教人員的形象，提高他們的內在素質，荷蘭駐臺當局採取了許多措施，但效果很不理想，令殖民當局大失所望，逐漸對其喪失信心。而土著學校教員的優秀表現，又使他們萌生了培養土著傳教士和牧師的念頭。

一六四三年，為了解決各地學校教員不足問題，荷蘭殖民者從原住民中選拔了五十名青年，派駐到各社的基督教學校任教。次年，又對這些原住民教師進行了調整，將五十人裁減為十七人，每人每月發給津貼、大米，讓他們「完全從事教化事務」。一六五七年十月，臺灣教會更向臺灣長官及其評議會申請修建一所傳教士培訓學院，初步選址定於蕭壟或新港，後經反覆討論，最後決定在麻豆建造傳教士培訓學院。

麻豆傳教士培訓學院的建立，目的在於培養大量的土著傳教人員，提高傳教人員的質量，從根本上促進基督教在臺灣原住民中的傳播。為此，荷蘭傳教士們制定了非常周密的計畫，對學生的入學條

---

48 W. Campbell, *Formosa Under the Dutch*, p. 299.

件、學習內容、作息時間、內部管理等方面做了細緻入微的規定，並收到了預期的效果，以至於在臺的傳道師們在給巴達維亞評議會的信中寫道：「不要再從巴達維亞派遣傳教士來臺了，因為我們認為學校校長比傳道師更有用，而學校校長在這幾年裡已大大增加了。」[49]

一六五九年十月，普羅文查城統治者 Jakobrs Valentijn、牧師默斯（Petrus Masch）等對臺灣中南部地區進行了視察，並寫出了詳細的教務報告。該報告是臺灣殖民者在臺灣的最後一個教務報告。從報告中，不但可以看出五〇年代後期的教務狀況，而且反映了荷蘭在臺傳播基督教三十多年來的成果，極其珍貴。

這份報告分為二部分。第一部分為 Leonarts 管轄的法沃蘭地區，包括法沃蘭、貓兒干（Batsiakan）、Tackeijs、Turgra、Tanrinap、阿束（Assoeck）、Babariangh、Tavekol、Dobalibaiou、Balbeijs、Dobalibaota、Goumol、他里霧（d'haliboo）等十三個村社，主要是現在的北港溪上流至大肚溪之間的地區。第二部分為 Siraya 語地區，其中包括諸羅山、哆囉嘓、Dovaha、蕭壠、麻豆、目加溜灣和新港等七個部落。

中村孝志在〈荷蘭人對臺灣原住民的教化──以一六五九年中南部視察報告為中心而述〉一文中，以表格的形式對此做了統計。現摘錄如下：[50]

一六五九年臺灣各村社教化成績

村社	一六五六年人口（A）	會悉教義者數（B）	會悉各種祈禱以上教義者（C）	B÷A（％）	C÷A（％）	C÷B（％）
法沃蘭	649	313（男子117	191	48	29	61

49　W. Campbell, *Formosa Under the Dutch*, pp. 299-300.

50　中村孝志著，賴永祥、王瑞徵譯：〈荷蘭人對臺灣原住民的教化──以一六五九年中南部視察報告為中心而述〉，載《南瀛文獻》第3卷第3、4期。

村社	一六五六年人口（A）	會悉教義者數（B）	會悉各種祈禱以上教義者（C）	B÷A（%）	C÷A（%）	C÷B（%）
		女子118 兒童78）				
貓兒干	403	272 （男子105 女子128 兒童39）	148	67	37	54
Tackeijs	347	164 （男子65 女子99）	73	47	21	45
Turgra	230	140 （男子67 女子40 兒童33）	52	61	23	37
Taurinap	258	154 （男子56 女子70 兒童28）	60	60	23	39
阿束	287	197 （男子92 女子96 兒童9）	79	69	28	40
Babariangh	296	155 （男子82 女子73）	47	52	16	30
Tavekol	247	179A （男子71 女子108A）	27A	72A	11A	15A

村社	一六五六年人口（A）	會悉教義者數（B）	會悉各種祈禱以上教義者（C）	B÷A（%）	C÷A（%）	C÷B（%）
Dobalibaiou	250	150（男子88 女子62）	80	60	32	53
Balbeijs	207	125A（男子63A 女子62）	94	60A	45	－75
Dobalibaota	351	209A（男子113A 女子96）	113	60A	38	－64
Goumol	235	144（男子63 女子81）	83	61	35	58
他里霧	359	197（男子106 女子91）	107	55	30	54
Dovaha	512	320（男子165 女子155）	140	63	27	44
諸羅山	678	394（男子209 女子185）	134	58	20	34
哆囉嘓	160	90（男子35 女子55）	62	56	39	69
麻豆	1380	710（男子278 女子319 兒童113）	320	51	23	45

村社	一六五六年人口（A）	會悉教義者數（B）	會悉各種祈禱以上教義者（C）	B÷A（％）	C÷A（％）	C÷B（％）
蕭壟	1439	697（男子240女子276兒童181）	519	48	36	74
目加溜灣	545	412（男子134女子185兒童93）	129（208）（1）	76	24（38）（1）	31（50）（1）
新港	1276	1056（男子443女子447兒童166）	306（555）（1）	83	24（43）（1）	29（53）（1）
合計	10109	6078A	2784（3076）（1）	60%強	30%強	50%強

注：包括能回答舊式祈禱舊式小問答者

　　儘管如此，此時基督教在臺灣的衰敗和消亡已經成為不可逆轉的歷史趨勢。

　　鄭成功於一六四六年海上起兵後，有關鄭成功攻打臺灣的各種消息就不斷傳來。一六五二年有消息傳來說：國姓爺由於處境不利，正在窺視臺灣，在當地居民中引起騷動。一六五八至一六五九年間，又有一大批中國移民逃到臺灣，並傳言說：國姓爺被打敗，退往廈門島。

　　在臺的荷蘭殖民者此刻如驚弓之鳥，惶惶不可終日，時刻都在擔心著鄭成功大軍的到來。同時，為防止中國居民起來反抗，一六六〇年，大員評議會命令中國居民必須在規定的時間內從森林中遷出，攜帶全部家當到熱蘭遮城周圍居住，以便於嚴格管束。一六六一年，住

在北方各地的荷蘭人聽到國姓爺渡臺的消息後,「有一百一十六名在蕭壟集合,中有牧師四人,政務員五名及其家屬,牧師中有漢布魯克。由於他們不受村民的歡迎,又與敵人靠近,就由該地轉向麻豆,由麻豆轉到哆囉啯,又由哆囉啯轉到北方的諸羅山」。[51]昔日作威作福的荷蘭殖民者此時也會像被他們趕殺的臺灣原住民一樣東躲西藏了。

　　與此相反,受盡了荷蘭殖民者的剝削與奴役的臺灣人民,早就盼望著這一天的到來了。「當荷蘭人被殺死後,他們也將享受到所獲得金錢的一部分,而且可以免除人頭稅。」[52]一六六一年四月二十一日,鄭成功率領兩萬餘眾,從金門出發,次日抵達澎湖。二十九日,鄭軍駛入鹿耳門,於赤嵌西北的士美村登陸,並在普羅文查城附近安營紮寨,隨後即向內地進兵。聽到鄭軍登陸的消息,各地民眾紛紛響應,有幾千中國人出來迎接他們,用貨車和其他工具幫助他們登陸,「這時的中國居民對他(鄭成功)完全服從,毫無抵抗」,「新港長老們同蕭壟、目加溜灣和麻豆的居民一樣,到國姓爺跟前發誓歸服之後,得到中國服裝和有鍍金的帽子。後來又聽說,新港人毫不抵抗地聽從長老們的勸告而降服了國姓爺。」[53]

　　一六六二年,鄭成功大軍登陸臺灣,荷蘭殖民者宣布投降,這標誌著荷蘭在臺達三十八年的殖民統治的宣告結束,作為輔助手段的基督教傳播也就失去了它在臺灣存在的意義和作用,從而結束了它第一次在臺灣傳播的歷史。

第二節　新教在臺灣的教化事業

　　以上我們在論述荷蘭統治臺灣的政策時,對荷蘭殖民者在臺的宗

51　《鄭成功收復臺灣史料選編》,頁305。
52　楊彥傑:《荷據時代臺灣史》,頁245。
53　《鄭成功收復臺灣史料選編》,頁277、278。

教懷柔策略稍有涉及。事實上，他們也意識到，僅僅靠武力鎮壓的手段是無法使原住民歸順的。為此，荷蘭特別強調教化的重要作用，故本節試圖對新教在臺灣的教化事業展開討論，並分析其實質。

　　一六三五年在征服了北方六部落以後，荷蘭殖民者便陸續在每個有福音傳播的村社建立起教堂和學校。教堂，是傳教士講道的場所和活動的中心，是為了方便原住民廣泛地信教，正如干治士所說的：「要在這群野蠻的人中傳教必須首先建立一座教堂作為傳教的基礎。」[54]荷蘭殖民者把教堂作為傳教的根據地，經常召集村民們到教堂內聽牧師布道、訓導，特別是星期天，他們還規定村民們都不得外出勞動，必須到教堂聽講道，守安息日，以便早日學會基督教義，學會早晚祈禱以及餐前餐後禱告。

　　學校則是荷蘭殖民者進行基督教文化教育的地方。因為當地的居民文化層次低，沒有文字，這對傳教的深入開展是一大障礙。因而，荷蘭殖民者在臺灣創辦基督教學校，是基督教在臺傳播過程中的必然要求和有效手段。其目的有二：

　　第一，土著兒童（包括一部分少年）從小就接受基督教教育，使他們能夠成為虔誠的基督教信徒，以便更容易服從荷蘭人的統治，「教以為隸而已」。[55]

　　第二，希望在普遍教授的過程中，發現一些較優秀的人材，培養他們在村中傳教這樣既可以解決荷蘭本國傳教人員的不足且品質低劣的問題，還可以收到克服心理障礙，鞏固傳教的效果。

一　學校創辦及師資

　　由於臺灣當時部落林立，語言互相不通，又沒有通用的文字，這給傳教士在臺灣的傳教事業帶來了困難。

54　W. Campbell, *Formosa Under the Dutch*, p. 91.

55　連橫：〈教育志〉，《臺灣通史》，卷11。

　　傳教士來到臺灣後，首要的任務就是學習當地土語以便傳教，同時言語相通還可以消除他們與當地居民間的心理隔閡。但是，學習語言需要花費很多的時間，付出很大的精力，「三、四年間還難以掌握，要得到語言的精髓，需要十至十二年的努力」。而事實上，能在臺灣居留十年以上的傳教士寥寥無幾，就連提出此建議的干治士牧師居臺時間也只有十年而已。因此，早在一六三四年，臺灣長官普特曼斯在給巴達維亞總督布勞威爾（Hendrik Brouwer）的信中就寫道：「如果閣下的命令——給一些新港人傳授大量知識以便讓他們用母語教導其他人——得以實施的話，那將是一件非常榮幸、值得讚許且受益匪淺的事。」[56]

　　學校教育的雛形最初源於荷蘭首任駐臺牧師干治士的辦教。當他在新港傳教時，曾把當地居民分成十四個部分，規定每天有兩部分集會於他的住所內或其旁，由他來施行教育，清晨為男子，午後為女子，相互輪流，每週一次。從村落來的孩童必須每天從九時到十二時在學校裡學習，週日亦不例外。到一六二八年東印度公司總督來訪問時，學生數目已有顯著增加。而干治士牧師亦幾乎早晚不休息，並試著訓練其中的一些優秀者作他的助手。

　　一六三五至一六三六年，經過大規模的軍事征服，荷蘭人的統治區域已擴大為包括北方六部落和大員南部在內的廣大部分地區。同時，傳教區域的擴展與傳教人員的匱乏間的矛盾隨之變得日益突出起來。因而，一六三六年，尤紐斯牧師決定在新港創辦一所較正規的學校，以達到深入傳教和培養土著傳教人員的目的。

　　新港社的基督教學校於當年的五月二十六日開學，大約有七十多位學生來上課，學生年齡在十至十三歲之間。不久，隨著學生數量的不斷增加，新港又設立了一所女子學校，約有六十人左右，年齡在十二到十四歲之間。當時傳教士們主要是訓練他（她）們讀和寫。由於

56　W. Campbell, *Formosa Under the Dutch*, p. 108.

此時沒有課本，傳教士們便發給他們每人一張紙，用手寫的方法將 A
－B－C 用分開的子音和母音寫下，即將新港語用拉丁字母寫出，然
後將其背下來以充作教材。

　　一六三八年二月，放索的學校開學，這標誌著荷蘭人在臺灣南方
各部落開啟了基督教教化事業的第一步。

　　在臺灣創辦基督教學校的同時，干治士和尤紐斯兩位牧師也強烈
要求派遣四至五名新港青年到荷蘭去學習，以使他們最終「成為合格
的學校教師或牧師」。但當時沒有獲得荷蘭殖民當局的同意。

　　一六三八年二月，在報告中，尤紐斯再次提及選派臺灣少年送往
荷蘭學習的願望。並在報告中詳細地說明了他的理由和計畫：[57]

　　一、土著少年不僅要學習字母、《教理問答》、《十誡》、《信仰
　　　　要項》等，更重要的是要讓他們按照我們的要求發展；
　　二、於他們固有的衣食住行等未開化的生活習慣，必須要讓他
　　　　們在一個正常的環境中學會遵從、禮貌、仁慈等品格；
　　三、為了更準確的理解教義，他們還必須要學習荷蘭語、拉丁
　　　　語、希臘語、希伯來語；
　　四、為了使這些少年走上正確的道路，他們必須不斷地被教
　　　　育、訓斥、懲罰，而這些工作是不能在這塊未開化的土地
　　　　上進行的；
　　五、以防受周圍人的影響，再回到他們原來的信仰中去；
　　六、以防他們受到懲罰時逃走。

　　在報告中，尤紐斯還勸告公司不要唯利是圖，「不要認為我們拯
救這些可憐的靈魂是在浪費時間，這是我們供給上帝的，他會加倍的
還給我們的，他每天在為我們祈禱，我們將會每年從這裡獲得成千上

57　W. Campbell, *Formosa Under the Dutch*, pp. 144-146.

百倍的回報」,「想想你們每年在這裡貿易所獲得的利潤,不要再猶豫吧!……」[58]儘管尤紐斯列舉了充分的理由,但荷蘭當局考慮到昂貴的支出,仍舊沒有同意他的建議。於是,他也只好安心於發展臺灣的基督教學校。

臺灣基督教學校的開辦,是荷蘭殖民主義者在臺傳播基督教過程中的一個重要的步驟。此後,基督教學校在荷蘭征服各地廣泛設立起來。不久,目加溜灣和蕭壠的學校相繼開學,目加溜灣有學生八十四名,蕭壠有學生一四五名。大目降、麻豆等社也隨之開辦了學校,當時,這五個村社的學生已達四百餘人。一六三七年,臺灣長官范登堡的報告中說:「校長約翰和馬其紐斯在麻豆、目加溜灣及蕭壠等諸部落的工作做得非常成功,尤紐斯先生報告謂:有若干小孩學基督教的基本要理學得很好,以致使許多成年基督教徒都十分羞愧。不久前,在我(范登堡)訪問目加溜灣時,聽了尤紐斯先生在課堂上要求兒童說明他們的信仰,以及他們的回答時,真有說不出的高興。」[59]

一六三八至一六四三年各村社學校學生統計見下表:

村社	1638年2月	1639年1月	1639年12月	1643年10月
新港	95-105	70	不明	104
目加溜灣	84	87	87	90
蕭壠	145	130	130	不明
麻豆	未開辦	141	140	不明
大目降	未開辦	57	38	40
大武壠	未開辦	未開辦	不明	不明
大目連	未開辦	未開辦	86	不明
總計	324-334	485	大於381	大於234

---

58 W. Campbell, *Formosa Under the Dutch*, p. 141.

59 W. Campbell, *Formosa Under the Dutch*, p. 159.

　　一六四七年，各地學校開始普遍招收成人（男女均有）入學。這樣學校裡按年齡和性別通常開設三個班級：少年班（10-18歲男孩）、成年男子班（20-30歲成年男子）、女子班（成年女子和女童均有）。在蕭壠的學校裡，成年人與少年兒童一起上課。哥拉維斯牧師還開辦了一個幼兒班，招收了二百五十三名幼童。在麻豆社，傳教士們將當地村民分為七組，不管年齡大小，每隔七週都要到校上課。

　　下面是一六四七年教會視察報告中對學校學生的統計情況表：

村莊	少年兒童班	成年男子班	女子班	幼童班	總計
新港	110	58	164	×	332
大目降	78	42	100	×	220
目加溜灣	103	60	110	×	273
蕭壠	141			253	394
麻豆	145			×	145

　　學校的教學任務主要由牧師和學校僱用的土著教師承擔。開始時，由於傳教人員經常處於缺乏狀態之中，一六三七年四月，臺灣長官和大員評議會做出決定：允許在駐臺的軍隊中挑選能夠勝任教學任務的士兵到各村去充任學校校長和教師。然而由於士兵出身的教師文化水平低，而其中的許多人又品質惡劣，尤其是在離大員較遠的村社裡，學校裡的士兵教師更是肆無忌憚，酗酒、通姦、虐待居民的醜聞時有發生，就連荷蘭殖民者自己亦不得不承認：「對荷蘭教師，我們簡直沒有絲毫的信心，其中一些人的行為大大地冒犯了脆弱的基督徒。儘管不久前已有人因其惡行而被解聘，但其他人仍然不能以此為戒，繼續犯事。」[60]因而，一六四三年九月，荷蘭駐臺當局決定選拔大量學習成績優良的土著青年擔任學校教師。根據九月二十五日的熱

60　W. Campbell, *Formosa Under the Dutch*, p. 193.

蘭遮城評議會，這些原住民每人每月給予一里爾的伙食補貼，其分配如下：[61]蕭壠十二人、麻豆十人、新港七人、目加溜灣十二人、大目降五人、大武壠四人，合計五十人。

　　由於薪水菲薄，難以維持生活。為了養家糊口，土著教師還必須從事狩獵和農耕，這就使其擔任的學校工作大受影響。於是，一六四四年，荷蘭當局又決定把現有的五十名學校教師減少到十七名，每人每月的薪水從一里爾增加到四里爾，「以使他們完全能夠維持家用，把精力集中在學校裡。」一六五七年，為了從根本上提高教師的素質和解決困擾多年的「師荒」問題，荷蘭殖民者經過反覆商討，決定在麻豆建立一所教師培訓學院。

　　關於學院的具體情況，據同年的大員評議會記載：麻豆教師培訓學院有學生有三十名，選自十到十四歲的土著少年，實行衣、食、住等統一管理的方式。在作息時間的安排上，學院規定：每天日出前起床，由輔助教員監督學生起床、洗漱，並作早祈禱和謝恩；上午六點到八點要上兩節課，然後是早餐；從九點到十一點再上兩節；下午從三點到五點也要上課。上午用臺灣土著語言講課，下午用荷蘭語教授，以便臺灣土著少年學員能夠掌握荷蘭語。每天上午十點到十一點要給他們講授基督教教義。在兒童班，每天上午九點到十點是讀書和寫字時間。每週的星期四是休息日，學院放假，學生可以在校園內玩耍，甚至允許走出校園，但必須在規定的時間內回來，否則要受到處分。每天早晨，課前課後、飯前餐後都要作禱告，在午餐和晚餐時，學生要輪流誦讀《聖經》，每天選取兩名學生充當班長，監督那些沒有用荷蘭語講話的、或是行為粗魯的同學，並把他們的姓名報告給教員。沒有教員的批准，任何時候不得隨意缺席。若學生犯有錯誤，教員不得給學生以身體上的懲罰。

61　1643年9月25日，熱蘭遮城評議會決議錄，轉引楊彥傑：《荷據時代臺灣史》，頁110。

　　麻豆教士培訓學院的建立解決了荷蘭殖民者在臺教化事業傳教士和學校教師人手不足、素質低劣的問題，其效果頗令殖民當局滿意。但從學院課程設置來看，是以祈禱文、問答書及禮拜文為主要內容的，因而其教育目的在於傳教，並不在於提高當地居民的文化教育水平。

二　教學內容及獎勵措施

　　學校創辦初期，學生們所使用的教材絕大部分都是由尤紐斯牧師編譯的，其中主要有：《早晚祈禱文》（*Morning and Evening Prayers*）、《主禱文》（*The Lord's Prayers*）、《小教理問答書》（*A Short Catechism*）等，此外，學校還開設寫字、讀書、唱歌等課程。

　　一六四〇年以後，學校已初具規模，課程的種類和內容也隨之逐年增多，教材也更加系統化、規範化。這時開設的課程主要有六大類：

　　（一）祈禱文集（*A Collection of Prayers*）。其中包括「主禱文」、「早晚祈禱文」、「餐前餐後祈禱文」（*Prayers Before and After Meals*）「讚美詩」（*Hymns*）。祈禱文集又被冠名為《村社學生基督教基礎知識》（*A, B, C Book for the Instruction of Christian Children in the Villages*）。

　　（二）教理問答（*Catechism*）。其中包括《小教理問答書》和《大教理問答書》（*A Larger Catechism*）。《小教理問答書》中有八十八個問題及其答案，比較簡單，學校裡廣泛使用。《大教理問答書》包括三百五十三個問題及其答案，適用於年長者。

　　（三）布道稿（*The Sermons*）。

　　（四）禮拜儀式（*The Liturgy*）。其中包括洗禮和結婚的方式及其祈禱詞。

　　（五）詞典。

　　（六）其他參考書籍。如《十誡》（*Ten Commandments*）、《信仰

要項》（*Articles of Faith*）等。

　　一六四六年，臺灣教會認為尤紐斯編譯的教本不能適應於教學，要求重新編譯，范布倫、哈約翰和哥拉維斯三位牧師承擔了這項任務。一六五七年，漢布魯克牧師又編譯了《馬太福音》（*The Gospels of St. Matthew*）和《約翰福音》（*The Gospels of St. John*）。此外，荷蘭傳教士還用法沃蘭語編譯了一些教材和書籍，如《信經》、《十誡》、《金言》、《講道》、《法沃蘭人與荷蘭人的對話》等。

　　其教學用語，因各社語言不同，初以新港語為標準語，凡他社入學者，必須先學新港語，後又改為有代表性的兩、三種土語作為各社用語。一六四三年十月開始，巴達維亞總督曾試圖要在臺灣基督教學校推行荷蘭語，實行所謂的「雙語」教學。並得到臺灣長官和大員評議會的同意：「由於臺灣各村社語言不通，我同意閣下的建議，急需向當地居民教授荷蘭語。」[62]

　　然而，荷蘭語的教學效果很難使他們滿意。經過一段時間的試驗後，他們自己也不得不承認：「向臺灣居民講授荷蘭語是一項非常艱難的工作」。[63]一六五七年，荷蘭殖民當局又決定在麻豆教師培訓學院裡推行荷蘭語教育，並作為學院的主修課程。

　　為了吸引當地居民特別是兒童入教，荷蘭殖民者還對入學的學生施以物質獎勵。因為學生們的父母寧願他們在家幹活而不願他們去學校，因而「有必要給勤奮好學的學生發放稻米和衣物，以資鼓勵」。隨著學校的普遍設立，獎勵學生入學也逐漸制度化：凡是上學的學生，每月發給八分之一里爾的津貼，以此「期望這些物品能夠誘使學生家長把孩子們送到學校讀書，並鼓勵他們按時上學，勤奮努力。」

　　一六三八年，尤紐斯牧師在《蕭壟、麻豆、目加溜灣、大武壟、大目降、新港支出計算書》中記載：

62　W. Campbell, *Formosa Under the Dutch*, p. 197.

63　W. Campbell, *Formosa Under the Dutch*, p. 207.

蕭壠、麻豆、目加溜灣、大目降以及新港的學校學生，未能發給坎甘布而發給稻穀，同時由於貧窮，每人每月給八分之一里爾。另外，為獎勵他們不去田園勞動，勤勉入學，十月以來的三個月間，各給每名學生半擔稻穀，其數額如下：

蕭壠學校65擔，學生130人；

麻豆學校70.5擔，學生141人；

目加溜灣學校43.5擔，學生87人；

大目降學校28.5擔；

新港學生70人，從十月至一六三九年四月，共六個月，每人一擔，總計87.5里爾[64]

一六三九年一月，《計算書》又載：

一月七日，送往大武壠學生坎甘布81塊，每塊3/8里爾，總計30.375里爾，

五月，又載：

給予自1638年10月至今未收到衣服的學生的衣服總數為476件，其中新港70件，目加溜灣87件，大目降43件，麻豆146件，蕭壠130件，每件3/8里爾，總計195.5里爾，[65]

同年八月，又配給新港學校學生衣服六十八件，九月再配給大目降學校學生衣服三十四件。用予學生獎勵的這些費用主要來源於牧師

64　W. Campbell, *Formosa Under the Dutch*, p. 168.

65　W. Campbell, *Formosa Under the Dutch*, p. 172.

們收取的狩獵稅。

據尤紐斯記載，一六三八年十一月至一六三九年十月，尤紐斯所得狩獵稅共計1998.5里爾，支出計1004.75里爾，其中用於資助學校學生的費用有602.25里爾，占總支出的百分之六十以上。

三　教化效果

荷蘭傳教士為了推行基督教教育可以說是煞費苦心，在強制和獎勵政策的互動下，他們的努力換回了一定的成果。

在各個村社的基督教學校裡，許多少年學生學會了拼寫、閱讀、寫作。如一六四七年的《大員日記》中記載著：新港的少年男子學校……除了四十七名年齡很小的學生之外，其餘的學生都有很強的閱讀、拼寫能力，然而他們的寫作水平不高，他們已很熟悉祈禱文和教理問答書，……在大目降的少年學校……一些剛剛入學的學生掌握得不多，但那些入學較早的學生都能朗讀、寫字、寫作，並能背誦祈禱文，……目加溜灣的學生的拼寫、閱讀能力提高很快，寫作、祈禱亦相當好。

為了便於基督教在臺灣的傳播，荷蘭傳教士將拉丁字母對當地的土語加以變通，第一次創製了臺灣土著居民的文字，並且在平埔族中流傳了相當長的時間，有利於當時臺灣社會的發展。一直到清代，在荷蘭殖民者辦過學校的村社裡，仍然發現有不少這種用拉丁化字母書寫的文書。如黃叔璥的《臺海使槎錄》中記載著：「習紅毛字曰教冊，用鵝毛管削尖，注墨汁於筒，湛而橫書，自左而右，登記符檄、錢穀數目。暇則將鵝管插於頭上，或貯腰間。」[66]這些會書寫「紅毛字」的土著居民在清代則被僱用為記錄的書役。而這些用拉丁化字母

---

66 黃叔璥：《臺海使槎錄》，卷5〈番俗六考〉。

書寫的文書則被稱之為「新港文書」。本世紀初，日本學者村上直次郎曾廣泛地收集這種文書，並著有《新港文書之研究》，共收藏有一〇一件，其中使用年代最遲的「第二十一號文書」是嘉慶十八年出現的。

在基督教教育的廣泛影響下，一些土著居民的生活習慣也開始發生了變化。他們主動地守安息日，每天早晚做祈禱。一六三九年，新港社曾有一一九對夫婦按照基督教的儀式舉行了婚禮，到一六四三年時，按基督教的儀式舉行了婚禮的夫婦多達一千多對，並完全打破了婚後夫妻雙方仍然分居的風俗，開始共同生活在一起。

無庸置疑，學校教化帶有殖民主義奴化教育的色彩，但它在客觀上促進了臺灣社會的歷史進程，而且，這種教育「已初具近代學校的雛形，與以前辦的完全附屬於教會的並由牧師任教的學校，可謂是前進了一步。」[67]

但是，荷蘭殖民者在臺的教化事業並不是為了提高臺灣人民的文化教育水平，其根本目的是為了擴大基督教在臺灣居民中的影響，為其在臺灣的殖民統治服務。因而，為了使更多的臺灣人民信仰基督教以便於管制，他們開辦基督教學校，培養土著傳教人員，獎勵土著兒童入學。為了保證當地兒童都能到校上課，荷蘭當局強行規定：凡達到入學年齡的兒童，每天都必須到校，否則就要對他們的家長處以一張鹿皮的經濟處罰，有時甚至為達目的不惜訴諸於武力。因而，在荷蘭當局的強制政策下，臺灣居民的信仰並無自由可言，這也決定了其信仰的表面性、善變性、短暫性。一六五四年三月十日，曾任臺灣長官的費爾堡在其報告中對當時的教務狀況作了詳細的描述：「通過對臺灣省的傳教情況長達四年的觀察，我非常遺憾的說：我們對目前的狀況很悲觀。這裡的年輕人儘管已經受洗，但並不真正理解他們所重複的教義和所學的真理，僅僅是鸚鵡學舌而已！」[68]

---

67 莊明水等著：《臺灣教育簡史》（福州市：福建教育出版社，1994年），頁26。
68 W. Campbell, *Formosa Under the Dutch*, p. 293.

　　一旦壓迫他們的荷蘭殖民統治被解除，臺灣原住民的反荷情緒會
更加強烈。當鄭氏大軍到來的消息傳出時，麻豆的信徒前往山裡與荷
蘭兵作戰，帶回三顆荷蘭人的首級，按照他們原來的方式舉行異教徒
的慶賀儀式。當他們為此遭到漢布魯克牧師的譴責時，他們大膽地表
示不滿，毫無服從的意思。不僅如此，他們還用各種各樣的方式發洩
幾年來心中所積壓的對荷蘭殖民者的憤怒與仇恨：「這些傢伙（臺灣原
住民）如今辱罵起我們努力傳播給他們的基督教真理來，他們因不用
上學而興高采烈，到處破壞書本和器具，又恢復到其可惡的鄙俚習慣
和偶像崇拜中去了。他們聽到國姓爺來了，就殺了我們一個荷蘭人，像
往日處理打敗的敵人一樣，把頭顱割下來，大家圍著跳舞、狂歡。」[69]

　　據援救臺灣的艦隊司令考烏（Kaeuw）日記中記載：「十一月二
十日──這次遠征南方，大家經常提到的傳道士亨特里克（Daniel
Hendricks）也去了，由於他熟悉福摩薩語言，和當地居民經常接觸，
作用很大。到達放索島時，也許由於過於自信，他隻身深入，同其他
人隔開了，突然一大群當地武裝居民包圍了人他，把他殺死了，砍下
了頭顱、四肢，甚至挖出內臟，作為勝利品帶走，只留下沒手沒腳的
軀體。」[70]

　　當時在臺的荷蘭傳教士們，有的戰死，有的被俘，有的因煽動原
住民反抗而被釘死在架子上。傳教士們所努力使土著居民拋棄的陳規
陋習如今卻報應在他們自己身上，這或許是他們怎麼也想不到、想不
通的。他們本想通過上帝的教導把臺灣人民引上所謂的「天堂」之
路，沒料到卻把自己引到了通向「地獄」的大門。在他們武力鎮壓下
的「性情溫順」的臺灣人民殺死了帶著槍炮、念著《聖經》的荷蘭
人，這一舉動再次證明了基督教在臺傳播的失敗。

69　W. Campbell, *An Account of Missionary Success in the Island of Formosa,* London 1889,
　　Vol I, p. 257.

70　《鄭成功收復臺灣史料選編》，頁313。

第三節　荷蘭在臺傳教事業失敗原因探析

　　誠然，基督教傳播取得了一定的效果，但是，荷蘭殖民主義者的侵略性，決定了其教化事業失敗的必然性。這也是荷蘭在臺傳教事業最終消亡的首要的和基本的原因。

　　「宗教靠人的信仰而存在，是人們的精神需要同他們的生活處境之間發生某種作用而產生的現象。只有適應於人們的社會處境，並且引起人們對這種處境的強烈情感，使他們產生依賴性的宗教，才能成為他們的信仰，對他們的精神世界產生影響。」[71]而荷蘭的傳教士們，依靠強制性的力量使臺灣人民接受基督教，雖然也收到了一定的效果，但這種靠武力獲得的成果只能是暫時的、表面的。「對臺灣居民來說，通過集體改宗，意味著和平地接受外來者的宗教，這樣，臺灣人是同時接受了基督教和外國人的雙重支配。」[72]從殖民者把槍炮和刺刀對準臺灣原住民的那一刻起，就已注定了其必然失敗的命運，一旦依仗的強權不復存在，他們煞費苦心的努力也就只能是曇花一現。荷蘭在臺傳播基督教的失敗再次證明：武力鎮壓，即使用外力讓人民接受基督教以達到其內心歸順的目的，也是行不通的。

　　荷蘭的傳教事業，主要是通過軍事征服、強迫當地居民放棄本土信仰的手段進行的，他們要求當地土著居民必須進教堂，必須聽教義，必須改信基督教，否則就要予以一定的懲罰。因而，在荷蘭的暴力脅迫下，許多土著居民雖然迫不得已地去教堂禮拜、聽道，甚至受洗，但這僅僅是形式上的，在其內心深處仍然對基督教教義深不以為然，並不打算接受它。他們雖然焚燒了家中供奉的偶像，放棄了傳統

---

71 錢寧主編：《基督教與少數民族社會文化變遷》（昆明市：雲南大學出版社，1998年），頁3。

72 〔日〕鄭兒玉：《亞洲基督教史》（1），張子權摘譯：〈臺灣基督教〉，《世界宗教資料》1987年第3期。

的多神崇拜，表面上背誦著上帝的教導，但其精神世界仍然受著本土信仰的強烈影響。有些基督教徒只會照本宣科，卻並不知道自己在讀什麼，對於其中的內容，他們並不理解內涵之所在，更不要說給予什麼解釋了，「事實上，這裡的人（尤其是南部居民）毫無基督教的知識，只是徒有虛名而已！」[73]女巫亦照樣走門串戶的從事宗教活動，並深受他們的歡迎。一六四二年，在蕭壠社，三名當地土著居民因遵舊習而被處以絞刑，此事在附近的麻豆、目加溜灣、大目降等社引起了恐慌，有一些老人便散布謠言，說荷蘭人抓他們不僅是為了做苦工，而且還會殺死他們，於是村裡許多人逃往山中避難，其餘的人則拒絕這種懲罰，堅持信奉他們固有的原始信仰。

　　一六四二年十一月，在臺灣長官及評議會的報告中說：「當我們考慮到臺灣的精神界之狀況時，我們仍然發現有很多的雜草在其間生長。因為舊時代的人們（尤其是一些老人）仍然依照第一位亞當的本性，秘密地舉行他們從前的偶像禮拜，且還以盲目的熱忱在努力地鼓動他人。」[74]一六四六年四月，有報告說在臺灣南部，除了Voronvorong 及 Kattia 兩社能夠嚴守聖餐式外，其他地方的住民多沉溺於酒。為嚴禁類似現象的發生，荷蘭東印度公司採取了嚴厲措施，放逐二百五十名女巫到諸羅山。[75]然而，此舉給原本即對傳教士懷有不滿的土著居民增添了更大的憤怒，無異於火上澆油，更激起他們的強烈反抗，以至於一六四九年在 Takkais 地方，曾有一名傳教士被當地居民殺害。一六四五年四月，上席商務員約翰・沃普特（Johan Verpoorten）在給巴達維亞的信中也不無感慨地寫道：「回憶起從前的成績是多麼令人驕傲，再看一下如今福音的傳播竟是如此緩慢，不能

---

73 W. Campbell, *Formosa Under the Dutch*, p. 211.

74 W. Campbell, *Formosa Under the Dutch*, p. 190.

75 臺灣省文獻委員會編：《重修臺灣省通志》，卷3〈住民志・宗教篇〉，臺北市：成文出版社。

不使人注意到每年花費在教化方面的那兩萬盾（guilder）。」[76]

其次，在臺灣原住民反抗的同時，荷蘭派往各地的傳教士的素質品德的不斷下降，也是荷蘭在臺基督教事業逐漸衰退的主要原因之一。

還在荷蘭據臺初期，干治士就認識到，福音在臺的傳播能否成功，與傳教人員有著很密切的關係。因此，他對來臺工作的傳教士提出了嚴格要求：希望所有到臺任職的牧師都能把其一生奉獻給傳教事業，至少也應該為公司服務十到十二年，「僅居住三、四年是不宜的，否則還不如不出來的好，因為在短短的三、四年裡，他實不能精通語言，只有經十年或十二年才能完全精通。……做到發音準確，表達清楚，並以此來吸引聽眾，激起他們信教的欲望。」同時，干治士還要求傳教士品行端正，要「在聽眾面前樹立一個誠實、貞潔、高尚的生活楷模。」[77]

然而後來的事實證明，達到這種要求的傳教士並不多，特別是到了荷蘭殖民統治後期，傳教士們更沒了傳教的工作熱情，增加的卻是對金錢的制止不住的貪欲，完全失去了對福音的傳播興趣。一六五一年十二月十九日，巴達維亞總督及評議會上書阿姆斯特丹「十七人最高董事會：「令人失望的是，傳教士們對自己所從事的工作毫無熱情，一些世俗的東西在心裡滋生蔓延。許多牧師開始盤算著回國享受更為舒適的生活，他們要求盡早解除他們的職務，以便不要耽誤他們返回荷蘭的日期。」[78]到了一六五六年，公司不得不命令臺灣長官轉令在臺的各牧師用抽籤的方法輪流到南部諸村巡視教化工作。這與干治士、尤紐斯的傳教熱情形成鮮明的對比。

不僅如此，傳教士們還紛紛把貪婪的手伸進了身無分文的當地貧困信徒的口袋裡。他們運用手中所掌握的行政職權，巧立名目，橫徵

76　W. Campbell, *Formosa Under the Dutch*, p. 211.

77　W. Campbell, *Formosa Under the Dutch*, p. 92.

78　W. Campbell, *Formosa Under the Dutch*, p. 279.

暴斂，中飽私囊，在本來已不堪重負的臺灣民眾身上又加上了重重的一腳。「既然全部行政事務均由牧師獨立執行，他們常常通過這種渠道聚集大量錢財，不久就已腰纏萬貫，打算回國了。」[79]為了榨取臺灣人民的血汗，他們與其他的荷蘭殖民者沒有什麼兩樣，甚至有的有過之而無不及。正如臺灣長官費爾堡（Verburg）給巴達維亞總督卡爾‧雷陣雨爾茲（Carel Reyniersz）及評議會的信中所寫：「他們（傳教士）不僅向渴望取得租約的人敲詐勒索，而且更加使人難以啟齒的是，傳教士們通過榨取可憐的臺灣人，搶奪他們僅有的狩獵收入而養肥了自己。」[80]一六五一年十月二十四日，東印度公司特使弗斯特根（Versteegen）和大員評議會聯名致信巴達維亞總督及其評議會：「普通的中國人十分貧困」，以致有些人「打著赤腳進教堂」。[81]

此外，他們還經常非常殘酷地對待當地的土著居民，牧師哥拉維斯曾鞭打致死一名當地居民，傳教士 Schoolmast 也曾虐待致死一名土著姑娘，但卻因受到庇護免於處罰。

因而，後來臺灣民眾在忍無可忍的情況下奮起還擊時，除了有對傳教士們強迫他們放棄原有信仰的洩憤外，還夾雜著對其殘暴行徑的報復。正如克魯夫牧師寫給錫蘭巴爾道斯牧師（P Baldaeus）的信中所說的：「所有這些，我們應該看作是由於我們罪行多端，上帝震怒所致。」[82]這是傳教士自己都不願聽到的自白。但事實又是如此無情。

由於傳教士的缺乏，東印度公司為減少開支，曾就地取材，讓一些士兵擔任傳教人員。這些士兵出身的傳教人員在傳教以前，沒有受過專門的訓練，既不熱心於傳教工作，而且本身品質惡劣，酗酒、通姦，無所顧忌，更加劇了荷蘭殖民者與臺灣當地居民之間的矛盾。如

79　W. Campbell, *Formosa Under the Dutch*, p. 280.

80　W. Campbell, *Formosa Under the Dutch*, p. 274.

81　殖民檔案1183號，轉引楊彥傑：《荷據時代臺灣史》，頁113。

82　W. Campbell, *An Account of Missionary Success in the Island of Formosa,* Vol I, p. 203.

一六三八年二月，就有中國移民對尤紐斯提出不平說：「駐在放線（索）社的伍長 Warnaer Sprosman 默認一切違法行為或不法事態」，[83] 一六四三年四月在安平召開的評議會上，尤紐斯和巴維斯又向該會非難說：「土人訴說，在南方諸村的教師 Alrraham Vander、Nicolase Van Menlen、Samuel Minnes 酗酒、私通、逆待土人，無惡不作。」[84] 在臺東，部分傳教人員更拋棄基督教的傳播任務而無所事事，「居民們看到我們不事神事，不努力向他們灌輸基督教的信仰，也不施洗他們的孩子，……就半認真半嘲笑地質問我們荷蘭人到底是不是真正的基督徒。」[85]

由此可知，這一時期的傳教士根本不是為傳教而傳教，他們把聚斂財富當作來臺的唯一目標，原來素為他們所痛恨的行政事務負擔，到此時卻成了他們發財致富的途徑。難道他們就是這樣帶領臺灣民眾進入通往天堂的大門嗎？就連前任臺灣長官 Verburg 也不得不承認：「無怪於當地人對我們的恨比對我們的愛要多得多，總有一天他們要掙脫枷在他們脖子上的枷鎖。」[86]

還有，從客觀上講，政教結合，也在一定程度上造成了荷蘭在臺灣傳教事業的衰敗。「牧師為教育家，又為政治家，又為裁判官，又為高利貸」，[87] 可謂身兼數職。它一方面使傳教士由於承擔過多的行政事務而無法集中精力傳教，另一方面又由於彼此之間的紛爭而導致政教矛盾重重。

在傳教人員經常出現不足的情況下，東印度公司仍舊分配給傳教士們大量的行政、稅收、司法等世俗事務，使傳教力量更加分散。雖

83　1638年2月4日「臺灣日記」，載《臺灣社會經濟史全集》（10），頁30。

84　1643年4月16日「臺灣評議決議錄」，載《臺灣社會經濟史全集》（11），頁109-110。

85　W. Campbell, *Formosa Under the Dutch*, pp. 230-231.

86　W. Campbell, *Formosa Under the Dutch*, p. 296.

87　連溫卿：〈荷蘭時代之臺灣〉，載《南瀛文獻》第3卷第1、2期。

然傳教士對此曾不止一次地提出意見，卻始終沒有得到解決。如在法沃蘭地區（Favorlangh），為獎勵在此地傳教的范布倫牧師所取得的成績，公司特准許將他在這一地區向中國移民徵收的罰款中分撥三分之一給他作賞金，同時除了死刑及其他較重大的案件外，凡在諸羅山鹿場以北至新港部落一帶地區所有發生的案件全部由他專權處理，有時甚至可以說，作為牧師的范布倫在宗教上的貢獻遠不如他在政治上的貢獻來得重大。

　　按照東印度公司的規定，政務人員，不論是上席商務員、商務員還是修補商務員，都對牧師擁有絕對的權威，要求牧師無條件地聽從政務人員的命令。臺灣長官卡朗（Caron）在寫給巴達維亞總督的信中說：「這種武斷的無理的要求使牧師的信心嚴重受挫，他們認為承擔政務是一件難以容忍的事情，感到極度厭煩。……在此當務之急，如果情況照此發展下去，我們就別指望（傳教事業）獲得成功。假若這些可憐的愚昧的人們的頭腦未曾經過宗教和世俗教育的開啟，政務人員的確是不需要的。」[88]因此，他裁併了一些行政和司法機構，減輕了傳教士們的一些政務負擔。但公司的殖民性質決定了傳教工作難以真正地從行政事務中脫離出來，牧師承擔俗務，並受行政人員牽制的問題仍然沒有得到妥善的解決。

　　而且從一六四五年十月開始，臺灣教務內部的紛爭也初顯端倪。

　　首先是對尤紐斯的評價問題。針對尤紐斯離臺後，臺灣傳教工作未臻理想的局面，東印度公司認為這不是由於傳教人員的短缺造成的，言外之意，即指在臺傳教人員沒有盡到應盡的職責。面對公司的強烈指責，荷蘭駐臺當局予以了回應。大員評議會在給東印度公司評議會的信中，認為尤紐斯時期的教務報告名不符實，「那些報告確實被修飾、誇大了」。[89]一六四八年，從臺灣返回荷蘭的尤紐斯也抱怨臺

88　W. Campbell, *Formosa Under the Dutch*, p. 217.

89　W. Campbell, *Formosa Under the Dutch*, p. 218.

灣教會對福音的傳播「並沒有予以絲毫的重視」，阿姆斯特丹大會也認為「自從尤紐斯離開臺灣以後，傳教事務耽誤了整整一年。」[90]

　　如此多的批評，使在臺的傳教士們憤恨不已，紛紛寫信揭露尤紐斯在臺期間工作中的缺點和錯誤，並對他編譯的學校教材提出質疑，認為他的教理問答書編排不當。二者之間相互攻伐，爭論不休，最後竟不得不訴諸於阿姆斯特丹大會。一六四九年三月，阿姆斯特丹大會做出最後決定：大會依然尊崇尤紐斯為一名優秀、熱忱、勤奮的牧師，全體成員真誠地感謝他付出的艱辛勞動，希望他不要對別人的指控耿耿於懷。在給臺灣教會的信中又寫道：「然而我們很遺憾地看到你們誣衊了另一個人，忽視了他的光輝業績，忘記了他是其中的開拓者之一。在你們所在的那個島嶼上，他曾帶領多少蒙昧的異教徒走出黑暗，奔向光明。同樣是他，精通當地語言——正是你們那裡所講的。我相信這全部是事實，尤紐斯在臺駐留了整整十四年的時間，根據可靠的信件證明，他在那裡的所作所為。的確值得稱讚！」[91]

　　其次，傳教士們掠奪錢財的所作所為又引起了某些荷蘭商務員的不滿，他們對傳教士因利慾薰心而置公司利益於不顧的作法提出了抗議，其中以「哥拉維斯（Gravius）貪污事件」最具有代表性。一六五一年六月，上席商務員史諾克（Snoucq）寫信給巴達維亞評議會，控告哥拉維斯牧師玩忽職守，在購買牛隻賣給臺灣各族居民的過程中，私貪過多，且利用向高山族各社徵收稅務之便，中飽私囊；該牧師本來與公司簽訂了十年服務期限的條約，而現在剛剛五年，就準備離臺。在這種控告下，哥拉維斯被荷蘭臺灣長官費爾堡強令中止行使其宗教、行政一切職責，並罰荷幣一千盾。

　　但此事件並沒以如此簡單，在臺的傳教士們把哥拉維斯牧師的敗訴看成是公司對所有傳教人員的挑戰。他們依仗其自身所擁有的司法

90　W. Campbell, *Formosa Under the Dutch*, p. 237.

91　W. Campbell, *Formosa Under the Dutch*, p. 248.

特權不僅對此毫無畏懼，反而對商務員發起了攻勢。他們相互攻訐，拒不妥協，導致了據臺荷蘭當局內部的分裂，形成了勢不兩立的兩大派別。九月，巴達維亞派檢查員來臺調查事情真相，宣布哥拉維斯牧師無罪。但政教之間的矛盾並未真正解決，臺灣長官費爾堡因此牽連而受到巴達維亞總部的責備，對哥拉維斯牧師耿耿於懷，並多次向荷蘭當局政府提出控訴，致使這場內部紛爭持續達兩年之久，對荷蘭殖民者的傳教事業和正常的統治秩序，都十分不利，從而更加削弱了他們在臺的殖民統治。

第四節　基督教對臺灣社會的影響

荷蘭殖民者在臺的傳教事業雖然最終隨著鄭氏大軍攻入臺灣而告終，但其多少也給臺灣社會產生了影響。十七世紀的荷蘭傳教士在臺的基督教傳播事業，拉開了基督教新教在中國傳播的序幕，「在西元一千八百年以前，抗羅宗基督教傳教運動的最後地域，包括中國版圖內的，是僅限於臺灣。」[92]一八〇七年，英國新教傳教士羅伯特・馬禮遜（Robert Morrison）到廣州傳教，其時已是新教在中國的第二次傳播。

荷蘭殖民者據臺三十八年，先後派出了大量的神職人員來臺，其中牧師二十九人，加之三人（干治士、尤紐斯、哈約翰）兩度來臺，總計三十二人次。任職期間，他們學習當地土語，修建教堂，創辦學校，使成百上千的原住民信奉人基督教。隨著荷蘭殖民軍事占領區的不斷擴大，傳教範圍愈來愈廣，信徒人數亦愈來愈多，幾乎波及了整個臺灣島，這對於基本上與世隔絕、長期處於「史前狀態」的臺灣原住民來說，無疑是打開了一個缺口，標誌著臺灣原住民開始了與現代文明的接觸。儘管這種接觸是非自願的、十分脆弱的，但它卻對臺灣

---

92 Kenneth Scott Latourette, *Three Centuries of Advance.* 引自徐謙信：《荷據時期臺灣基督教史》。

居民的社會經濟、風俗習慣以及文化教育等方面產生了一定程度的影響。

　　荷蘭據臺前，原住民的生產工具極其簡陋，「由於沒有馬匹、耕牛和犁子，所有的農活都用『鋤頭』來完成」，[93]因而，他們雖然擁有大量的肥沃土地，卻只僅夠維持生活。一六三七年一月，尤紐斯牧師建議將水稻種植引進臺灣，得到大員評議會的同意，並指派 Jurieansen 上尉採取步驟鼓勵臺灣居民種植水稻。應尤紐斯的要求，公司還提供四百里爾的現金，「希望把它分配給住在新港及周圍村社並樂於種植水稻的中國人。」[94]一六五〇年，東印度公司又向哥拉維斯牧師提供無息貸款四千里爾，以供其購買耕牛，「這些耕牛最終賣給蕭壠的居民，以便讓他們學會有牛耕田。」[95]不論是貸款給種田的中國人，還是把耕牛轉賣給原住民，荷蘭傳教人員的初衷都是要賺取利息和利潤的，但不管其主觀願望如何，引進水稻和耕牛在客觀上提高了當時臺灣人民的生產力水平，促進了臺灣社會經濟的發展。

　　基督教傳入以前，臺南一帶的原住民有著自己從祖輩遺留下來的粗陋風俗，如實行較低級的對偶婚，規定女人三十七歲之前不能生育，墮胎之風盛行等，這都對女性的身體極為有害，亦極大地抑制了臺灣人口的繁衍。甚至於當地的原住民還把通姦、亂倫、謀殺以及偷竊視為理所當然的事，並不以之為恥。這些原始的惡風陋俗嚴重阻礙了臺灣原住民向文明階段的過渡。「然而自從荷蘭人或他們的公司占領了該島以後，這些事情都大半改變了。」在荷蘭傳教士的勸說下，臺灣當地的原住民開始按照基督教規定的程序來舉行婚禮，婚後夫妻不再分開，溺殺嬰兒的現象也減少了。「他們以前的風俗習慣正慢慢

93　W. Campbell, *Formosa Under the Dutch*, p. 10.

94　W. Campbell, *Formosa Under the Dutch*, p. 155.

95　W. Campbell, *Formosa Under the Dutch*, p. 248.

消失，取而代之的是我們（荷蘭人）的生活方式。」[96]在原住民歸順的過程中，荷蘭傳教士有時以刑罰相加的殘酷手段，強迫人們接受西方文明的生活方式，從社會思想觀念發展的趨勢來看，這固然是原始社會走向近代社會所必須經歷的痛苦階段。但絕不是積極的一面。

　　為了吸收更多的教徒，荷蘭傳教士在傳教過程中將學校教育引入臺灣，開啟了臺灣學校教育的先河。為了傳教基督教，傳教士們還用拉丁字母創製了臺灣土著文字。文字是記錄語言的符號，是社會文明的重要標誌之一，有了文字，臺灣的文化就可以得到保存和傳播。而且，傳教士在教學過程中也將一些外界情況以及有限的科學文化知識講授給當地的土著居民，在一定程度上開闊了他們的視野，提高了他們的文化水平，打破了臺灣當地人民原始封閉的生存狀態，為以後的學校教育打下了良好的基礎，以至於其後的鄭氏政權能夠順利地在此基礎上開辦所謂的「番族社學」。

　　荷蘭殖民者在臺灣傳播基督教，是在武力鎮壓和政治壓迫下，強迫臺灣原住民放棄原來的宗教信仰和風俗習慣而進行的。他們口口聲聲要向臺灣人民傳授「耶穌拯救世人的真理」，但如上所說，在實際行動上，他們最終目的就是要在心理上束縛廣大民眾，消除他們的反抗意識，以便更好地從經濟上掠奪、政治上統治他們。因而，雖然基督教的傳播在客觀上對臺灣社會的發展有一定的促進作用，但其性質卻帶有明顯的殖民主義本性，是荷蘭殖民者對臺灣進行侵略和統治的一個不可缺少的組成部分，正如臺灣學者所說，「荷蘭人完全為利益驅動而占有臺灣，宗教只是其達成目的之手段而已。」[97]

96　W. Campbell, *Formosa Under the Dutch*, p. 186.

97　臺灣省文獻委員會編印：《重修臺灣省通志》，卷3〈住民志‧宗教篇〉。

清統治時期
（1858-1895）

第三章
清代臺灣的社會變遷

　　康熙二十二年（1683），在鄭、清八次和談均以無果而告終以後，施琅率軍攻入臺灣。鄭克塽率文武大員投降，標誌著鄭氏政權在臺灣的徹底結束和清朝對臺灣實行全面統治的一個全新時代的開始。

　　施琅入臺後，親勘臺地南北兩路，目睹了其肥沃的土壤，豐富的物產，雜處耕作、友好相處的漢番人民後，在由蘇拜主持召開的福州議棄留臺灣的會議上，他力主保留臺地，絕無捨棄之理。施琅置眾人之議於不顧，以無畏的勇氣和雄偉的膽識，單銜獨上〈恭陳臺灣棄留疏〉，力述棄留之利弊，「棄之必釀成大禍，留之誠永固邊圉」。[1] 翌年，清廷從施琅之請，在臺灣設一府三縣，正式開啟了治理臺灣的步伐。

第一節　東南沿海的移民浪潮和臺灣社會的發展

　　臺灣政治歸屬的改變，實現了清代的統一。按照常理推論，政治的統一應當為人員的往來和貿易的發展創造良好的條件。但是，對於清政府來說，鄭氏滅亡，僅僅意味著消滅了一個夙敵，對臺灣地位的重要性，清廷仍然保持著十分淡薄的認識。所以，從當政者的立場看，如何維持臺地的穩定，使之不再成為反清的根據地，便成為清廷施政的最高準則和根本出發點。正因為如此，從理臺之始，清政府便頒布了許多法令，嚴禁人民攜眷渡臺，盡逐臺地無妻室產業之居民，要把臺灣轉變成其治理下的一片淨土。

1　施琅：〈恭陳臺灣棄留疏附錄原評〉，《靖海紀事》，收於臺灣銀行經濟研究室編印：《臺灣文獻叢刊》第13種（以下簡稱文叢第X種）。

　　臺灣學者陳紹馨先生指出，康熙二十三年（1684）臺灣人口約為二十五萬，至嘉慶十六年（1811）達到一九四萬餘人。據此，陳氏推算出自康熙二十三年起至嘉慶十六年止的一百二十七年間，臺灣人口年平均增長率為千分之二十二，大約每隔三十二年，臺灣人口可增加一倍；而自嘉慶十六年起至光緒十九年（1893）止的八十二年間，年平均增加率僅為千分之三。[2]

　　一般來講，人口的增加大致包括兩個方面，一為本地人口的自然成長，二為外來移民的湧入。而在清代，臺灣則普遍存在「男多于女，無家眷者十有五六」[3]的社會現象，十分不利於人口的繁衍，而且當時因「水土不服，疫癘大作，病者十之八九，死者甚多」，[4]因而，當時臺灣的人口自然增長率當不會太高。嘉慶十六年前，臺灣人口的大幅度增加實係移民所致。

一　東南沿海的移民浪潮

　　清代大陸向臺灣的移民按清政府政策的變遷沿革可以分為三個階段：

（一）康熙二十三年（1684）至五十七年（1718）期間，為清廷限制移民渡臺時

　　領臺之初，儘管清廷頒行了一些不利於兩岸人民互相往來的措施，但鄭清經過多年的戰爭，臺灣一地滿目瘡痍，百廢待興，出於實際情況的考慮，渡臺官吏在政策的執行上大打折扣，使得在最初

2　臺灣省文獻委員會編印：《臺灣省通志稿》，卷2〈人口志・人口篇〉，《中國方志叢書》臺灣地區第64號。

3　施琅：〈盡陳所見疏〉，《靖海紀事》，文叢第13種。

4　阮旻錫：《海上見聞錄》，卷2，文叢第24種。

的二十幾年形成移民的渡臺高潮。康末雍初臺灣究竟有多少人口，尚無確切的史料記載，只有以下兩個數字可作參考，其一為雍正元年（1723），藍鼎元指出：「客莊居民，從無眷屬。合各府、各縣數十萬之傾側無賴游手群萃其中。」[5]其二為雍正六年（1728），同樣是藍鼎元，卻作出了與上文大相逕庭的統計，「合各府各縣之傾側無賴，群聚至數百萬人。」[6]這兩個數字，孰對孰非，不得而考。唯一能夠說明的是，這一時期臺地人口有了大量的增加。

（二）從康熙五十八年（1719）到乾隆五十三年（1788）期間，為阻止移民渡臺時期

康熙五十八年，清廷頒布禁令云：「往臺灣之人，必由地方官訖照，單身游民無照偷渡者，嚴行禁止，如有違犯，分別兵民治罪，不許地方官濫給照票，如有哨船偷帶者，將該管專轄各官分別議處。」[7]以此為起點，清廷陸陸續續地開始了其搖擺不定的馳禁交替的渡臺政策。[8]儘管清廷在雍正十年（1732）、乾隆十一年（1746）、乾隆二十五年（1760）曾三度開禁，但總的看來，這一時期其嚴限渡臺的政策並未有實質性的轉變。

與清廷的禁渡政策相表裡，大陸居民偷渡臺灣事件時有發生。在臺灣開發、移民赴臺的整個過程中，也以這一時期大陸人民的偷渡現象最為嚴重。據乾隆二十五年福建巡撫吳士功的奏疏，自乾隆二十三年十二月至二十四年十月，不足一年之間，查獲偷渡二十五案，老幼男婦九百九十九口，內溺斃男婦三十四口。至於未經查明以及行賄私

5　藍鼎元：《平臺紀略》附錄〈與吳觀察論治臺灣事宜書〉，文叢第14種。

6　藍鼎元：《平臺紀略》附錄〈經理臺灣疏〉，文叢第14種。

7　《重纂福建通志》，卷86〈海防〉。

8　臺灣省文獻委員會編印《臺灣省通志》，卷2〈人民志・人口篇〉。

放者，當不在少數。[9]據莊金德統計，現存有關清代前期查辦偷渡的
實例，只有十二件，並且在乾隆四十九年（1784）前僅有一件。但很
明顯，這絕非實情。所以在這一時期，儘管清政府嚴禁渡臺，但臺灣
人口卻有明顯的增加，乾隆四十七年（1782）已增加為九一二九二〇
口。[10]

（三）自乾隆五十四年（1789）起為清廷放寬移民渡臺時期

以乾隆五十一年（1786）的林爽文起義為起點，清廷在是否允許
大陸居民入臺的問題上出現了明顯的轉折。一方面開放攜眷渡臺禁
令，一方面增設八里坌、五虎門、蚶江口等處以利閩臺人員交流和貿
易發展。這一時期主要以官渡為主。乾隆五十四年（1789），閩浙總
督福康安鑒於偷渡問題愈來愈嚴重，而禁渡之令形同虛設，反給貪官
污吏一個勒索錢財的機會，於是他奏請更改私渡為官渡。經清廷上下
議論後，於同年頒布官渡章程。官渡的設立為大陸人民特別是福建人
民入臺提供了方便，加速了海峽兩岸人口的流動。

在廣大移民篳路藍縷、艱苦開拓的努力下，臺灣獲得了迅速開
發。北部區域已由土番民族的鹿場變成良田。以諸羅縣為例，「當設
縣之始，縣治草萊，文武各官僑居佳里興，流移開墾之眾，極遠不過
斗六川，北路防汛，至半線牛罵而止，皆在縣治二百里之內。」[11]康
熙四十三年（1704）時，「流移開墾之眾，已漸過斗六門以北矣。」[12]
至《諸羅縣志》修成時，斗六門一帶已經由「獐鹿多，草暢茂」[13]的荒
涼地區成為漢族移民開墾的區域，「三十年來附縣開墾者眾，鹿場悉為

9　《明清史料》戊編下冊，（〔臺北〕「中央研究院」歷史語言研究所編，中華書局影
　　印，1982年），頁107-108。

10　《明清史料》戊編下冊，頁128。

11　周鍾瑄：《諸羅縣志》，卷7〈兵防志·總論〉，文叢第141種。

12　周鍾瑄：《諸羅縣志》，卷7〈兵防志·總論〉，文叢第141種。

13　周鍾瑄：《諸羅縣志》，卷12〈雜記志·外記〉，文叢第141種。

田，故斗六門以下鹿獐鮮矣。」[14]再如臺北平原，鄭氏時代，那裡向為流放犯人之所，地理條件十分惡劣；康熙三十六年（1697）郁永河游此地時，該地「地力未盡，闢土僅十之一」，[15]仍是一片原始狀態；至雍正年間，整個臺灣北部平原幾乎已經開發殆盡，進展十分迅速。

　　雍正以後，雖然政府三令五申嚴禁越墾番地，但愈積愈眾的大陸移民已成不可阻擋之勢，如潮水般地從南向北依次延伸。從康熙二十三年至乾隆二十年代，臺灣的土地開墾量由一八四五四甲增至六〇五九五甲。[16]

　　隨著大陸移民的不斷湧入和臺灣土地的大量開發，清政府在臺灣設置的行政機構也逐漸龐大起來。雍正元年（1723），清廷在原有諸羅縣內增設彰化縣和淡水廳；五年（1727），又將分巡臺廈道分為二道，臺灣道專統臺灣和澎湖，並新設澎湖廳；乾隆五十二年（1787），改諸羅縣為嘉義縣；嘉慶十七年（1812），隨著噶瑪蘭的開發，增設噶瑪蘭廳。自此，臺灣由康熙二十三年（1684）一府三縣發展為嘉慶時一府四縣三廳的行政格局。

二　臺灣社會的發展

　　經過百餘年的發展，臺灣移民社會的各個層面均發生了許多改變。到十九世紀五〇至六〇年代，移民社會的特點已近消失，臺灣開始進入定居社會。臺灣社會的這種改變極大地影響了以後基督教在臺灣的傳播和擴展。

14　周鍾瑄：《諸羅縣志》，卷12〈雜記志・外記〉，文叢第141種。

15　郁永河：《裨海紀遊》，卷上，文叢第44種。

16　余文儀：《續修臺灣府志》，卷4〈賦役（一）・土田〉，文叢第121種。

（一）宗族組織的日漸完善和宗族觀念的加強

　　宗族制度和宗族觀念普遍存在於中國大一統的基層社會中。但由於臺灣的開發是與閩粵兩地居民的遷移緊密聯繫在一起的，這種探險式的、征服式的遷居與開發，缺乏移居應有的組織性與漸進性。因而，來自不同區域和不同時期的移民，為了爭奪生存空間與社會地位，經常發生摩擦、爭鬥。這便使得多數人在經歷了狂風暴雨般的磨難後，往往採取聚族而居、聚鄉而居的方式，以加強血緣家族內部的團結來對付外來競爭者，亦即促使人們借助家族的力量，為自身謀取更多的經濟利益。

　　隨著臺灣宗族社會的日漸完善，宗族觀念也由大陸傳到臺灣。由於中國數千年家族觀念傳統的影響，中國人素來講究慎終追遠，祭祀和崇拜祖先成了家族組織精神生活的一個重要組成部分。可以說，每個家庭成員都非常重視祭祀祖先的傳統，即使謀生於他鄉異地，也不敢數典忘祖，仍會定時祭祀，為祖先修墳造墓，用各種方式來祭祀先祖。這種感情表現在客地臺灣，隨著人口的繁衍，許多姓氏漸成大族，他們沒有忘記自己與祖宗的血緣、地緣關係，仍然按照在福建的傳統習慣，族親聚居，鄉親為鄰。這就是「兄弟同居，或至數世；鄰里詬誶，片言解紛。」[17]他們在聚居地依仿祖宗的習俗，修族譜，建造祠堂，沿用祖籍的郡望、堂號，標榜自己的淵源流派，以示飲水思源，不忘宗親故土。臺灣學者施振民指出，「氏族在臺灣不如閩、粵農村發達，但血緣宗族關係還是最基本的法則。」[18]

　　如同下層民眾的多神信仰一樣，人們對祖先的尊崇也沾染了功利性色彩。後輩子孫們這樣做，固然有其道德上和盛情上的因素，但在另一方面，他們也希望通過這種活動，使死者為後代子孫造福，保佑

---

17 劉良璧：《重修福建臺灣府志》，卷6〈風俗〉，文叢第74種。
18 施振民：〈祭祀圈與社會組織〉，《民族學研究所集刊》第36期。

子孫們平安無事，興旺發達。基於此，維護祖先的威嚴和族規的神聖便成為宗族的頭等大事。任何族眾只要違反之，便不可避免地要受到宗族的懲罰。特別是在臺灣宗族社會剛剛形成時期，在某些漢人因種種原因入教，將其家供奉的祖先牌位讓位於聖主耶穌，把對祖先的虔誠祭祀轉變為高唱祈禱歌時，以衛道士自居的眾族人便開始出面干預了。他們一方面強迫教民脫離教會，一方面又遷怒於基督教的傳播，從而必然地引起民教之爭。

（二）民間信仰的福建化

臺灣統一後，清政府雖然頒布了禁止偷渡的政令，東南沿海主要是福建沿海的民眾仍絡繹不絕地向臺灣遷移。隨著福建移民入臺規模的不斷擴大，許多福建土生土長的神祇也紛紛分身飛越海峽，落戶臺灣，構成了臺灣社會民間信仰最為龐雜的部分。

媽祖信仰，遠在清廷統一臺灣之前，即已遠遷臺地。據臺灣學者林衡道先生統計，當時全臺已有媽祖廟十座。康熙二十二年後，臺灣各地更是遍建了許多媽祖廟，如臺灣縣媽祖廟在「西定坊……康熙二十三年靖海侯施琅捐俸改建」，[19]鳳山縣「道光二年（1822）黃漢樓修」，[20]彰化縣天后聖母廟在「鹿港北頭，乾隆初士民公建，歲往湄洲進香。」[21]各地的媽祖廟維繫了臺灣民眾的團結，每年媽祖誕辰日前後，島內各處媽祖宮都組成進香團赴湄洲媽祖謁祖，充分表現了閩臺數百年來媽祖信仰的交融關係。

廣澤尊王，相傳能庇護離鄉背井者，所以廣澤尊王信仰也隨大陸移民移植到臺灣。事實上，臺灣的廣澤尊王廟，絕大部分是泉州移民遷移臺灣時分靈或分香奉祀的，有關的傳說也與福建相同或相似。彰

---

19 陳文達：《臺灣縣志》，卷9〈雜記志・寺廟〉，文叢第103種。
20 盧德嘉：《鳳山縣采訪冊》丁部〈規制・祠廟〉，文叢第73種。
21 周璽：《彰化縣志》，卷5〈祀典制・祠廟〉，文叢第156種。

化縣郭聖王（廣澤尊王）「溯其生而神異，十歲時蛻化于郭山；後滅湯賊，逐島驅倭寇，救煌宮，著靈于有宋；是以朝廷勒建威鎮廟，累封廣澤尊王。」該處廟宇建於道光四年（1824），「榜鳳山寺，溯其源也」。[22]

開漳聖王，被漳州民人奉為保護神。隨著漳州籍移民開發臺灣，開漳聖王信仰也傳播到臺地，成為臺灣漳籍居民的保護神。彰化縣威惠王廟，「在南門外，雍正十年（1732）漳籍貫人士合建，祀開漳聖王。」[23]嘉義縣聖王廟「祀開漳陳聖王，乾隆二十六年（1761）漳民合建。」[24]各地奉祀聖王的活動除了居民的進香祭拜外，最重要的儀式當屬每年農曆二月十五日的紀念聖王誕辰的活動，「每年二月十五日，演劇祀壽，燈燭燦若日月，匝月不休。」[25]

此外，臨水夫人、靈安尊王、法聖公、瘟神、三忠王、三侯公、敵天大帝、順正大王公、助順將軍等也隨閩籍移民遷入臺灣。

相對於教義繁瑣、清規戒律甚多的宗教信仰來說，這些民間信仰更容易深入人心，為下層民眾所接受，成為人們日常生活中的一部分，從而，使得它本身具有明顯的傳承性，歷經久而不衰。

而且與西方國家的宗教信仰不同的是，中國百姓的信仰多帶有很強的實用功利性。[26]他們信仰某一個神仙，不是為了社會教化，更不是為了純潔心靈，他們所關注的是自己所祈求的願望能否實現，所祈求的神祇能否給自己帶來現實的利益，正所謂「所以篤鬼神者，由于禳災祈福之故。」這種情況下，各種民間信仰成為臺灣民眾不可或缺的精神食糧和心理需求。久而久之，這些信仰在其心目中便逐漸奠定

---

22 周璽：《彰化縣志》，卷12〈藝文志・鹿港新建鳳山寺碑記〉文叢第156種。

23 連橫：《臺灣通史》，卷22〈宗教志〉。

24 余文儀：《續修臺灣府志》，卷19〈雜記・寺廟〉，文叢第121種。

25 周璽：《彰化縣志》，卷5〈祀典制・祠廟〉，文叢第156種。

26 參見林國平、彭文宇：《福建民間信仰》，福州市：福建人民出版社，1993年。

了不可動搖的地位，當一種外來的意識形態欲以強制方式注入人們的心靈時，便不可避免地遭到強烈的抵制。而且不論何種信仰，它們有一個共同的特徵，即奉祀神靈。對超自然力的神靈的虔誠膜拜，是人們信奉某一神靈的主要形式。同時，中國的民間信仰，並不排斥多神崇拜。在一般信徒看來，多一個神靈，就多一層保護，祈求的神靈越多，得到的保護也就越多。這便與基督教只信奉上帝的唯一性發生劇烈的衝突。

（三）儒學教育的發展和中華文明的傳播

臺灣地區開發較遲，文化水平與社會風氣相對於大陸則處於比較落後和低下的狀態，尤其是當地的土著居民，多以狩獵為生，仍處於原始社會狀態中。

清廷統治臺灣後，在臺沿襲內地舊制，每逢設廳置縣均於當地設官儒學以訓生童。大批的福建士子東渡赴臺，傳播孔孟之學的薪火。終清一代，臺地共設立十三所儒學，由最初的一府四學「發展成為三府十三學，發展速度之快，數量之多，在有清一代，縱非獨步，亦屬少有。」[27]在清代臺灣的教學機構中，值得一提的是書院教育。據臺灣學者王啟宗先生考證，從康熙二十二年（1683）至光緒十九年（1893），臺灣共建書院六十處，[28]數量可謂眾多。如以臺灣的人口、土地面積與大陸比較，其發展速度可居全國前列。除此而外，臺灣各地還廣設義學、社學、民學等初級教育機構。到十九世紀五、六〇年代，「臺地書院、義學、社學無邑無之。」[29]臺灣學生學習的主要內容與福建相同，都是承傳了閩學精神實質，主張讀經修身，格物窮理。經過一百多年的發展，臺地的文化教育與以前相比有了長足的進步，

---

27 林再復：《閩南人》（臺北市：三民書局，1985年），頁291-292。
28 王啟宗：《臺灣的書院》（臺北市：「行政院」文化建設委員會，1987年），頁20-23。
29 丁紹儀：《東瀛識略》，卷3〈學校‧習尚〉，文叢第2種。

逐漸改變了過去「整個社會呈現出的豪強稱雄，文治落後」[30]的局面，開始步入文治社會。

　　同樣的，對於臺灣士子來說，學而優則仕依然是他們的最佳選擇。臺灣歷史上出過多少進士和舉人，目前學術界尚無定論，但有一點可以肯定的是，至少有三十人以上中了進士，三百名以上中了舉人。一方面，清政府通過科舉考試牢牢地控制了當地的知識分子，另一方面，通過科舉考試這一槓桿，以儒家倫理道德為核心內容的中華文化逐漸深入到臺灣社會的各個階層中，來自大陸的移民和臺灣的原住民都受到了中華文化的薰陶，使得古老的中華文明能夠在臺灣的廣大地區獲得持續性擴展。「科舉制度的在臺發展，實意味著中華文化在臺灣地區的發展與成長。」[31]在它的影響和帶動下，廣大臺灣人民普遍受到忠君愛國思想的薰陶，在外敵入侵、外力滲透時，會挺身而出，堅決維護臺灣的自由和國家的統一。

　　隨著臺地書院、義學、社學的設立，土番社學也相繼建立起來。「各土番亦皆先後有學」。[32]因其教學對象是土番子弟，文化程度較低，故而，社學的教學內容，主要是為啟發幼童而設置的蒙學，使用的教材也多為《三字經》、《百家姓》等蒙書以及四書、毛詩、左傳等儒家基礎經典，可見番童接受的仍是傳統的啟蒙教育和中國傳統的風俗禮尚。經過一百多年教化，土番民族對傳統中華文明的認同、依賴程度較之以前不可同日而語。「阿束番童舉略讀下論，志大、諸棲俱讀上論，並能默寫」，[33]「搭樓社山里貓讀論語，皆能手書姓名。」[34]在禮節上，番民「亦有禮讓之風，卑幼遇尊長時，卻步道旁，背面而

30 李國祁：〈清代臺灣社會的轉型〉，《中華學報》第5卷第2期。
31 李國祁：〈清代臺灣社會的轉型〉，《中華學報》第5卷第2期。
32 《清經世文編選錄》〈上某兵備論治臺書〉，文叢第229種。
33 黃叔璥：《臺海使槎錄》，卷5〈番俗六考・北路・諸羅番六〉，文叢第4種。
34 黃叔璥：《臺海使槎錄》，卷6〈番俗六考・南路・鳳山番一〉，文叢第4種。

立，俟其過始行，若駕車，遠引以避，如遇同輩，亦停車通問，相讓而行。」[35]臺灣漸成禮儀之鄉，文化素質與精神面貌亦有了較大程度的改變。

（四）漢番關係的發展和民族凝聚力的加強

移民的湧入，土地的迅速開發，一定程度上影響了臺灣番族業已形成的生產生活秩序，同時，少數不法漢民在開墾土地的過程中，也的確發生了危害番族切身利益的現象。為此，清政府對原住民採取了廣泛的保護政策，極大地緩和了民族衝突。

對於番族的保護，雍正帝指出，臺地各官員務必「撫恤得法，使百姓總不致干犯熟番，熟番永不欺凌生番，各安生理。」[36]乾隆時，對臺灣土著首先從政治上予以了肯定，乾隆二年（1737）正月五日，乾隆帝云「朕思民番皆吾赤子。」[37]這些諭令的頒布，表明清政府從理番思想上已不再將他們視為化外之民，正式從意識上將其納入了大清的版圖之中。

在政治上，清廷於乾隆三十一年（1766）設立了專門的理番機構——理番同知，它的職掌幾乎囊括了番族生產、生活、教育、內部事務等所有方面。在經濟上，清廷厲行保護番產的措施，早在乾隆九年（1744），乾隆帝即諭令查明「若有侵占民番地界之處，秉公清查，民產歸民，番地歸番。」[38]嚴禁漢民盜耕原住民的土地。兩年以後，清政府議定「嗣後內地民人如有私買番地者，告發之日，將田歸番，照律計畝治罪；荒地減一等，強者各加一等。其有潛入生番界內

---

35 六十七：《番社采風圖考》〈讓路〉，文叢第90種。

36 《雍正朱批奏折選輯》39〈巡臺御史索琳剿捕生番折〉，文叢第300種。

37 張本政主編：《清實錄臺灣史資料專輯》（福州市：福建人民出版社，1993年），頁121（以下簡稱《清實錄》）。

38 《清會典臺灣事例》〈戶部‧開墾〉，文叢第226種。

私墾者，照律嚴懲。」[39]光緒三年（1877），福建巡撫丁日昌通飭全臺文武百官，指示「于善良之番，善為撫綏，不准百姓稍有欺凌，通事稍有壟斷。其原有田地，設立界址，不准百姓稍有侵占。」[40]

土著居民的社會生產生活水平相對而言是比較落後的，促進番地開發，提高土著居民的生產技能，便成為清政府治番政策議題中應有之義。為加強漢番交流，由先進引導落後，清廷允許土著居民將土地租與漢人耕種，「如情願獻給漢人耕佃取租，聽其自便，每屆三十年，清釐一次。如有奸民欺占或贌耕之後假不歸，地方官隨時懲辦。」[41]並且，番族所納番餉亦呈遞減趨勢。以鳳山下淡水八社番為例，雍正四年（1726）交納米石折銀二〇一六點九兩，至乾隆二年（1737）減為三四九點六兩，不及前者的六分之一。[42]在清廷的扶持政策下，土著民族的社會有較大的進步。

在清廷剿撫兼施、恩威並用的政策影響下，土著民族不斷歸順。光緒十二年（1886），美使田貝在其所提交的有關報告中，即記載劉銘傳招撫生番四百餘社，番民歸化七萬餘人，收回山前舊墾田地二萬餘畝。漢人與土著民族特別是與平埔族的交往日益增多，漢番各族人民胼手胝足，一起開發了寶島臺灣。在共同的生活環境中，雙方通過商品交換，互通有無，逐漸走向合作。再加上漢文化的影響，使得漢土關係日趨融洽，民族關係不斷改善，民族凝聚力有所增強。

---

39 《清會典臺灣事例》〈戶部‧開墾〉，文叢第226種。

40 《清光緒朝中日交涉史料》光緒三年〈福建巡撫臣丁日昌奏巡查臺灣南路鳳山恒春等處摺〉，文叢第210種。

41 《清會典臺灣事例》〈戶部‧開墾〉，文叢第226種。

42 該數據係依據《福建通志臺灣府》（文叢第84種）、《臺灣府賦役冊》（文叢第139種）所列賦役數推算。

（五）臺灣的遊民階層

　　清代前期，閩、粵一帶居民大量地湧入臺灣，其中有不少遊民。人數眾多的遊民階層成為當時臺灣人口結構的一個突出特點。

　　遊民又稱羅漢腳，即所謂遊民，遊棍、遊惰之輩、遊手之民、無賴等等。康熙四十一年（1702）臺灣知縣陳璸提出「宜逐遊手之徒，以靖地方。」[43]藍鼎元《東徵集》更是多處提及朱一貴起義是「無賴子弟偶爾烏合」，「陷臺諸賊半屬遊手」；「客莊居民，從無眷屬，合各府各縣數十萬之傾倒無賴遊手群萃其中，無家室宗族之繫累，欲其不逞也難。」[44]這些史料說明，早在康熙年間，遊民已成為一個社會問題了。

　　在早期移居臺灣的漢人中，除了少數富裕之家外，多數為生活無著、無牽無掛的單身漢，「此等渡臺民人，多屬內地素無恆產，遊手好閒之徒。」[45]謝金鑾認為，偷渡去臺的多是無所依者、有所迫者、多所貪者和窘所施者。換言之，是惰遊失業、負罪逃奔、手無技能、倚奸為利之徒。這些人到達臺灣後，一部分成為農民、工匠甚至地主、富戶；另一部分本來就遊手無藝、不事耕桑，很難找到固定的職業。乾隆中葉閩浙總督蘇昌奏稱：「偷度過臺之遊民日眾，昔年人少之時，依親傍戚者無不收留安頓；近有人滿之患，不能概為收留，此輩衣食無依，流而為匪，非鼠竊狗偷，即作奸走險，無所不為。」[46]構成臺灣社會生活中的不穩定因素。

　　遊民對臺灣社會影響最大的是他們參與各種社會動亂。康熙六十一年（1721）朱一貴起義的隊伍「半屬遊民，半係衙蠹」；[47]嘉慶五年

---

43 陳璸：《陳清端公文選》〈條陳臺灣縣事宜〉，文叢第116種。
44 藍鼎元：《平臺紀略》附錄〈與吳觀察論治臺灣事宜書〉，文叢第14種。
45 《清高宗實錄選輯》，文叢第186種。
46 《宮中檔雍正朝奏折》，第22輯，頁630。
47 藍鼎元：《平臺紀略》附錄〈與吳觀察論治臺灣事宜書〉，文叢第14種。

（1800）陳錫宗案「遊手匪徒，自行附和」；[48]道光四年（1824）許尚案「有遊民從中煽惑」；[49]道光十三年（1833）張丙起義時，「臺地遊民及盜賊聞風響應」；[50]曾於道光二十七年（1847）渡臺的丁紹儀對此感歎道：「（羅漢腳）遊手無賴、遨遊街衢，以訛索為事……及冬衣食不繼，輒聚黨徒、伺掠行旅。」[51]

　這些社會上的疏離分子，平時遊聚市厘，呼朋引類，靡所不為，帶有極強的散漫性。偶有民變事起，則「搖惑人心，頃刻有燎原之勢。」[52]同治元年，戴春潮起義時，股首陳弄豎旗響應，「一時劇盜、羅漢（腳）多歸之」。[53]綜觀有清一代臺地漢人的歷次重大民變中，「逆叛大半係『羅漢腳』（遊民）匪類。」[54]

　很顯然，遊民嚴重地威脅與破壞了當時的臺灣社會治安。然而，羅漢腳生活狀況的不穩定性，使他們的所作所為帶有明顯的兩面性。在一些關鍵場合往往是見風使舵，順水推舟，誰的力量強大就會依附於誰，「賊招之則為亂民，官用之則為義勇，此皆可良可賊，視能食者從之也。」[55]因而，對於西方傳教士來說，這群精神無所寄託、整日無所事事的遊民群落卻是一片未墾的沃土。同樣地，在入教反教問題上，遊民也經常扮演兩種角色，要麼充當入教的前衛軍，要麼爭做反教的急先鋒，每當傳教士許下種種美好的諾言，遊民便一哄而上，群而加入教會，「恃教為護符」，[56]橫行鄉里，魚肉百姓。一旦有不利

48　《清檔案錄副奏折》，愛新泰奏，嘉慶五年閏四月初三日。
49　《清宣宗實錄選輯》，文叢第188種。
50　沈海如：《除氛錄》。
51　丁紹儀：《東瀛識略》，卷3〈學校‧習尚〉，文叢第2種。
52　徐宗幹：《斯未信齋文編》2〈官牘〉，文叢第87種。
53　林豪：《東瀛紀事》，卷上〈北路防剿始末〉，文叢第8種。
54　《清高宗實錄選輯》，文叢第186種。
55　引自楊碧川：《簡明臺灣史》（臺北縣：第一出版社，1987年），頁109。
56　（臺北）「中央研究院」近代史研究所編：《中國近代史資料彙編》，《教務教案檔》第二輯（三），頁1047（以下簡稱《教務教案檔》）。

於教會及傳教士的流言出現，遊民便不辭辛苦地四處宣揚，率先向教會發起攻擊，為地方政府處理此類事件增添了許多不必要的麻煩。它的大量存在始終是困擾臺灣地方政府的一大難題。

第二節　西方列強侵入臺灣

臺灣地處大陸與大洋相交切之處，為南北交通，東西輻輳之地。依地理位置而言，臺灣之重要性，乃大陸東南沿海省區之要害，日本南進之門戶，西方列強進窺東亞必經之要地。

雍正年間，一代名吏藍鼎元在論及封閉臺灣可能造成的後患時，敏銳地向人們表明了對來自外力入侵臺灣的擔心。藍鼎元意識到，臺灣「不歸之民，將歸之賊，即使內賊不作，又恐寇自外來，如委而棄之，必有從而取之者，可不早為綢繆哉。」[57]後世之事恰恰印證了藍氏當年的憂慮。

乾隆三十六年（1771），被囚禁於西伯利亞的波蘭貴族貝尼奧斯基伺機逃跑，於同年八月在臺東秀姑巒附近登陸。欲在該地安營札寨，遭到當地番族的強烈反擊。遂轉航到三貂角澳底拋錨。與附近的花圃番酋長結成同盟。土著酋長允許他們在這裡開疆拓土，進行貿易；作為報酬，他們幫助花圃番共同遠征花圃的敵人東番。

貝尼奧斯基乘機觀察了臺灣東部的概況，並制訂了一份《臺灣殖民方案概要》。該方案首先指出，臺灣「是現世界中一個最美麗最富饒的島嶼」。[58]並認為，「以臺灣作為特許團體計畫而成的殖民地，賴母國政府的保護。得到國庫貸款的殖民團體，握東方貿易的航海權，且允許派遣定額的守備軍，支辦其經費以得到使用這些事物的權利。

---

57 丁紹儀：《東瀛識略》，卷6〈番社・附載〉，文叢第2種。

58 參見陳碧生：《臺灣地方史》（北京市：中國社會科學出版社，1982年），頁130。

預計三年後成功。」[59]隨後，貝尼奧斯基即往奧地利、馬達加斯加、英國等地遊說，時臺灣與外界接觸甚少，未獲支持。乾隆五十一年（1786），貝尼奧斯基死於戰火，其熱衷鼓吹的殖民臺灣的計畫也隨之灰飛湮滅。不過，貝尼奧斯基的對臺灣之肆意張揚以及他的《臺灣殖民方案概要》，極大地刺激了西方探險、殖民臺灣的野心。

道光二十年，英國悍然進犯中國，發動了鴉片戰爭。戰火很快燒到臺灣，駐守臺地的姚瑩、達洪阿等人下令守軍開炮還擊，同時動員臺灣各族人民，組織自衛武裝團體，總數達四萬七千多人。姚瑩「赴南北，集紳耆，練鄉勇，……而漢奸之來臺勾結者，輒捕之，」[60]大家同心協力，共同抗擊外來侵略者。

由於臺灣守軍和各族人民的共同英勇鬥爭，在鴉片戰爭期間，前後擊退了侵略者五次進攻，「夷人五犯臺灣，未得一勝」，[61]中國人民取得了巨大的勝利。這次勝利，臺灣未煩大陸一兵一卒，「皆賴（臺灣）文武士民使力也」。[62]

當英人用鴉片打開中國的古老大門時，美國大兵亦開始窺視臺灣。道光二十七年至二十九年間（1847-1849），美國侵略者曾多次派人潛入臺灣，帶走大批的煤炭和其他礦物樣品進行化驗。結果表明臺灣礦產豐富，質量良好，這更引起了美國侵略者的極大興趣。

咸豐四年（1854）前後，為了進一步侵略臺灣，美國侵略者以所謂到臺灣「尋找失蹤在臺灣的美國人」為藉口，宣稱一八四九年美國有一位叫多馬・賴伊的商人在臺灣附近失蹤，他們不斷派遣間諜特務人員到臺灣搜集各種情報。咸豐四年三月，美國遠東艦隊司令皮雷

---

59 山崎繁樹、野上矯介：《1600-1930年臺灣史》（臺北市：武陵出版公司，1988年），頁149。
60 連橫：《臺灣通史》卷14〈外交志〉。
61 《道光籌辦夷務始末》卷68。
62 姚瑩：《東溟文後集》，奉速入都別劉中丞書。

（C. Perry）率領遠東艦隊來基隆進行煤礦調查和港灣測量，繪製了詳細的海圖。回國之後，皮雷抓緊時間寫了《有力之美國人》一書，別有用心地對臺灣大加宣染，同時他向美國政府建議，用軍事占領臺灣，以作為美國在遠東的海軍基地，以控制中國南部沿海和牽制出入中國東海的力量。他還認為，臺灣的地理位置非常適合於作為美國商業的集散地，從那裡美國可以建立對中國、日本、琉球、交趾支那、柬埔寨、暹羅、菲律賓以及一切位於附近海面的島嶼的交通線。所以美國做好占領臺灣的準備，派船艦去臺灣，在基隆等地建立興旺的「美國居留地」。這「不但是明智的舉措，而且是絕對的需要」。[63]「美國水師提督彼里（皮雷）亦來勘。以煤礦層豐富，謀居此地，建軍港，以開美國貿易之途。」[64]

　　與此同時，美國從事遠東貿易、駐寧波領事、後來成為美國駐日本總領事的哈利斯（T. Harris），也向美國國務院報告了臺灣的氣候和物產，建議用「購買」的辦法占領臺灣，以作為美國在遠東的商務物資供應的中途站。咸豐六年（1856），以美國侵華先鋒自居的伯駕（P. Parker）得知英國與法國要聯合進攻中國的消息後，便急忙向美國政府建議，積極主張利用廣西西林教案和亞螺號事件，同英法結成三國同盟，主張由法國占領朝鮮，英國占領舟山，美國占領臺灣，並且無恥地認為，「關於臺灣之人道、文化、航海及商業上之利益，今皆係於美國政府之動向而定。美國政府安能逃避此責？」[65]簡直一派胡言！

　　美國侵略者的罪惡行徑，引起臺灣同胞的極大憤怒和堅決抵抗，其中最著名的即為同治六年（1867）的羅妹號事件。一八六七年二月，美國商船羅妹號遇風漂流到臺灣，船上十三名水手被當地土著居

63　〈甲午戰爭以前的美國侵略臺灣的資料輯要〉見中國科學院歷史研究所第三所編
　　《近代史資料》，1954年，第1期。

64　連橫：《臺灣通史》，卷18〈権賣志〉。

65　《美國參院檔案》，引自陳碧笙：《臺灣地方史》，頁141。

民所殺，僅一華人倖免。美國駐華公使蒲安臣立即命令駐廈門領事李仙得率軍艦速至臺灣辦理此事。當時的臺灣鎮總兵劉明燈和兵備道吳大廷勸告李仙得應從長計議，切不可擅入少數民族的居住區，以免滋事。李仙得非但不聽，並組織軍隊進行襲擊，遭到當地高山族人民的迎頭痛擊，「帶兵官受傷斃命，洋兵被傷者數十人。」[66]美國侵略者屢戰屢敗，最後，雙方達成協議：此後來往美船，必須先掛上紅旗，否則不許登岸。美國侵略臺灣的陰謀在臺灣人民的抵抗下也未能實現。

　　繼英美之後，德國也開始向臺灣張開了魔爪。同治七年（1868）德英兩國商人陰謀占墾大南澳就是一個典型的事例。

　　大南澳亦名南澳，在蘇澳南三十四公里大南澳溪入海處，東南瀕太平洋，土地肥沃，居民稀少，而且當地土著部落長期處於分散、閉塞的未開發狀態，容易成為外國覬覦爭奪的目標。是年五月，德國鴉片商人美利士在瞭解到臺灣東部戒備鬆懈的情況後，決計在那裡建立殖民地。他不顧噶瑪蘭通判丁承禧的善言勸阻，羅致了一個熟悉該地少數民族部落情況的英國樟腦商人荷恩為助手，率領英、美、德、墨西哥及葡萄牙人等到大南澳踏看山場樹木，並用財物騙誘當地一個平埔部落首領之女與其成婚，接著便利用這層關係，誘脅了一部分平埔人前來為其充當雇工。而且還備有槍炮彈藥，在大南澳建成土堡一處。憑藉這些勢力，荷恩儼然以當地統治者自居，除任意砍伐貴重木材運往雞籠售賣外，還對平埔人生產的農產品按實物百分之十五抽稅，對以砍割木藤、薯榔為生的漢族移民按實物百分之二十抽稅。

　　丁承禧見荷恩恃勢強占，不可理喻，乃向美利士和英國領事提出質問，均被其以大南澳是「生番」地界，不屬噶瑪蘭通判管轄為由加以推諉。丁承禧轉請清政府向英德兩國公使交涉。英使答覆已札飭淡水副領事調查，德使則答稱荷恩係屬英人，應由英國負責處理，至美

---

66 唐贊袞：《臺陽見聞錄》卷上〈洋務‧洋人為生番挫敗〉，文叢第30種。

利士則已去函「戒飭」等等,不肯作出切實答覆。

　　次年春季,美利士公然親到大南澳擴大侵略範圍。在蘇澳口的南方澳山麓起造草房三間,準備往來住宿,又不時從滬尾、雞籠運來食物接濟荷恩,甚至把大量火藥運到蘇澳、北澳等處,售於土著部落,用意叵測。除加緊伐木、占墾和販運軍火以外,他們還明目張膽地私販樟腦,典賣煤山,甚至私設法庭,受理詞訟,拘捕居民陳田、王厲等鞭毆重傷,酷押不放。英國駐滬尾領事公開聲言大南澳不屬於中國版圖,英國軍艦也開到蘇澳、大南澳海面示威,停留三日始去。清政府一再提出嚴正抗議,聲稱已「咨復閩省仍照前次查拿懲辦,如敢抗拒,傷斃無論之諮辦理。」[67]英國政府終於是年八月派艦勒令荷恩撤出大南澳,美利士破產而歸。

　　面對帝國主義國家的野蠻侵略行逕,大陸人民與臺灣同胞同仇敵愾,共同反擊,摧毀了他們霸占臺灣的一個又一個陰謀。而在思想意識領域裡的鬥爭,大陸人民與臺灣同胞同樣取得了勝利。

　　鴉片戰爭後,各帝國主義國家借助於他們用堅船利炮脅迫清政府簽訂的各種不平等條約將基督教傳教入中國。咸豐八年(1858)《天津條約》規定:「不論新教或羅馬天主教,皆得在中國傳教。」憑藉這些特權,基督教在中國傳播「福音」便成為一種合法行為。於是,懷有不同目的的各國傳教士們再度踏上中國的領土,也猶如潮水般地湧向門戶開放的臺灣。在近代,來臺傳教的主要派別有西班牙多明我會、英國長老會、加拿大長老會三個派別。

67　《同治朝籌辦夷務始末》,卷66。

第四章
英國長老會在臺灣的傳播

　　長老會（Presbyterians）是宗教改革時期「受加爾文影響最深而衍生出」[1]之基督教新教派。它是根據《聖經》而從教徒中選出長老，由長老與牧師組成長老會來決定教會中的重大事項，管理教會中的日常事務，因此得名為「長老會」。一五六七年，蘇格蘭立長老制教派為國教。一六六二年，英王查理二世頒布《信仰劃一法案》（*The Clarendon Code*），規定神職人員必須按國教會主教制按立，因而國內長老會的長老被免職，教會活動也因受到王室壓制而無法進行，一部分長老會信徒被迫轉入了其他的宗教教派以求生存。直到一六八九年威廉三世頒布「寬容法」（Toleration Act），長老會才重新獲得了信仰自由，早先歸入其他教派中的長老會信徒亦開始回歸長老宗。一八三〇年英格蘭已有二三〇個教派屬長老會，[2]一八三三年又有一百七十個教會回歸英格蘭長老宗，[3]使長老會勢力大增。於是在一八三六年，英格蘭長老會宣布成立中會（Sycond），轄有二個教區，十二所教堂。一八四二年時，已發展有六個教區，六十四所教堂。[4]

　　同一時期，因受福音運動[5]的影響，歐洲各國掀起了向殖民地及

1　陳梅卿：〈清末臺灣英國長老教會的漢族信徒〉，收入林治平主編：《基督教與臺灣》（臺北市：宇宙光出版社，1996年），頁61。

2　陳梅卿：《清末臺灣英國長老教會的漢族信徒》，頁62。

3　Edward Band, *Working His Purpose Out, The History of the English Presbyterian Mission 1847-1947,* London, Cheng-Wen Reprint, p. 1.

4　Jas. Johnston, *Christianity in Taiwan: A History The Story of the Mission of the Presbytreian Church of England*, London, 1897, pp. 2-3。

5　由於歐洲資本主義制度的建立，勞資矛盾尖銳，各種宗教均受到冷淡甚至敵對，因而一批基督教新教教會人士試圖以復興宗教來達到社會改良的目的，他們倡導宣講

異教徒傳教的高潮。新教近代傳教運動的先驅威廉・凱里（William Carey, 1761-1843）在英國建立了第一個海外傳教組織──「浸禮宗廣傳福音會」（The Particular Baptist Society for Propagating the Gospel Among the Heathens）。在其影響下，一七九五年，「倫敦會」（The London Missionary Society）、一七九九年「聖公會」（The Church Missionary Society）等其他一些差會相繼成立。在其影響下，美洲的美國也開始組織海外傳教會，「美部會」（The American Board of Commissioners for Foreign Mission）、「美國浸禮宗傳教差會」（The American Baptist Missionary Convention）、「美國聖經會」（American Bible Society）等相繼成立。

這些差會成立後便向海外殖民地派出了大量的傳教士。一八○六年英國聖公會的亨利・馬丁（Henry Martyn, 1781-1812）被派到印度傳教，一八○七年倫敦會的馬禮遜（Robert Morrision, 1782-1834）受遣來中國傳教。一八四二年，《南京條約》中五口對外通商的規定更是引起這些海外傳道差會的興趣，而這一時期英國長老亦開始關注中國的傳教事業。一八四四年英國長老會中會設立外國傳道局，一八四七年即派第一位海外傳教士賓威廉（Rev. William. C. Burns, 1815-1860）來中國傳教，[6]於一八五一年建立了廈門傳教中心，一八五八年又在汕頭建立了傳教中心。[7]

一八六○年九月，英國長老會駐廈門傳教區的杜嘉德牧師（Rev.

福音，注重在下層民眾中宣講教義，故稱「福音派」（Evangelical）。十八世紀，約翰・衛斯理（John Wesley）和喬治・懷特菲爾德（George Whitefield）先後在英國和美國掀起布道運動，被稱為「福音復興運動」。

6　Edward Band, *Working His Purpose Out, The History of the English Presbyterian Mission 1847-1947*, pp. 1-2。

7　臺灣基督長老教會總會歷史委員會編《臺灣基督長老教會百年史》，基督教在臺宣教百周年紀念叢書委員會出版，一九六五年第一版，頁六（以下簡稱《臺灣基督長老教會百年史》）。

C. Douglas）和駐汕頭傳教士馬肯查（Rev. H. C. Mackemzie）來淡水及艋舺考察，散發基督教的小冊子。他們發現當地的土語和廈門方言是一樣的，都講閩南語；而且對岸有廈門和汕頭兩個毗鄰的教區，認為在臺灣進行傳教事業的潛力非常大。兩年後，杜嘉德牧師從寧波經臺灣到廈門進行沿海航行，臺灣秀麗的風景和豐富的資源再次勾起了他的傳教欲望返航後，他便向總會海外傳教會建議將臺灣納入他們的海外傳教範圍，遂得到總會的贊同。近代新教在臺灣的傳教事業於是拉開帷幕。

第一節　早期的傳教活動

　　第一任來臺宣教的是醫療傳教士馬雅各醫生（Dr James L. Maxwell）。馬醫生曾是愛丁堡大學醫學專業的優秀畢業生，後繼續在柏林、巴黎等大學深造醫學。來臺前已是伯明翰一家醫院的住院醫生，不僅在病人中享有聲譽，而且作為教會長老在信徒中亦頗得眾望。英國母會在選擇來臺的傳教人員時，就已決定首先選派一名醫療傳教士。而馬雅各醫生出眾的成績使他在英國母會選派來臺傳教人員時成為唯一一名合格者。

　　一八六四年一月，馬雅各到達廈門，並在那裡學習閩南語。同年秋，馬醫生由杜嘉德牧師陪同來臺南進行傳教活動的前期工作，即選擇他們在臺灣傳教據點的城市。他們從打狗經埤頭到臺南府，最終選擇當時有二十萬人口的臺南府為傳教據點。這一方

馬雅各牧師

面是由於臺南府是當時臺灣的政治、經濟、文化中心，另一方面也便於他們採用「遠心」的傳教方法來傳播福音。[8]之後，馬雅各繼續回廈門學習閩南語。一八六五年五月，馬雅各醫生、杜嘉德牧師、英國聖經公會的魏禮（Alexander Wylie）以及三位助手陳子路、黃嘉智、吳文水正式來臺傳教。由於廈門傳教人員缺乏，四個月後杜嘉德牧師返回廈門，[9]獨留馬雅各在臺灣開展傳教工作。

　　一八六八年春，馬雅各夫人抵臺，給馬醫生不小的驚喜與幫助。一八七一年，馬雅各夫婦回國休假。在英國國內，馬雅各醫生仍然關注英國長老會在臺灣的傳教事業，他編寫了 The Gospel in China 一書，並作為 Messenger 的附錄第一次出版。後因身體欠佳，遲至一八八三年再次來臺。中法戰爭結束後，馬醫生亦回到廈門，不幸染病，被迫再度歸國。在英國，他繼續從事海外傳教運動以及反鴉片運動的宣傳，並組建了一個專供醫學生住宿的旅館。在馬醫生的影響下，其中的許多學生自願獻身傳教事業，他的兩個兒子也加入了英國長老會，繼承父志，獻身海外傳教事業。一九〇一年，其次子馬雅各第二步其父足跡來臺從事傳教事業。

一　打狗教區的建立

　　一八六五年六月十六日，馬雅各在臺南府城西門外的看西街租借房屋，以行醫為掩護，邊行醫邊傳教，這一天以後就被定為英國長老會在臺灣設教的紀念日。由於馬雅各醫生醫術高明，起初吸引了一大批患者，每天大約有五十名左右的病人前來就診，馬雅各也得以在治

8　所謂「遠心」的傳教方法，即教會選擇一個或幾個中心，由此向周圍傳播福音，但
　　一般也不超出此中心所影響的範圍，Jas. Johnston, *China And Formosa*, p. 198.

9　J. Lmaxwell, "My Earliest Companions in Formosa," *The English Presbyterian Messenger*,
　　June, 1897, pp. 142-143，引自《臺灣基督長老教會百年史》。

病的同時宣傳基督教教義，使得許多人前來聽他講道。

　　但好景不長，馬雅各的醫術引起了當地醫生的嫉妒，也招致了當地士紳的反對。在七月九日的一次禮拜儀式上，馬雅各醫生及其支持者遭到了受士紳慫恿的當地群眾的圍攻，他們把石頭當武器拋向禮拜場，「我們關上門，又拴牢它，門外的一大群人拼命地敲打，我們只能以門作為掩護，並在屋裡不斷地祈禱，同時派人到官府求救，並焦急地等待官府的消息。兩小時以後，官員以及他的隨從才到達。」[10]

　　事實並未如馬雅各醫生所料想的那樣。當地官員雖鎮壓了群眾的反抗行為，但為了穩定社會秩序，他們同時要求馬雅各在三天內離開臺南府。「兩個聽道者對我們的離開感到很難過，第二天他們又找到我們表示要跟我們一起離開，並希望能參加我們的下一個禮拜，」[11]馬雅各雖然很不情願離開臺南府，但因為當地某些信眾對他們的理解，亦使他為臺南初期傳教工作所取得的成績而感到安慰，而且他自己並不甘心在臺南的失敗，他相信總有一天會再一次來臺南府開教。

　　離開臺南府後，馬雅各醫生便把傳教地點選在打狗。因為打狗有許多外國商人，而且當地的排外情緒亦沒有臺南府那麼強烈。作為一名醫療傳教士，馬雅各在打狗亦是邊傳教邊行醫。每天大約有三、四十人來就醫，聽講道的人亦不斷增加，「有時下午，我們大約會有五十人的聽眾，而且中間不斷有人加入進來，總之，打狗已經有相當一部分人在注意我們所宣講的福音了。」[12]

　　一八六六年六月，馬雅各在打狗建立了第一座禮拜堂。而且，這一年還有八個人要求受洗，結果只有四位合格，他們分別是陳齊、陳清和、高長和陳圍。由於馬雅各醫生不具備施洗的資格，八月十二日，

---

10 Donald Matheson, ESQ: *Narrative of the Mission to China of the English Presbyterian Church*, London, 1866, p. 58.

11 Donald Matheson, ESQ: *Narrative of the Mission to China of the English Presbyterian Church,* p. 58.

12 Jas. Johnston, *China And Formosa*, p. 171.

便由到訪的廈門傳教士宣牧師（Rev. S. Swanson）為其實施洗禮，並舉行了聖餐儀式。「這是自二百年前荷蘭人被趕出臺灣島後由新教所實行的第一次聖餐儀式。毫無疑問，臺灣民眾中間早已有基督教傳播的歷史，現在十字架再次被舉起。」[13]一八六七年三月，廈門美國歸正會傳教士及 Kip 牧師又為五名打狗皈依者施洗。

　　隨著信徒的增加，傳教區域也不斷擴大，打狗附近的村落幾乎都有村民前來聽講道。一八六七年四月，馬雅各又派傳教士往鳳山埤頭（Pi-thau）布教，七月埤頭也建立了禮拜堂。英國長老會制定的遠心傳教法取得了初步成效。

　　受人手的限制，在最初的兩年中，臺灣信徒的受洗都由大陸短期來臺訪問的傳教士來幫助實行。為了解決本地傳教士不能直接為信徒施洗的問題，英國長老會母會於一八六六年派遣 David Masson 牧師來臺，不幸的是，D. Masson 牧師在來臺途中受到暴風襲擊遇難。一直到一八六七年底李庥牧師夫婦（Rev. H. Ritchie）來臺這種被動局面才得以解決。

　　李庥，蘇格蘭人，被派來臺時還在倫敦神學院（English Presbyterrian College）學習，因海外傳教人員極其缺少，未畢業就被東派來臺，是英國長老教會直接派遣來臺的第一任牧師。李庥先到廈門學習閩南語，到臺後又學習了客家話，來臺後以打狗為據點向南部傳教。他還是第一個向臺東傳教的傳教士，亦是在客家人居住區建立教堂的第一人，足跡遍及臺灣全島。李庥牧師在臺灣工作十三年，除一八七六年曾離臺短暫休假外，其餘時間皆在臺灣度過。一八七九年，因感染風土病逝世於臺灣府。李庥夫人繼承其夫傳教遺志，致力於臺灣女子學校的建立，是英國長老會在臺的最初女傳教士。一八八四年因健康狀況不佳回國。

13　Jas. Johnston, *China And Formosa*, p. 172.

　　李庥抵臺的第二年，即一八六八年，是臺灣歷史上極不平靜的一年，也是對臺灣歷史產生重大影響的一年。這一年，臺灣同胞再次掀起反教浪潮。先是有關馬雅各醫生殺死兒童用以製藥的謠言四處傳播，受此蠱惑的臺灣民眾便將矛頭直指傳教士，信徒高長被抓入獄，莊清風則被打致死。後來便憤怒的群眾便開始砸堂毀堂，埤頭教堂在同一年內二建二毀。加上這一時期英國駐臺商人以此為藉口企圖解決樟腦糾紛，使得教務更為複雜。傳教工作寸步難行。

　　為排除傳教障礙，馬雅各邀請英國副領事插手其間，以政治權力干預傳教事務，並以武力相脅迫。在這種情形下，雙方以清政府被迫賠款一一六七美元作為埤頭教堂的損失費、承認傳教士在臺居住權、嚴禁民眾誹謗基督教而告終結。[14]

　　一八六八年臺灣教案中清政府的妥協態度，使臺灣當地的廣大民眾對在臺的傳教士產生了極大的誤解，在他們看來，「英國人以及傳教士擁有比官府還大的權力」，吸引了打狗的一批群眾入教。一八六八年八月，有五人受洗，一八六九年又有十二人皈依。而且，一八六八年底，馬雅各還在打狗建立了一所可以容納五十名病人的醫院，醫院病人之多使得母會不得不再派 Patrick Manson 醫生來臺協助馬雅各醫生的工作。

　　眼見打狗教區的工作日漸成熟，赴臺南傳教的欲望再次在馬雅各心中湧現。於是他把打狗一帶的事務交李庥牧師，把打狗醫院的工作交給 Patrick Manson 醫生，便迫不及待地在這一年聖誕節的晚上帶領吳文水及高長前往臺南府開教。三年前離開臺南時的心事如今終於如願以償！像第一次到臺南時一樣，馬雅各開設了一家小醫院作為傳教場所，一八六九年六月，臺南府就有七人接受李庥牧師的施洗。

---

14 臺灣省文獻委員會編印《重修臺灣省通志》，卷3〈住民志‧宗教篇〉。

二　在南部及中部的原住民中傳教

　　英國長老會在臺傳教工作開展伊始,「不論是當地土著居民還是漢族移民都是他們傳教的對象。」[15]一八六八年事件以後,馬雅各醫生、李麻牧師除了在漢族移民中間傳播基督教外,更多地將目光轉向了周圍的原住民部落。而且,在早期即第一個十年間,英國長老會的傳教活動主要是對準了臺灣南、中部的土著居民。與荷據時期用武力脅迫原住民皈依基督教相比,近代英國長老會在原住民中的傳教則容易得多。曾任安平港海關關員（1863-1867）的英國商人必麒麟（W. A. Pickeving）曾數次深入山地部落進行訪問,他發現在「訪問的所有平埔族村落中,基督教普遍受到歡迎」。[16]英國王室矮子號船隊（H. M. S. Dwarf）船長 Capt. Bonham Box 在考察了臺灣許多地方後亦曾說:「基督教在平埔族中的傳播要比在漢族移民中要廣泛得多,這主要是由於平埔族人單純,在信仰上沒有受到來自佛教的依賴性。」[17]有關清代基督教與原住民的互動關係,容後詳述[18]

　　早在一八六五年十一月剛抵臺不久,馬雅各醫生就曾陪同必麒麟前往離臺灣府東北約二十英里的崗子林（Kong-a-na）平埔族一帶遊歷。由於當地居民的生活中至今還保留著當年荷蘭傳教士宣教時所遺留的痕跡,再加上馬雅各醫生高明的醫術為當地的土著居民解除了身體上的病痛,因而他們的到來受到當地平埔族居民的歡迎。而且此後,當地的平埔族居民經常邀請馬雅各醫生、李麻牧師到他們的村落

15 Chong-Gyiau Wong, *The Emergence of Political Statements And Political Theology in The History of The Taiwanese Presbyterian Church*, Boston University School of Theology Dissertation, 1992, p. 27.

16 W. A. Pickeving, *Pineering in Formosa*, London, 1898, p. VI14.

17 Bax, *The Eastern Seas*, 1875, p. 26. George Williams Carrington, *Foreigners in Formosa*, San Francisco, 1978, p. 266.

18 見本書第九章第三節。

中訪問，而每當這時，總時李麻牧師為他們講道，馬雅各醫生為他們治病。幾次接觸後，他們認為「只要加強部落內部的聯繫，福音在這裡發芽生根並不是很困難的事。」[19]

臺灣平埔族

　　為了增加與平埔族居民的聯繫以利於在他們中間傳播基督教，一八六八年馬雅各醫生回到臺南後，即請了一個附近叫拔馬（Bak-sa）平埔族部落的兩位本族姑娘來臺南，一邊為馬雅各做家務，一邊在剛成立的醫院中幫忙，以期通過她們與本族人的接觸將福音傳到平埔族部落裡，成為福音與平埔族眾的中間聯絡人。「她們聽到早晚的家庭禱告，不能不受到福音的影響，順理成章地，這兩名女子成了基督教徒，她們通過自己的行為以及在與同族人的交往過程中表明基督教徒的不同。」[20]

　　也正如必麒麟所描述的那樣，起初，拔馬的平埔族民眾對他們宣傳的基督教非常歡迎。「他們用他們古老但並不優美的發音一口氣能唱二十或三十首讚美詩，當你從村子旁邊經過時，你會發現，每一個小孩無論男女，當他們放牛或者做別的事情時，手裡都會拿著一本讚美詩，以他們自己的歌唱方式用洪亮的聲音唱著讚美詩」，[21]而且，當

19　W. A. Pickeving, *Pineering in Formosa*, p. VI14.

20　Jas. Johnston, *China And Formosa*, p. 178.

21　Jas. Johnston, *China And Formosa*, pp. 178-179.

聽說有傳教士要來訪問時，他們自己出地、出錢、出力，建造了一所漂亮的教堂，還為傳教士們建築了居住的宿舍。

由於平埔族的宗教信仰是一種集體皈依行為，因而，基督教在其中間具有更強烈的感染力。在一八七〇年四月一次訪問中，馬雅各醫生很高興地寫道：「有將近五十個家族自願地放棄了偶像而皈依了基督教，每當一個家族的家長改信以後，整個家族都欣然以其為榜樣而皈依基督教。每個家庭都渴望擁有一本讚美詩，因為不識字，他們便勤奮記憶，相互傳授。我相信，在這裡，所有的或者說幾乎所有的家庭都開始了每天有規律地早晚祈禱。」[22]

因而就在這年八月，李庥牧師就為當地的六十二名平埔族信徒施行洗禮。到年底，拔馬平埔族信徒共達到二百四十四名，而聽講道的人則有五百三十名。隨著基督教在平埔族中的影響不斷擴大，皈依運動又從拔馬部落又傳到了附近的木柵（Poah-bey）、崗子林和柑子林（Ka-ma-na）三個平埔族部落。[23]

馬雅各醫生在對臺南的土著民族部落進行基督教宣傳的同時，李庥牧師也在打狗地區開展了對平埔族部落的巡迴傳教活動，並取得了相當的成就。

一八六九年，李庥牧師在打狗地區巡迴傳教活動如下所列：一月前往埤頭和阿里港（A-Li-Kang），三月再到埤頭，五月在那裡舉行第一次聖典，並在阿里港開設了一所新教堂，六月、九月、十一月、十二月又幾次前往阿里港傳教，六月在臺南府舉行了聖典，十一月在埤頭主持第一次基督教式的婚禮。[24]到這年年底，李庥牧師共為五十三

22　*The English Presbyterian Messenger*, August 1870, p. 186，引自《臺灣基督長老教會百年史》。

23　Edward Band, *Working His Purpose Out*, *The History of the English Presbyterian Mission 1847-1947*, p. 83.

24　《臺灣基督長老教會百年史》，頁13。

名當地土著信徒施洗，其中打狗八名、埤頭二十二名、阿里港二十三名。[25]受此成績的鼓舞，一八七〇年李麻牧師除繼續在這一帶進行巡迴傳教外，還不斷擴大傳教區域。依據《重修臺灣省通志》的記載，一八七〇年他在南部各地的活動如下：一月在打狗施洗，然後前往阿里港、加蚋埔、六龜里及深山部落；二月在埤頭施洗；五月去木柵、埤頭；六月往阿里港；八月再去木柵並創設了拔馬禮拜堂；十月又往阿里港；十二月到東港布教。經過一年的傳教奔波，到一八七〇年底，李麻牧師共施洗一百九十三人，其中阿里港三十九人，埤頭三十六人，打狗十一人，木柵九十五人，臺南十二人。其中領洗最多的木柵即為平埔族居住的地方。馬醫生曾兩次到木柵地區，並在該地慕道者的幫助下，建立了一所禮拜堂。

　　一八七〇年，臺灣中部 Sek-hoan 部落一位必麒麟的朋友來臺南府拜訪他，必麒麟便順勢將他們引見給馬雅各與李麻，「他們對馬醫生的神奇醫術與李牧師的虔誠祈禱感到驚奇不已，回到他們的村落後，便向馬醫生和李麻牧師發出了邀請。」[26]而這正是傳教士們企盼已久的向中部土著居民傳教的契機，於是他們便欣然接受，由此開啟了長老會在臺灣中部一帶平埔族中的皈依運動。

　　一八七一年七月，馬雅各先派出了兩名傳教士到中部的內社（Lai-sia）、大社（Toa-sia）和埔里社（Po-li-sia）視察，所報告的情況很令他們高興，於是這年九月，馬雅各與李麻便親自前往訪問，受到當地部落民眾的熱情招待。在他們的居住期間，大社大約每天都有五十名左右的聽道者，不久，李麻牧師便為其中的十名合格者施行了洗禮；在離大社東北約九英里的內社，由於傳教人員很少到這裡，村民沒有辦法經常聽到福音，但是當馬雅各、李麻一行進入他們的村落時，幾

25 Edward Band, *Working His Purpose Out, The History of the English Presbyterian Mission 1847-1947*, p. 81.

26 W. A. Pickeving, *Pineering in Formosa*, p. VII4.

乎全社兩百多名村民都要求皈依基督教。考慮到他們對基督教幾乎一無所知，信仰相當脆弱，此次訪問他們沒有對內社的土著居民施洗。由於道路難行，他們未能進入埔里社。但當他們回到臺南府時，卻聽說很多埔里社民拋棄了偶像，開始信仰上帝。在次年三月，加拿大長老會馬偕牧師訪問臺南時，他們專門到埔里社視察。在那裡停留了一個星期，共為當地的二十二名土著信徒施行了洗禮。

　　基督教信仰在平埔族部落中間的發展速度之快，使馬雅各、李庥在欣慰的同時，也感到僅僅依靠他們兩人的力量繼續在如此廣大的範圍內傳教是不可能的。於是應他們的要求，一八七一年初，德馬太醫生（Dr. Matthew. Dickson）來臺工作。同年底，馬雅各醫生染病回國，臺南的醫療傳教工作暫交德馬太醫生負責。在他的主持下，臺南的醫療事業有了較大的發展，臺南醫院的住院病人一時間達到九十一位。同時，德馬太醫生還注意深入到崗子林的平埔族部落中開展醫療傳教工作，不久，他便有報告說：「教堂建在這個部落的中央，信徒們每天都來禮拜，教堂很快便成為信徒們每天早晚禱告的場所。」[27]

　　幾乎在馬雅各醫生離臺的同時，母會又派遣甘為霖牧師（William Campbell）來臺工作。

　　甘為霖牧師畢業於格拉斯哥大學神學專業，曾在國內從事傳教工作，是位多產的研究臺灣基督教的專家。他把荷據時期的荷文臺灣教會資料譯成英文並詳加整理，輯成《荷蘭統治下的臺灣》（*Formosa Under the Dutch*）一書，使荷據時期的臺灣教會史料完整地保存下來，是研究這一時期臺灣基督教不可或缺的參考資料。此外，甘牧師還著有《臺灣布教的成功》（*An Account of Missionary Success in Formosa*）、《英國基督長老教會在南臺灣宣教記事》（*Handbook of the*

---

27 Edward Band, *Working His Purpose Out*, *The History of the English Presbyterian Mission 1847-1947*, p. 85.

English Presbyterian Mission in South Formosa)、《臺灣素描》(*Sketches From Formosa*) 等，其中《臺灣布教的成功》一書中複印了一六五〇年出版的荷蘭第一任傳教士干治士所作的《臺灣略說》的英譯本，此外還收錄了甘為霖牧師所作的荷蘭時期的傳教論文以及他在臺灣期間所作的傳教報告，對後人研究臺灣基督教提供了極其豐富的資料。

　　甘為霖牧師熱衷於探險與遊歷，是一個好奇心很強的人。剛到臺灣不久，便對深藏在臺灣內山裡的原住民產生了濃厚的興趣，常常到那裡進行探險。因而在最初的幾年（1872-1878年間），甘牧師都是在巡迴原住民部落教會中度過的。

　　一八七二年，他先後幾次到南部的木柵、崗子林、柑子林和中部的內社、大社、埔里社等部落視察、講道、施洗。在拔馬主持了有五百多人參加的星期日大禮拜，在埔里社主持了幾個村落約五百多名信徒舉行的規模盛大的聯合禮拜，這對當時山地教會來說是不多見的。[28]一八七三年，甘為霖牧師更北上訪問臺北淡水、艋舺等加拿大長老會布教區，散發了兩千多本基督教要理的小冊子。返回途中，巧遇埔里社東部一生番 Bu-hoanr 的部落酋長想找一位外國醫生為其治病，甘為霖牧師乘機首次深入生番中間傳播基督教。

　　雖然這一時期漢族移民的基督教信仰沒有像土著居民的皈依運動進展迅速，但也取得了一定的進步。一八七一年，李麻牧師曾在阿里港為三十三名漢族移民施洗，而且基督教傳播的區域也開始擴大，附近的東港村在其影響下也開啟了基督教傳播的大門。

　　到一八七三年底，英國長老會共在臺灣南部的十四個傳教站點發展信徒九百三十一名，在禮拜天來教堂聽道的人數約有兩千多。[29]

28　W. Campbell, *Sketches From Formosa*, Reprinted by Cheng-Wen Publishing Company, Taipei, 1972, p. 58.

29　Hollington K. Tong, *Christianity in Taiwan: A History* China Post, Taipei, 1961, p. 33. *Sketches From Formosa*, p. 58.

三　嘉義的開教

　　甘為霖牧師在巡視了中部和南部各土著民族教會後，發現目前英國長老會的傳教範圍僅僅局限於臺灣南部以打狗、臺南府為中心的地區，根本就沒有將臺南以北地區以及廣大的中部地區劃歸入他們的傳教區域，更沒有派遣本會傳教人員前去講道。而且，甘為霖牧師還發現，由於這一時期長老會只注重於原住民部落的皈依，並沒有給漢族移民的基督教信仰過多的關注。而且更為重要的是，傳教士們的這種「不試圖進入人口眾多的漢族移民繁華城市宣講福音而偏偏選取邊遠的山地部落居民作為傳播對象」[30]的作法，已然引起了漢族移民對傳教活動的猜疑與不安。

　　事實上，漢族移民對外國傳教士傳教動機從一開始就抱著懷疑態度。傳教士是伴隨著鴉片、戰爭來臺的，不管傳教士如何為其自身的純潔性辯白，他們都不能擺脫傳教為侵略服務的嫌疑，「戰爭的目的不是傳教，但戰爭卻直接帶來了傳教」。[31]在西方列強的艦船撤退之後，傳教士成為與臺灣人民接觸最多的外國人，對他們的抵制是很自然的事情。英國長老會在臺灣傳教期間，英國王室矮子號船隊的船長曾依仗本國傳教士的掩護，長期（1871-1874）在臺灣沿海做情報偵探活動[32]。這種政教之間的勾結自然使臺灣人民對傳教士對臺灣圖謀不軌的動機深信不疑。總之，傳教活動本身的不純潔性，就已經為臺灣人民對待傳教士的態度埋設了預定的障礙。

　　為了解決漢族移民的各種疑慮，更多的是為了擴展英國長老會在臺灣的傳教區域，甘為霖牧師決定向漢族移民居住的中部大城市——

---

30 Edward Band, *Working His Purpose Out, The History of the English Presbyterian Mission 1847-1947*, p. 92.

31 Jas. Johnston, *China And Formosa*, p. 5.

32 George Williams Carrington, *Foreigners in Formosa*, p. 262.

嘉義（Kagi）進軍。嘉義位於臺灣中西部，是臺灣當時最大的一個城鎮，人口眾多，且多為漢族移民，因此傳教士曾把嘉義傳教的成功看作是他們在臺傳教事業具有重要意義的一大進步。[33]

早在一八七二年，甘為霖牧師在巡迴原住民部落教會時就曾有意到嘉義傳教，於是他先派兩名本地傳教士到嘉義試探情況。兩位傳教士曾試著在嘉義的公共場所傳講教義、散發基督教小冊子，並沒有遇到太大的阻礙。於是甘牧師決定在一八七四年進駐嘉義城。

但是，不久，日本統治者以臺灣生番殺害日本船民為藉口挑釁臺灣，企圖侵占臺灣牡丹社，即所謂的牡丹社事件。中日雙方為此爭執不休，戰爭烏雲籠罩臺灣。臺灣民眾一致認為：是在臺的外國傳教士們為日本提供了戰爭情報。[34]一時間臺灣民眾再次掀起反教浪潮。甘為霖牧師進入嘉義傳教的想法只好破產。第一次進軍嘉義宣告失敗。

然而具有諷刺意味的是，也正是借著中日交涉，甘為霖牧師成功地踏上了嘉義傳教的道路。一八七四年，由於英、美、法三國的出面調停，中日雙方最終以《中日臺灣事件專約》三條結束了爭執，這便給了在臺的傳教士們一個絕妙的時機，大肆宣揚英國領事在其中的作用，從而騙得到嘉義人民的信任。不久，甘為霖牧師便在幾個本地傳教人員的陪同下順利進駐嘉義城。

但不久，嘉義人民再次掀起反教的浪潮。甘為霖在第二次進入嘉義城時，在南門中曾有人對他們喊道：「紅毛番又來了」，而且他們到處租不到房子。第二天，更有人貼出告示，威脅說誰要將自己的房屋租給外國的紅毛番，誰就會受到懲罰。而這次反教以嘉義白水溪之店仔口的地方勢力頭目吳志高所發動的反教規模最大。[35]雖屢遭挫折，

---

33 W. Campbell, *Sketches From Formosa*, p. 73.

34 W. Campbell, *Sketches From Formosa*, p. 74.

35 吳志高以傳教士新建教堂妨礙了他家祖墳的風水為由，挑起了爭端，並在此年十二月的一天夜裡，率眾攻襲並焚燒了甘為霖的住所，甘為霖被迫落荒而逃，急忙向當地衙門報告，這就是所謂的「白水溪教案」。

但並不能改變甘為霖牧師在嘉義傳教的決心。一八七五年，在臺灣當地政府的保護下，甘為霖牧師在一片鑼鼓聲中如願以償地進入嘉義傳播基督教，並建立了一所禮拜堂。[36]嘉義開教的成功，標誌著英國長老會在臺灣的基督教傳播進入了一個新階段。

從一八六五年馬雅各醫生正式入臺傳教至一八七五年甘為霖牧師在嘉義設教，是英國長老會在臺傳教事業的第一個階段。在這一階段，在臺的英國傳教士們的傳教活動主要集中在以臺南為中心臺灣南部地區，只是在一八七五年甘為霖牧師才征服了中部的嘉義市。而且這一時期，傳教士們較注重在臺灣土著民族中間傳播基督教，大批土著族同胞特別是平埔族同胞入教使這一時期英國長老會在臺的傳教事業在信徒人數上取得了相當的成績，超過了這一時期英國長老會在廈門、汕頭兩地所皈依的信徒。

茲以一八七四年的具體情況為例列表如下[37]（表一）：

傳教區	信徒總數	聽道人數	信徒比例	聽道比例
廈門	571	1500	28%	39%
汕頭	529	475	26%	12%
臺灣	949	1900	46%	49%
總數	2049	3875	100%	100%

不僅從數量上，而且就所建傳教所的數量也是其他兩地所不可比的：

傳教區	傳教所	成人信徒	兒童信徒
廈門	20	59	33
汕頭	14	53	14

---

36 George Williams Carrington, *Foreigners in Formosa*, p. 264.

37 Edward Band, *Working His Purpose Out*, *The History of the English Presbyterian Mission, 1847-1947*, p. 96.

傳教區	傳教所	成人信徒	兒童信徒
臺灣	26	86	28
總數	60	198	75

　　由上面兩個表格，我們可以看出，英國長老會在臺灣所擁有的信徒人數占三地傳教總人數的百分之四十六，聽道人數比例為百分之四十九，更幾乎占了聽道總人數的一半。這主要是由於平埔族同胞的集體皈依現象所致。不管怎麼說，從信徒數量上講，英國長老會在來臺的前十年間在臺的傳教工作是有一定發展的。

第二節　鞏固與擴展時期

　　傳教工作取得的成果，使在臺傳教士倍感欣慰。但其中也暗含著許多不穩定因素，其中最令傳教們發愁的即是平埔族集體皈依現象帶來的後遺症。

　　隨著平埔族大批同胞入教，許多徒眾在實際的宗教生活中開始出現了不符合教規的舉動和言語，「平埔族教會就已出現了衰退和墮落的徵兆，有的信徒不再關心於做禮拜及教會的行事，有些人乾脆離開教會，有些兄弟所作出的行為有違於信徒之名。在老人與中年人中間，酗酒的事是司空見慣的，而離婚更屬不足為奇。」[38]

　　在一八七○年阿里港聖餐儀式上，李麻牧師「不得不將二人禁領聖餐，又嚴責另外二人，因為他們的行為使外人藉以侮慢上帝的聖名」。[39]馬雅各醫生在向平埔族傳教時也逐漸意識到：大批沒有經驗的信徒加入基督教是很危險的一件事。他在信中寫道，他不能看到基督

---

38 *The English Presbyterian Messenger*, February, 1874, p. 39.《臺灣基督長老教會百年史》。

39 *The English Presbyterian Messenger*, October, 1870, p. 239.《臺灣基督長老教會百年史》。

教皈依運動中帶有任何的世俗目的的痕跡，他希望在他們中間能夠真正認識到基督教徒對於「罪」的感受。

但是在初期，由於傳教人員的缺乏，他們沒有太多的時間和精力對每一個違犯教規的信徒進行教導，「要想查明是否在每個入教的人的心靈深處有過心靈的重生，是傳教工作中最困難的事情之一，因此，在大多數情況下，我們必須依靠信徒在上帝面前的忠實坦白以及在日常生活和傳教實際中堅持不懈對信徒加以訓練。」[40]而且對初到臺灣的傳教士來說，信徒人數的增加無疑也是繼續工作的一種鼓舞，因而對於平埔族同胞的某些不合適宜的行為，他們只是給予批評，並沒有採取過嚴的要求來進行限制。

甘為霖牧師來臺後，在自己多次巡視臺灣土著民族中對這種情況更是感受頗深。「他們（信徒）把受洗看成是一種終極目標，能激起他們的勇氣直到達到實現，然後就離開教會，看一看到底會帶來什麼樣的好處。他們中的有些人甚至認為只要施洗的聖水一落到他們的身上，上帝的祝福就會變成現實。」另外還有一些人入教是因為「他們覺得聽從外國傳教士的話不會有什麼損失，況且，外國人要比中國人有影響力，有同情心」，更令他們失望的是「當他們想要達到某個目的時，便急於加入教會；當他們的目的達成時，便又紛紛離開教會，」[41]根本談不上什麼信仰。[42]甘為霖牧師自己也承認，平埔族大規模地皈依基督教，並不意味著信徒的靈性得以發揮，也並不意味著教會勢力得到了擴張。因為「他們（信徒）來參加聽道，一些是為了好奇，一些是出於自私與世俗的動機，只在三分之一的人是真正為了信仰而來」，[43]

40　Edward Band, *Working His Purpose Out*, *The History of the English Presbyterian Mission 1847-1947*, p. 84.

41　Marshall Broomhall, *The Chinese Empire*, London, p. 66.

42　W. Campbell, *Sketches From Formosa*, p. 36.

43　W. Campbell, *Sketches From Formosa*, p. 26.

他甚至說：「在這種情況下，我們從未遇到為了信仰本身而入教的信徒」。[44]

覺察到了這一點後，傳教士們遂吸取了以前的教訓，加強了對入教信徒的考核。甘為霖牧師在其後來巡迴傳教期間，對於要求施洗的信徒，他都經過認真地考察後才給其施以洗禮，結果發現施洗率僅為百分之三十三，如下表（表三）所示：

地點／時間 項目	1872年					1873年			總數
	木柵	崗子林	拔馬	大社	內社	內社	Gu-khun-soa	Hwan-a-chan	
要施洗數	10	13	7	13	23	16	6	6	94
實施洗數	1	3	3	2	13	6	1	2	31

此外，他們制訂了嚴格的紀律，對不合格的信徒預以驅逐，並禁止違規教徒領聖餐。一八八○年，共有八十三名成人領洗，其中有三十四名被禁領聖餐；一八八二年，有七十一名入洗信徒，其中又有三十三名被禁領聖餐。這一措施對純潔教會的組成人員起到了一定的作用，但它的消極後果也是不言自明的，即這種懲治辦法使那些自幼無拘無束的教民倍感壓抑，而犯錯誤的信徒與教會更加疏遠。

施大辟牧師（Rev. D. Smith）在一八八○年的信中講起埤頭教會時寫道：「自從上次我訪問此教會以後，它似乎沒有什麼可觀的進步。因為自從不少人被開除教籍以後，信徒們在各方面的活動都不太起勁。我認為他們需要一些時間，才能從這種打擊恢復。」[45]而且，許多信徒不能堅持禮拜，一八八○年抵臺的涂為霖牧師（William Thow）深有感觸地說：

---

44 W. Campbell, *Sketches From Formosa*, p. 42.

45 *The English Presbyterian Messenger*, July, 1880, p. 136.《臺灣基督長老教會百年史》。

在建設禮拜堂時，不少會友及慕道友都很盡力，教會內呈現出
了復興與進展的氣象，而且連不少離開教會達數年之久的人也
都再度回來參加禮拜，獻金獻工以助建堂。但建堂工作一旦完
成，不再有具體的活動時，那些暫時回來的信徒們，便又再度
離開教會。[46]

　　與平埔族信徒的不穩定性使他們擔憂的情況相反，令傳教士們興
奮的是，漢族信徒對基督教信仰的執著。在李庥牧師的漢族信徒中，
有一位名叫 Lim Kiam-Kim 讀書人，心甘情願獻身傳教事業，「他不但
幫助傳教士領導該地的福音宣傳工作，而且對於傳教及信徒的教育都
有很大的貢獻。南部地區的傳教進展要完全歸功於這位精力旺盛、持
之以恆的宣教員。」[47]他們認為：「如果臺灣教會能多增幾個這樣的傳
教員，基督教就能更迅速穩固的傳入中國。」[48]從這位文人信徒的身
上，傳教士們也看到了信徒的增加並不是衡量教務進展的唯一標準。
傳教工作的關鍵所在，應該是信徒對教義、教理等有關基督教基本知
識的理解。

　　既然信徒對基督教要理知識的掌握直接關係著英國長老會在臺
傳教的成敗，那麼對信徒的基督教知識的教育便成為在臺傳教士們的
關注的焦點。傳教士們在以後的傳教過程中，不僅加強了對廣大信徒
的基督教基礎知識的培訓，同時注意培養一批有相當基督教知識水平
的傳教人員。對此甘為霖牧師曾在信中寫道：「我們不但需要很多敬
虔及有才幹的青年人獻身做主基督的聖工，並也應設法將他們訓練成

46　*The English Presbyterian Messenger*, March, 1883, p. 49.《臺灣基督長老教會百年史》。

47　Edward Band, *Working His Purpose Out, The History of the English Presbyterian Mission 1847-1947*, p. 86.

48　*The English Presbyterian Messenger*, October, 1872, pp. 235-236.《臺灣基督長老教會百年史》。

為良好的傳道人材，希望他們終能成為牧師。據我看來，要招適當的青年人倒不是困難的事，真正問題之所在乃在於對他們的教育及訓練。因為目前在傳教士中間無人能將時間全注於此一重要迫切的事工上，並且在最近的將來，也沒有好轉之可能。」[49]而於一八七六年抵臺的施大闢牧師在當年的信中寫道：「目前臺灣教會極需要有系統地教育其精明有為而願獻身的青年們，將之培養成為合主差用的僕人。」[50]而一八八四年余饒理牧師（Rev. G. Ede）也曾說：「目前在臺灣的傳教士們都不願意再新設教堂，因為現有的教堂中尚有不少沒有傳教士駐任，我們豈能再添加新教堂？而且目前傳教士中的有些人，無論在人格上與學識上，都不能令人滿意。」[51]

　　因而在一八七五年以後，英國長老會對臺灣的基督教傳播事業作了重大調整。概而言之，教會在仍然注重傳教人數增加的同時，但明顯地，傳教的重點已轉移到對信徒基督教基本知識的培養，即由看重「量」的轉變到「質」的轉變。「這以後幾年的工作是鞏固教會基礎而不是擴展教會勢力，對教會的長遠利益來說，教徒在人格上與心理上的皈依要比教徒人數上的增加更為重要。」[52]因而，根據這一原則，英國長老會制訂了與之相適應的傳教方針，即創辦各種學校、推行白話字等，進一步鞏固和擴展他們在臺傳教所取得的成果，不斷擴大教會組織。

49　*The English Presbyterian Messenger*, July, 1878, p132.《臺灣基督長老教會百年史》。

50　*The English Presbyterian Messenger*, September, 1876, p. 62.《臺灣基督長老教會百年史》。

51　*The English Presbyterian Messenger*, August, 1884, p. 157.《臺灣基督長老教會百年史》。

52　Edward Band, *Working His Purpose Out, The History of the English Presbyterian Mission 1847-1947*, p. 102.

一　教會的教育事業

（一）神學院的創設

　　一八七五年，在臺的英國長老會的傳教士們首先在臺南府和打狗兩地分設了兩所傳教士養成班，挑選年輕有為的人員作為培養的對象，以期通過提高傳教人員的水平來提高信徒的質量。但由於當時傳教人員的缺乏，養成班的學員大多都兼有幫助傳教士做各種事務的義務，而且傳教士們的時間、精力以及當時的教育設備等也都很有限，根本無法實行系統而有效的培訓。一八七六年，為更好地集中人力、物力、精力進行培養工作，傳教士們決定以臺灣府為中心，將打狗與臺南的傳教士養成班合併成臺南神學校（即現在臺南神學院的前身），將打狗的學生遷到臺南來上課。而對臺灣神學教育創建最有影響的，要數一八七四年抵臺的巴克禮牧師（Rev. T. Barelay）。

　　巴克禮牧師又稱巴博士，格拉斯哥人，畢業於格拉斯哥大學電氣學專業，[53]但他自修了自由教會神學院的課程（Free Church Divinity

巴克禮牧師

53　臺灣省文獻委員會編印：《臺灣省通志》，卷3〈政事志・外事篇〉。

College）。[54]巴克禮牧師最終決定放棄自己的專業而選擇海外傳教工作完全取決於英國長老會杜嘉德牧師的一次訪問。巴克禮對杜嘉德牧師所編撰的閩南語詞典很感興趣，於是便在畢業時放棄了進一步深造的機會，而加入了基督教會十字架的傳播工作。巴克禮牧師是英國長老會在臺從事傳教工作時間最長的一位牧師，他在臺長達六十年，一九三五年十月逝世於臺南。

　　一八七四年十二月，巴克禮牧師抵達廈門學習閩南言，次年六月抵打狗。一八七六年一月，巴克禮牧師接替回國休假的李庥牧師的職責，暫時掌管臺南的教務工作。李庥牧師傳教工作所取得的成果給了巴克禮牧師很大的壓力，而且，剛剛抵臺的巴克禮牧師很不習慣臺灣當地居民的生存條件，經常受到疾病的困擾，但他謝絕了同事們向領事求助的建議，堅持與他們保持同樣的待遇。一八七七年，巴克禮牧師最終感染了嚴重的天花，不得不暫時離開臺灣，而且他利用養病的機會參加了當時在上海舉行的基督教全國大會。再次返臺後，他繼續致力於臺灣信徒的教育工作。

　　一八七八年，隨著入學學生不斷增加，傳教士們又決定在臺南新建了一所可容納十六名學生的小型新校舍。新校舍於一八八〇年二月竣工，由巴克禮牧師出任第一任校長，他高興地在信中說：「我們利用學生放假回家的機會把學校重新整理了一番，並制訂了一系列的規章制度，在開學大會上，我宣布說我們為他們準備了一個新的更好的地方讓他們學習，那裡有齊全的教學設備，有完整的教學體系，還有更嚴格的紀律。」[55]學生在放假結束時必須按時回校，遲到便要按日進行罰款。

　　由於當時在臺傳教人員的缺乏，神學院沒有安排專門的教師任教，而是由在臺的全體傳教士們共同擔任學校裡一定的神學教學任

---

54 陳梅卿：《清末臺灣英國長老教會的漢族信徒》，頁65。

55 Jas. Johnston, *China And Formosa*, p. 31.

務。另一方面，當時臺灣大多數居民的生活還很貧困，沒有補助是無法進入學校學習的；大多數的家長只好讓孩子在家幫助勞作，不想把孩子送去學校。因此，為了吸引學生入學，神學校規定每個入學的學生一個月可以由學校領到三元生活費。這樣，新學校一開學便招收了十五名學生。

神學校所開設的課程主要是《聖經》、信仰問答、白話字及語文等與基督教基礎知識有關的內容。俟有些學生具備了一定的基督教宣講能力後，傳教士便讓他們在禮拜日那天到各鄉村傳教講道。這一方面可以培養學生，另一方面也傳播了福音，為英國長老會節省了一些不必要的開支。與西方的神學教育相一致，巴克禮牧師仿照西方神學院的課程設置，每週開設一次主題與自然科學有關的演講報告。

此外，英國長老會還對從事傳教工作的傳教人員進行考試。他們規定：所有的傳教人員以及神學校的學生都要進行考試，成績合格者則發給傳教執照。起初，這種考試每年舉行四次，後來改為每年兩次，到一八八二年時則改為一年一次。考試內容多為《聖經》，很多人都沒有拿到執照，不得不再次回到學校重新學習。

據統計，神學院在巴克禮掌管期間，共有二百四十名傳教士從這裡畢業並走向傳教生涯。在巴克禮的後半生，由於他忙於翻譯工作，神學院的工作就由宋忠堅牧師（Dancan Ferguson）以及後來抵臺的梅甘霧牧師（Campbell N. Moody）、劉忠堅牧師和滿雄才牧師（W. E. Montgomery）相繼接管。

（二）中學的開辦

由於神學校的學生多來自於沒有受過教育的家庭，缺乏必要的基礎知識，有的甚至於連最基本的道理都不知道，因而傳教士為了使學生對神學能有更好的理解，首先要費不少時間來教授一般課目來補充他們的基礎教育。隨著時間的推移，這種教育越來越成為傳教士

們的負擔，亦嚴重影響了神學教育的效果。應涂為霖牧師（William Thow）的請求，英國長老會母會決定在神學院以外，另在臺灣成立初等中學，以提供良好的中學教育，為神學教育服務。

一八八三年，英國母會派余饒理牧師來臺籌辦中學教育。由於受到中法戰爭的影響，直到一八八五年九月臺灣基督教中學才正式開學，但招生對象僅限於十二歲以上的男孩子，因而也可以稱其為男子學校，由余饒理擔任第一屆校長。

與神學校不同的是，「中學教育的目的在於實行一般教育，使學生在畢業以後，可繼續接受任何專門的教育，以便裨益於教會及其本人。」學校便每學期向每位入學的學生收取八元的學雜費。因而，中學校開學時僅有十名學生來報到上課。而且由於校舍設在一所舊樓裡，有倒塌的危險，學校被迫停課，剛剛入學的學生即被遣送回家。直到一八九四年，在英國自由教會神學院的資助下（捐款500美元[56]），才又建成一所新校舍。學校重新開學時學生人數已增加到二十二名。

余饒理曾在一八八五年的信中清楚地介紹了當時中學所開設的一般課程：在校學生每日的生活包括：早晚的崇拜，功課有基督傳、新舊約歷史、約翰福音、使徒行傳（漢文及白話文），以及我根據汕頭話所翻譯的信仰問答書、算術、漢文、中國史、地理及自然科學等。[57]

臺灣近代基督教女子學校由李麻牧師夫婦創設。李麻牧師逝世後，其夫人繼承夫志，獻身於女子的基督教教育工作。她曾出資三百鎊用於女子學校的創辦費用。可惜由於其身體欠佳，被迫離臺，亦未能看到女子學校的建立。

一八八五年十二月，母會派遣朱約安姑娘（Joan Stuart）和文安姑

---

56 Edward Band, *Working His Purpose Out*, *The History of the English Presbyterian Mission 1847-1947*, p. 115.

57 *The English Presbyterian Messenger*, January, 1886, pp. 11-12.《臺灣基督長老教會百年史》。

娘（Annie E. Butler）來臺籌辦女子學校。她們首先要掌握當地的語言，以便與當地的婦女交流。不久，她們便開始深入到婦女中間開展福音的傳播工作。為了吸引婦女加入教會，她們在每週二下午召開婦女參加的基督教宣講大會，並取得了一定的成果，成為臺灣婦女傳道史上的一大特色。

但要說服女孩子的家長允許她們的女兒入學，也不是一件容易的事，畢竟在深受傳統觀念影響的臺灣來說，女孩子上學在當時來說也是一件不被人們普遍接受的事。因而朱約安姑娘與文安姑娘費盡心機地反覆勸說家長，使他們相信女孩子也值得受教育。而且為了招到學生，在有關入學條件上，女校的要求也比男子學校低，如女子學校的學費僅是男子學校學費的一半，而且沒有年齡的限制，但唯一的要求即是入學的女學生必須不纏足[58]。這對受了幾千年中華傳統文化影響的臺灣民眾來說，是難以接受的，因而女子學校也遲至一八八七年才開學，所開設的課程均為最基本的知識，由朱約安姑娘與文安姑娘擔任教，與男校同歸於余饒理牧師的管理之下。一八八八年萬真珠姑娘（M. Barnett）抵臺，與其他兩位姑娘共同負擔女子學校的教學任務。

除掌管男女學校教育以外，余饒理牧師還注重教會內業已受洗的兒童的教育問題，他打算在臺灣建立一所師範學校，但由於當時教會的人力、物力、精力等問題未能付諸於實踐。

由於臺灣盲人為數不少，達到一萬五千人，且大部分為乞丐。甘為霖牧師認為，他們雖然喪失了勞動力，但卻是傳播福音的很好的對象，因而從一八八三年他就開始關注盲人的教育問題。在得到英國聖經公會及其他一些人的資助後，並研究了適合於廈門及臺灣一帶的盲人點字。一八八八年他利用回國休假的機會在倫敦籌刊了《點字初學書》、《馬太福音書》、《廟祝問答》等用廈門音羅馬字浮凸印刷的書

---

58 臺灣省文獻委員會編印：《臺灣省通志》，卷3〈政事志‧外事篇〉。

籍，推廣到臺灣的盲人使用。一八九一年，甘為霖牧師在臺灣府洪公祠內租房開設了專門的盲人學校，開始對盲人實施基督教基礎知識的教育。

（三）白話字的推行及教會報的發行

語言相通是宗教傳播的基礎。而在臺灣，據巴克禮牧師當時的統計「信徒中婦女幾乎沒有人能夠讀國文，男人中能讀懂的也不過十分之一左右。」[59]而且在用國文傳教過程中，常因當地人對基督教教義的誤解導致許多不必要的麻煩。如在一八六八年教案中，官府問教徒高長為什麼入教，高長回答說：「因為我是有罪的人，不依靠基督就無法得救」，而官府對此的理解為：「高長確實曾犯罪，應加以處罰，……他加入教會是為要掩避其罪而逃刑罰。他自己坦白說，他過去是有罪的人，而他加入教會是怕將來的審判與刑罰」[60]。其實高長所說的「罪」是基督教用語，而官府卻把它當作是一種違犯法律的行為。

因而，若要信徒們自己讀懂《聖經》，明白要理，唯一的方法就是推行白話字。所謂白話字，即是以羅馬拼音方式將民眾的口語化為文字，白話字能將聖經正確的意思以一般人通用的話寫出來，不致引起誤解。而且白話字比較容易學習，幾個月的工夫就能學會。鑒於白話字的這種實用價值，一八八〇年，在臺的傳教士們便規定將白話字作為各種學校的課程加以推廣，同時要求傳教士及學校教師都要學習。不僅如此，《聖經》、主日神糧、聖詩以及其他一些書刊讀物也都是以白話字刊行，這使得各個文化層次水平的信徒都能通過白話字進行交流，從而成為傳達福音的有力武器。而且，從白話字能使人讀書

---

59 *The English Presbyterian Messenger*, May, 1872, p. 113.《臺灣基督長老教會百年史》。

60 *The English Presbyterian Messenger*, October, 1868, p. 218.《臺灣基督長老教會百年史》。

識字的功用來說，確實吸引了一部分人入教，因為他們認為：「入教好，因為男女能讀字。」[61]

一八八〇年，馬雅各捐獻了一套羅馬字的印刷機，巴克禮牧師利用回國休假的機會學習了機器的使用方法。回臺後，巴牧師便用這臺印刷機印刷出版白話字的基督教讀物，以更加有效地推進傳教工作。一八八五年中法戰爭結束後，巴克禮牧師創刊的白話字《臺灣府城教會報》開始出版發行。「教會報的功用至少有三：消息、教育、及傳達」。[62]教會報的出版發行，使信徒們共享教會內所發生的事，而通過消息的傳達，又可能使信徒們互相溝通。該報是東方世界最早的教會報紙，當時的發行額達到一萬二千元。[63]白話字教會報的發行，對英國長老會在臺灣的傳教事業的貢獻是不可忽視的。

二　教會組織的擴充

整個清統治時期，英國長老會在臺灣並沒有能夠組織中會，但隨著在臺各項事務的繁雜，英國長老會在臺的教會組織日漸發展起來。

一八七四年底，英國長老會傳教士們組成的第一次長執會議在打狗召開。所謂長執會議，即在地方上，選出長老與執事召開會議，討論教會內部的重要事務，其成員包括教會內的長老、執事與傳教人員。一八七五年底第二次會議在臺灣府舉行時，恰逢當時北部加拿大長老會第一任傳教士馬偕牧師（Rev. George Leslie Machay）等北部傳教士南下訪問英國長老會的南部教會，因而受邀參加了這次會議。南北長老會的教士們遂在會上決定於一八七六年底在大龍峒舉行南北兩

61　《臺灣基督長老教會百年史》，頁75。

62　《臺灣基督長老教會百年史》，頁73。

63　Edward Band, *Working His Purpose Out, The History of the English Presbyterian Mission 1847-1947*, p. 113.

大教會協議會。以後這種會議便沿襲下來，成為例會。

　　一八七六年，英國長老會的傳教士們決定以臺灣府為其宣教中心，為使教會各方面的措施更加有效地實行，一八七七年，教會決定成立臺南教士會[64]（The Tainan Mission Council），由它來統一決定教會內部的諸多事務，如：本地教師的任免、譴責、待遇及調任；教會內的一般性事務；有關醫館及學校的規則、管理及業務；傳教士之間的職務分擔；聽取及接受各項報告等等。剛成立時每週舉行一次例會，後來，因教會內部各項工作逐漸走向正軌，遂改為一月一次。[65]後來，隨著教會內部「三自」運動的開展及各種董事會、委員會的成立，教士會便將部分事務交給相關的部門執行，但對教會各方面的重要決策仍有重大而實質性的影響。

　　此一時期出現的另一個對英國長老會有深遠影響的事件即為臺灣婦女傳道會的成立。一八七八年英國長老會成立婦女傳道會，「成為英國長老會海外傳教史的新紀元」。[66]一八七九年，李麻牧師夫人成為英國長老會第一位女海外傳教士，一八八〇年二月，正式受任。同年十二月，母會又派馬姑娘（Miss. E. Murray）來臺從事臺灣婦女傳道工作以及籌辦女子學校事誼。以後，英國母會又陸續派出朱約安姑娘、文安姑娘、萬真珠姑娘來臺從事婦女的傳教工作，並協助管理女子學校。

三　傳教活動

　　英國長老會後期的傳教活動在中法戰爭前主要是在原住民中間進

64　又稱「臺灣府教士會」，《臺灣基督長老教會百年史》，頁68。

65　Edward Band, *Working His Purpose Out, The History of the English Presbyterian Mission 1847-1947*, p. 105.

66　Edward Band, *Working His Purpose Out, The History of the English Presbyterian Mission 1847-1947,* p. 109.

行巡迴傳教，以加強原住民的基督教信仰。在此基礎上，中法戰爭後，甘為霖牧師將教區擴展到澎湖、彰化一帶的漢族移民中間。而且這一時期，在施大闢牧師的發起下，臺灣教會的自養運動逐漸開展起來。

（一）巡迴傳教

應在臺傳教士們的請求，英國長老會母會增派了傳教士來臺，以加強對信徒的教育工作，具體見下表[67]：

傳教士姓名	來臺時間	離臺時間	備註
施大闢牧師及夫人 （Rev. D. Smith and wife）	1876年	1882年	辭職離臺
安彼得醫生及夫人 （Dr. P. Anderson and wife）	1879年	1910年	
涂為霖牧師 （Rev. W. Thow）	1880年	1894年	病逝於臺南府
馬姑娘 （Miss. E. Murray）	1880年	1883年	因病離臺
買雅各牧師 （Rev. J. Main）	1882年	1884年	因病離臺
佟牧師及夫人 （Rev. W. R. Thomoson and wife）	1883年	1887年	因病離臺
余饒理牧師及夫人 （Mr. G. Ede and wife）	1883年	1896年	

與前期相比，這一階段的傳教士留臺時間較短，更替頻繁，因而傳教任務主要還是由前期抵臺的甘為霖牧師與巴克禮牧師以及一八八〇年抵臺的涂為霖牧師承擔。一八七五年後，甘為霖牧師繼續在南部及中部的大社、內社一帶的原住民中間進行巡迴傳教；巴克禮牧師掌

---

67 據陳梅卿：《清末臺灣英國長老教會的漢族信徒》製作，頁63。

管臺南神學校；李麻牧師逝世後，原先由其主持的臺南教務工作也交由巴克禮牧師兼顧。一八八一年，巴克禮牧師曾往臺灣東海岸的平埔族中間訪問，並在 Chio-pai、Tak-kai、Chim-king-o 建立了三所教堂，施洗了不少信徒。一八八五年，巴克禮牧師曾試圖向北部的雞籠港進軍，遭到當地居民的反對，不果而歸。

　　一八八〇年，涂為霖牧師抵臺，他是英國長老會後期一位有影響的傳教士，在臺十四年，最終病逝於臺南府。與甘為霖牧師一樣，涂為霖牧師也是一位不知疲倦的巡迴傳教者。來臺的第一年，涂為霖牧師就遍訪從臺灣南部海角一直到大甲溪這一廣大範圍內的整個英國長老會教區。一八八二年，他到埔里社的 O-gu-lan、Gu-khun-soa、Toa-lam、Po-sia 一帶視察，並從一百三十三位要求施洗的聽道者中間選出了二十七位合格的信徒為其施洗。一八八四年中法戰爭期間，涂為霖牧師與馬雅各醫生兩人仍然堅持繼續留在臺灣。馬雅各醫生幫助照顧受傷人員，而涂為霖牧師則在原住民中間進行傳教活動，並再次訪問上述四村的原住民信徒，又在八十五位中施洗了其中合格的二十七位。一八八五年，涂為霖牧師步巴克禮牧師的後塵，到臺灣東海岸平埔族中間訪問，為一百多名聽道者中的三十三位進行施洗。在巴克禮牧師工作的基礎上，他將此地的土著居民的福音傳播工作向更深處發展，使得周圍的漢族移民也深受影響，逐漸削弱了對基督教傳教士的誹謗。

（二）澎湖的訪問與彰化的征服

　　在甘為霖牧師與涂為霖牧師的共同努力下，原住民的基督教信仰較前有了一定程度的提高。於是，甘為霖牧師便又繼續向新的領域進行基督教傳播的嘗試工作，即到澎湖視察傳教的可能性，並向中部的大城市彰化進軍。

　　由於與臺灣島相隔，傳教士一直沒有前往澎湖開展福音的傳播工

作。但傳教士們通過臺灣本島澎湖的信徒瞭解澎湖島的一些相關情況，而且得知他們講與臺灣一樣的語言，[68]於是他們打算利用這一有利條件將其傳教區域擴展到澎湖島。

　　一八八六年六月，甘為霖牧師與傳道員高長一同向澎湖進發。他們首先到達大嶼、鳥嶼、吉貝嶼、白沙島一帶視察，甘為霖牧師發現那裡的人們很希望有傳教士來給他們宣講福音，他們決定留下來。[69]其間，甘為霖牧師與高長經常進行布道活動，聽眾也常有二、三百人之多。他們眼見澎湖的傳教潛力很大，便於七月在媽宮租了一間房子，作為長久的傳教場所。不巧的是，此時甘為霖牧師身染疾病，不得不離開澎湖，返回廈門，只留下高長獨自從事講道。但可惜的是，不久高長也退還所租的房屋，回到了臺灣。澎湖的傳教曇花一現。

　　澎湖傳教的失敗並沒有挫敗甘為霖牧師的繼續向新地區開教的熱情。就在同一年的夏天，甘為霖牧師身體康復後立即向漢族移民聚居的臺灣中部大城市彰化進軍。

　　與當年在嘉義開教時一樣，甘為霖牧師在彰化也遇到了來自當地民眾的極大的反對，他感歎「一八七四年在嘉義開教時所遇到的挫折也不能夠與今天試圖進入彰化城建立禮拜堂時所遭遇的困難相比。」[70]進入彰化城後，他首先向一名當地人租賃房屋，以備傳教之用。但還沒等他開教，彰化城的民眾已經得知了他們的城市要開設「耶穌教堂」的消息。立刻，便有一大群人表示強烈地反對房東將房屋租給甘為霖牧師，並當眾戲弄甘為霖牧師。幾天後，又有一群人來到甘為霖牧師棲身的小旅店，威脅著要求甘為霖牧師離開彰化。但甘為霖牧師並不願放棄向此地傳播福音的機會。最終，在當地官府的幫助下，甘

68　Jas. Johnston, *China and Formosa*, p. 317.

69　《臺灣基督長老教會百年史》，頁72。

70　Edward Band, *Working His Purpose Out, The History of the English Presbyterian Mission 1847-1947*, p. 118.

為霖牧師總算在彰化落了腳，並順利地在城裡建立了一所禮拜堂。以後，經過甘為霖牧師以及其後幾位牧師的發展，彰化逐漸發展成為英國長老會在臺灣中部的傳教中心。

（三）教會的自養運動

教會的「三自」一直是傳教士們奮鬥的目標。其實，早在馬雅各醫生、李庥牧師於原住民中間傳教時，這種自養運動就已萌芽。那時的他們就已開始有意無意地讓信徒們用他們自己的人力、物力、財力建設本地的教堂了。李庥牧師曾說：「埤頭教會在年初時決定要獻出傳教者的薪金，也要設立基金幫助生病的弟兄。打狗的信徒也願意獻出半年的薪金，而我想我也可以勸阿里港的教會這樣做，我從頭就鼓勵他們能早日獨立，也說中國的教會愈早能不依靠外國人，就愈能有助於建立健全的教會」。[71]再如拔馬、大社及內社等地方的平埔族信徒也曾自願地為傳教士們建築教堂、住所等。這樣做既可以給教會節省開支，也可以逐漸地培養本地教會的這種自養精神。

一八七六年，施大闢牧師來臺，開始大力倡導臺灣教會的自養運動。一八七八年，施大闢牧師掌管教會財務工作，建議個人向教會的奉獻除了每週的必須的獻金外，還應設有另外特別項目的獻金，以喚起信徒的關心和愛心。他認為，只有如此，自養教會才算正式地開展起來。施大闢牧師的這一號召很快在信徒中間得到響應，許多信徒開始向教會奉獻愛心，具體見下表：[72]

---

71 *The English Presbyterian Messenger*, June, 1870, p. 133.《臺灣基督長老教會百年史》，頁14。

72 《臺灣基督長老教會百年史》，頁69。

年份	教會成員人數	奉獻金（元）
1877	950	618
1878	947	1338
1879	985	1793
1880	1023	1427

　　其中一八七八年的獻金中有五百一十元是用於大陸北部的饑饉救濟，一八七九年的獻金中有四百六十二元用於神學校校舍的建築費用。

　　在臺南教會自養運動的影響下，全島其他各地的教會的自養運動也相繼開展起來。據一八八五年十月的統計，在有傳教士駐札的二十九年傳教所中，已有五個達到了完全自養，四個達到了半自養，即由英國教會支付駐地傳教人員半年的薪水，六個由英國教會支付九個月的薪水，四個由英國教會支付十個月的薪水，六個支付十一個月的薪水，其餘的四個則完全由英國教會維持。[73]可見，英國長老會發起的這場自養運動取得了部分成績，而這也使傳教士們更加相信，臺灣本地教會自養的潛力是非常大的。於是，在一八八六年，甘為霖牧師向澎湖傳教時，傳教士們就提出：「澎湖教區教會應該完全在沒有英國教會的幫助下，承擔開設教會所有的責任，並盡可能地實行自治。」[74]但是，還沒等英國長老會的三自運動完全開展起來，甲午中日戰爭爆發，一八九五年一紙《馬關條約》將整個臺灣島置於了日本殖民者的手裡。

　　鑒於前期傳教工作中所存在的問題，在後期傳教活動，長老會的傳教士們不約而同地改變了傳教策略，把傳教的重點轉移到提高教徒的質量上來，建立了以神學校為中心，以初等中學、白話字普及為輔

73　Edward Band, *Working His Purpose Out, The History of the English Presbyterian Mission 1847-1947*, p. 114.

74　Jas. Johnston, *China And Formosa*, p. 316.

助的教育體系，並創辦了教會的機關報——《臺南府城教會報》。隨著教會在臺灣的一步步擴展，英國長老會在臺灣的教會組織也不斷得到加強，由長執會議到臺南教士會，處於逐步成熟過程中。南北兩教會的經常互訪，更為日據時期臺灣長老會的南北聯合奠定了基礎。

　　值得提出的是，臺灣中學的設立起因於神學院學生基礎知識的欠缺，其本質目的是為了學生能夠更好地接受基督教神學教育，而不是為了提高臺灣本地學生的文化水平。因此，從這一方面來說，英國長老會在臺灣開設的學校是為其傳教活動服務的。這也可以從各個學校所開設的課程看出。如男子學校的課程幾乎全部與基督教要理有關，算術、地理等自然科學課目只是其中的點綴而已，「中學教育是為要預備青年人進入神學校，同時也為要訓練更好的小學教師，以提高在地方教會所設小學的水準」，其辦學的基本思路在於「引人相信上帝在基督的救贖，使基督的精神充滿於學校及人生，而通過學習及生活，使人與父上帝『相遇』」，[75]以鞏固臺灣基督教的基礎。

　　但另一方面，我們也不能否認，基督教會學校的設立，開闊了學生的視野，充實了學生的知識面；特別是女子學校要求女孩子不纏足，在一定程度上打破了封建社會對婦女的束縛，提高了婦女的地位；盲人學校教育的開設，使臺灣廣大盲人同胞的生活受益不淺。因而，從這個意義上講，基督教學校的建立，特別是中學的創辦，則是臺灣現代學校教育的發軔，對促進臺灣的社會進步，起到了一定的積極作用。

　　統計清統治臺灣時期，英國長老會共在臺灣傳教三十年，其間共發展教徒一千二百五十六人，其中三分之二為平埔族信徒。[76]

---

75 《臺灣基督長老教會百年史》，頁66。
76 Daniel H. Bays, *Christanity in China*, Stanford California, 1996, p. 131.

第五章
加拿大長老會在臺灣的傳播

　　十九世紀初的加拿大為英國的殖民地，以蘇格蘭長老會為國教。一八四三年，蘇格蘭的四百多位牧師宣布脫離蘇格蘭國家教會，另外組織了「蘇格蘭自由教會」。不久這一事件便影響到加拿大，許多以蘇格蘭長老會為國教的教會紛紛加入加拿大「自由長老教會」組織。一八六一年，這一組織更名為「加拿大長老教會」（Canada Presbyterian Church）。一八七二年，馬偕牧師成為該教會組織的第一任海外傳教士。[1] 因加拿大在臺灣的傳教以馬偕為主要傳播人，本章即以馬偕的經歷為線索來考察加拿大長老會在臺灣的傳播。

第一節　馬偕牧師赴臺傳教

一　來臺前的馬偕牧師

　　偕叡理牧師（Rev. George Leslie Machay, 1844-1901），又稱馬偕牧師，[2] 一八四四年出生於加拿大安大略省牛津縣若拉村（Zorra Oxford

---

1　加拿大淪為英國殖民地時，教會有若干派，於一八二六年才組成加拿大聯合長老教會，但該組織極不穩定，經常四分五裂，終於在一八七五年由四個長老會又聯合成為加拿大長老教會（Presbyterian Church in Canada），該教會曾於一八四八年派John Geddie牧師前往南太平洋群島傳教，若從此算，馬偕牧師便不再是第一位由加拿大長老會派出的海外傳教士了。

2　這姓名是按閩南語音譯的，因中國人的……姓為一個字，名字通常為兩個字，所以不能譯為「馬偕叡理」，因其為牧師，所以僅稱他為「偕牧師」或「馬偕牧師」，一八八〇年，加拿大安大略省的一所大學贈他神學博士學位，也有人稱其為「偕博士」或「馬偕博士」。

Ontario, Canada），雙親是蘇格蘭人，於一八三〇年移居加拿大。馬偕
牧師的家庭成員全部是虔誠的基督教徒，因而，在這種典型的基督教
家庭的薰陶下，馬偕牧師自小就受到良好的基督教教育。而馬偕牧師
最終決定獻身海外福音運動，卻是受到了曾經來他家鄉訪問的兩位著
名的牧師所影響。

馬偕牧師

　　一八四四至一八四六年，還是在馬偕牧師兩、三歲時候，英國長
老會第一任海外傳教士賓威廉牧師（Rev. William C. Burns）到加拿大
舉行培靈大會，曾到過馬偕所在的若拉村。馬偕牧師回憶當時的情景
時說：「他的姓名家喻戶曉，我幼年的心靈也頗受了他的思想的影
響」。[3] 一八五四年，蘇格蘭長老會第一位海外傳教士、曾在印度傳教
三十餘年的達夫博士（Dr. Alexander Duff）牧師亦曾到加拿大做演講
旅行，他對印度的傳教工作的講述，引發了馬偕對從事海外傳教運動
的極大興趣。

3　G. L. Mackay, *From Far Formosa*, p. 16.

　　一八五八年，馬偕牧師在多倫多高等師範學校畢業，做了幾年的小學教師後，於一八六六年入多倫多大學洛士神學院學習。第二年九月，又轉往美國的普林斯頓神學院求學。當時的普林斯頓神學院隸屬於美國長老教會大會，是該會第一流的神學院。馬偕牧師在神學院求學時，曾受到了當時學院著名的和基博士（Charles Hodge, 1767-1878）的教導。一八七〇年，時年二十六歲的馬偕大學畢業，回到加拿大長老會設在多倫多的家鄉傳道所從事傳教工作。但幼年聽海外兩牧師演講所激發的海外傳教的衝動在心中久久不能平復。因而，不久，他即向當時的國外傳道委員會提出海外傳教的申請。但遺憾的是，「委員會未曾辦理過這種申請，對於國外傳教工作的候補者，不知道要做什麼事。因此，與會人士不熱心，此次會議並沒有多大的希望」。

　　通過本國辦理海外傳教的希望暫時落空後，馬偕牧師想起了那個曾到過若拉村的達夫博士，便於一八七〇年十一月橫渡大西洋，入學蘇格蘭的愛」堡大學研究院，跟隨達大博士學習印度婆羅門教和佛教，希望跟隨達夫博士的足跡到印度去傳教，但此種願望亦遲遲沒有得到加拿大海外傳道部的反應。因而第二年馬偕牧師從愛丁堡大學畢業時，就來到其祖籍地——蘇格蘭的莎熱蘭州開始傳教。恰在此時，他被告之海外傳道部已決定向加拿大長老會總會推薦他為加拿大長老會第一任海外傳教士。於是，馬偕牧師立即高興地趕回加拿大參加在魁北克召開的加拿大長老教會總會。總會的最後決議如下：

> 本會贊成馬偕先生自願赴異教地方傳教之申請，准其作為加拿大長老教會之傳教士前往外國。茲選定中國為其服務之地區。委託多倫多中會授聖職給他，並會同海外傳道會計畫其所擔任之工作。[4]

4　G. L. Mackay, *From Far Formosa*, p. 23.

二　馬偕牧師赴臺傳教

　　一八七一年九月，馬偕在德街一所教會（Gauld Street Church）由多倫多基督教長老教會中會議長按立為牧師並接受海外傳道委員會的任命。十月，馬偕回到家鄉若拉村告別親人後，便由美國的舊金山出發，踏上了向東方傳播福音的道路。

　　同年十二月，馬偕牧師順利抵達中國汕頭。由於此前英國長老會曾邀請加拿大長老會來中國，與他們共同進行基督教福音的傳播工作，而加拿大長老會也曾交代馬偕牧師在中國工作時，要與英國長老會進行合作，因而，當馬偕牧師到達汕頭時，受到了英國長老會駐汕頭教區傳教士的熱情歡迎，逗留了十多天後，馬偕牧師便又向英國長老會設在中國東南沿海的另一個教區——廈門教區出發。按加拿大海外傳道委員會的要求，馬偕牧師可以在英國長老會在中國東南沿海所開闢的汕頭，廈門、臺灣三個教區中的任何一地開展工作，而汕頭、廈門兩地的英國長老會同行也都勸說他留下來。但馬偕牧師卻執意要先視察臺灣後再做決定。於是，十二月二十八日上午馬偕牧師乘船前往臺灣，像命中注定似的，馬偕牧師一踏上臺灣的土地，便長久地留在了臺灣。

　　十九世紀後半葉的臺灣，正處於政治、經濟、文化中心由南部向北部轉移之際，甚至在某些方面，北部已超過了南部。

　　鴉片戰爭後，隨著帝國列強對臺灣侵略的加劇，清政府逐漸認識到了臺灣地位的重要性，開始注意加強臺灣的防備工作。特別是一八七四年日本侵犯牡丹社後，清政府派沈葆楨為欽差大臣，來臺視察。在臺北的視察奏文中，沈葆楨寫道：「就今日臺北之形勢策之，非區三縣而分治之，則無以專其責成；非設知府以統轄之，則無以挈其綱領……擬於該處創建府治，名之曰臺北府，自彰化以北直達後山盡歸

控制，仍隸於臺北兵備道」。[5]臺北地位日顯突出。而一八八四年的中法戰爭使清政府更加認清了臺灣戰略地位的重要性，一八八七年把臺灣府從福建省劃分出來，獨自成立臺灣省，並任命劉銘傳為第一任臺灣巡撫，府治設在臺北府。

隨著臺灣行政中心的北移，臺灣的經濟也開始呈現出北部超過南部的趨勢。臺灣開港後，傳統的出口物資米、糖逐漸減少，樟腦、茶葉的出口逐年上升，十九世紀後半葉，兩者的輸出量占臺灣總輸出量的百分之六十，[6]而它們的主要產地在北部。興辦洋務的諸多活動大部分在北部，這也一定程度上刺激和加速了臺北經濟的發展。「當時北部臺灣的三個最大的城市乃艋舺（人口45000）、新竹（人口35000）與大稻埕（人口30000）」。[7]

在政治、經濟中心北移的同時，臺灣的文化中心也開始向北部轉移。開山撫番後，歷任臺北地方官無論是對於漢族還是番族，都積極地開展教育工作。劉銘傳任臺灣巡撫後，在臺灣北部頒行五禁五教、勸番歌，興建番學堂，極大地促進了臺北番族同胞的文化水平。

因而當一八七一年底馬偕牧師抵達臺南打狗後，他得知英國長老會的傳教範圍僅限於臺灣南部，而在城市繁榮、人口眾多的臺灣北部，至今還沒有福音傳播的痕跡，便決定親自開拓北部這片陌生而又充滿挑戰的土地。[8]

第二節　馬偕牧師的巡迴傳教

一八七一年十二月二十九日下午，馬偕抵達打狗港，借住在當地

5　《臺灣基督長老教會百年史》，頁33。

6　林滿紅：〈貿易與清末臺灣的經濟社會變遷〉，《臺灣風物》第41卷第2期。

7　G. L. Mackay, *From Far Formosa*, p. 113.

8　英國與加拿大兩國長老會在臺灣的傳教活動以大甲溪為分界線，英國長老會居南，加拿大長老會居北。

英國一家商行裡。第二天，他便在這家商行裡為當地的外國人舉行了
他抵臺後的第一次禮拜。一八七二年元旦，馬偕牧師便前往距打狗港
廿六哩的阿里港去訪問李庥牧師。馬偕牧師一邊隨其在南部教會在當
地進行巡迴傳教，一邊向李庥牧師學習語言以及有關臺灣的風俗習
慣，為其日後的傳教工作打基礎。

　　一八七二年三月七日，李庥牧師、德馬太醫生陪同馬偕牧師北上
考察。九日，駛抵淡水河口，這一天後來被訂為北部教會開教的紀念
日。十一日，馬偕牧師隨他們南下，並順路熟悉一下他未來的工作環
境。[9]當到達英國長老會在臺灣傳教工作的最北傳教區——大社，李
庥牧師、德馬太醫生二人南下，馬偕牧師獨自北上淡水，開始他在臺
灣北部的傳教生涯。

一　淡水開教

　　淡水，是馬偕在臺北傳教的第一站。與英國長老會傳教士初來乍
到時的遭遇一樣，馬偕牧師的到來立即引起了當地人們的猜疑、敵視
和反對，到處租不到房屋，以至於他不得不從洋商那裡租了一間馬廄
來作為棲身之地。

　　安置下來後，馬偕牧師面臨的另一個重大問題便是語言的學習。
由於找不到合適的老師與書本，白天，馬偕只好向一些放牧的孩子學
習；晚上，則在一本辭典的幫助下，研習中國文字。由於馬偕牧師的
用功，不到五個月的時間，他不僅已經基本掌握了當地語言，而且也
熟悉了其中的一些俚語、俗語等。同時，為了便於後來者對語言的學
習，他還利用自己的研究成果，編纂了一部約有九千多字的中西字
典，一八七六年完成。[10]

9　G. L. Mackay, *From Far Formosa*, p. 37.

10　郭和烈《傳教士偕叡理牧師傳》（臺北市：臺灣宣道社，1971年），頁77。

　　馬偕牧師初到淡水，他所宣講的基督福音便引起了當地一些文人的關注，常常有讀書人到他的住所與他爭論有關的宗教問題，馬偕便利用這一時機，向他們傳播基督教知識。在這群文人裡，最典型的就是日後最早成為馬偕信徒的嚴清華。當時，嚴清華不相信馬偕牧師所宣講的所謂「上帝」、「福音」，便常常邀請許多讀書人來與馬偕牧師爭辨。馬偕在日記中詳細地記載了這一事件：「某一天的下午，……有個青年（即嚴清華──筆者注）來訪問我，與我爭論了許多問題。……晚上，他再次來訪。一兩天之後，那青年又帶了一個在當地頗有名望的文士再來，那人與我就宗教問題展開了討論。……不幾天，那青年又帶了六個文士來，他們也和我討論宗教問題。……又一次，那個青年又帶了一位舉人和二十位有功名的人和他們當地學校的老師來和我爭執宗教問題。……我認為這是一個很好地宣傳上帝真理的機會，便熱烈地和他們辯論起來，並用他們自己所堅信的道理反駁他們。……不久他們中的許多人都給我弄昏了，……」[11]

　　「外來的和尚會念經」，與馬偕牧師有關宗教問題辯論的結果大大地出乎這些文人的意外，不能不引起他們的注意。於是，有些人開始對基督教感興趣，開始出現在馬偕牧師的講道大會上，甚至有些人已開始考慮放棄傳統信仰而皈依基督教了。

　　讀書人的這種舉動，在當地的普通百姓中間產生了不小的影響。因為，在當時當地的一般百姓眼裡，文人讀書識字，且見廣識多，他們的言語一般被認為是正確的。於是，當廣大群眾見到平時他們所敬仰的讀書人開始在馬偕牧師的聽道會上充當聽眾時，便自然地認為馬偕牧師比他們的讀書人更有本事，更有知識，於是也人云亦云一般地懷著好奇的心情去聽馬偕牧師的福音宣傳了。

　　最初，在馬偕牧師租住的房裡，每天晚上常常有三、五十人前來

---

11 G. L. Mackay, *From Far Formosa*, pp. 138-139.

聽道。不久，已開始有幾個信徒在馬偕牧師的身邊進行聚集禱告、查經了，而且有些信仰比較虔誠的信仰亦開始幫助馬偕牧師傳教了。因而，這種通過與讀書人辯論宗教問題從而在他們中間傳播基督教知識的方法，無意間就為馬偕牧師在淡水的傳教打開了局面，不僅吸引了讀書人更重要的是吸引了廣大的民眾聽道、信道、傳道。而且通過辯論，馬偕牧師講土語的能力也提高了不少，亦開始能用流利的臺灣土著語布道了。[12]一八七三年初，馬偕牧師便在淡水施洗了他在臺灣的第一批信徒，他們是：嚴清華、吳寬裕（又稱吳益裕）、王長水、林杯、林孽，其中嚴清華、王長水是當地的儒生。

馬偕牧師在淡水傳教時，曾有五股坑的一位寡婦陳塔嫂前來聽道，聽了幾次後便對馬偕牧師所講的「上帝」、「福音」等基督教教理篤信不疑。於是，她再來聽道時，便介紹同村人一起前來，幾乎聽過馬偕牧師基督教要理的人都對基督教產行了興趣。不久，她們便向馬偕牧師發出了傳教的邀請，一八七二年八月，馬偕牧師決定到五股坑傳教，受到村民的歡迎。為了表達他們的真誠，村長陳黿向馬偕牧師捐獻了一塊地用於建堂。於是，在馬偕牧師的監督下，五股坑教堂成立，這是加拿大長老會在臺灣北部建立的第一所基督教教堂。五股坑教會正式成立也標誌著馬偕牧師在淡水開教的成功。當時，共有一百五十多位村民放棄偶像而改信耶穌，嚴清華留任該地，負責當地有關教務。馬偕牧師則返回淡水。但他會不時前來視察、訪問。一八七七年八月，馬偕牧師再次來訪時，又有十二名信徒接受洗禮。

一八七二年秋天，馬偕牧師在嚴清華陪同下，前往臺北淡水新港熟番社巡迴傳教，起初遭到當地居民的強烈反對。但馬偕牧師並不放棄，他利用當地居民能歌善舞的特色，不顧當地群眾的咒罵，在一個大庭院裡首先唱起了基督教的聖歌，並向當地的一些病人施醫拔牙。

---

12 G. L. Mackay, *From Far Formosa*, p. 137.

歌聲使當地民眾產生了某種親切感，而診治病人則更贏得了他們的信任。村民們不但不再反對馬偕牧師，而且向馬偕牧師表示親近，開始聽他講道，並向他提問問題。

就在馬偕牧師返回淡水一個月後，淡水新港社的村民便派代表來請他再去他們的村子宣講福音。馬偕牧師欣然前往，到達的當天晚上就有五十多位村民前來聽道。不久，村民們開始籌建禮拜堂。一八七四年四月，新港社舉行新禮拜堂的獻堂典禮。典禮由馬偕牧師與恰巧此時業淡水訪問的英國長老會傳教士甘為霖牧師共同主持。之後，馬偕牧師便派信徒許銳駐留此地，負責此地的教務工作。

在新港村民牽引下，馬偕牧師還深入到附近的山中生番地區進行視察，受到了當地生番部族的歡迎，不久，便在生番的居住地──獅潭底建立了教堂。

二　艋舺、噶瑪蘭和奇萊地方傳教

淡水的傳教工作打開局面後，馬偕牧師便開始向新的地區開拓。與英國長老會的甘為霖牧師一樣，馬偕牧師在臺灣北部廣大的區域內（無論是在生番區、熟番區還是在漢族移民區）開展了巡迴傳教，並相繼在各傳教區建立了教會。茲以較有代表性的艋舺、噶瑪蘭和奇萊（今花蓮地區）三地傳教為例敘述之。

艋舺是當時臺灣北部最大的城市，曾被馬偕牧師譽為是「異教的耶路撒冷，也是最大最重要的城市，那裡的人們具有強烈的排外心」。[13]

一八七二年，馬偕牧師首次去那裡，即感覺到處充滿了敵對的氣氛。[14]次年，當馬偕牧師再去那裡時，便見到處黏貼著許多畫有他的

13　G. L. Mackay, *From Far Formosa*, p. 32.

14　G. L. Mackay, *From Far Formosa*, p. 164.

海報：手裡拿著刀子，正在挖人的眼睛，並附有諸如「當驅逐馬偕出臺灣」、「孔子的教訓完全至上」等字句。以至在後來的多次訪問中幾乎都有同樣的遭遇：「我們每次訪問艋舺，經過街上時，都被誹謗、嘲笑和辱罵。許多兒童跑到我們的前方，以尖聲大作嘲弄的呼喊，有時跟在後面，向我們投擲果皮、泥土及臭蛋。艋舺人對外國人的憎恨、驕傲，天真的無知、虛偽、迷信、肉欲、傲慢、譎詐的邪惡，贏得了勝利的棕櫚。」由於艋舺開教遇到了前所未有的困難，因而當一八七六年，艋舺的東西南北，如大龍峒、錫口、後埔仔、和尚洲、南港、新店等都已設立了教會時，艋舺城裡還沒有建立起一所基督教堂。

　　然而對馬偕來說，在艋舺開教的阻力越大，越具挑戰性，越增加了他在此地設教的信心和決心，「然當記得驕傲的城市，我這只眼睛將見到你受辱，倒地不起。雖然目前你是強大的、驕傲的，而且充滿著惡毒草，然而，你的力量必將消滅，你必將被降低。你那污穢的街道，顯示著道德的腐敗，你那卑低的房屋，表示你在上帝面前的卑賤。」[15]

　　隨後的幾年間，由於馬偕牧師堅持不懈的努力，至一八七六年三月，馬偕最終在艋舺的武營頭、萬安街開設了兩座禮拜堂。然而正如馬偕牧師所預料的，在艋舺的傳教沒有鮮花和掌聲，只有荊棘和阻力。不幾天，就有艋舺民眾便開始干涉馬偕牧師在當地的傳教工作了，其中尤以當地三大姓的士紳反對最為強烈，他們聲稱：「艋舺有三大姓，就無耶穌教；有耶穌教，就無三大姓。」[16]在當地紳民的共同反對聲中，馬偕牧師不得不暫時轉移到其他地區。

　　但馬偕牧師並不甘心在艋舺的嘗試失敗，一八七七年，他又在草店尾街租到了一間房子作為禮拜堂，繼續進行在艋舺的傳教活動。再次遭到當地民眾特別是當地紳士們的反對，並最終釀成了臺灣歷史上有名的艋舺建堂案。

15　G. L. Mackay, *From Far Formosa*, pp. 164-165.

16　G. L. Mackay, *From Far Formosa,* p. 118.

艋舺教堂

　　由於當地官府的出面，艋舺建堂案以馬偕牧師可以在當地開堂設教得以解決。更重要的是，臺灣當局對馬偕牧師的偏袒態度，不僅使馬偕牧師在艋舺可以立腳，而且為他贏得了一大批信徒。因而，一八七八年時，艋舺的情況有了明顯的好轉。據馬偕一八七八年五月的日記記載：當五月十二日艋舺禮拜堂舉行開堂典禮時，當地有幾百群眾前往觀看。第二年，馬偕牧師又購得附近八甲莊地方的一塊地盤，建立了一所規模較大的禮拜堂，在竣工時舉行的獻堂典禮儀式上，又有一百多人前來參加。此後，雖然馬偕牧師在艋舺的傳教仍然遭遇到很多挫折，但他依舊堅持了下來並取得了巨大的成功。在一八八七年十二月十一日的日記中，馬偕牧師寫到：「今天很多人到艋舺禮拜堂來聽道，有的是從衙門來的。我先帶他們參觀了新建的禮拜堂，然後又向他們宣講了福音」。

　　艋舺設教的成功更增加了馬偕牧師在臺灣開展福音運動的信心。在征服了淡水、艋舺臺北兩個最大的漢人聚居地後，馬偕牧師又開始將傳教的目標對準了臺灣北部的土著民族。馬偕認為：「我們既於臺

灣北部及西部漢人之間，有了傳教及建設教會的立足點，乃開始注意在東海岸的噶瑪蘭平原上已開化的番人。我已略知平埔番的性格，他們的感情比漢人豐富，且易於接近，而有責任感，卻可能不如漢人那樣堅定有恆。」[17]其實在早些時候，噶瑪蘭平原的傳教工作已經開始。從一八七三到一八八二年間，馬偕和其門徒先後五次到噶瑪蘭地方進行傳教活動。在他們努力下，一八八三年底一次偶然的機會開啟了在噶瑪蘭平原平埔族中傳教的序幕。

　　一天，正當馬偕牧師在噶瑪蘭傳教屢次受挫之時，該地的三個漁民突然來請馬偕牧師到他們的村落裡去傳教。為了有效地利用這次千載難逢的機會，馬偕牧師針對平埔族人能歌善舞的特徵，計畫盡量利用唱歌來進行傳教，並取得了成功，以至於在馬偕牧師的教導下，全村的男女老少都會唱聖歌。隔閡消除後，馬偕牧師便開始和他們一起討論有關基督教的問題，並解答他們對教義、教理的疑惑。在這種濃厚的基督教氛圍中，不久，全部村民二百多人由在當地村子首領的號召下都相信了基督教，並自己出資建造了一所禮拜堂。

　　不僅如此，鄰村的村民也被馬偕牧師的聖歌所影響，不久他們便也邀請馬偕牧師一行去他們那裡唱聖歌、傳福音、建教堂。而且這次巡迴傳教的影響一直傳到了噶瑪蘭平原的最南面的一個村子南方澳，雖然起初他們遭到了反對，但唱歌傳教的方法起了作用，不久福音也傳遍了這個村子，並建立了一所「馬偕禮拜堂」。噶瑪蘭平原上的平埔族的傳教由此拉開了序幕。

　　從一八八三年底到一八八四年初的幾個月時間裡，馬偕牧師共在噶瑪蘭平原一帶建立了十九所禮拜堂。[18]在一八八四年二月十四日的日記中馬偕寫道：「這次到噶瑪蘭去給六百三十人施洗。前次（作者按：此處當指1883年）給四百九十人施洗」。一八八六年三月，馬偕

17　G. L. Mackay, *From Far Formosa*, pp. 125.

18　G. L. Mackay, *From Far Formosa*, p. 220.

牧師一行再訪噶瑪蘭平埔族教會時，該地已建立了十八所教會。而且
這次巡視，馬偕牧師鑒於信徒增加，教務繁多的實際情況，在當地設
立了長老、執事等職務，以加強對該地平埔族教會的管理工作。在以
後的巡迴傳教中，馬偕牧師以相繼在這一地區並開闢了冬瓜山、八里
沙、月眉、大里簡、辛仔罕、破布黑、蚊子熏埔、紅柴林等一些新的
教會。綜合《臺灣遙寄》等文獻史料的記述，從一八八三年到一八九
○年的七年間，噶瑪蘭共建立教堂四十一處，施洗教徒二千三百八十
人，具體見下表：

	1883年	1884年	1885年	1886年	1887年	1888年	1889年	1890年
教堂數	14		1	6	9	5	5	1
施洗數	66	618		1120	245	166	107	58

　　應當指出，以上所列信徒人數並不是十分的確切，實際數量會遠
遠大於該數字。因為這裡所統計的一八八三年的受洗人數中，番社
頭、婆羅辛仔宛、淇武蘭、武暖、掃笏、南方澳等十三個教堂的受洗
人數量不明，而在其他一些教堂中，馬偕的記載是「滿堂」，但他卻
沒有標明具體的人數，筆者在統計時也未將他們計算在內。

　　在加拿大長老會在臺灣北部傳教的過程中，值得一提的是奇萊地
方的平埔族的傳教工作。奇萊地方的平埔族原為噶瑪蘭地方加宛社的
移民，所以也稱為加宛禮，共有大社、竹仔林、武暖、煙高和七結五
個村莊，約五百人。

　　因為嚴格意義上講，奇萊地方的開教並不是馬偕牧師的功勞，而
是得益於當年馬偕牧師的一個信徒顏有年。顏有年原是馬偕牧師當年
所建理學堂大書院的一名廚師，因其才能遲鈍，曾被馬偕牧師拒之於
理學堂大書院的門外。但自此後他並沒有放棄對基督教的信仰，卻做
了個熱心傳教的平信徒。離開理學堂大書院後，他用自己的錢買了許
多藥品，同時攜帶著一本聖詩歌集，學著馬偕牧師當年巡迴傳教的模

樣，一面四處為人治病，一面利用唱歌傳播基督福音。

　　一八八八年五月，顏有年來到臺灣東部的奇萊地區。利用隨身攜帶的藥品以及所會的聖歌，開始在這裡宣講福音。他的聖詩和藥品起了很大的作用，傳教取得了初步成功。人們開始聽他講道，開始相信上帝。不久，在顏有年的倡導下，奇萊建立了當地第一座禮拜堂。隨著信徒人數的不斷增多，顏有年不得不寫信請馬偕牧師來主持施洗儀式。一八九〇年八月，他才抽身趁前往噶瑪蘭平原教會視察之際，往訪奇萊地方的平埔族教會，[19]受到當地人民的歡迎。在馬偕牧師的努力下，奇萊地方的五個村莊的村民全都放棄了偶像，信奉了基督教，並將昔日蓋成的神廟改作禮拜堂，為了鞏固這個地方的基督信仰，馬偕牧師遂派顏有年、偕有瑤、偕英源三人駐留該地，從事基督教的傳播及視察工作。一八九一年和一八九二年，馬偕牧師又親自往訪奇萊地方的平埔族教會。

三　中法戰爭間的臺灣北部教會

　　一八八四年中法戰爭爆發，戰火波及到馬偕牧師傳教的臺灣北部。法國侵略臺灣的消息一經傳出，臺北「府城中有百姓約千餘人，欲將洋人教堂燒毀」，[20]加強了對外國人的戒備，而法軍攻占了基隆港後，更激起了臺灣同胞的憤恨，他們懷疑外國人的教堂就是法軍的間諜機關，於是「臺北市民，同仇敵愾。而無賴以為教徒勾引，大呼而起，往毀八甲教堂，已而枋隙、錫口亦遭火。」[21]，而「淡水內地之教堂，已為臺民毀壞」。[22]一八八四年十月，馬偕牧師在外國領事的幫助

19　G. L. Mackay, *From Far Formosa*, p. 226.
20　《字林滬報》光緒十年八月二十五日（1884年10月13日）。
21　連橫：《臺灣通史》卷二十二〈宗教志・景教〉，頁412。
22　《申報》光緒十年八月二十二日（1884年10月10日）。

下，逃離臺灣。據記載，在中法戰爭期間，共有艋舺、大龍峒、新店、三角湧、基隆、錫口和大稻埕七處教堂被毀壞。[23]

事後，馬偕牧師視察了被毀後的七所禮拜堂：

基隆教堂：「當我上岸時，除了垃圾之外不見基隆禮堂的影子」。

大龍峒教堂：「在大龍峒，接近柯玖的住所，暴徒們拆毀了禮拜堂，使其化為一個巨大的土堆堆在禮拜堂的遺址上，在其旁邊還用拆毀的教堂的磚塊堆積成了一個八英尺高的石堆，並用黑泥塗在上面，以向著大馬路的一邊，寫著幾個大大的漢字『黑鬍子的馬偕死於此地，他的事業完了』。」

新店教堂：「暴徒們突然襲擊新店禮拜堂建築物，本地的傳道員和家屬幾乎來不及逃避，差一點兒沒命。」

艋舺教堂：「艋舺禮拜堂被暴徒們拆毀，其材料也都被搶劫一空，教堂裡的傳教士和信徒們也受到了他們的侮辱。」

八里岔教堂：「在中法戰爭中，這所最後建造的禮拜堂也被暴徒們拆毀了。」

錫口教堂：「錫口的禮拜堂被人拆毀，我們在禮拜堂的廢墟唱聖歌時，許多旁觀者很是生氣，不時的用石頭投向我們。」

和尚洲教堂：「和尚洲的禮拜堂都無影無蹤了，邊樹木也都被砍走了。」[24]

一八八五年四月，戰爭還未結束，但馬偕牧師因聽信臺灣封鎖解禁的謠傳，匆匆趕往臺灣。到了淡水後才發現封鎖並未解除。於是，馬偕牧師不得不前往駐澎湖的法國海軍將領處協商，得到保證後，他又匆匆進入淡水港，又從英國領事那裡申請了一張特別通行證，此後便急不可待地趕往各地察看信徒和禮拜堂，開始了在各地重建禮拜堂

23　*Chinese Recorder.* Vol 16, Jan-Feb, 1885, p. 54.

24　G. L. Mackay, *From Far Formosa,* p. 200, p. 191, p. 191, pp. 168-169, p. 161, p. 200, p. 200.

的工作。

　　在一八九五年臺灣割讓給日本之前，馬偕以一人之力在北部建立了五十多所教堂，見下表：[25]

教堂名稱	建立年代	教堂名稱	建立年代	教堂名稱	建立年代
淡水	1872	紅毛港	1877	後瓏	1884
五股坑	1873	崙仔頂	1878	桃仔園	1884
新港社	1873	竹塹	1878	頂雙溪	1886
洲里	1873	北門口	1878	龜山島	1887
獅潭底	1873	金包里	1879	月眉	1887
三重埔	1874	枋寮	1879	大科嵌	1889
八里岔	1874	暖暖	1879	貓里	1890
新店	1874	水返腳	1882	北投	1891
基隆	1875	新莊	1882	南嵌	1892
大龍峒	1875	板橋頭	1882	土牛	1892
錫口	1875	中港	1883	圓窟	1892
艋舺	1876	社後	1883	士林	1893
後埔仔	1876	坪頂	1883	灰瑤仔	1893
三角湧	1876	新社	1884	大湖口	1893
溪洲	1876	中壢	1884		

　　由於在臺灣北部只有馬偕牧師一人從事傳教工作，人力不足，加之一些地方的敵對情緒，因而在許多地方馬偕牧師只進行了傳教工作，卻沒有設立教會，詳見下表：[26]

---

25 據郭和烈：《傳教士偕叡理牧師傳》製作。
26 據郭和烈：《傳教士偕叡理牧師傳》製作。

地點	傳教時間（年、月）	地點	傳教時間（年、月）
公館	1873年7月、1874年9月	頭份	1887年
景尾	1874年1月、1874年6月	龍潭坡	1889年11月
屈尺	1875年4月、1879年11月	鹹菜硼	1889年11月
新莊仔	1888年1月	新埔	1889年11月
社寮島	1872年9月、1875年6月、1885年8月	通霄	1879年11月
八鬥仔	1876年5月、1877年2月	大甲	1892年1月
大島	1879年7月、1886年6月		

第三節　本地傳道人員的培養

　　與南方英國長老會集體活動所不同的是，在臺灣北方的廣大地域，只有馬偕牧師一人孤軍奮戰。顯而易見，僅僅依賴他一個人的力量是無論如何也不能滿足如此巨大的要求的。因而，從傳教一開始，馬偕牧師就特別注重本地傳教士的培養工作，他說：「北部臺灣的布教工作，以計畫本地人去擔任才是上策。其目的，在於使自己的人民獲得福音，以上帝真理的力量啟發他們的黑暗，並驅散因為以前一切的朦朧而不望見上帝的聖誠而來的錯誤的霧和罪惡的黑雲。這是一切國外布教工作的目的。」[27]

　　而且，利用本地人員傳教還可達到以下兩個目的：

　　其一，利用本地傳教士的力量可克服外國傳教士水土不服的缺點，能夠比較容易地達到福音的本地化。外國人對臺灣水土不服的一個顯著表現就是臺灣的氣候。臺灣當地的氣候是外國傳教士們工作的一個極為不利的因素，近代在臺灣傳教的加拿大長老會傳教士多半因

---

27 G. L. Mackay, *From Far Formosa*, p. 285.

不習慣當地的氣候而相繼因病離臺。在來臺的五名加拿大傳教士中，
一八七五年來臺的華雅各醫生（Dr. James B. Fraser）因其夫人一八七
七年病逝於淡水，不得不於同年離臺回國；而接替華醫生於一八七八
來臺的閔虔益牧師（Rev. Kenneth F. Junor）在其五歲的兒子不幸夭折
後，也因水土不服在一八八二年患病離臺往廈門休假，不久返國；一
八八三年來臺的黎約翰牧師（Rev. John Jamieson）其兒子也不幸於一
八八六年夭折，黎牧師也因患肺病，工作時作時休，一八九一年病逝
於淡水。由此可見，氣候是當時傳教士們工作所面臨的一大障礙。因
而馬偕牧師曾說：「根據自己的經驗，我深知只有少數外國人能抵抗
臺灣氣候的危害，所以主張要用本地的工作人員去發展教會傳教事
業」，[28]「如今我不必贅述使我強調在北部臺灣使用本地人傳教的一切
理由。他們和語言、氣候、本地人民的社會生活、本地人對教會工作
的能力等等有關係。」[29]

　　其二，這樣做可以為加拿大長老會節省下來一大筆的教會開支。
「主張由本地人布教的另一種理由，而為外國差會切實和純正的朋友
們所首肯的，就是關於人和金錢而論，最為經濟。本地人能生活在外
國人可能死亡的氣候環境之下，並且本地人能健全和快樂生活的地
方，我可能因間歇熱而顫慄。本地傳教者及其家族所需經費不多，所
以外國教會所奉獻的金錢僱用些外國傳教士，足以維持更多更大的本
地傳教者幹部。」[30]按馬偕牧師的估算，當時一名本地傳教員和其家
族一個月所需要的費用共計為墨西哥金九點八三元，不到美金十元，
而當時一名外國傳教士的月工資為三百美元，包括僱用一名廚師，一
名女傭，一名勞力等，因而利用本地傳教士的好處顯而易見。為了表
示本地傳教人員培養的重要性和表明獻身臺灣傳教事業的決心，一八

28　G. L. Mackay, *From Far Formosa*, p. 44.

29　G. L. Mackay, *From Far Formosa*, pp. 285-286.

30　G. L. Mackay, *From Far Formosa,* p. 286.

七七年，馬偕牧師與當地一個平埔族姑娘張聰明結婚，且其子女、女婿都是馬偕牧師的虔誠信徒。

最初由於人力及資金的不足，馬偕牧師只能以個人的力量在巡迴傳教的間歇培養本地傳教士，不受時間、地點的限制，可以在路旁、樹下、海邊、旅社等地方隨時對他們進行說教。待各地逐漸建立禮拜堂後，禮拜堂便成為馬偕牧師教導學生的場所。每當巡視到某個地方的禮拜堂後，他們便在禮拜堂停留一天、一個星期或一個月，白天有時視察教會，有時上課，晚上則在禮拜堂內進行禮拜或講道。在遇到村落開闢新教會時，馬偕牧師便從他們中間選擇一名他認為較合格的信徒前往擔任駐堂傳教，以培養他們實際的講道能力。如一八七三年嚴清華受派到五股坑駐任，許銳受派到新港駐任。經過一年半載的駐任後，馬偕牧師再派其他合格的信徒去接替他們，原來那些受派的信徒再回到馬偕牧師身邊更進一步的學習。這種教育學校可稱為「逍遙學院」（Peripatetic College）或「巡迴學院」（Itinerary College），[31]既培養了傳教人員，又不耽擱傳教工作，可謂一舉兩得。

在最初的九年中，馬偕牧師通過這種巡迴學院似的教育方式共培養了二十一位本地傳教員，他們後來被派到各地做福音的宣傳工作。這些學生分別是：嚴清華、吳寬裕、林孽、王長水、陳榮輝、陳雲騰、陳能、蔡生、蕭大醇、蕭田、連和、陳存心、陳萍、洪胡、李嗣、姚陽、陳九、李炎、李恭、劉和、劉求等。

在傳教事業初具規模後，馬偕開始策畫設立學校來培養本地的傳教人員。

一　理學堂大書院

一八七九年底馬偕牧師第一次回國休假時，曾得到家鄉村民的奉

---

31 《臺灣基督長老教會百年史》，頁59。

獻共計美金六二一五元，一八八一年返臺後即以此項捐款在淡水炮臺埔擬建一座可容納五十名學生的學校。次年七月校舍建成，馬偕將它正式命名為「理學堂大書院」（Oxford College）。後又稱「牛津學堂」。該校之所以以 Oxford College 取名，是因為建築這座大書院的人住在加拿大牛津州，故以資紀念。這是一所中西合璧的建築物，「校舍以從廈門運來的小紅磚建成，整個外面又用油漆刷了一遍以防下雨。校舍的大廳有四個玻璃窗子，一個講臺，一塊黑板，並為每一個學生都準備了課桌，而且還備有一張世界地圖，一台望遠鏡。整個校舍可容納四十名學生，兩名老師和他們的家屬。」[32]

理學堂大書院

　　理學堂大書院的落成典禮是由英國領事主持的，參加者有海關長 Mr. Hobson、領事夫人、「福建」號的船長 Abboth、李果芳、約翰遜醫生（Dr. Johansen）等要人，共計一千五百人。當時任臺灣淡水炮臺武官的孫開華等中國官員也前去道賀。

　　理學堂大書院由馬偕牧師親任校長兼主要的授課教師，除馬偕牧師夫人外，學校其餘的教師全部都是馬偕牧師以前所培養的本地傳教員，如嚴清華、連和、陳榮輝以及蔡生等。馬偕牧師制定了較為嚴格的學校規章制度，如穿拖鞋的學生不得進行課堂，入校學生必須講究

---

32 G. L. Mackay, *From Far Formosa*, p. 291.

衛生等，以提高學生各方面的素質。

　　理學堂所招收的第一屆學生不是通過考試而是推薦出來。先是各地傳教員向馬偕牧師推薦，再由馬偕牧師把這些人的名單發送給各地的傳教員挑選。經選拔共有十八名學生被錄取。[33]

　　當時所修的課程主要是以《聖經》為主，此外輔以諸如史地、理化、數學、動植物、礦物、地質、天文、醫學、解剖、藥物、音樂、體育等課程。馬偕牧師每天都要給學生教授課程，並讓他們做筆記，以備複習及討論之用。每天晚上七時至九時，學生們都要到學堂的大禮堂進行禮拜，「在每晚禮拜時，馬偕牧師任意叫學生上講臺講當天所教的課。當天學的，當天晚上試驗。」[34]馬偕不在時，則由其他的教師代替。

　　一八八三年，馬偕牧師允許嚴清華、連和帶領第一屆共十八名學生前往廈門教區的一些教會、醫院與女學校考察、參觀，使理學堂的學生增長了不少的閱歷，豐富了學校生活。

　　雖然建立了正規的學校，但馬偕牧師仍沿襲巡迴學院時養成的習慣，隨時讓在校的學生外出駐任某地的傳教士，鍛鍊一段時間後再返校念書，這種邊學邊教的教學方法有利於培養學生的實際操作能力。曾是理學堂大書院第一屆學生郭希信牧師曾回憶說：

　　　　一八八四年一部分的學生受派駐任教會。一八八五年中大概都
　　　　受派去駐任教會。雖然也回校，有的再回校數次讀書。回校一
　　　　次要讀半年，我本身也返校五次念書，偕牧師設立教會是採取
　　　　如有人申請設教，隨即派神學生前往的方法，然後他時常前往
　　　　協助。當時派傳道師或神學生往教會駐任時，大家都喜歡往之

33　齊藤勇編：《マッカイ博士の業績》，頁110。郭和烈：《傳教士偕叡理牧師傳》。
34　郭水龍隨筆：《北部教會史實》，1969年手稿。郭和烈：《傳教士偕牧師傳》，頁295。

　　就任，絕對沒有不願意而辭退。[35]

　　可見，當時這種比較自由的學校制度還是很適合當地的，不僅教育了本地的傳道人員，還給予他們大量的傳教實踐的機會。

　　在清代，理學堂大書院招收學生的概況如下表所示：[36]

年份	1882	1883	1884-1885	1886-1887	1888-1889	1890-1891
學生數目	18	2	17	12	11	23
備註	畢業後全部做傳教士	畢業後全部做傳教士	十三名畢業後做傳教士，四名做終身傳教士	七名畢業後做傳教士，三名做終身傳教士	畢業後全部做傳教士，一名做終身傳教士	二十名畢業後做傳教士，四名做終身傳教士

　　由此可見，理學堂大書院的教學成果是相當成功的，它不僅為馬偕牧師解除了傳教的困難，為加拿大長老會節省了大筆的開支，更為臺灣當地提供了大量的本地傳教人員，有利於臺灣基督教福音的本地化。

二　淡水女學堂

　　淡水女學堂是馬偕牧師在臺灣辦的第一所女子學校。由於氣候方面的原因，加拿大長老會只派遣了五名傳教士來臺工作，沒有派出女傳教士來臺。而在實際的傳教工作中，馬偕牧師深感婦女在福音傳播過程中的重要作用，他曾說：「許多教會的婦女工作人員是熱心而且勝任的工作人員，很能幫助本地的傳教士。她們有的一直是使異教徒全家皈依基督教的媒介，而且這些本地的婦女工作人員愈來愈蒙主的

---

35 齊藤勇編：《マッカイ博士の業績》，頁112-113。郭和烈：《傳教士偕叡理牧師傳》。
36 郭和烈：《傳教士偕牧師傳》，頁367。

保證出去作這份工作。」[37]因而，為培養臺灣的女傳道士，馬偕牧師在加拿大長老會婦女海外傳教會的捐助下，在理學堂大書院的東面三、四十巨尺的地方建立了一所女學堂，以培養婦女傳教人員。女學堂於一八八四年一月建成，落成典禮時同樣吸引了許多人來參觀。由於受經費的限制，女學堂只僱用了兩位本地人來管理，一名女舍監和一對傳教士夫婦住在校內。

淡水女學堂（1884）

同年三月，女學堂正式開學。由於受當時臺灣社會風氣的影響，許多家庭特別是一些漢族家庭都不願讓女孩子出來讀書；而且，當時馬偕牧師規定女學生入學必須不纏足，這樣，就更難收到學生。於是，女學堂不得不實施許多優惠條件，比如免除學費，向入校學生提供旅費、伙食費、住宿費、服裝費等，但即使這樣，在最初入學的三十四名女學生中，漢族的女子還是很少數，大部分是宜蘭地區的平埔族同胞的女孩子。有鑑於此，在以後的招收工作中，馬偕牧師改變了招生方式，多由各地教會的本地傳教士推薦女孩子入學，而這些入學的女學生又常帶來她們的同伴或親戚前來聽課，因而，女學堂的學生數量逐漸有了增加，招生最多的一次竟達八十名之多。

---

37 G. L. Mackay, *From Far Formosa*, p. 304.

　　女學堂的教學工作由偕師母及葉順承擔，理學堂大書院的許多教職工也常來義務教課。學生們的課程主要有閱讀、寫字、唱歌、聖經、地理及歷史等。她們偶爾也參加理學堂大書院的講演會和在晚上舉行的禮拜。

　　此外，馬偕牧師還設立義塾、夜校。義塾主要為兒童開設的，禮拜一至禮拜六免費上課，主要學習漢文、史地、算術等，禮拜天要到禮拜堂來學習唱聖歌、羅馬字教義問答和背誦聖經。一八七四年時馬偕牧師建有三所義塾，每所義塾派駐一位教員。到一八九〇年時已建有十五所義塾。在這裡接受免費教育的兒童多達到四百多名。[38]此外馬偕牧師還在自己的房子裡為老人及貧窮上不起學的女孩子學習基督教知識創辦了夜校，也吸引了不少的學習者。

　　通過設立女學堂、義塾、夜校等形式的學校，馬偕牧師不但培養了許多本地的傳教士，而且有效地在臺灣的婦女、兒童和老人中間普及了基督教知識。特別對於臺灣當地的婦女們來說，參加女學堂，不但使她們擺脫了幾千年來纏足的陋習，而且還可以走出家門進學校，和男孩子一樣讀書寫字，解除了封建社會的許多束縛。這是臺灣婦女的一個進步，也是臺灣社會的一個進步。

第四節　馬偕牧師的傳教方法

　　不論是英國長老會的傳教士們還是加拿大的馬偕牧師，當他們在各地傳教時，都不可避免地會遭到當地民眾的強烈反對。為傳教故，他們也針對各種情況施用不同的傳教方法。在英國長老會傳教的臺灣南部地區，由於從事傳教工作的人數較多，因而傳教各有分工，如甘為霖牧師從事巡迴傳教，巴克禮牧師從事學校教育工作，馬雅各醫生及其他醫療傳教士從事醫療傳教等等。而對臺灣北部的加拿大長老會

---

38 郭和烈：《傳教士偕叡理牧師傳》，頁370。

來說，從事傳教工作的主要是馬偕牧師一個人，而且當時「臺灣的漢人宗教……是偶像崇拜者，……其原始的要素是儒教。儒教是一種道德制度，主張敬天，尊崇祖先，還有許多倫理教訓。數世紀後，加入道教，道教是種神仙崇拜，迷信神仙、惡魔、符咒。最後佛教從印度傳入，修建廟宇，燃香供神，這三種宗教本來不同，後來漸漸混合。」[39]因而，面對較複雜的情況，要爭取信徒，馬偕不得不採用多種多樣的傳教手法，有時還會借鑒早期傳教先驅曾使用的方法——借助中國古老傳教風俗，達到與基督教的統一，有時則利用民眾所熟悉且相信的常識，達到傳教的目的。

一　醫療傳教

醫療傳教是馬偕牧師在臺傳教的一個重要方法，因為它「可以解除異教徒對基督信仰的偏見，而且還可以作為傳教的機構」。[40]因而，在淡水開始傳教時，馬偕牧師通常就是一邊傳教一邊行醫，吸引了大批的民眾前來就醫。為了更好地利用醫療傳教的這種效果，馬偕牧師還特意在其住所的隔壁專門租了一間房屋作為醫館，「每天看病人，調劑醫藥給他們。並治好了若干人。有一個人來住院幾天，他聽到我們所讀的，便說要再來。晚上的禮拜都有幾十個人，有時候八十個人。我的房子如今成了禮拜堂、醫館和學校。」[41]由於他醫術高超，開辦的第一個月，就來了一百三十位病人。第二年則多達一千多位。

事實上，更多的情況則是馬偕牧師的巡迴醫療傳教活動。在巡迴傳教旅行中，他常帶著一些常用的藥品，碰到最多的是當時臺灣民眾

39　G. L. Mackay, *From Far Formosa*, pp. 125-126.

40　Duncan Macleod (劉忠堅): *The Island Beautiful*: *The Story of Fifty Years in North Formosa.* Published by the Board of Foreign Mission of the Presbyterian Church in Canada, Toronto,1923, p. 106.

41　郭和烈：《傳教士偕叡理牧師傳》，頁373。

最恐懼而又最普遍患的瘧疾（malaria），馬偕就用奎寧劑反覆治療，效果十分顯著，吸引了一些人前來聽道。馬偕牧師另一個很著名的醫療傳教手段就是為患者拔牙。「我們旅行各處時，通常站在一個空地上或寺廟之石階上，先唱一兩首聖歌，而後替人拔牙，繼而開始講道」。[42]拔牙逐漸成了傳教的先奏曲。為了更有效地發揮醫療傳教巨大的作用，應馬偕牧師的請求，一八七五年，第一位專職醫療傳教士華雅各醫生（Rev. James B Fraser）來臺。他在淡水專門開設了一間診所，以施醫治病吸引民眾，爭取更多的接觸臺灣民眾並向他們宣講教義的機會。一八八〇年，馬偕牧師在淡水建立了基督教醫院——「偕醫院」。由於華雅各醫生染病回國，醫院便由英國領事館的侍醫約翰生醫生（Dr. C. H. Johansen）與歷尼醫生（Dr. Rennie）幫忙照顧，馬偕牧師則在每天下午帶領門徒前來傳教，並協助醫療工作。

二　唱聖歌傳教

　　或許用有哲理但乏味囉嗦的勸說不能打動人的時候，以歌唱的形式將所要宣講的教義表達出來，藉以吸引眾人，也不失為一種有效的基督教的傳播方式。「唱聖歌是傳教最好的武器之一」。[43]馬偕牧師本人也意識到了唱聖歌這一藝術形式的魅力。因而，他在傳教過程中常用唱聖歌的方法來吸引信徒，特別在能歌善舞的平埔族人中間傳教時，這一方法有顯著的效果。

　　馬偕自己就曾說過他利用唱聖歌傳教的經歷：「我屢次站在廟宇的石階上，先唱一首聖詩歌」。[44]馬偕牧師在平埔族村落中傳教時，首先就是以唱聖歌開始的。幾個星期以後，全村的男女老少幾乎都會唱聖

42　G. L. Mackay, *From Far Formosa*, p. 316.

43　《臺灣基督長老教會百年史》，頁88。

44　G. L. Mackay, *From Far Formosa*, p. 133.

歌了。兒童們整天唱著：「耶穌愛我，我知明，因為記載天聖經」；老人們一邊織布一邊以低音調唱著：「天堂永無苦難，永活無死」；漁夫清早跳入海裡，在船上搖著長櫓，也會唱起聖歌：「我認救主無驚見羞，好膽見證道理」。而這個村莊的唱歌熱情也影響到了鄰近的村莊，他們聽到當地的民眾齊唱讚美上帝歌時，便請求馬偕牧師也到他們的村子去教唱歌。馬偕牧師當帶著唱歌的隊伍一路唱到了鄰村。結果，鄰村的五百多村民也全部信了福音，並自己出資建造了一所禮拜堂。[45]

　　馬偕牧師不僅利用唱聖詩歌的方法進行傳教，當他在傳教過程中遇到當地民眾的反對或破壞時，也常常用這種方法進行化解。有一次，嚴清華在基隆宣講基督福音時，聽眾中有人大聲叫喊怒罵，嚴清華被迫停止講道，馬偕牧師在旁邊隨機應變地唱起了聖詩歌，聽到唱歌聲，喧嘩的聽眾不久便恢復了平靜。

　　馬偕這種唱歌傳教的方法也感染了他的門徒。早期的信徒顏有年便是其中之一。他外出傳教時，常常隨身帶著一本詩歌集，布教時，先讀聖詩或唱聖詩歌，吸引了一批聽眾。許多人是在聽了他的聖歌後皈依基督教的。[46]

三　利用傳播自然知識傳教

　　在利用唱聖歌進行傳教工作的同時，馬偕牧師也利用大自然來傳播基督教福音。他在臺灣傳教旅行中常常隨身帶著鐵錘、放大鏡等器材，到處收集資料，瞭解臺灣當地的物產、人情。在他的《臺灣遙寄》一書中，有關地理、地質、植物、動物等內容占了相當的篇幅。

　　馬偕牢記了《聖經》的教誨。《聖經》上曾記載著耶穌引用大自然的事物來講道：「你們看那天上的飛鳥，也不種，也不收，也不積

45　G. L. Mackay, *From Far Formosa*, pp. 218-220.

46　G. L. Mackay, *From Far Formosa*, pp. 226-227.

蓄在倉裡，你們的天父尚且養活它；你們不比飛鳥貴重得多麼？」、「何必為衣裳憂慮呢？你想野地裡的百合花怎麼長起來；它不勞苦，也不紡織；然而我告訴你們，就是所羅門極榮華的時候，他所穿戴的，還不如這花一朵呢」、「你們中間，誰不兒子求餅，反給他石頭呢？求魚反給他蛇呢？你們雖然不好，尚且知道拿好東西給兒女，何況你們在天上的父，豈不更把好東西給求他的人麼？」[47]馬偕牧師自己常常利用大自然來宣講上帝的能力、博愛、恩典和上帝對人類的保護，他曾說：「臺灣的植物界對於深思熟慮的學生是有趣味的題目。對於一個傳教士，是每一片葉子裡都有語言，每朵花裡都有聲音。……瞭解了臺灣的若干特殊的植物，哪一位傳教者不成為善良的人，更偉大的福音使者呢？哪一個改宗者不因此而變成為更堅強的基督徒呢？」[48]他讓信徒瞭解觀察自然的目的是要通過讓他們瞭解自然來瞭解上帝，「我常常想要訓練我的門徒以眼睛觀察，以心智瞭解海中、叢樹中和山谷中自然的大信息。」[49]同時，馬偕牧師利用所收集到的標本在淡水辦了一個研究室和一個博物室，裡面藏有動植物的無數標本以及農業用具、戰爭武器、樂器等物品，也常常供信徒們觀看以利傳教。

　　馬偕牧師這種較新奇的傳教方法很是吸引了一些人入教，以至於許多人在以後的追憶中，仍記得馬偕牧師當時的講道。其門徒柯維思先生說：「先生（指馬偕牧師）講道時非常活潑，生氣勃勃。許多成年人都說：『我小時候曾聽過偕牧師的講道，至今其講道的大部分還記得呢！』」[50]

47　郭和烈：《宣教士偕叡理牧師傳》，頁117。

48　G. L. Mackay, *From Far Formosa*, p. 75.

49　G. L. Mackay, *From Far Formosa*, p. 47.

50　郭和烈：《宣教士偕叡理牧師傳》，頁115。

四　結合中國傳統習俗傳教

　　中國傳統的宗教信仰可以說是中國民眾皈依基督教的最大障礙。馬偕牧師意識到，只通過囉嗦冗長的說教根本不可能打破臺灣民眾幾千年沉澱下來的精神寄託，只有將基督教與中國傳統的東西通過某種相通點聯結起來，使民眾像接受他們古老的傳統那樣接受基督教。換言之，馬偕牧師借中國傳統宗教之名來宣講基督教要理之實。通過學習，他瞭解到在中國儒家經典四書五經中也同樣有「天」、「上帝」、「帝」這三個概念，因而他在散發的基督教「十誡」的海報中，第一條就寫著：「除了我以外，你不可有別的上帝。不可為自己雕刻偶像，也不可作什麼形象，彷彿上天、下地、和地底下，水中的百物，不可跪拜那些像，也不可事奉他，因為我耶和華你的上帝是忌邪的上帝，恨我的，我必追討他的罪，自父及子，直到三、四代。愛我守我的誡命的，我必向他們發慈愛，直到千代。」馬偕牧師的這些說教把中國儒家思想的「上帝」與基督教的上帝相混淆，對於那些熟讀孔孟詩書的文人、鄉紳來說很是具有迷惑性，於是他們便以為此「上帝」就是彼上帝。

　　馬偕牧師還瞭解到，中國封建社會的傳統美德之一即孝敬父母，因而在「十誡」海報的第五條中便寫道：「當孝敬父母」。他自己也承認說：「我先找共通點，然後對他們講當孝敬世間的父母，就容易把他們的思想轉移於天父了。用這種方法逐漸克服他們的偏見，他們的心靈就轉向於福音的真理了。」馬偕牧師的這一作法，很快獲得了許多人，特別是一起老年人的支持。每當馬偕牧師傳教中念到這句話時，總會有許多白髮老人站出來，以顫抖的手扶著拐杖，點頭表示贊成：「先生所說的話，都是天理。」[51]最初的信徒吳寬裕也是因為看到「十誡」海報上的這句話而信教的。

51　G. L. Mackay, *From Far Formosa*, p. 133.

　　讀書人、老年人以及部分地方豪強的入教，如大龍峒的信徒陳願，「陳願也有勢力，他不僅是個醫師，而且有三品道的官銜」[52]，為周圍的普通百姓豎立了皈依的榜樣。在崙仔頂教會，當地的民人李恭、李沃聽道後，對基督教的上帝半信半疑，便去臺北訪問鄉紳李春生，當時已是基督徒的李春生對他們說：偕牧師所傳的道理都是真的，可以相信。二人聽此言後，便毫無顧慮地加入了基督教。此外，教會中的一些平信徒[53]也主動地向鄰近的親戚朋友們證明並宣傳他們所受的基督福音。這樣一來，廣大的臺灣同胞很容易地便進入了基督教堂的大門。

　　由以上可知，不論是唱歌傳教，還是利用自然知識傳教或者是利用當時的民間習俗傳教，都不是傳教士直截了當地向民眾宣講基督教教義，而是利用一種當地民眾或熟悉、或新奇、或與實際生活相關的外界事物來進行福音的傳播工作。這些傳教方法在實際的操作運行中都取得了一定的成績。

　　但是，必須批出的是，馬偕牧師的這些方法，所取得的也只能是表面上的信徒。因為不論是唱歌傳教、自然知識傳教，還是利用中國傳統習俗傳教，廣大民眾所接受的也只是馬偕牧師的傳教手段，即所教的唱歌、自然知識以有尊老愛幼的中國傳統美德，在他們的心裡所信奉的仍然是長久不變的本族的傳統信仰，不可能按照馬偕牧師的設想，利用這些手段達到成為一名真正基督教徒的目的。馬偕牧師自己也曾說：「可見當時的生番僅在感情上接受了基督教文明，在知識上和意志上還未達到接受基督的福音的程度。新港的熟番大半亦然。由他們只喜歡唱聖歌看來，也能知道一斑。」[54]看來，信徒的「質」是在臺的無論是天主教傳教士還是基督教傳教士們所共同面臨的一個難題。

52　郭和烈：《宣教士偕叡理牧師傳》，頁159。

53　基督教無神職（或稱聖職）的一般教徒，參見《簡明基督教百科全書》（上海市：中國大百科全書出版社上海分社，1992年），頁287。

54　郭和烈《宣教士偕叡理牧師傳》，頁148。

第六章
長老會在臺灣的醫療傳教事業

　　醫療傳教是基督教在中國傳播的一個重要方式，在基督教傳播事業中占有舉足輕重的地位。一八四三年，醫療傳教士伯駕（Peter Parker, 1804-1888）來華，次年在廣州開辦了「博濟醫院」。一八三八年，伯駕醫生又組成了「在華醫藥傳道會」（The Medical Missonary Society in China），呼籲西方教會重視中國在醫療傳教方面的需要。醫療傳教在整個基督教傳播事業中的重要性得到認可。而在臺灣，醫療傳教具有更有利的條件和更重要的地位。

第一節　「手術刀」與「十字架」

　　眾所周知，臺灣地處亞熱帶，屬於濕熱氣候。山高林密的地貌特徵，再加上當時惡劣的衛生條件，使得當地人民經常處於疾病的威脅之下。一八七二年，加拿大第一位傳教士馬偕在臺灣北部巡迴傳教時，還「常見一個村鎮有半數的住民都病倒於瘧疾。我（馬偕）曾見過一家有二、三十人的家屬，沒有一個人能做什麼工作，」而且「由於長期吃檳榔，吸鴉片以及其他一些不好的習慣，使得牙病成為長期困擾當地人民的普遍疾病。」[1]

　　當時全臺灣沒有一所正規醫院，而且連一名正式的專職醫生都沒有，「患者由當地無知的中醫師借迷信欺騙的行為，以最原始的方法給予治療。」[2]馬偕牧師形容當地人在拔牙時的情況：「通常是笨拙而

1　G. L. Mackay, *From Far Formosa*, 1895, p. 314.
2　J. W. Davidson, *The Island of Formosa*, Toronto, 1923, p. 612.

又殘忍的，就是用強細的線拔出，或用剪刀挖出，江湖醫生使用鉗子或小夾子。因此，往往引起牙床壞，流血過多而致昏厥，甚至致死。」[3]這樣不科學的治療方法，治癒的可能性當然很小。而且，為了保持自己的信譽，一些江湖上的巫醫還欺騙患者說，他們的病不是自己治不好，而是治不了，因為他們的病是觸犯了天上的某一個神仙而得的懲罰。在當時沒有正式醫生哪怕是懂得一點兒醫學知識的人的情況下，巫醫的診斷可以說是具有一定的權威性。在大多數情況下，依照巫醫的「診斷」，患者的病都是他們罪有應得的。因而，巫醫的話就好似最後通牒，患者也只好回家坐以待斃了。

身患疾病，不僅危害人民的身體健康，更重要的是減少了勞動力，直接威脅到當地人民的基本生計。在這種情況下，健康便成為人民生產生活中的一大難題。在當地醫師無能為力的時候，病人只能回家去祈神拜佛，很顯然，這也是無濟於事的。而這恰恰為來臺傳教的基督教長老會的傳教士們提供了醫療傳教的機遇，為他們在臺灣開展福音傳播工作找到了一個很好的切入點。

一八六五年，英國長老會派往臺灣傳教的第一任傳教士馬雅各醫生就是一位典型的專職醫療傳教士。馬醫生來臺灣前是伯明翰一家醫院的一名內科住院醫生，本身就具有醫生身分[4]。他到臺南傳教之始，就是「醫療、傳教同時並行的」。[5]在被趕到打狗傳教期間，馬雅各醫生在禮拜堂的對面開設了一所醫館，二者相對，僅一條小路之隔，「這不但合乎實際的需要，也象徵著醫療在整個傳教事業中的地位。」[6]

3　G. L. Mackay, *From Far Formosa*, 1895, p. 315.

4　馬雅各是愛丁伯格大學一名出色的學生，還曾在柏林和巴黎的醫學校裡參加學習。參見 Jas Johnston, *China And Formosa*, p. 168.

5　Marshall Broomhall, *The Chinese Empire*, London, 1907, p. 65.

6　*The English Presbyterian Messenger*, January, 1867, p. 21.《臺灣基督長老教會百年史》。

　　作為外國傳教士，馬雅各醫生在抵臺之初曾受到過排擠，甚至一度從臺南被趕到打狗。但是他的醫術卻給了他另一層的保護傘。自始至終，馬醫師就堅持醫治身體與拯救靈魂並而行的。而且，他毫不掩飾地聲稱他的工作：「就是尋找並解救那些身體有缺陷的人。」[7]處在疾病煎熬下的廣大臺灣民眾「或許會質疑十字架的意義，卻不會漠視手術刀的效果。」[8]當第一位冒眾人之大不韙敢去向外國醫生求診的患者得到痊癒時，它所產生的後果就絕不僅僅限於那一個病人健康問題，而是全村莊、全地區甚至是全臺灣人民的情感歸屬問題。

　　正像傳教士們所預料的那樣，醫療傳教「很快就消除了中國人的敵對情緒和不信任感」，[9]而且還獲得了不少人的感激。還是在打狗的時候，馬雅各就很激動地說道：「這裡（打狗）的醫療事業進展得很順利，而且更廣泛地被接受。當我們將這項工作向內陸擴大展時，我相信我們會取得更大的成果。」[10]一八七〇年，當大社的平埔族村民聽說臺南有一位能夠治病的外國醫生時，臺南醫館的門前不久就出現了一批長途跋涉的平埔族同胞前來請求馬雅各醫生為其治病。[11]後來抵臺的施大闢醫生在描寫臺灣東北部最大的城市嘉義時，曾說：「整個嘉義地區都知道馬雅各醫生的名字。在這個地區，我曾遇到過許多接受馬醫生治療的病人，現在他們都成為自力更生的小商人或農民，兩個賣宗教書刊的小販使得這一地區深受影響」。[12]

　　在臺灣北部，加拿大長老會第一任傳教士馬偕牧師本身雖不是一位專職的醫師，但他懂得不少的醫學知識，在他臺北的藏書室裡，就

7　Jas Johnston, *China And Formosa*, p. 170.

8　魏外揚：〈基督教在臺早期的醫療宣教〉，林治平主編：《基督教與臺灣》（臺北市：宇宙光出版社，1996年），頁218。

9　Marshall Broomhall, *The Chinese Empire*, p. 15.

10　Jas Johnston, *China And Formosa*, p. 117.

11　Daniel H. Bays, *Christianity in China*, p. 128.

12　Jas Johnston, *China And Formosa*, p. 310.

擺放著內科醫學書及外科醫學書。[13]他在傳教的同時以藥濟人，很快
就吸引了一大批的人前來看病。馬偕由此「認識到醫療傳教的巨大作
用」，[14]於是，不久他請求總會派遣一名專職的醫療傳教士來臺工作。
並聲稱：「醫療傳教的重要性已毋須再強調了，這是凡知道近代傳教
工作歷史的人都承認的。從我們在臺灣開始工作起，就重視主的話語
和榜樣，用醫病的辦法以求獲得迅速的利益。在我預備作海外傳教工
作所接受的各種訓練應用起來，都沒有比我在多倫多及紐約所做過的
醫學研究，更見有用。」[15]而且，在臺灣長期的醫療實踐中，馬偕牧
師還鍛鍊成為拔牙與治瘧的高手。[16]曾說「拔牙實在是比其他任何形
式的工作對於破除民眾對我們的偏見和反對都具有更大的效力。」[17]
應馬偕牧師的請求，華雅各醫生來臺專門從事醫療傳教工作。

華雅各醫生

　　由此可見，基督教長老會在臺灣對醫療傳教工作的重視，收到了
不小的效果。而且，隨著傳教工作的不斷深入，醫療傳教的作用也不
斷得到強化。由此，在傳教士內部便出現了分歧。

13　齋藤勇編：《マツカイ博士の業績》，頁155。郭和烈：《傳教士偕叡理牧師傳》。

14　Duncan Macleod, *The Island Beautiful*, p. 67.

15　G. L. Mackay, *From Far Formosa*, p. 308.

16　魏外揚：〈基督教在臺早期的醫療宣教〉。

17　G. L. Mackay, *From Far Formosa*, p. 314.

　　以梅甘霧（C. N. Moody）為代表的一方主張：「基督教醫院與藥局的功效如此之大，以至於不少人認為我們只依靠這種方法就可以心滿意足，以至於忽略了講道的重要性，有些人甚至誤認為街道布道的功效甚微，然而我斷不以為然，我想如果我們將化費於醫療工作的時間、精力、技術及耐心等，化費於講道及布道，則其收效當不亞於醫療。」[18]

　　而在臺灣從事醫療傳教工作的德馬太醫生則代表了另一種意見，並以自己的親身經歷加以證明。他曾說「不少傳教士們認為，醫療事工只在傳教工作的開始階段有其效用而已，而一旦對基督教不再有偏見及反對、願聽福音時，這些醫院就可以關門，不必再施醫療事工。但我認為這是莫大的錯誤。照我看來，基督教醫院是引人入信最好的地方。當病人由遠處前來求助時，醫療傳教士就迎入那人，記錄其姓名、年齡、地址，他就被引到其病床前，接受治療，而往往得全治。在他住院期間，每日不但得診治，也聽到福音，亦即他所最需要的東西。這種方式假如好好地進行，可使我們與本地人保持密切的關係，而其奏功之巨，絕非任何在街道、廟宇、路旁等地所作布道所能相比。」[19]

　　基督教長老會後來的發展也確實驗證了德馬太醫生的見解。整個清統治時期，在來臺的二十名男性傳教士中，醫療傳教士就達七位，占三分之一強；而在同一時期的中國大陸，五百〇五名男性傳教士中，醫療傳教士只有十九名，不到總數的二十分之一。[20]

---

18 C. N. Moody, *The Saints of Formosa*, Edinburgh and London, 1912, p. 28.

19 *The English Presbyterian Messenger*, August, 1876, p. 46.《臺灣基督長老教會百年史》。

20 K. S. Latourette, *A History of Christian Missions in China*, New York, 1929, p. 452.

第二節　「病人」與「教徒」

　　外國傳教士的醫療傳教「熱情」再怎麼高，但肉體治療永遠也不能超出「靈魂拯救」這一神聖的使命。因此，面對傳教士的醫療傳教，臺灣民眾，在「病人」與「教徒」之間，時而「合二為一」，時而「一分為二」。

　　在臺灣南部，馬雅各建立的臺南醫館，「經常有病人光顧，而且其中幾個深受感動，有六、七個病人還買來讚美詩，一天到晚地看，令人難過的是，當他們病好出院時，許多人因看書而失去了視力」。[21]一八七九年來臺南服務的安彼得醫生（Dr. P. Anderson）更是不無感觸地說：「醫療傳教是比其他一般的傳教更有效。我現在已經認識到了限制醫院床位的數量以便保證醫療傳教士有足夠的時間就信仰問題與每一位病人對話的重要性了。」[22]

　　在臺灣的北部，由於馬偕牧師治癒的患者甚多，「聞風之下，遠近四方病人趨而求醫者日益多，乃另租一屋開設醫館，請領事館專屬醫師林格醫生（Dr. Ringer）助理醫療，並商請洋行捐款以為維持醫館之經費。」[23]結果第一個月就來了一百三十位病人。林格醫生在一八七四年三月的中國海關報告中說：「我與偕牧師合作，於一八七三年五月，在淡水開始對本地人的施醫工作。十個月來已來了六百四十位病人，許多是從十哩以外的遠處走路來的。」[24]在一八七五年受洗的五位信徒中，其中就有三位是由於馬偕牧師治癒了他們或他們親屬的

21　Jas Johnston, *China And Formosa*, p. 313.

22　Edward Band, *Working His Purpose Out, The History of the English Presbyterian Mission 1847-1947*, p. 110.

23　李勝岳：〈馬偕牧師在北部臺灣醫界之事蹟〉，《文獻專刊》第2卷第3、4期，《中國方志叢書》臺灣地區第87號。

24　Hugh MacMillan, *First Centnry in Formosa*, TaiPei, 1963, p. 37.《臺灣基督長老教會百年史》。

病而入教的。一八八〇年，馬偕牧師更在淡水建立了一所「偕醫院」（Mackay Mission Hospital）。[25]醫院的前面是門診和藥局，後面是可容納數十名住院病人的住院設備，是當時臺灣北部一所最完善的醫院。醫院由馬偕牧師親自主持，在淡水的英國領事服務醫生約翰生醫生和歷尼醫生常來醫院幫忙。

此外，馬偕牧師高超的拔牙技術也聞名全臺，他自己就曾自誇道：「我常在一小時之內，拔掉一百多個牙齒，從一八七三年起（到1893年止），我一共拔了二萬一千個以上的牙齒，門徒們和傳教師們也拔了大約這個數的一半」，[26]甚至於許多他的門徒都被稱為「用鉗子拔齲齒的專家」。[27]

馬偕行醫傳教

由此可知，外國傳教士的醫療事業確實解除了臺灣人民長期遭受的病痛之苦，對他們的身體健康起到重要的作用。據統計，一八七五年，臺南醫館曾有一段時間有九十一位病人，而這一年前來就診的病人達三千三百三十四人，其中二千五百位門診病人，八百三十四位住

---

25 這所醫院是在與馬偕同名的一位船長夫人捐資三千美元的情況下建成的，為了表示紀念，特將之命名為「偕醫院」。

26 G. L. Mackay, *From Far Formosa*, p. 316.

27 郭和烈：《傳教士偕叡理牧師傳》，頁98。

院病人。[28]到安彼得醫生時期，臺南醫館更達到一百位住院病人，另外還有一個白天營業的診所。而北部的偕醫院在馬偕牧師的經營管理下，開設十年來也獲得了快速發展：[29]

年份	住院病人數目	年份	住院病人數目
1880	1346	1886	3448
1881	1640	1887	3120
1882	1983	1888	3280
1883	1784	1889	3055
1884	3012	1890	3696
1885	2806		

　　在臺傳教士從來就沒有以救治的人數與治癒的效果來評價他們的醫療事業的成功與否。「醫療的功用是在於使人脫離惡鬼的束縛，使人通過醫療與傳道而與上帝相遇，得到罪的審判與赦免。醫療傳道能達成此目的時，它才是盡其當做的事。人能通過醫療而被導致於信仰時，這肉體上的醫治才對他具有宗教及信仰上的意義。」[30]也就是說，只有當醫療成為吸收信徒的有力手段時，醫療才算達到了它的目的，才具有實際的價值。來臺工作的醫療傳教士們也深知這個道理，馬偕牧師曾說：「我的任務很清楚，教會之首也是王給我的任務就是：『你們往普天下去，傳福音給萬民聽』。我無論做什麼其他的事情，這個任務必須完成；加之，無論做什麼其他的事情，都必須與這個任務的完成有切實的關係。」[31]

28　Edward Band, *Working His Purpose Out*, *The History of the English Presbyterian Mission 1847-1947*, p. 106.

29　G. L. Mackay, Dr.Rennie, Report of the Mackay Mission Hospital in Tamsui, Formosa, Published from Amoy, China, 1886, 1890.《臺灣基督長老教會百年史》。

30　《臺灣基督長老教會百年史》，頁26。

31　G. L. Mackay, *From Far Formosa*, p. 135.

　　與那些還沒開口說話就已被臺灣人民拒之千里之外的一般傳教士相比，醫療傳教士在吸引民眾方面更具優勢。大量入基督教醫院求醫的患者就是最好的證明，而且入教的許多信徒也是由被傳教醫師治癒的或接受過他們治療的患者轉化而來的。於是在傳教士們中間曾有這樣一種說法：「通過被神奇的傳教醫師治癒的病人的間接聯繫，就足夠使整個村落皈依基督教。」[32]因而，在消除臺灣當地民眾對於外國傳教士們的敵對情緒及不信任感上，來臺的醫療傳教士們的醫療事業確實起到了很重要的作用，這是不容置否的。

　　那麼，醫療對於傳教的效用又是如何呢？我們說，治病救人的確吸引了許多信徒，極大地激發了傳教士們的傳教熱情。但在同時，信徒的大量增加也消除了他們對於入教信徒的戒備。儘管傳教士們一再強調醫療傳教的重要性，認為：

> 任何對傳教事業有興趣的人都會對醫療傳教工作著迷。它用一種其他機構所不能的極易為教外人所認識的方法說明了基督教的真正的靈魂與實踐的特徵。……同時，他還是一個力量強大的傳教機構，當他們在醫院接受治療時，他們看到上帝在救世，並很快熟悉了它的故事……那些成千上萬或許從未與基督打過交道的人聽說了這個故事。……對醫療傳教不應以它所醫治的病人數目或病癒的人數來衡量它的成果，而就應該看到它所產生的影響及通過對異教徒的醫治所達到的傳播的廣泛的程度，如果在這方面失敗了，它也就在關鍵時刻失敗了，而且它的任何要求所受到的支持都將會大大減少。[33]

而事實上，作為「病人」的「教徒」，它確實是失敗了。

32　Daniel H. Bays, *Christianity in China*, p. 130.

33　Duncan Macleod, *The Island Beautiful*, p. 109.

　　一個人的行為往往具有一定的目的性，特別是在儒家思想占統治地位的臺灣，當地的民眾不會無緣無故地放棄先輩們所尊崇的孔子和祖宗的牌位而去信奉當時被眾民所反對的外來的基督教。之所以有那麼多的人入教，他們絕不是沖著在十字架上受罰的耶穌，而純粹是為著傳教士中的那些能夠給他們施醫治病的醫生。傳教的醫生為了消除臺灣當地民眾的敵對情緒從而吸引信徒，開展了醫療活動，而臺灣的當地民眾為了能夠醫治病痛從而可以維持生活而前去就醫，醫療的實用性正好適合了當地民眾對於醫療的功利性，各有所求而又各為所需，兩廂情願的事，何樂而不為呢？於是出現「當中國居民一聽說傳教士裡有醫生時，就好像整個城市的人都立刻生了病。」[34]這種現象時，也就不足為奇了。為了通過醫療達到傳教的目的，醫療傳教士們在醫院裡設立了宗教服務項目，「每天早晨為病人進出口行宗教服務。醫護人員首先讓病人唱聖歌，然後朗讀《聖經》中的一個章節，再給予簡短的解說，最後進行禱告。宗教儀式完畢之後，醫生開始給患者治療，而此時牧師則與那些等待醫病的病人或他們的家屬討論基督的問題。」[35]入院的病人那麼多，以至於安彼得醫生還提出了培養本地醫療傳教人員的想法。

　　對於產生這種現象的原因，馬偕牧師概括自己多年的傳教醫療實踐經驗，進行了總結：[36]

　　一、使基督教徒和患者直接對話；
　　二、被醫治的患者，甚至其家族，對基督教不會報有惡意；

---

34 Duncan Macleod, *The Island Beautiful*, p. 102.

35 Christine Louise lin, *Sino- Platonic Papers, The Presbyterian Church in Taiwan and the Advocacy of Local Autonomy,* Department of Asian and Middle Eastern Studies University of Pennsylvania, 1999, p. 10.

36 郭和烈：《宣教士偕叡理牧師傳》，頁99。

三、對基督教熱心的服務受感激，有許多治癒的患者，甚至其
　　全家，聽道後，信基督而進入教會；

四、雖然治癒而未改信者，當基督教徒受人欺侮時，也會出來
　　替基督教徒排解，如果被治癒的患者是地方上的有勢力
　　者，其排解就更加有效。

　　因而，在這樣的情勢下，許多住院病人或被治癒的病人紛紛入了
教。對醫療傳教士們來說，這當然是一件好事。因為，在外國傳教士
的眼中，信耶穌受洗禮是一件是十分莊嚴神聖的事情，不是隨隨便便
的決定。中國信徒入教當然也不例外了。但他們畢竟不是臺灣當地民
眾，不能以自己的意志想當然地替他們打算，當然他們也不可能知道
臺灣民眾的心理。

　　而事實上，臺灣民眾皈依的動機遠非傳教士們所料想。他們皈依
並不是為了尋求靈魂的重生，而完全是一種非宗教熱情的皈依，意即
為了解除身體上的痛苦。因而無怪於有些傳教士們會發出這樣的感
歎：「當我們看到有那麼多的人僅僅是因為住院治療而成為基督教徒
時，我們不得不感到驚訝。」[37]然而更令他們所驚訝的是，在病好以
後，當他們不再需要基督教服務的時候，許多住院病人毫不猶豫地放
棄了基督教信仰，重新回到以前的舊信仰當中去了。這種現象特別明
顯地表現在馬偕牧師傳教的臺灣北部。當馬偕離開臺灣後不久，幾十
個他所發展的教會只剩下了兩個。許多傳教士很早就覺察到了這一
點，於是他們提出了培養本地傳教士的想法。但是，只要當地民眾從
心理上不願意接受基督教，即使花再大的力氣，又有什麼用呢？

　　儘管一再強調醫療傳教的重要性，儘管傳教士們對自己的使命一
清二楚，儘管傳教士們精心培養本地接班人，但最終他們還是只充當

---

37 *Princely Men in the Heavenly Kingdom*, p. 178.

了臺灣人民的身體治療方面的醫師，對於從心靈上救贖臺灣人民——他們的本質工作，卻是無可奈何地失敗了。被認為是愚蠢落後的臺灣民眾對自認為文明進步的外國傳教士醫療傳教的功利性利用，成為醫療傳教士們不易覺察的傳教誤區，這不能不說是醫療傳教士的悲哀。曾經被傳教士們大肆讚譽的「治癒了各種病人」的大醫師的基督耶穌，最終卻連他自己都救不了。

第七章
清季臺灣教案

　　臺灣教案是清代基督教（包括天主教在內）在臺灣傳播的一個重要側面。自從基督教步入臺灣的那一刻，臺灣廣大同胞就掀起發轟轟烈烈的反洋教運動。透過這個側面，不僅能夠幫助我們探明基督教在臺發展的一般狀況，而且能夠使我們更深刻地理解教案發生的多種原因。鴉片戰爭以後，臺灣局勢發生巨大的變化，在這種大環境的影響下，臺灣教案的發生和發展既具有與清季大陸相同的某些共性，又具有因臺灣自身的原因而導致的一些個性。

第一節　前期民教衝突（1859-1868）

　　從咸豐九年（1859）基督教再度入臺，到同治七年（1868），是西方傳教事業在臺活動的開創時期，也是西方傳教士與臺灣民眾接觸的最初階段。在這一時期，由於東西方社會文化背景的差異，加之處於封建保守統治下的臺民對外來居民、外來宗教所持有的猜忌、排斥心理，不可避免地會引起雙方間的矛盾，導致一系列民教衝突的發生。從咸豐九年到同治七年的十年間，臺灣共發生大小民教糾紛十餘起，茲詳述如下。

一　民教衝突案例（1859-1867）

（一）咸豐九年（1859）鳳山戲獅甲案[1]

五月十八日，西班牙神父郭德剛（Fernando　Sainz）、洪保律（Angel Bofurull）一行在打狗港登陸，二十二日在鳳山縣戲獅甲租屋而居。當地居民初見洋人，莫不大驚小怪，乃趨向縣衙稟告，鳳山官衙派捕役攜官文前往驅逐。郭神父為在此地傳教，決定去縣衙拜訪知縣。結果，郭神父和洪神父被帶到縣衙審訊。開始因語言不通無法交流，後得一英國鴉片商人出面，兩神父才得以釋放。

（二）同治元年（1862）鳳山萬金案[2]

同治元年（1862），在打狗傳教的郭神父聞知鳳山地方之平埔族性極溫和率直，故不辭遠途跋涉，前往鳳山縣萬金莊打探民情，「以社番為同宗而勾引之，無賴之徒又為疏附」，[3]入教者很快即達二百多人。鳳山知縣聞之，甚為警覺，急召當地通事潘永泉、土目潘岐山等，以「此地非通商之埠，外人不得居住」，將郭神父趕出萬金。

（三）同治二年（1863）鳳山萬金案[4]

同治二年（1863），郭神父與教徒數人在打狗赴萬金途中，突遭當地民眾襲擊，郭神父被刀砍傷，身上衣服亦被剝去。鳳山知縣聞訊，依法將罪犯搜捕治罪。

1　《高雄縣志稿》，卷2〈人民志・宗教篇〉，《中國方志叢書》臺灣地區第80號。

2　《屏東縣志》，卷7〈人民志・宗教篇〉，《中國方志叢書》臺灣地區第81號。

3　連橫：《臺灣通史》，卷22〈宗教志・景教〉。

4　臺灣省文獻委員會編印：《臺灣省通志》，卷3〈政事志・外事篇〉。

（四）同治三年（1864）鳳山溝仔墘案[5]

同治三年（1864）三月，一名熱心於學習基督教教理的兒童忽患急症，其父母求助於當地巫師。臺灣普通民眾對巫師非常信任，將其奉為神靈。而面對外來基督教的蔓延之勢，巫師地位頗受衝擊。因而，乘此機會，巫師告之以該孩童之罹病乃為耶穌邪教作祟所致，必須與邪教作鬥爭，病症方能痊癒。附近民眾聽信巫師，群情激奮，分幾路搗毀了當地教徒的房屋以洩憤。

（五）同治四年（1865）鳳山萬金縱火案[6]

同治四年（1865），萬金莊附近有人散布謠言，謂神父夜半盜墓，挖心作藥。郭神父為澄清事實告到官府。神父離開後，當地民眾又以教友不肯負擔過年拜祭的費用為由，在天主堂門前放火。數日後，一群村民高舉旗子與武器，又湧至教堂前，揚言道：「教堂及教友們的財產一律沒收充公，凡是進教堂者，不論信者或非信者，格殺勿論」。有不願放棄基督信仰者，被村民毆傷，並被縛於竹林示眾。不久，村民又懷疑為教民殺人，再次往教民家中搶掠。

（六）同治四年（1865）萬金案[7]

同治四年（1865），有一英人前往萬金地方考察，曾屢次出入天主教堂，引起了當地村民的猜疑。他們擔心英人與教會相互勾結，陰謀侵占臺灣，便將此事告之於官府。官府為減少禍患，乃頒布命令，規定：「天主教乃欺騙人民之邪教，正伺機占我土地……故傳令所有信徒即日放棄邪教，皈依本地的信仰。凡蔑視本項命令者，本府對所

5　臺灣省文獻委員會編：《重修臺灣省通志》，卷3〈住民志・宗教篇〉。
6　臺灣省文獻委員會編：《臺灣省通志稿》，卷3〈政事志・外事篇〉，《中國方志叢書》臺灣第64號。
7　臺灣省文獻委員會編：《重修臺灣省通志》，卷3〈住民志・宗教篇〉。

引起的不良結果，不予負責」。官府的慫恿態度更助長了百姓的反教情緒，民眾一轟而上，將教堂的竹籬拆毀，又把整個教堂付之一炬。

（七）同治四年（1865）鳳山溝仔墘案[8]

同治四年（1865）六月，鳳山溝仔乾傳教士與當地民眾因教理不同而相互爭鬥，民眾二十餘人憤而持凶器闖入教堂，毀壞堂內物件後離去。

（八）同治四年（1865）臺南府教案[9]

同治四年（1865），英國長老會傳教士馬雅各抵臺，由於城中百姓的阻撓，馬教士在城中租不到房屋，遂在城外租屋一間。但不久，有人告之房主如容許傳教之人居住，就將其毆打，並於各處黏貼字帖，聲稱：「傳教人專殺好人，刨挖墳墓，挖心造藥，以奏神效。」[10]此種情形下，馬教士遂稟請當地領事官行知地方官出示曉諭，戒飭匪民不可以此謠言擾害。然地方官並未出示，民眾更加肆行妄為，將禮拜堂糟蹋。馬雅各再次求助於當地官府，地方官即限其三日內離開此地，否則不能保護其人世間身安全。後雖經領事多次干涉，馬雅各仍不得不離開臺南，退往打狗。

（九）同治五年（1866）鳳山溝仔墘案[11]

同治五年（1866），在鳳山溝仔墘地方，民眾中間盛傳教會傳教

8　臺灣省文獻委員會編：《臺灣省通志稿》，卷3〈政事志・外事篇〉，《中國方志叢書》臺灣地區第64號。

9　雷一鳴：〈清末宣教臺灣之英人〉，《臺灣文獻》第10卷第3、4期，《中國方志叢書》臺灣地區第88號。

10　雷一鳴：〈清末宣教臺灣之英人〉，《臺灣文獻》第10卷第3、4期，《中國方志叢書》臺灣地區第88號。

11　臺灣省文獻委員會編：《臺灣省通志稿》，卷3〈政事志・外事篇〉。

士買賣死屍謀利的言論，當地神父告之以此言不可相信，該處民眾闖入教堂進行打搶。

（十）同治六年（1867）萬金綁架案[12]

同治六年（1867）底，在鳳山萬金地方傳教的郭德剛神父突然遭到當地客家人的綁架，並向教會勒索錢財。英國駐臺領事聞知向當地官府施加壓力，臺南府即派出兵勇前往營救，郭神父獲釋。但是綁匪又以一教友為人質進行勒索。

（十一）同治六年（1867）鳳山埤頭案[13]

同治六年（1867），傳教士馬雅各在鳳山埤頭地方買地建蓋禮拜堂。不幾日，忽有壯勇同衙役前來，用木石將房屋後門撞開，將室內物品搶劫而去。英國駐打狗署領事遂照知地方官追緝責懲凶犯。但地方官並未將肇事人懲辦，所搶去的物件亦未追回歸還。「此案絲毫未曾辦理」。[14]

二　同治七年（1868）臺灣中外糾紛

同治七年，是臺灣的多事之秋，僅僅這一年的三、四月間，臺灣南部就發生教務糾紛數起。

---

12 中村孝志：〈臺灣開港初期的中英關係〉，《臺灣文獻》第17卷第3期，《中國方志叢書》臺灣地區第88號。

13 雷一鳴：〈清末宣教臺灣之英人〉，《臺灣文獻》第10卷第3、4期，《中國方志叢書》臺灣地區第88號。

14 臺灣省文獻委員會編：《重修臺灣省通志》，卷3〈住民志・宗教篇〉。

（一）鳳山溝仔墘教堂第三次被毀[15]

三月間，鳳山溝仔墘地方民眾舉行祭祀大典，向該處傳教士募捐，傳教士以天主教與其教教義不同加以拒絕。民眾遂在「佛名」的煽動下一轟而湧，闖入天主堂內毀搶器物，繼而又將教堂焚燒，傳教士無奈之下訴諸於官府。

（二）鳳山貓角案[16]

這一年，鳳山縣城經常發生兒童失蹤事件，於是便有人散布謠言，謂：「洋人潛殺，剖其腦製藥」。[17]縣役貓角為使人們相信謠傳，命人將盜得的童骸埋入教堂。知縣淩定國帶眾往勘，果見白骨，遂相信了謠言，便要逮捕犯罪嫌疑犯──傳教士馬雅各。而英國領事官則認為此事純係誣陷，便上告公使，要求直接與總理衙門交涉。

（三）鳳山高掌案

三月，鳳山縣北門外一民婦程林氏忽發狂病，聲稱定要入教；同時，另一民婦王吳氏在城外拾柴，回家後亦突發狂態，要求入教。於是便又有謠言傳出：謂傳教士為使婦女入教，在其「背上畫符念咒，茶中放入迷藥」[18]。此時，恰有到埤頭教堂做禮拜的華籍傳教士高掌路經此地，眾人一湧而上，將其重毆，高掌逃入官衙，衙內官吏聞知遂將高掌收禁。義憤難平的民眾又手持器械闖入該地北門外的耶穌教堂，洗劫一空後將教堂全部焚毀。教士據此上報領事官，要求給予賠償。

---

15 臺灣省文獻委員會編：《臺灣省通志》，卷3〈政事志·外事篇〉。

16 連橫：《臺灣通史》，卷22〈宗教志·景教〉。

17 連橫：《臺灣通史》，卷22〈宗教志·景教〉。

18 《教務教案檔》第二輯（三），頁1272。

（四）焚堂案

　　因高掌事件，鳳山縣城到處傳布著傳教士用迷藥害人的謠言，於是便有義憤填膺的民眾率先將法國教士及西班牙神父在鳳山縣轄境地方以及臺灣府小東門地方兩處教堂焚燒。法國教士自知眾怒難犯，倉皇逃入縣署求救，民眾亦地追至縣衙，幸而縣署派兵丁外出鎮壓，民人方退伏城廂，仍伺機毆其洩憤。

（五）莊清風案

　　各地的焚堂打教案尚未平息，鳳山埤頭左營莊地方又發生了教民莊清風被殺事件。因城鄉轟傳耶穌、天主兩教因用藥害人的謠言，致使教堂被毀，教民被毆。教民莊清風恐累及自己，便要其妻許氏與其一同離開此地。許氏不依，趁莊清風去教堂禮拜之際，逃入埤頭西北十五里的左營莊。次日，莊清風尋至此處，被當地民眾一湧而上，重毆至死。因「無屍親赴縣呈告，又無屍身可驗」。[19]而遍查該地鄉眾，皆稱不知，故無法立案。而新任領事官吉必勳（John Gibson）則堅稱此案其涉及教務而堅持要求地方官捉拿凶犯。

　　上述各個教案就其本質而言，與前期發生的教務糾紛並無甚區別。一般而言，亦多由民眾中間對基督教會的謠言而引起，於是，一旦有謠言傳來，教案便隨之發生，一而再，再而三……謠言幾乎成為教案發生的前奏[20]。

　　而外國傳教士為傳教故，亦堅持上告領事官為其出頭做主。高掌事件後，當時在臺灣南部傳教的李庥牧師即告知駐打狗英領事官哲美巡（Mr. Jamie-son），請其出面促使中國臺灣地方當局釋放高掌。而哲

19　《教務教案檔》第二輯（三），頁1411。

20　關於謠言與教案的關係，可參見蘇萍著：《謠言與近代教案》，上海市：遠東出版社，2001年12月。

美巡則認為：此類事件純係中國內政，並非其權限所能過問。不過，對於教產的損失以及有關「教會置毒害人」的謠言，他表示會請求妥善的解決。為避免再生事端，他還勸告當地的傳教士們暫時離開眾怒未息的鳳山，因為廣大民眾這種偏激行為遠非一概命令所能制止。[21] 哲美巡的處事原則，無疑是明智的。但可惜的是，還沒等到這一系列的教務糾紛處理完畢，哲美巡就離任了。而且更為不幸的是，商務糾紛、華洋交鬨等一系列的中外交涉事件隨著教案的發生亦相繼湧來。

（六）樟腦糾紛

樟腦為臺灣特產。開港後，外商企圖壟斷臺灣的樟腦業，引起清政府格外關注。同治二年，清政府採納臺灣道陳方伯的建議，將臺灣樟腦業收歸官辦，由官辦腦廠向制腦者直接收購，轉售洋行。五年，安平英領事官請求腦廠民辦，遭到臺灣道吳大廷的拒絕，遂引起洋商的嚴重不滿。他們紛紛勾結不法商販，潛入內山之不通商之港口，私行設棧，販運出洋。七年，英商必麒麟擅自闖入梧棲港收購樟腦。按條約規定：外商除了已正式開放的淡水、雞籠、安平、打狗四口外，不得到其他內地港口進行貿易。因而，當必麒麟將其私購約價值六千元的樟腦偷運出口時，被鹿港同知洪熙恬查獲扣留，後遭風漂沒。八月間，必麒麟再次私入梧棲港。臺灣道梁元桂遂依法下令通緝，必麒麟開槍拒捕，乘船逃往淡水。經此一挫折，必麒麟惱羞成怒，借教堂未結各案，以「樟腦載在稅則，原准洋商採買出口」[22]為由，上稟駐京公使，要求調請兵船前來保護，並索賠樟腦損失。

---

21 Mr. Jamison to Sir R. Alcock 4.24. 1868 British P. P China. No 29. P95，林文慧：《清季福建教案之研究》，臺北市：臺灣商務印書館，1989年。

22 《教務教案檔》第二輯（三），頁1460。

（七）華洋交毆

五月，鳳山縣轄境三塊厝地方，厘卡哨丁林海與洋人嘎禮（Hady）發生口角爭執。嘎禮先行凶毆，林海還擊，致傷嘎禮左脅。領事官吉必勳不問青紅皂白，自行赴局，「擄去無干之司事曾愷祥等三名，押禁洋樓」，[23]然後再請地方官審理。

（八）許建勳案

臺灣縣廩生許建勳之堂兄許廷道因欠繳官租無力償還，便具控許建勳霸占未分田產，其中涉及許建勳串通腦戶包收樟腦的情況。臺灣府遂將許建勳關押，不料其半途逃入洋行，串通洋商，捏造被搶財物，請怡記洋行出面稟請領事索賠。按條約，此案本與洋人無涉，應歸中國有司訊辦，但領事官吉必勳稱許建勳為其洋行管事，所搶財物，必欲請賠。

如果說一連串的教案多由廣大臺民聽信謠言而引起，那麼，這一系列的中外交涉則純粹由洋商、洋人的無禮、違約行為而導致。而且，帝國主義的侵略本質決定了他們不會就此善罷甘休，特別是其中涉及其商業利潤的獲得與否。因而此時尚未辦結的教務糾紛，便很自然地成為英國殖民者解決商務、政務問題的最好藉口，使得本來很容易處理的教案變得棘手起來。

五月十二日，「性情粗暴，不諳公事」[24]的英國新任駐打狗領事官吉必勳抵臺，負責交涉這一系列的中外糾紛。七月十二日，吉必勳遂帶同艦隊司令官史考特（C. Scott）前往談判，因與臺灣道梁元桂在樟腦賠償問題意見分歧，雙方不歡而散。隨後，史考特擬定了九點要求，函告梁元桂：

---

23 《教務教案檔》第二輯（三），頁1311。
24 《教務教案檔》第二輯（三），頁1305。

（1）歸還怡記洋行被截留的樟腦，並把截留者治罪；

（2）審理林海毆傷嘎禮案；

（3）釋放被關押的教徒；

（4）審理殺害教民莊清風的凶手；

（5）賠補被燒毀的鳳山教堂；

（6）審理焚燒天主堂的村民；

（7）聲明基督教應受到尊敬與保護；

（8）函告英領事吉必勳，表示日後外國樟腦貿易不受干涉；

（9）承認吉必勳為英國駐臺灣府領事[25]。

　　史考特還威脅說，如果梁元桂的處理不能使英方滿意，一切後果應由梁元桂完全負責。[26]

　　對於這些「上虧國體、下礙民生」[27]的無理要求，梁元桂自然不能給予答覆，他認為「教堂繫民之公憤，操切則立成大變；樟腦又數目參差，強索則無從賠償。」[28]

　　八月五日，吉必勳又以臺灣地方官縱容百姓淩辱教會為由，帶兵前往鳳山縣衙，試圖將傳教士高掌領回。鳳山縣令淩樹荃以「各鄉民傳聞洋人欲來縣城，重起教堂，聚眾數千，欲圖毆毀」[29]為由，婉拒吉必勳帶兵前來。吉必勳以「該縣斷不接見」、「于進縣必經之路，均有百姓攜帶兵器在彼埋伏」[30]，上稟公使阿禮國（Sir. R. Alcock）。阿禮國當即「派令兵船協同領事官，隨時保護本國商民等性命，並隨時

25　護理臺灣道梁元桂未以咨照，遂於「林海毆傷嘎禮」照會中仍署名「哲美巡」，此乃無心之過，竟於案外觸怒了吉必勳，對此耿耿於懷，在交涉案情過程中，不時怨及「梁道來文，不認敝領事作領事官」，於是，將個人恩怨置於國家協議中。

26　Commander. Lord C. Scott to the Taoutae of Taiwan Foo8. 21. 1868 British P. P China No 29. P. 99.

27　《教務教案檔》第二輯（三），頁1491。

28　《教務教案檔》第二輯（三），頁1491。

29　《教務教案檔》第二輯（三），頁1386。

30　《教務教案檔》第二輯（三），頁1288。

保護該商民等能獲得之益」。[31]同時，他還照會恭親王：「趕緊揀派能事大臣前往臺灣府，將此等繁雜事件查辦清楚」。[32]總理衙門為息事寧人，即商議委派辦事明快、熟悉洋情的興泉永道曾憲德渡臺辦理此案。然而，在曾憲德抵臺前，英國香港艦隊司令官已遵照阿禮國的指示派遣海軍上將茄當（Lieutenant Gurdon）率「阿爾傑爾」號（Algerine）與「布斯達特」號（Bus-tard）兩艦駛抵打狗港。[33]以此為後盾，在與曾憲德的談判過程中，吉必勳多次無理刁難。

十月三日，曾憲德往拜吉必勳，行至其門首卻被告之會見改訂在四日。

四日，曾憲德親詣領事公署。然吉必勳堅持以先撤換臺灣道梁元桂、鳳山縣令淩樹荃、鹿港同知洪熙恬為談判條件。曾憲德告之以官員撤換，事關重大，吉必勳卻謂「奉委來臺，未蒙大憲給有全權字樣，不便會商」。[34]經曾憲德再三婉勸，方許以六日下午辦文照知。

六日，吉必勳仍持原意，並稱「未結之案，不過半時可以議結」，[35]在曾憲德苦口婆心地勸說下，吉必勳才同意在八日商議。

八日，天剛明，吉必勳即率兵船駛往安平，原訂的會談又成泡影。

九日，吉必勳即率兵占領了安平港，並隨處張帖告白，聲言：「限十二個時辰內，所有弁兵俱應退出安平城」，[36]並於是日傍晚乘船返回。曾憲德趕往與之商討未結各案，吉必勳又故意推託至十一日議結。

十日，就占領安平港一事，吉必勳照會曾憲德：

---

31 《教務教案檔》第二輯（三），頁1288。

32 〈英使阿禮國為請行知閩督派員辦理臺灣教案事致奕訢照會〉，《清末教案》第一冊，中國第一歷史檔案館、福建師範大學歷史系合編，北京市：中華書局，1998年。

33 廖漢臣：〈樟腦糾紛事件的真相〉，《臺灣文獻》第17卷第3期，《中國方志叢書》臺灣地區第88號。

34 《教務教案檔》第二輯（三），頁1058。

35 《教務教案檔》第二輯（三），頁1058。

36 《教務教案檔》第二輯（三），頁1358。

昨日水兵大人禦東（即茄當）帶水兵進安平，代本國管轄安平地方。自合伊始，安平乃為本國地方，迨現時相爭之事俱皆了息，敝領事合應照知貴道知悉。水兵大人御東已經命安平協臺並各營兵船俱切退避。水兵大人托仗敝領事轉達貴道，倘或貴鎮臺或別營調來鎮寧安平，水兵大人御東決定用天炮亂打。[37]

　　安平乃中國轄內領地，自有中國地方官兵自行保護，何能由外人任意侵占蹂躪？其口氣之蠻橫，態度之狂妄，充分暴露了侵略者的貪婪本性，所藏禍心，已非一日。臺灣廣大官兵欲加以抵抗，但曾憲德又擔心「釁自我起，益授口實」，[38]只好一面布置軍事防範，一面加緊與吉必勳談判。

　　十一日，曾憲德再次往晤吉必勳，吉必勳仍必欲先撤員方許罷兵議事。曾憲德為其引約爭辯達兩時之久，吉必勳始同意按其所列各條議定。遭受如此三番五次的波折，曾憲德認為「似此委曲求全，原始無可生釁。」[39]

　　然而，英國侵略者出爾反爾。曾憲德籌集賠款之際，英國軍艦卻在安平「開炮牽船、擄禁弁兵，占據營署，逼死副將大員，殺傷兵勇多名，並將軍火局庫放火焚燒」，[40]還以開炮轟城威脅，索取四萬元洋銀。

　　十五日，曾憲德趕赴吉必勳處，就炮擊安平一事，責其「各案曾經在旗議結照覆，何以並未先期知會，任聽洋將翻異用兵及勒索紳士質銀？」[41]由於事先並未得到英國政府武力開火的許可，吉必勳與茄當無法對這次行動作出合理的答覆，只好互相推諉責任。吉必勳稱：

37　《教務教案檔》第二輯（三），頁1314。
38　《教務教案檔》第二輯（三），頁1317。
39　《教務教案檔》第二輯（三），頁1313。
40　《教務教案檔》第二輯（三），頁1307。
41　《教務教案檔》第二輯（三），頁1320。

「伊先令兵船停泊安平，挾制地方官辦案賠銀，並未令其開仗。」[42]而茄當亦理直氣壯地堅稱他是奉令行事。彼此爭執，各不任咎。顯而易見，這種表面的爭執只不過是推卸責任的自欺欺人之舉。因為在事先，吉必勳不僅給予茄當鼓勵，[43]而且事後還懇請公使阿禮國給予表揚。[44]

　　但此時，英國政府卻無意擴大對中國的侵略戰爭。雖然自鴉片戰爭以來，英國不時為其在華利益與中國兵戎相見，但自《北京條約》簽訂後，乃一反過去的炮艦政策，轉而採取較溫和的「合作」政策。因為英國殖民統治者認識到：只有維護中國中央政府對全國的有效統治，才能使其在華侵略權益得到長久、切實地實現。顯然，吉必勳此次的軍事行動違背了這一原則，因而，其侵略行為不僅沒有被英國政府承認，吉必勳本人亦被委任他調。儘管如此，在給總理衙門的照會中，公使阿禮國還是為他們進行了開脫：「似不能深責地方官茄當……其必係聽信人言，以小傳大，或以臺灣兵勇必然爭鬥，以至滋為非常之禍。」[45]而吉必勳「調兵非欲滋事，實係永敦和誼之意」。[46]並且，他把這一事件的全部責任推託給中國地方官，「數年以來，該處地方官招致禍患之處，本大臣不肯深論其故而已。大概情形，總因梁道辦理交涉事件純任霸道，且因該處地方官不尊貴衙門之諭，執意偏禁洋商販買糖觔米石出洋，並樟腦設立官廠，此計違約之舉，仍復不少，以此洋商難免懷嫌。」[47]此一嚴重違約侵略行為，經阿禮國口中說出，竟成了中國地方官的一無是處，偏袒之心毋庸再言！

---

42 《教務教案檔》第二輯（三），頁1320。

43 Acting Consul Gibson to Lieutenant Gurdon, Nov 20, 1869, British, PP China NO 29, p. 107. 林文慧：《清季福建教案之研究》。

44 Acting Consul Gibson to Sir R Alock, Dec 4, 1868, p. 106. 林文慧：《清季福建教案之研究》。

45 《清末教案》第一冊〈英使阿禮國為查覆英兵船在臺灣占城擄掠事致奕訢照會〉。

46 《教務教案檔》第二輯（三），頁1544。

47 《教務教案檔》第二輯（三），頁1545。

　　無論如何，外國侵略者一動用武力，清政府便會馬上屈服，中外交涉亦隨之得到解決。此次糾紛，清政府除索回了被要挾的四萬元洋銀外，別無所得，而英國除了滿足最初的要求，還獲得了意外的收穫：

（1）（樟）腦要任從洋商採買，不得阻禁；

（2）人自臺灣進內地，要請護照，地方官不得阻難；

（3）也里時洋行（怡記洋行）樟腦，應賠銀六千元；

（4）也里時洋行買辦所失貨物銀兩，要照單賠償；

（5）各案滋事之人均要查辦；

（6）出示曉諭華民，以後不得滋擾洋教士；

（7）教士隨處可以傳教，不得禁阻；

（8）出示曉諭華民，以後倘有中外交涉之事，宜先稟明中外官府，不得私行滋鬧；

（9）臺灣道、六（鹿）港廳、陂頭地方（鳳山縣）地方官均要參革；

（10）駐安平英兵當俟各事辦妥，方能退回擔口（打狗）。[48]

　　十項協定的簽訂，使英國侵略者所企圖的樟腦自由貿易的最終要求得到了最大程度地滿足，而傳教士們亦獲得了意想不到的權益。因此，「吉必勳的這一直接的武力行動，使英國商人和傳教士的權益處於當地政府的安全保護之下，臺灣社會頓時沉寂下來」。[49]

　　傳教前期，教案多由臺灣人民對基督教穿鑿附會的謠言及誤解引起。面對民眾的焚堂打教，傳教士或上訴領事、或求助於地方官，若抗議無效，地方官不理，則無可奈何，聽之任之。西方列強並未單純因教案問題訴諸武力，並未以國家的名義參與教務糾紛中去，體現出

---

48 《教務教案檔》第二輯（三），頁1353。

49 W. Campbell, *An Account of Missionary Success in the Island of Formosa*, Vol 1, p. 218.

外力參與的非暴力性，民教衝突的結果多不了了之。

　　然同治七年，臺灣形勢大異與前，樟腦糾紛、華洋交毆、焚堂打教，各種事件交相而至，實乃多事之秋。英國侵略者為攫取在臺灣的商業利益，借處理教案之機進行要挾，最終釀成了震驚中外的臺灣教案。同治七年的中外糾紛，以中方的完全妥協而告終。從雙方爭論的焦點來看，其核心部分在於樟腦貿易和臺灣地方官員的撤留問題。前者涉及到臺灣經濟命脈的控制權及地方政府的稅收來源；後者牽連及中國的內政與國體，故而引起了中外雙方的高度重視與激烈爭論。而教案的處理則成為英國解決商務糾紛，謀求國家利益的最有力藉口，成為這一實質內容掩蓋下的「合理」的外在形式。

　　就英方而言，攫取了臺灣樟腦貿易權無異抓住了臺灣的經濟命脈。而能在人事安排問題上壓服清政府，使之按照他們的意願行事，實際意味著英國殖民者成了臺灣的土皇帝，整個臺灣就完全處於他們的控制之中。基於以上考慮，吉必勳以解決教務糾紛為契機，在談判過程中，三番五次地要求以撤員為談判的先決條件，並多次以武力相威脅，終至發生了炮擊安平事件。鑒於此次事件所取得之效果，以後的兩國糾紛中，英國幾乎無事不請兵，武力成為外國侵略者解決一切爭端的最直接最奏效的工具。更嚴重的是，在堅船利炮的強有力支持下，為數不少的洋商與傳教士亦一反以往的順從態度，在臺灣胡作非為，仗勢欺人。同治七年後，教士及教民恃教妄為的事件時有發生，教案亦隨之頻起。

　　對臺灣地方來說，這兩個核心問題亦至關重要。臺灣地居偏隅，山高皇帝遠，地方政府作為當地的行政機構，掌管著臺灣地方的政治、經濟權力，樟腦貿易控制權與人事變動問題的自由處理，關係到本地政府的權威。所以梁元桂等人雖然面臨重重壓力，仍能頑強地給予抵制，堅持按條約辦理。但是，作為最高當局的清政府，卻為其政權的苟延殘喘，最終以允許樟腦自由貿易、撤員、賠款為條件而結束了此次糾紛。

第二節　後期臺灣教案（1874-1895）

　　同治七年（1868）十月間，茄當的一聲炮響，暫時結束了臺灣南部的教務糾紛。殊不知，清政府一八六八年教案的處理方式引發了以後更大規模的教務糾紛。

一　同治十三年（1874）嘉義白水溪教案[50]

　　同治十三年，甘為霖牧師在嘉義縣白水溪地方籌建新禮拜堂，當地店仔口地方勢力頭目吳志高以添建的教堂房屋「礙其祖墳風水」[51]加以阻止。甘牧師認為新建禮堂只不過是在舊堂原址上稍加擴建，且白水溪與店仔口相距十餘里，又教堂與吳姓祖墳尚隔一山遠，遂對吳志高的警告不予理睬。

　　十二月，吳志高遂率眾趁甘牧師往他處布教之機攻襲教堂，當日午夜時分，又率眾前來焚燒教堂：

50　連橫：《臺灣通史》，卷22〈宗教志・景教〉載：「為霖在嘉傳教，從者少，至店仔口莊，莊豪吳志高嗾人夜襲之，為霖逃，伏叢莽中，數日始歸府治」。
　　另：光緒元年二月十三日《申報》關於此案另有記載：「距臺一百二十里外，有一處離海濱亦遠，一西教師名『喀母罷洛』（campbell之音譯——筆者注）者，在其中傳教於必巴萬番人。該番人性本愚蠢，故彼處華人之有勢力者，素來役之如僕隸，今該教師在彼傳教，內有一華人深恐土番被其教通，漸知尊卑之分，將不肯再供役使，故會聚其同類者多人來攻禮拜堂，斯時喀母罷洛已就寢，但聞門外喧嚷，起而視之，則見有持刀者，持鎗者，又有持火把者，勢甚洶湧。將該堂圍似鐵桶，群呼該教師之名，及到門口，想與華人講話，而華人又逐之使進，不令出來。該教師因又將棉被裹身，藉以擁護，復又反身到大門前，而眾又逐之不止，其棉被亦被擊破數處。眾人又將火把把之堂內，一室熊熊，幾若欲放火者，然斯時則該教師以門外有人，堂中有火，進退維谷，頗有戒心，幸一時傳言門將落下，眾始略為退開，而教師亦乘間出，伏於近地眺望。惟見火把往來不止，如尋覓光景。因想三十六計，走為上計，即乘夜疾行，比至天明，身亦困乏，目有小傷，走至最相近之衙門稟訴，官始著人保護，送回臺灣，然彼處禮拜堂，則已為眾人毀壞矣」。
51　《教務教案檔》第三輯（三），頁1442。

甘牧師睡至午夜，於群眾叫囂聲裡嚇醒。忽見臥房著火，禮拜堂及環境宿舍火光沖天，所來群眾，臉面塗黑灰，似鬼一樣，手舉刀槍四面迫至，窺伺甘牧師，待出而殺之。甘牧師曾幾次衝鋒不得出其房門，因刀槍如林。終以棉被作盾，退入房門內，躲避不及，竟被一槍刺入胸部，繼來一槍，刺中足部。當此千鈞一髮，周圍火光焰熾倍烈之際，甘牧師以為必死於短兵長槍之下。忽然狂風一陣，把火焰濃煙吹起，旋轉直向右邊以去，而狂暴頑徒則因風勢與火煙，立足不得，亦全部退向右邊而去。甘牧師忽將作盾之棉被捲結似人，從門外擲出，頑徒以為甘牧師逃出，大聲疾呼「紅毛蕃跑出了」。民眾成群，蜂擁趕到。兵刃齊舉，竟把該捲棉被鑿穿不釋手。際茲一息間，甘牧師身穿單衣，跣足向後壁門跳出，又越過短牆，溜入附近山林。終宵達旦，藏匿林中。翌晨傳教士偕教友尋得之……所有一切東西及其母會所贈與之紀念品，盡歸烏有。[52]

　　白水溪教案是同治七年臺灣教案後爆發的第一次以鄉紳為首的反洋教反動，這不僅為當時的臺灣地方官府出了口氣，而且使他們找到了反教的另一種勢力。在這種情況下，白水溪教案以「開為吸煙……非有心之過」為由，將吳志高族人吳福枷號一個月，而這次運動的發起人吳志高則以事先未能約束族人，備銀一百五十元以賠補教堂損失。此後，在地方官府的保護下，臺灣的鄉紳遂擔當起反教的重任。

二　光緒元年（1875）新店教案

　　光緒元年十月十八日，新店居民劉乾因身無分文借錢向江湖醫生

---

52 雷一鳴：〈清末宣教臺灣之英人〉，《臺灣文獻》第10卷第3、4期，《中國方志叢書》臺灣地區第88號。

高興昌買藥，恰被當地教民林瓊聞知，以「傳教士為人醫病向不要錢」[53]為由，阻止高興昌收錢，雙方遂起爭執。

此一不起眼的小事竟通過教民林瓊的層層上報，到達了英國駐淡水署副領事費里德（Alexander Frater）那裡竟成了新店地教堂「被該處民人焚毀，並將堂內教民毆傷」，[54]且有華籍教士前往照料，亦險遭圍攻。於是，他煞有介事地於二十日深夜趕至滬尾海關劉青藜處要求地方官親臨彈壓，並將教士護送回滬。第二天，費里德又以同樣事件照會淡水同知陳星聚，這次他又改換了說法，稱新店「有匪徒等將教民二人所開之店闖搶，將貨物搬去，且將該教民二人毆打，並燒毀該處教堂，現在街市聚眾聲言：並要將該教士擊斃，勢甚危急。」[55]請地方官予以保護。

而陳星聚已於當夜接到劉青藜函告後星夜趕往新店調查。與費里德所言情形相反，新店地方寂靜無聲，相安無事，並無民情洶洶打教焚堂事件，傳教士亦稱「教堂並無滋事，在此安然，何用保護，亦無庸回滬」。

陳星聚很覺事情蹊蹺，勘察教堂周圍，見教堂外一間瓦房有火燒痕跡，即傳訊教民林瓊，供稱起火原因不明。二十三日，林瓊又親到淡水廳控告當地民人林四全毆打教民林甘，要求陳星聚懲治。

陳星聚查事件均係華民起事，遂照會英領事費里德：「華民詞訟之案不因教務而起者，不准牽入教務」[56]且嚴正表明辦案原則：「教民鄉民均是華民、唯以公處之，則民教方得相安。所謂公者，不薄待教民，亦不欺侮鄉民。一經徹底根訊之後，鄉民理屈，教民理直，則治鄉民；理所應治而治之謂之法」。但費里德為使事件與教務相聯以便

---

53 《教務教案檔》第三輯（三），頁1478。

54 《教務教案檔》第三輯（三），頁1472。

55 《教務教案檔》第三輯（三），頁1473。

56 《教務教案檔》第三輯（三），第1482。

插手干涉，竟謊稱「時偕教士適在新店，出來阻止反遭林四全咒罵」，且稱有不相識之人罵教民曰：「爾人入番仔教會，爾為番仔奴才」，[57]可謂為達目的，百變相嘗。

　　為查明真相，不給外國領事留下任何把柄，陳星聚再傳開堂審訊。林四全堅決否認有勒派及搬搶之事；而再次質問教民林瓊，當堂供訊不但與林四全情詞各異，且與初所稟南轅北轍，遂斷定是其在當中作惡。於是不顧費領事的蠻橫狡辯，堅持秉公將案議結，同時諭令當地保長約束鄉民，以保民教相安。

三　光緒二年（1876）三重埔教案

　　光緒元年（1875），淡水鄉民莊宗德強姦淡水廳民婦陳戴氏年甫十四歲的童養孫媳後，為逃脫懲罰，連夜入教以期獲得教會的保護。次年（1876）五月一日，逃避一年的罪犯莊宗德在雞籠被擒獲，押往淡水審理。因沿途風聞有人截犯，故押犯解丁格外謹慎。當到達三重埔教堂時，押犯解丁入堂查看，並未見教民黨羽，便擊破門上匾額，並扯壞了黏貼的堂規戒律。

　　在此處開教不久的馬偕牧師為利用這一事件達到擴大教勢，便又告到了費里德處，同時呈上一張來歷不明的傳單，內稱：十四日，解丁搗堂之時，有「八少學在堂內讀詩書，義學先生與妻子六人；傳道與妻二人，又有懷孕並無敬上帝之大人在堂內」，而且當時的打教毀堂之人「淡廳之差班有一之二皂頭役名江九代，勇差兵民及軟街總爺總理紳衿地保，奎龍總理粵甲紳衿，水返腳總理紳衿地保……及連莊義勇共有千餘人，各執械器，緣路大叫殺拿番教之人……各人即用長槍亂毀打擊，民兵差勇到傳道義執（塾）房中毀物件，驚了孕婦，即

---

57 《教務教案檔》第三輯（三），第1479。

是傳道之妻，及少兒共十餘人，未知斃命否？」如此，則將案發的罪
責推到了當地的鄉紳們身上。而費領事接到稟告後亦不問真假虛實，
當即以「此案重大，非尋常可比，內關營員並廳差以各鄉總理地保等
千餘人毀鬧教堂，應須稟報駐京欽差大臣察奪」[58]為由照會淡水同知
要求查辦。十八日，費里德又以「雞籠頭左右莊民有誣捏教民身心害
人之謠言紛紛，民眾人心皇皇」照會陳星聚，要求派官兵保護。

　　與前案相同，陳星聚以此案「只為犯奸入教之華民莊宗德一人而
起……與教務毫無干涉，應照中國華民奸情是例訊辦」為由告誡費里
德不必插手；並以「教民不思官斷持平，乃竟抹匿原案，捏造事由，
裝點毀鬧重情，慫恿教士出頭，請官懲辦，於是眾心皇皇（惶
惶）……民心不服，眾議沸騰」毫不留情地回復了費里德關於雞籠謠
言而申請保護的請求。費里德故技重演，又以「莊宗德即未入教，不
是教民……至九江帶同總爺總理以及地保等雖未入教堂，然縱容眾人
入堂毀鬧，不加彈壓，亦不能辭責」[59]為由要求懲辦當地鄉紳。

　　為徹查清案情，陳星聚親抵三重埔教堂勘查，當夜審訊。據當時
解丁供稱：「伊等護解奸犯莊宗德冒稱教民，伊等誤為教民。先則恨
其奸人幼女，而在途又聞該犯結有黨羽，伏在三重埔教堂側，欲圖奪
路，因此走入教堂查看，不見其黨，將門上匾額擊破，所貼戒律略有
扯壞，並未毀去……如果有意欲鬧教堂，則雞籠協拿人犯之時，小的
何以不鬧於雞籠教堂，而走入路過之三重埔教堂，實因誤聽該處有黨
伏堂，防有劫犯之故」；再訊差役何不即時彈壓，又供稱：「伊等押犯
在後，聽見謝紅等入堂鬧事，趕上喝禁，已有不及。始尚不知擊匾之
事。及見謝紅等走出堂來，始知其事，委係人多嘈雜，喝禁不及，並
不敢有心縱容」。至此，案情大白，費里德所謂的一紙來歷不明之傳
單所捏造的謊言亦不攻自破。

58　《教務教案檔》第三輯（三），頁1460。
59　《教務教案檔》第三輯（三），頁1469。

四　光緒三年（1877）和尚州嚴懲教民案

　　臺北淡水廳轄境的和尚洲，教民李東面父子依恃入教多年，常以教會為護符，魚肉鄉民，作奸犯科，並以「教首」自稱。不但抗拒當地官府的傳捕，而且打傷差役，地方官因畏其教而畏其人，此後「凡遇教民犯法之事，輒將就敷衍，釀成靡所不為。」李東面一夥黨徒仗此更加猖狂。

　　光緒二年（1876）八月，艋舺發生一件教民霸占產業案，經淡水同知陳星聚審判後，判定應歸還原主。李東面父子得知後，認為對教民不公，趁陳星聚公堂審斷之際，糾合其黨徒多人，擁入公堂，持刀鬧堂。陳星聚當即立斷將其拿下。李東面父子無從抵賴，對所犯各案供認不諱。

　　光緒三年（1877）冬，福建巡撫丁日昌路經艋舺，查訪民情。得知該處教民淩辱鄉里事件不可勝數，而尤以李東面父子為甚，調查案宗，發現積案累累，認為「現在若不嚴加懲創，予以顯戮，誠恐教民見法之不足畏，趨附日多。百姓知冤之無可伸，怨毒日積，于風俗人心，所關非淺」。[60]當即以「其供證確鑿，請照光棍為首斬決例擬斬立決！」其黨徒多名亦飭令鎖繫石墩，永遠不准釋放。[61]

五　光緒三年（1877）艋舺建堂案

　　光緒三年八月初，馬偕牧師以教民陳永順的名義在艋舺祖師廟草店尾街向民人鄭筆（鄭士筆）租屋設教，而鄭筆的房屋乃是租用地基主林合的地皮建造的。雙方為避免日後產生糾紛，遂在租約中明文規定：如地基主出首阻攔，由店主（鄭筆）出面交涉。

60　《教務教案檔》第三輯（三），頁1510。
61　《清末教案》（一）〈福建巡撫丁日昌奏報臺北教民倚勢逞凶已變通嚴辦緣由〉。

　　馬偕牧師在此地租屋開堂的消息一經傳出，草店尾街一帶民情立即沸騰起來。八月三日傍晚，民眾多人擁至馬偕牧師堂前，聲稱：若在此開設禮拜堂，定要將其拆毀；並警告馬偕，如果在此傳教，必定將他驅逐。馬偕牧師恐生事端，當晚即稟報英國駐淡水署副領事司格達（B. C. George Scott）。第二天大早，司格達即趕赴艋舺，要求當地官府在三日內派兵到艋舺進行鎮壓，並要張貼告白，指明馬偕牧師乃遵約租屋設教，眾人不得阻之。

　　接到司格達的照會後，陳星聚即趕赴艋舺，又接到了當地三邑總理蔡達淇、貢生林紹唐、職員白其祥、黃龍安等的聯合公稟，對馬偕牧師在此開堂設教表示堅決反對：

> 此地經議造試館，難任復租教堂，懇請察奪斷還以平眾論事。緣本月初間，有教民陳永順到艋舺草店尾街，向鄭筆租厝，欲作教堂兼設醫館。查厝主鄭筆雖經許允，而地基主林合偵知向阻，具呈請追。該處居民亦極為阻較，紛紛爭辯。咸稱草店尾街之後路現經興建考棚，則該草店尾街正為將來應試文武童生寓所之地。況艋舺諸紳董前經公議就此草店尾地基起蓋試館以供士子住宿。成議在前，鄭筆何得私將房屋私租教民。若一經開考，士子聚集，難保無滋生事端，貽累街眾。又聞洋人欲將該店加高修理，左右鄰居皆以有礙方向為懼。以此眾口囂囂，難以言喻。非然者教堂原是教民為善，醫館亦是為民除病，在在有益于民，淇等豈不能知。無如該地已經議造試館，兼聞洋人欲修理頂高，公私兩礙，實難止塞眾口，不得不相率稟明，僉乞仁憲大老爺電察定斷，以杜後患。合艋戴德。[62]

---

62 《教務教案檔》第三輯（三），頁1522。

　　一時間，艋舺城群情激昂。一邊是上級官府的威壓，一邊是下層
民眾的請願，兩難懼境地中，陳星聚考慮再三，以「查中外租地賃
屋……務須各出情願」，而現在「地主稟請追還地基歸管，即出租店
屋之鄭士筆亦有自稱情願還價退租」照會給司格達，同時指出「教民
與鄉民租地賃屋，兩造均是華民，究與教士尚無交涉。」[63]一番討價
還價後，陳星聚以「厝不拆建，頂不加高」為條件，同意馬偕牧師在
艋舺開堂設教。

　　但馬偕牧師並未遵約行事，不久，便以「該屋宇不像拜堂」為由
對該屋拆建加高，再次觸怒了民憤。趁馬偕牧師外出講經之機，當地
民眾將該屋拆毀，並搬走所有木料。不久，又在艋舺街道黏貼一告
示，謂：

　　　　艋舺若設下教堂，不但士農工商有害，而且下民多憂生端，官
　　　　雖唯命，百姓不從。地基主人無顧恥辱，鄭筆、林合私受賄
　　　　賂，勾引番奴，造設禮拜，此人乃千古之罪人也。爾等番奴橫
　　　　濫而行，我艋舺百姓難以寬容。如不移逃他方，必整頓器械與
　　　　爾番奴決個雌雄！乘勢掃除。事到其中，噬臍何及。[64]

　　此次，司格達並未與官府商議，面是向陳星聚列出三個條件要其
照辦：一則保護馬偕牧師與教民在草店尾街一帶的傳教活動，二則將
拆毀教堂之凶犯嚴懲究辦，三則要賠建禮拜堂一座。

　　為避免再起衝突，陳星聚親赴馬偕牧師住處彈壓保護，再次勸說
馬偕離開艋舺。並傳訊當地頭人林紹唐、黃龍安等，他們堅稱當時前
往是恐眾人生事，擬加約束，絕無主使之事，同時傳令緝拿打教毀堂

63　《教務教案檔》第三輯（三），頁1524。
64　《教務教案檔》第三輯（三），頁1534。

之滋事主犯。對於賠堂一層，陳星聚認為「連日以來，艋舺紳士商民效鋪各戶紛紛稟控」，[65]待民情稍平後，再予以次第處理。

但司格達並不滿意於陳星聚的處理結果，反將拆堂案的責任推託給當地反教最強烈的鄉紳，「此番艋舺阻撓建設教堂之事，人眾共知，實係黃龍安、林紹唐二人為首把持」，[66]「數月來左右鄰居並無一人告及方向之事，又查知草店尾之人亦無具稟者，可見頭人差保等所稟盡屬虛語，至該頭人黃龍安差保等所稟多皆飾詞。」[67]

面對司格達咄咄逼人的態勢，陳星聚毫不客氣地駁斥了他的訴訟行為：

> 此屋係中國入教華民陳永順租得中國鄭筆之民房……並非本（英）國教士租地所建之堂，教士與民彼此兩無干礙，並無一人阻其講經；嗣因拆建啟釁，其日教士外出……亦未礙及教士；今居民與屋主教民較鬧方向，亦與教士無干；屋係中國之民房，租與中國之教民……全案均是中國之民，與外國教士毫無干涉。[68]

屢屢照會施壓，均不達目的，司格達準備向陳星聚的上級交涉。然而，司格達在臺灣道夏獻倫處亦未能達到目的，於是他準備上報駐京公使，就馬偕建堂案與總理衙門交涉。司格達的這一舉動使夏獻倫、陳星聚不得不有所顧慮。為避免造成更嚴重的甚至武力干涉事件發生，他們被迫採取一定的妥協措施，同意土由當地頭人黃龍安等賠還工料費一百圓，但所建教堂仍不准高出眾屋之上。

65　《教務教案檔》第三輯（三），頁1536。
66　《教務教案檔》第三輯（三），頁1539。
67　《教務教案檔》第三輯（三），頁1542。
68　《教務教案檔》第三輯（三），頁1543。

　　四月十日，鄭筆興建完工交陳永順點收，同時，為避免再生後患，雙方又規定：「屋界以內聽教民講經設教，不准街民鄰居阻撓；屋界以外，不論空地民房，聽居民留為自用，教民不得租占……俟兩年限滿之後，教民願退則退，屋主不得刁難：屋主願租則租，教民亦不得肯勒。」[69]至此，本案乃告結束。

六　光緒六年（1880）臺灣府阻建女堂案

　　光緒六年（1880），英國傳教士施大辟在臺灣府地方買就地基準備蓋建房屋，以作女學堂之用。而當地深受傳統的男尊女卑封建保守思想的影響，強調女子無才便是德，對於蓋建女堂堅決反對。

　　臺灣知縣潘慶辰考慮到事關教務，不敢擅作主張，遂上稟臺灣道張夢元裁斷。張夢元以「雖有訂准英國民人在各口並各地方，意欲租地蓋房設立禮拜堂、醫院、墳基之詞，並無准其設立女學明文。……該處紳士不欲設立女學堂……不便觸犯紳士等之所忌也」，照會英國領事霍必瀾（Pelham. Laird. Warren）拒絕教士建女堂，並援引福州烏石山教案以表警戒。霍必瀾見張夢元不允，便依司格達之法，當即上稟駐京公使威妥瑪（Thomas Wade）要求其與總理衙門交涉。威妥瑪隨即向總理衙門提出威脅：「惟通商各口岸及京城各地，各項教門所租地界，多有設立女學之事，倘有意欲阻格之情，非但本國詳為不懌，即有約傳教各國恐亦弗愜於懷。天津教堂被毀之事，觀各國神氣，足為確據。此層諒貴親王早已鑒及。」[70]總理衙門自不敢怠慢，迅速轉飭臺灣地方官辦理。

　　臺灣縣知縣為使傳教士不再向領事上稟，同時又照顧到當地民眾的情緒，便以「女塾字樣固系和約所無，而洋人於中國地方蓋義塾原

<hr>

69　《教務教案檔》第三輯（三），頁1545。
70　《教務教案檔》第四輯（二），頁1176。

屬不禁」[71]為由，以應允傳教士於永租地內起蓋平屋義塾，不蓋女塾等為條件，平息了兩方的訴訟。

七　光緒十一年（1885）南臺利嶼教案

臺南杜君英地方原有一處客家人聚會禮拜的教堂，後被淡水人民所毀。於是，利嶼教民張阿金將其房屋土地賣給當地教會以作教堂之用，引起了當地民眾的憤恨。

光緒十一年六月，利嶼莊鄉民趁教民禮拜之機前往禮拜堂騷擾。傳教士巴克禮聞訊後即趕往利嶼進行排解，先後兩次與該莊耆老面商協議，終於徵得了他們的同意。但是，就在訂立和約的前一天夜間，成群民眾敲打著鑼鼓再次前來圍攻教堂，堂內外頓時響聲震天，其中有人從廁所挑來成擔的肥料，直奔教堂前門而來。巴克禮見狀，急命教友將門關閉。無奈眾人來勢洶湧，破門而入，將肥糞污水隨處潑撒，巴克禮牧師首當其衝，從頭至腳被潑滿肥料，窘困不堪。巴牧師逃出後立即向臺南的地方官府報告，地方官迅即派兵丁前往彈壓，拘禁了二、三個肇事者，並表示賠償巴克禮牧師的損失。[72]

八　光緒十三年（1887）大稻埕教案[73]

法軍在中法戰爭期間的種種暴行引發了臺灣廣大人民對法人的刻骨仇恨，凡是與法人有干係之事物皆視為猛獸，臺灣同胞必欲除之方

---

71 《教務教案檔》第四輯（二），頁1204。

72 雷一鳴：〈清末宣教臺灣之英人〉，《臺灣文獻》第10卷第3、4期，《中國方志叢書》臺灣地區第88號。

73 本教案可參閱馮用：〈大稻埕洋教案〉，《臺北文物》第8卷第3期，《中國方志叢書》臺灣地區第89號。

才解恨，對法人的這種戒備心理，直接導致了光緒十三年大稻埕教案的發生。

　　光緒十三年，淡水知縣汪興禕接到一署名何鐸德（Celedonio Arranz）的西班牙傳教士的文移，內稱：「茲有教士周炳達自彰化縣啟程，現到臺北府傳教。蘆州界內設有一天主堂，並設大稻埕一所、經成。移請查照，如有奸民生端滋事，幸勿無聞。」[74]

　　接此文移，汪興禕甚感迷惑，不僅教士擅用文移與慣例不相符，而且建堂所立租約亦未接照章程由領事官交淡水縣驗明蓋印，對於所設天主堂是租地還是買堂，文中更無明確說明。傳訊地保鄭如林、李正安，則供稱：教士何鐸德派傳道張歷山向六館口街李錦江租屋，開設天主禮拜堂；李正安亦稱：何鐸德來蘆州向李頭租屋一間，設立天主教堂傳教，而傳教員周炳達已經離臺。

　　受中法戰爭的影響，臺灣民眾對外國人特別是法國人在臺灣的建立的天主堂保持高度的警戒，因而，當教堂一經建立，立刻便在當地掀起了風波。大稻埕街杜逢春、周侍廉、陳德銓等效商鄉紳的聯合公稟，堅決反對：

> 竊照大稻埕土地廟邊，有新蓋厝屋一座，初不知何人建造，突於十餘日前，豎立天主堂匾額。鄉民聚觀，莫不駭吒。查天主一教，素為法國所尊崇，教士向在中國均由法人保護，自前歲中法挑釁之時，蹂躪人民，焚毀廬舍，擄掠商旅，殘殺無辜，臺民至今切齒。若聽其設堂傳教，商人不忘法人之恨，必致釀成事端。從前天津、江西及去年四川之案，皆以民教不和、驟興大獄。然彼尚出于意外，此則竟在意中。紳等有董率之責，目睹民情如此，教情如此，若不預為杜絕，將來一動公憤，實

---

74 《教務教案檔》第五輯（四），頁2082。

非官紳所能勸禁。即該教士，亦噬臍無及。為此，除稟爵撫憲
暨本府外，理合飭情環稟，伏乞俯鑒輿情，恩迅飭差速行驅逐
出境，永遠禁止，庶商民相安，不致妄生疑慮，感戴恩德實無
准矣！

為免生事端，淡水知縣在上級的指示下，迅速趕往大稻埕教堂諭
止，何鐸德自不甘願，堅稱傳教係和約所准，若不允從，當請領事照
會辦理。不久，臺灣巡撫劉銘傳即接到英國駐臺代辦西班牙國領事翟
理斯（Herbort Allen Gilas）的照會。有鑒於「天主教向來多事，斷不
相安。查條約凡事均期彼此利益，臺北傳教無益有損」，臺灣巡撫劉
銘傳毫不客氣地拒絕了他的無理要求。無奈之下，翟理斯又拉開西班
牙駐廈門領事胡敦若（Tomas Ortuno）共同向劉銘傳施加，再次被劉
銘傳所回絕。兩次碰壁後，胡敦若不得不改變交涉方式，在給劉銘傳
的照會中，一改往日的蠻橫氣焰，稱何鐸德所呈驗之執照並非傳教執
照，所租教堂並無稟請照知，「惟此均屬無心小過，第貴爵部院即稱
與敝國久睦邦交，敝總領事曷勝欽佩，應請從寬，姑恕為是。」[75]

既然胡敦若有所妥協，劉銘傳為顧全大局，對於何鐸德之過亦不
便再事追究，並令紳民亦須按各國條約，不准妄啟猜疑，堅持阻禁。
而對於教士在此地建堂一事，「仍須俟淡水縣稟覆紳商鋪戶人等有無
異議，再行照會。」[76]

為保日後民教相安，大稻埕民眾提出了三個條件：

一、何鐸德開設教堂，必須照約擇僻靜之所，不得在大街通衢有
礙民居地方；

二、所傳之教，務須同耶穌一樣，勸人為善，教士須立品待人，
堂內不得收養婦女，及包庇匪類，恃教不受尊長約束；

---

75 《教務教案檔》第五輯（四），頁2088。
76 《教務教案檔》第五輯（四），頁2089。

三、凡遇教民家中婚喪之事，教不得前往干豫（預），以避嫌疑。俾彼此輯睦，而免滋事。

依此條件，何鐸德前次在大稻埕所租房屋，「係人煙稠密之處，有礙民居，嗣後開設教堂，務須另擇房屋，且不論是否暫租及永遠租賃，均須照章將租約送由領事移縣查明蓋印。」[77]劉銘傳即按民意照會胡郭若轉飭何鐸德遵照履行。胡郭若及何鐸德對此均表無異。至此，大稻埕教案告以完結。

九　光緒十八年（1892）彰化教案

光緒十八年（1892）七月，彰化知縣羅東之在勘察途中，聞知員林街一帶有名叫張鳳的教民違法私宰耕牛，羅東之遂將張鳳押回審訊。張鳳對其所為供認不諱。羅知縣準備按律進行懲處。不期，突然接到在臺傳教的西班牙傳教士林茂德（Nemesio Fernandez）要求釋放張鳳的片柬，羅知縣以「犯法獲案，應照條約由地方官按例擬辦」加以拒絕。不久，羅知縣又接到林茂德的一封誹謗信，內稱當地將有人拆毀教堂，毆打教民等。對於此等無中生有之事，羅知縣並沒有給予太多的注意。然，幾天後，該處天主教書館果然被火焚燒。而就在當天，林茂德趕至署衙，稱：書堂草屋被焚並不重要，只求放了張鳳。羅知縣自然不依，於十一日趕赴草屋一帶勘察。發現天主堂書館草房「坐北向南，四圍竹片偏就籬笆，高約七八尺，中開笆門，均無折損延燒痕跡。」[78]察看籬笆周圍一帶亦沒有發現火燒痕跡。遍訪當地的群眾，亦皆稱不知起火原因。唯地保黃貽華供稱：草房內的物什皆於九日由教民搬出。而提審當地教民，皆避而不見。

77　《劉銘傳撫臺前後檔案》〈臺灣府行知西班牙胡領事允照依淡水縣紳民立約三條轉飭教士何鐸德遵行〉，文叢第276種。

78　《教務教案檔》第五輯（四），頁2097。

　　恰在此時，再次接到教士林茂德的移文，第三次要求釋放張鳳，內稱：「員林街教堂被匪徒焚毀，係因誤拿教內張鳳在押所致，移請釋放」，並威脅說「若照右請，免會領事」，[79]同時，並請其他傳教士到縣署為張鳳說情。

　　區區一個普通中國教民犯法，何致煩勞異國教士三番五次到府衙為其說情？這不能不使人心生疑慮。原來，林茂德在彰化員林街一帶傳教期間，為籠絡人心，哄騙鄉民，他曾許下大言，謂「入彼教可以抗官，又免辦罪」，而且，為了吸收教徒，林茂德又重新制訂了入教規則：「有一二人入堂從教，彼不收受，必須一總頭糾集五十人或一百人，方准投教」。[80]其入教之時，每人各給洋銀一元，五十人總頭則給洋銀四元，三角旗一幅；一百人總頭給洋銀八元、四方旗一張。而從前入教，必須劈木主毀神像，現更新章，概免毀棄，只要置諸側室旁廳。且謂凡人入彼教者，如積欠錢糧，作奸犯法，有彼出頭庇護；[81]在林茂德此舉的蠱惑矇騙下，員林街一帶的狡黠之輩，以及著名匪徒，一則聞利心動，一則冀逃法網，遂糾朋率黨相入彼教。目前，教民張鳳因犯律例而被縣府拘禁，若林茂德此次不能保釋出張鳳，豈不是要「自己搬石頭砸自己的腳」？因而，作賊心虛的他便不辭勞苦地為張鳳一事四處活動。

　　有了這一層的含義，張鳳的懲放便成為此一案件的關鍵所在。知縣羅東之亦一針見血地指出，該教士林茂德之所以必欲釋放張鳳者，意在示小民入彼之教，誠可抗官逃法，其樞紐關鍵在此。故不得不爭者也。而當地百姓亦在觀望此事的處理，「意謂該犯張鳳如果經教士領出，則官畏教士，已有實據」，勢必爭先恐後相湧入教。是故，羅東之一執意要按律令條約懲處張鳳，並向當地百姓表明斷案「只論曲

79 《教務教案檔》第五輯（四），頁2100。
80 《教務教案檔》第五輯（四），頁2097。
81 《教務教案檔》第五輯（四），頁2100。

直，不分民教」，[82]毫不留情地揭穿了林茂德的陰謀。

　　林茂德如此費心盡力，而羅知縣仍依法斷案，於是他不得不向上級搬兵，煞有其事地向英國領事霍必瀾呈送了一張顛倒是非的稟文，霍必瀾自不知曉林茂德箇中謀計，便以其所受冤屈，要求中國地方官「迅將教民張鳳釋放，並焚毀教堂迅速賠償。其首縱人犯立刻獲案嚴辦。」[83]並要貼黏告示，諭知所有各處教堂務須遵約保護，免被民眾效尤。

　　臺灣道顧肇熙得到臺灣巡撫邵友濂「各國通商條約，並無准教士干預地方公事」的批示後，即照會霍領事：「此案張鳳既係教民⋯⋯自應由地官照例懲辦，與教士兩不相涉，教士何必過問？乃該教士林茂德屢次干預，並於府縣擅用文移，語近要挾⋯⋯實為越分妄為」。

　　見臺灣道不肯屈服，霍領事便在林茂德的慫恿下，一面要教民張德潤、張景等出來作偽證，一面照會西班牙駐廈門貝領事共同對臺灣巡撫邵友濂施壓。貝領事以「情亦可原」、「自行請釋、議處，理無不可」等詞為林茂德開脫，同時出口誣衊羅知縣「所出口氣，儼然身居皇度，誇言震撼，眼空太西，弄筆衿張，把持擅專，不但民教不能相安而息事端，反為火中添炭也」，[84]並擅自要求「自後凡教士在內地傳教，遇有緊要公事，如離通商口岸遙遠，迫不及待，准令教士自行函請究辦，毋許教士自用文移，可免官箴之嫌」。然邵友濂堅持依約辦事，堅稱教士不准干預地方公事，不得擅用移文。對於林茂德，則稱其在彰實屬有損無益；對於索賠，「起火實情，尚待根究明確，更何賠償之有？」[85]氣焰囂張的貝領事被責得啞口無言。

　　十月二十二日，彰化縣知縣查明案情後，依約判決如下：對於所

82　《教務教案檔》第五輯（四），頁2100-2101。

83　《教務教案檔》第五輯（四），頁2096。

84　《教務教案檔》第五輯（四），頁2110-2111。

85　《教務教案檔》第五輯（四），頁2111-2112。

焚天主堂書館的損失由不負責的教堂看守賠修，對於屢屢干預訟事、恃教妄為的傳教士林茂德，因其所領為遊歷護照，立即催其離開此地，以免再生禍端。

十　光緒二十年（1894）雲林掛牌案

　　光緒二十年，中日兩國關係日趨緊張。經歷了中法之役的臺灣人民對在臺的所有外國人保持了較高的警惕性。而在臺的外國傳教士鑒於中法戰爭的教訓，對於當地民眾的反教情緒也有所覺察。

　　這一年九月，雲林縣為更好實施保甲制度，在各家各戶懸掛門牌。九日，有西班牙傳教士高熙能（Francisco Giner）外出傳教，看到教民張明家的門牌內寫有「張明入番教」的字樣，認為是臺灣民眾對天主教的侮辱，遂取下門牌到縣衙質問「條約內提起本教稱天主教，如何意見用『番教』之字？」[86]

　　為查明事件原委，雲林縣縣令即傳張明到縣問話。孰料，張明自恃教民，無所畏懼，縣令依法將其責處。高熙能見雲林縣令不但不查辦門牌事件，反將教民責懲，便上告到英國駐臺南領事，誣告雲林縣故意違背條約。胡領事不加體察，即在照會中要求臺灣道陳文騄要立即設法妥善保護斗六地方之天主教士與教民，迅速辦理門牌事件。

　　雲林縣令不敢怠慢，當即提審繕寫門牌的書吏，供稱：「門牌上如填番教，斷乎不敢，或者漏未填寫行業，致被好事之人高下其手。況番字臺灣土人往往作洋字解，並不為壞字樣，猶民間所用輕洋重洋，臺灣土人有呼輕番重番。」[87]

　　由此可見，門牌的書寫並非書吏有心之過，但為了滿足外國傳教

86　《教務教案檔》第五輯（四），頁2164。

87　《教務教案檔》第五輯（四），頁2167。

士的要求，雲林縣令不得不將其斥革，並督飭其他書吏以後「務須詳慎」。

　　門牌事件雖然得以解決，但當地民眾的反教情緒卻在日益高漲。在雲林縣處理門牌案期間，曾有雲林縣民眾上書，提出：

> 此次日本一國與我中國尋釁，凡各國商民、教士之在中國境內者，均應照約保護，又奉通飭出示曉諭有稟，何敢不加保護，任其稍生事端，致導衍尤？無如教士高熙能設堂傳教，只期其多，無暇辨其莠良……于民情之澆漓，尚屬未能盡悉。凡入其徒亦多，混跡其間，以為逃循之藪……，此則地方人民均皆視為不平，早有忿激之語流露於口者也。[88]

　　這預示著一旦戰爭爆發，一場更大規模的反教風暴將不可避免。

十一　光緒二十一年（1895）中日戰爭間的教案

　　甲午中日戰爭中，臺灣雖無戰事發生，但廣大臺灣人民為響應與支援大陸人民抗擊日本侵略的鬥爭，在臺灣各地亦掀起了轟轟烈烈的反對外國人特別是外國傳教士的鬥爭。

　　戰爭期間，雲林斗六地方及嘉義地方的義軍，聞知外國傳教士為日本侵略軍做嚮導，頓時怒氣沖沖地襲擊了兩地的教堂。而在沙崙、鬥南等地的教堂亦皆被當地義憤填膺的民眾所搗毀，許多教徒亦頗受牽連，受到不同程度的圍攻。[89]外國教會損失頗重。風起雲湧的反洋教鬥爭雖然沉重打擊了各國傳教士在臺勢力，給他們的傳教事業遭成巨大損失，但是最終仍不能改變臺灣被割讓的命運。光緒二十一年的

88　《教務教案檔》第五輯（四），頁2166。
89　臺灣省文獻委員會編印：《重修臺灣省通志》，卷3〈住民志・宗教篇〉。

中日《馬關條約》，使臺灣成為日本帝國主義的殖民地，臺灣至此脫離清朝統治。

同治七年教案的處理結果，使臺灣後期教案較之以前發生明顯的變化。

首先，教務糾紛的發生地由南部轉移到中北部。同治七年後，南部傳教事業得以穩定發展，傳教士始深入到中北部平埔族同胞中間宣講教義，吸收教徒，故後期臺灣發生的十二起教案中，有九起發生在中北部，只有同治十三年白水溪教案、光緒六年臺灣阻堂案、光緒十一年南臺利崙教案發生在南部。這其中的主要原因即是同治七年臺灣鳳山教案的處理方式，打擊了南部人民的反教鬥志，一定程度上也限制了官府的自主處置。

其次，教案的起因由早期的臺灣民眾聽信對教會、教士的謠言、誤解轉為由教會方面的違法或帝國主義侵略而引發。教士、教民或越分違法、恃教妄為（光緒元年新店教案、光緒三年和尚州嚴懲教民案），或任意訴訟、干預中國內政（光緒十八年彰化教案），或誇大其詞向領事官上稟，任意擴大事態，尋求行政支持（光緒三年艋舺建堂案）都成為這一時期教案爆發的緣由。此外，因外敵的入侵也引發了許多的教案，如光緒十年中法戰爭與光緒二十一年中日戰爭期間，均有大規模教案發生。

再次，後期臺灣反洋教鬥爭的組織性增強，鄉紳豪民充當了組織者的角色。如光緒三年艋舺建堂案，光緒十三年大稻埕教案，光緒十八年彰化教案的處理中，均有當地頭人、總理們的聯合公稟，這就迫使當地官員不得不權衡利弊，秉公處理，堅定地維持了地方政府的立場，從而避免了大規模的民教衝突，也沒有發生類似大陸官教合流的現象。

第三節　臺灣教案分析

清季臺灣教案從咸豐九年西班牙傳教士郭德剛踏上臺灣土地開始，到光緒二十一年日本割占臺灣結束為止，前後共持續三十六年，歷經咸豐、同治、光緒三朝，共發生大大小小的教務糾紛二十九件之多。各教案詳細經過前節已一一敘述，本節擬從總體上對清季臺灣教案作進一步分析與論述。

一　臺灣教案時空分布的特點

（一）時間分布上的集中性

清季臺灣三十六年間共發生二十九件教案，但其在時間上的分布並不均勻，呈現出明顯的時間集中性。

臺灣教案的發生集中在以下四個時間段：同治元年至同治七年（1862-1868），同治十三年至光緒三年（1874-1877）、光緒十年、十一年（1884、1885）、光緒二十年（1894）前後。進一步的分析表明，上述前兩個時間段分別為西班牙在臺布道初期和加拿大傳教士在北部傳教的早期，後兩個時間段正值中外戰爭期間（光緒十年中法戰爭、光緒二十年中日戰爭）。

首先，我們認為，教案多發生於傳教前期是其時間分布上的突出特點。同治元年至同治七年（1862-1868）的短短七年間，臺灣共發生教案十七起，約占教案總數的百分之五十九，並出現了歷史上的教案頻發的兩個高潮，即同治四年（1865）有教案四起，同治七年（1868）教案七起。同治十三年至光緒三年（1874-1877）間，共發生教案五起，約占教案總數的百分之十七，整個傳教前期所發生的教務糾紛達教案總數的百分之七十六，比例不可謂不高。其次，每當中

外發生武力衝突，亦即帝國主義大舉侵華時，也是教案集中爆發期。
中法戰爭、中日戰爭間共發生教案五起（實際數目遠大於此。因各地
反教運動此起彼伏，為直觀起見，筆者權把一八八四年、一八九五年
的各處教案作為一個教案來處理），約占總數的百分之十七。由此我
們可以看出，大約有百分之九十三的教案發生於以上兩個時期。

　　臺灣教案這種時間分布的特點，與臺灣當時的社會背景有深刻的
關係。

　　咸豐九年以前，臺灣處在清政府封閉保守的統治政策下，與外界
接觸不多，對本土以外的事物知之甚少。咸豐九年後，隨著臺灣的開
港，外國人紛沓而至，而尤以到民間傳布福音的傳教士與臺民接觸最
多、最廣、最深。習慣了黑頭髮黑眼睛的臺灣人民對這一群金髮碧眼、
異腔怪調的外來不速之客本能地懷有一種好奇、懷疑及排斥的心理。
當咸豐九年郭德剛踏上臺灣時，感到「到處都是敵對的氣氛。」[90]而
馬偕第一次出現在臺民面前時亦被稱為「洋鬼子」。[91]特別是當他們布
道時，更吸引了不少好奇的臺民。「乞丐、衙役、商販及各種各樣的
人絡繹不斷，互相推擠，都想看一看，聽一聽這有點兒奇怪的『新鮮
事』」。[92]再者，傳教士們所大肆宣傳的不敬神佛、不拜祖先的基督教
倫理，更是違背了廣大臺民所恪守的民間風俗習慣，他們的到來必然
會遭到臺民的反對。從具體的肇因分析，其間的謠言及誤解如散布不
利於教士的謠言，宣稱耶穌教作祟使兒童害病，誣陷神父夜半盜墓，
傳教士挖心作藥，買賣死屍謀利等等，多屬無中生有，無事生非。這
初步反映了長期處於傳統、封閉狀態下的中國村民愚昧落後的精神面
貌及盲目排外的心理狀態。

　　鴉片戰爭以來，伴隨著西方列強一次次的隆隆炮聲，傳教士們的

90　George Williams Carrington, *Foreigners In Formosa*, p. 248.

91　G. L Mackay, *From Far Formosa*, p. 136.

92　W. Campbell, *An Account of Missionary Success In the Island of Formosa*, Vol I, p. 219.

腰桿愈來愈硬。同治七年以後，臺地官員鑒於迫不得已的苦衷，不得不為傳教士們大開綠燈。各國領事、公使、軍隊及炮艦都無條件地支持和袒護教會，教士、教民逾紀違法、插手訴訟的案件日益增多，引發了臺民空前的生存危機和民族危機。他們不甘於被洋人騎在頭上作威作福，又迫於官府的壓力而無可奈何。中法、中日戰爭的爆發，民族危機的空前嚴重，終於將人民積鬱已久的愛國主義聖火點燃，引發了大規模的反洋教鬥爭。

（二）空間分布的地域性

臺灣教案的分布呈現出明顯的地域性。臺灣教案的發生地以南部為主，全部二十九件教案中南部達十九件之多，北部其次。教案在空間分布的地域性和以下幾個因素有密切的關係。

首先，教案的區域性特點和傳教士開闢教區的早晚直接相聯。前期，英國、西班牙傳教士多在臺灣南部傳教，因而臺南多有教案發生。就西班牙天主教的前期（咸豐九年至同治七年）傳播範圍而言，傳教士們主要在鳳山縣萬金、溝仔乾及臺南府一帶地區活動，即早期傳教以臺灣南部為中心。筆者據現有資料所羅列的十餘起教案中，無一例外地均發生在臺灣南部，其中鳳山縣達十五起之多，臺南府一起。同樣，因西班牙最先登上臺灣土地，這一時期的反教對象亦對準了西班牙傳教士，這與英國長老會遲至同治四年（1865）才赴臺傳教有直接關係。

其次，隨著時間的推移，教案的發生地由南部轉向北部，這與同治七年教案的處理有很大關係。是年的教務糾紛中，英國領事吉必勳為本國經濟的獲得悍然動武，清朝廷為自己統治的需要不惜委曲求全，賠款撤員，這不僅是對廣大臺南反教民眾的一個沉重打擊，也是對持反教觀點的地方官的一個未曾料到的意外。經過這一事件，臺灣地方官在處理中外交涉時不得不有所顧忌，廣大臺民的反教亦不得不

有所收斂，以至此後一段時間內，臺南再無教案發生，傳教事業順利進展開來。另外，在基督教進入臺南相當長一段時間後，臺灣民眾和傳教士及教民在彼此的衝突中也達到某種程度的融合，尤其是某些傳教士們精湛的醫術，更是吸引了不少患病的人們。一般的下層民眾也不再為諸如教士挖心作藥之類的謠言所矇騙，南部臺灣平靜下來，教案發生的中心地轉到北部。

二　臺灣教案中官、紳、民的反教及其關係

（一）官府反教的原因探析

　　官府反教行為的出現，有其內外兩方面的因素。

　　從地方官府自身來說，清統一中國後，繼續沿用前朝科舉取士的選官制，官員無論大小，官階無論高低，絕大多數為科舉出身。他們為參加科舉，自幼熟讀孔孟之學，因而浸淫於儒家倫理道德規範既深，一旦入仕為官，又深受官場習氣的薰陶，使得中國幾千年來沿襲的傳統文化在其思想意識之中根深柢固。他們本能地維護著、恪守著這種統治思想，任何一種與此相違背的學說、觀點，在他們看來都是大逆不道的，容不得的。而臺灣在這方面又尤為突出，「臺灣孤懸海外，生番錯處，控馭撫綏，素稱難治」。[93]在皇權皇威不至、政令召諭不及的情況下，臺灣當地官員便成為皇權的象徵、儒家遵從的典範。而基督教的唯一性和排他性，使得傳教士在赴臺傳教時，沒有注意到宗教當地化問題，沒有考慮到將其變通融合，而是一味固執地按其固有的意識去片面說教。他們散布基督福音，吸收當地民眾，並舉行一些當地人聞所未聞、見所未見的宗教儀式，這都明顯地打破了臺灣社會傳統的社會秩序，嚴重擾亂了當地安定局面，必然會引起作為當地

---

93 《教務教案檔》第二輯（三），頁1393。

上層統治者的地方官府心理上強烈的抵制。如同治四年萬金教案，官府曾發布命令規定：「天主教乃欺騙人民之邪教……故傳令所有信徒即日放棄邪教、皈依本地的信仰。」[94]

　　從當時的環境看，近代的中國，以列強侵略，中國人民反侵略為主要特徵。在這場中華民族蒙受巨大屈辱的災難中，臺灣亦未能倖免，於二次鴉片戰爭後被迫開港通商。外國勢力的入侵引起臺灣社會的急劇變化，一種前所未有的壓力籠罩著整個臺地。我們不否認，在來臺的外國傳教士中，確有一些是懷著美好願望來臺傳布福音，但是相當數量的傳教士則充當了帝國主義的侵略工具。而且，按照中外條約中有關領事裁判權的規定，教士為外國國民，非中國法權所能管轄，有一些教士便把這種特權延伸到教民身上。更有一些傳教士依仗其國力插手訴訟，干預司法，將宗教問題政治化，「剝奪了官員的法律與地位特權，並時常向其權威與威望挑戰」，[95]動搖了臺灣的統治基礎。為維護地方穩定及司法權力，地方官府反教是不言而喻的。

（二）城鄉士紳的反教原因

　　首先，鄉紳反教是出於維護自身鄉村領導權的需要。鄉紳在地方上是一個特殊階層，地位介於官民之間，具有調和中介與溝通上下感情的作用。他們或出身科舉正途，獲有生員、舉人、進士等頭銜，如艋舺貢生林紹唐即為同治十三年恩貢，有文名；[96]或其家族富於資財，社會聲望頗高，如嘉義白水溪地方頭目吳志高，「家裕，俠骨稜稜，好結交……附近五十三莊，奉為總理。」[97]因而，地方鄉紳作為

94　臺灣省文獻委員會編印《重修臺灣省通志》，卷3〈住民志・宗教篇〉。

95　Paul. A. Cohen, *China And Christianity: The Missionary Movement and the Grouth of Chinese Antiforeignism. 1860-1870.* Cambridge. Mass., 1963, p. 113.

96　劉篁村：〈艋舺人物志〉，《臺北文物》第2卷第1期，《中國方志叢書》臺灣地區第89號。

97　嘉義縣文獻委員會編：《嘉義縣志》，卷7〈人物志〉，《中國方志叢書》臺灣地區第76號。

一方較有威望的社會力量，其動向投止，常能左右當地民情民心，頗具影響力與號召力。而基督教的傳入，使得不少民眾改信上帝，其身分、地位亦隨之發生了變化，尤其到了傳教後期，不少教民依仗教士逾分妄為，在鄉間橫行霸道，不再像以前那樣聽從鄉紳的安排。究其根源，一些士紳便認為純係基督教傳入之結果。「（臺灣）民情如此，教情如此，若不預為杜絕，將來──動公憤，實非官紳所能勸禁……恩迅飭差速行驅逐出境，永遠禁止，庶民相安。」[98]因此，當傳教士一出現，當地鄉紳便首先發難，如同治十三年嘉義白水溪教案便是在當地頭目吳志高的指使下所發動，光緒三年大稻埕教案亦是由當地頭人上稟而引發的。正是由於鄉紳這種廣泛的影響力極大地阻礙了傳教士的傳教工作，因而他們亦成了教士的心腹大患，總是想尋機打擊。如光緒二年三重埔教案，僅是教堂匾額打毀、戒律扯毀，教士就飭稟有地方衿紳千餘人參與；再如光緒三年艋舺建堂案，馬偕牧師堅稱為當地頭人林紹唐、黃龍安等主指，一再申陳要求地方官給予懲處，以掃除傳教道路上的一大障礙。

　　其次，如同作為地方官的上層知識分子一樣，大部分鄉紳亦曾熟讀孔孟之書，深受儒家思想的薰陶，以尊祖敬宗為其安身立命的寶典。他們在社會活動中的最大志願即是「崇正黜邪、尊華攘夷」，一貫認為「尊孔孟則不容異教，戴朝廷則屏斥外夷」。[99]而在此方面，臺灣鄉紳因與外界交往無幾，因而對洋人成見甚深，對其所宣傳之與儒家文化相牴觸的基督教教義，更成水火之勢，對其的攻忤抵制亦不遺餘力。如光緒六年臺灣府阻建女堂案即可見當地鄉紳抵制異教，維護正統力量的猛烈態勢。

---

98 臺灣省文獻委員會編印：《臺灣省通志》，卷3〈政事志‧宗教篇〉。

99 李恩涵：〈同治年間反基督教的言論〉，《中國近代現代史論集》，第四編《教案與反西教》，臺北市：臺灣商務印書館，1985年。

（三）下層民眾的反教原因

　　廣大臺灣下層民眾既是外國傳教士布道的主要對象，亦是官紳所倡導的反教運動的主要力量。其反教，一方面是由於其知識水平低，覺悟差，常受到無中生有之謠言的煽惑而奮起反教。廣大民眾對傳教士「挖腦製藥」、「迷毒婦女」、「刨墳掘墓」等謠言深信不疑，所以，謠言一起，教案也隨之繼起。如前期民教衝突中，同治四年萬金教案，五年鳳山溝仔乾教案，七年鳳山貓角案及高掌案等，皆因謠言而起，謠言雖似一陣風，來去無蹤，卻影響了眾多的臺民奮起反教，並波及久遠的時空。

　　另一方面，部分教士、教民的傳教、信教行為危及到下層民眾的切身利益，亦使得他們奮起反教。這方面多表現為風水反教。閩臺一帶、山巒層疊，居民多迷信風水。傳教士們往往把教堂建在居民區，因其心目中完全沒有這一概念，忽視了臺民的風水情結，遂經常引起嚴重的民教衝突，如光緒三年艋舺建堂案即是因馬偕牧師將所租之屋的屋頂加高，以致影響了當地居民的風水而導致。再者，教民良莠不齊，相當部分絕非善類。未入教之前，他們或橫行鄉里，或為非作歹，待官府欲對其加以懲罰時，他們便以入教為護符，惡習欲演欲烈，嚴重侵害了當地民眾的利益，導致民眾與教民的衝突不斷。如光緒二年三重埔教案實由作奸犯科之民莊宗德而引發，又如光緒三年嚴懲和尚洲教案亦由稱霸一方的教民李東面父子而導致。

　　如前所述，地方官府作為當地行政機構，理所當然地應按照和約保護外國教士在臺灣的傳教活動，同治七年教案的處理結果又促使他們認清了最高統治當局在關鍵時刻的妥協態度。因此，儘管他們懷有相當濃厚的反教意識，一般不會站到反教鬥爭的第一線。當教案發生時，他們或對反教者予以同情，如三重埔教案；或延宕不辦肇事者，如艋舺建堂案；或放過真正發動仇教的首要人物，如嘉義白水溪教

案。地方士紳的社會地位、文化水平決定了他們必然成為反教鬥爭的
中堅力量。他們上沒有地方官的種種顧慮，下沒有廣大民眾的盲目無
知，多起民眾的反教行為即為他們所策畫、主使。無論何種運動，離
開了廣大民眾的參與都將成為無源之水、無根之木，臺灣教案的發生
與下層民眾關係甚密。他們充當了主力軍的角色，走在反教運動的最
前線。

　　總之，官府反教偏重於政治權威與社會秩序的維護，士紳反教在
於價值觀念的差異與維護自身地位的需要，民眾則側重於個人實際利
益的得失與否。上述三方面的結合，在臺灣逐漸形成了以地方鄉紳為
中堅力量，以廣大人民為先鋒，以地方官府為保護傘的三位一體的反
教格局。

三　臺灣教案性質的探討

　　臺灣教案是在中國人民反對帝國主義侵略這一歷史大背景下發生
的，因而從廣泛意義上講，它具有反帝愛國的性質。但要深入分析臺
灣教案的性質，還必須從具體的教案本身，從臺灣當時的社會來考察。

　　近代臺灣由於帝國主義的侵略而被迫開港，此後大批外資湧入臺
灣，一時間臺灣成為列強此攘彼奪的國際商品市場，他們用鴉片與廉
價的日用品從臺灣掠奪走大量的自然資源與農產品，臺灣經濟受到嚴
重摧殘。與此同時，外國侵略者還不斷以武力侵略臺灣，同治六年美
國羅妹號事件，同治十三年牡丹社事件等，加重了臺灣人民的危機
感，更有甚者，部分傳教士與官府分庭抗爭，嚴重損害了地方官府的
政治權力。在民族矛盾日益尖銳，民族鬥爭愈加激烈的情況下，官府
為排斥傳教士恃教妄為、阻止傳教士干預詞訟、破壞司法而採取的反
教行動，無疑具有愛國主義的性質。

　　就臺灣的發展歷史看，在列強圖謀經營臺灣的過程中，某些傳教

士的確是充當了先鋒隊的作用，同治七年以後爆發的反教浪潮，多數為傳教士搜羅地痞流氓，橫行鄉里，欺壓人民而引起。更有甚者，個別傳教士目無中國法紀，竟然宣稱入教者可以抗官免稅，可以不受中國法制約束。無論何種形式的災難，何種形式的侵略，人民都終將成為最後的受害者。近代以來，臺灣屢屢遭受外族入侵，加重了臺灣人民的民族危機感，至光緒十年的中法戰爭達到頂峰。是年八月，法艦炮擊基隆炮臺，一小撮中外天主教的追隨者，在法軍武力的驅使下，在所謂獻身於上帝的召喚下，可憐地充當了帝國主義的炮灰，協同法軍殘殺臺灣人民，激起了當地民眾的極大怒火。次年，英商「海輪號」貨輪抵淡水港，法軍入侵的餘悸尚未消失，不少人誤認為或許這又是法船前來挑釁，欲行上船檢查，這本是十分正常而又符合常理的，不意遭到船上人員的凶狠而野蠻的拒絕，他們開槍威嚇當地居民。

前已述及，帝國主義的侵略，造成臺灣經濟瀕臨破產，人民生活日艱，增加了臺灣人民對基督教的反感，引發了他們的仇恨烈火。臺地發生的教案，只有一件是因單純的宗教教理之爭而引發，相當多數的則是臺灣人民在當時半殖民地半封建條件下，為了反對帝國主義洋教士騎在自己頭上胡作胡為而奮起的自發的反抗和鬥爭，是為保衛自己起碼的人權，民族的榮譽和國家的尊嚴而戰。從這個意義上講，臺灣同胞不屈不撓地開展反洋教鬥爭，應看成是反抗外來侵略和民族精神的表現，正是這種民族精神，促使臺灣同胞產生不可戰勝的偉大力量。

另一方面，歷史在臺灣所形成的封建主義統治下的鄉村社會體制並未被帝國主義的侵略炮聲打破，臺灣廣大的鄉村經濟與鄉村社會並未發生根本的變化，依然是封建落後的一家一戶的小農經濟。這決定了廣大農民的生活只能維持在較低的水平，一旦遇有天災人禍，便掙扎在死亡線上。這種鄉村經濟體制下的農民，社會生活單調，思想意識單純。而且，鄉村社會多是由血緣、親緣關係為紐帶而形成的家

族、宗族所組成，受到歷史相沿的械鬥遺風的影響，使得這種具有相當內聚力的家族、宗族在某種條件下可能成為產生盲目排外主義的溫床，使得臺灣早期民眾反教具有盲目性、排外性。

　　由於生活的貧困，現實生活中實際利益的獲得與否在很大程度上左右了臺民的行動。在這種情況下，哪怕是小恩小惠，都會成為他們盲目行動的內驅力，而傳教士亦正是抓住了臺民的這種勢利性，傳教伊始便宣稱：一旦入教，便可抗官、逃稅、避債。一些鄉黨盜匪勢力，惡霸勢力及流氓無賴之輩，一旦入教，便依恃教會欺壓鄉鄰、胡作非為，引起民眾對教民、教士的普遍不滿。正如曾憲德所說：「在臺英人無幾，教務實係在教華民與民眾為難」。其實，這類教案從本質上講是臺灣社會入教與未入教之廣大農民階級內部的矛盾，是中國鄉村社會封閉、落後以及歷史上充滿鬥爭的特點所決定的，是傳統內亂、鬥爭特殊形式在教務領域內的延續，臺灣後期教案多屬於此類性質。

　　毫無疑問，面對帝國主義的入侵，廣大臺灣人民體現出極大的愛國主義熱情。他們從保家衛國的理念出發，對來自異國他鄉的傳教士不能不保持一定的警惕，這自然是完全可以理解的。在群情激憤聲中，一時分不清誰是天主教誰是耶穌教，把外國的教會、教士和法國、日本的侵略聯繫起來，而出現的某些過火行為，也是無可非難的。但是，我們還應該看到，由於農民階級的散漫性，在轟轟烈烈的反洋教鬥爭運動中，尤其是基於外族入侵而引發的反洋教運動中，極少部分民眾把外國侵略者與傳教士劃上了等號而加以迫害，甚至某些人專以殺教民為快，這也正是臺灣人民反教的局限性之所在。因此，筆者認為，臺灣民眾的反洋教鬥爭是近代中國反對外族侵略史的重要組成部分，但也呈現出一定程度的非完全愛國主義因素。

日據時期

（1895-1945）

第八章
日據時期的臺灣社會

第一節　日本的殖民統治

　　一八九四至一八九五年的甲午海戰，清政府失利，被迫簽訂《馬關條約》，將臺灣割讓給日本。從此臺灣人民在日本殖民統治的蹂躪下達五十年之久。

　　一八九五年六月十四日，日本海軍大將、臺灣第一任總督樺山資紀抵達臺北，十七日下午，在舊巡撫衙門舉行施政典禮，這一天以後被定為「始政紀念日」，標誌著日本在臺灣殖民統治的正式開始。

　　為了確保殖民秩序的穩定，日本在島內逐步建立起殖民統治機構與法律體系。總督的獨裁權力、特殊的警察統治和保甲制度，構成了日本殖民統治的三大支柱。

　　首先，日本政府賦予臺灣總督以獨裁的權力。一八九六年三月的《臺灣總督府條例》以及隨後頒布的「關於在臺灣施行法令之法律」（簡稱「六三法」），賦予臺灣總督立法、行政、軍事大權於一身，掌握了人民的生殺予奪的大權。一九〇七年，替代「六三法」的「三一法」開始實施，但兩者並沒有本質的區別。根據手中的權力，臺灣總督發布了《匪徒懲罰令》、《臺灣刑事令》、《法院條例改正令》、《保甲條例》、《治安警察法》、《臺灣新聞令》等一系列的律令，臺灣人稍有異動，就會受到嚴懲。如一九〇八年公布《匪徒刑罰令》，對抗日志士一律處以極刑：「不問何等目的，只要是糾眾集夥而以暴行協迫之手段達成目的者，皆構成匪徒之罪狀，首魁及教唆者處以死刑、參與謀議者或身任指揮者處以死刑、附和隨從者或者為雜役者處以有期徒

刑或重懲役。反抗官吏或是軍隊處以死刑。」[1]

　　其次，日本殖民者還充分運用警察機關這一暴力機器。在臺灣，凡是同老百姓直接有關的措施，都要通過警察來執行。他們權力很大，對一般警務、外事、戶籍、保安、兵役、征役、防火、防空、防疫、風紀、衛生、徵稅、派捐、經濟管制、勸募公債、徵求儲蓄、強制收購土地，以至婚喪祭葬、演戲娛樂，無所不管，橫加干涉。

　　再次，日本人還把中國古代封建社會的保甲制度移植到近代的臺灣，並加以強化。一八九八年的《保甲條例》規定，所有臺灣居民以十戶為一甲，置甲長一人；十甲為一保，置保正一人。保甲內的所有居民都要訂立保甲規約，互相保證遵守執行；如出現有「犯罪」行為，「保甲內人民負有連坐責任」。保甲制度的實質就是讓臺灣人民自相監視告密，以實現其「以臺制臺」的惡毒目的。

　　在總督的獨裁統治之下，臺灣歷史可以分成三個時期[2]：

一　綏撫時期（1895-1918）

　　這一時期的七任總督全部由武官出任，又稱武官總督時期。此時臺灣各地起義風起雲湧，總督府一面進行殘酷的武力鎮壓，一面全力建立殖民地體制，健全統治機構，爭取盡快完善自己的統治。日本殖民當局還強制推行旨在保護日本資本家利益的各種政策措施，從而在廣泛的社會經濟方面完成對臺灣的獨占統治。

1　黃昭堂著、黃英哲譯：《臺灣總督府》（臺北市：自由時代出版社，1989年），頁96。
2　參考田玨：《寶島百年——日本殖民統治以來的臺灣》（北京市：高等教育出版社，1992年），頁9-11。

二　同化政策時期（1919-1937）

這一時期的九任總督都是文人出任，又稱為文官總督時期。在此期間，日本這個新暴發戶，國力急速膨脹，列入世界五大強國之一。它躊躇滿志，對臺灣經營亦大有進展。第一次世界大戰後，風靡世界的民主自由思想和民族自決思潮，特別是中國的「五四」運動和大革命浪潮，有力地促進了臺灣民族民主運動的開展。日本人為順利地進行統治，轉而採取所謂「日臺一體」的民族同化政策，妄圖用欺騙手段籠絡臺胞。

三　皇民化時期（1937-1945）

日本發動侵華戰爭後，泥足深陷，進入戰時體制。繼而又發動太平洋戰爭。在侵略戰爭中，日本人力、物力消耗殆盡，急需臺灣出人力供驅使，出兵員當炮灰，出物資供軍需。於是大倡臺人「日本化」，全力推行「皇民化運動」，企圖從精神上消滅臺胞的民族意識，從生活上改變漢族的風俗習慣，從而全面動員臺胞參戰。

第二節　日本宗教政策的沿革

日本統治臺灣時期，島上的宗教既有傳統的佛教、道教以及民間信仰，還有外國傳入的基督教與天主教。在日本整個治臺政策的影響下，其宗教政策的沿革大致也可以分成兩個階段。

一　信仰自由時期（1895-1930）

在臺灣人民連連揭竿起義，武裝反抗的情況下，為了安定民心，

日本統治當局根據其「帝國憲法」保障信仰自由的條款，尊重臺灣人的信仰自由。對臺灣的寺廟，原則上不加干涉，任其自由發展。一八九六年一月十八日，臺灣總督府發表有關對臺灣固有宮廟寺院保存的諭告，其全文如下[3]：

> 本島固有之宮廟寺院等，於其建立雖有公私之別，但是其信仰尊崇之結果，為德義之標準，秩序之本源，於保民治安上亦不可或缺。現在際於兵務倥傯之時，供於軍用雖屬勢所難免，但須注意不得濫為損傷舊慣，尤其破毀靈像，散亂神器禮具等行為，絕不容許肆意妄為。因此，今後應更注意保存，如有暫供軍用者，著即盡速恢復舊觀，特此諭告。

另外，日本人的施政方針也見於明治天皇的訓示，一八九八年八月二日，明治天皇於京都對乃木總督頒下如下敕語[4]：

> 臺灣諸島歸附朕之版圖，為日尚淺，其新附之民或有未能其安者，宜視察民情舊慣，加以撫恤。

此外，該時期也確定了臺灣的「殖民地」位格，即要在臺灣發資本主義的產業。出於這個目的，第四任總督的民政長官後藤新平根據「生物學」原則，進行「舊慣調查」，開始施行「舊慣溫存」政策，對臺灣的傳統宗教採取所謂比較溫和的放任制度。後藤新平在臺政策

3　李嘉嵩：〈日本治臺──宗教政策考（一）〉，《瀛光》第128期，陳玲蓉：《日據時期神道統治下的臺灣宗教政策》（臺北市：自立晚報社文化出版部，1992年），頁86。

4　蔡錦堂：〈日本據臺時期的宗教政策──奉祀「神宮大麻」及發行《神宮曆》〉，鄭樑生主編：《第二屆中國政教關係國際學術研討論文集》（臺北市：淡江大學歷史學系，1991年），頁313-332。

施行的「成功」，也使後繼的主政者沿襲他的政策，採取宗教「放任」、「溫存」的策略。

一九一五年，臺灣宗教政策作了一些調整，這和「西來庵事件」有關聯[5]。日本認為，「臺胞對本島固有之宗教信念濃厚出乎意料之外，與社會福利關係甚大，同時往往被奸黠之徒，利用迷信以乘，不測之弊多。因此，當局認為有調查其實情，研究適當措施之必要，以之作釐定宗教政策之參考。」[6]一九一五年九月，宗教調查開始，由臺灣總督府編修官兼翻譯官丸井圭治郎等人，調查臺灣宗教系統的沿革、教義、組織、系統及臺胞信仰等，一九一九年印行了《臺灣宗教調查報告書》第一卷，準備在第二卷中對基督教等一些宗教派別進行調查。後來，調查中斷，有關基督教的調查沒有進行。日本政府一面進行宗教調查，一面在總督府設置社寺課，專司宗教調查輔導與監督。

日本人在占領臺灣後不久，就將日本的國家神道引進臺灣，雖然日本人在臺灣對推廣神社的態度並不積極，但此時，制訂各項法規與辦法，將「神道」與「宗教」分開管理。[7]雖然總督府在政策上作了調整，但信仰自由仍得以保證。這一政策一直持續到了一九三○年。

二　宗教壓制時期（1931-1945）

「九‧一八」事變以後，全國人民的抗日怒火也燃燒到臺灣，這時，臺灣人民對中日雙方持何種態度，對於日本殖民統治當局來說，就變得至關重要。一九三六年，新上任的臺灣總督小林躋造在一次內

5　由於受辛亥革命的影響，一九一五年，臺灣人民遂利用宗教信仰，以臺南的西來庵為據點，廣募黨徒，籌集軍費，發諭告文，提出「恢復臺灣」的口號，後遭到日方鎮壓。

6　臺灣省文獻委員會編印：《重修臺灣省通志》，卷3〈住民志‧宗教篇〉。

7　蔡錦堂：〈日本據臺時期的宗教政策──奉祀「神宮大麻」及發行《神宮曆》〉，鄭樑生主編：《第二屆中國政教關係國際學術研討論文集》。

部演講中憂心忡忡地說:「從軍事上觀察,臺灣確為我國防上重要據點,……臺灣無論在政治、經濟和國防上都與我國有重大關係,倘若此地居住的日本人(按:指臺灣人)沒有作為日本人應有的精神思想,惜力謀私,僅披著日本人的假面具,政治、經濟方面暫且不論,國防上便猶如坐在火山口上。」為了適應時局,他強調必須「排除萬難,不斷致力於教化事業,使之成為真正的日本人,除此別無他徑」,要求臺灣人民團結一致為日本「國運興隆」作貢獻,力圖通過灌輸國民精神、振興普通教育、糾正言語風俗等手段來「培養忠良帝國臣民的素質」。[8]因此,把握臺灣人民的思想動向,掃除中國文化的影響,將臺灣人民從漢民族一員同化成為大日本帝國的忠實臣民,防止他們響應中國大陸的抗戰,利用他們為日本帝國主義侵略戰爭服務,已經成為擺在臺灣總督府前亟待解決的一大課題。

一九三七年之後的「皇民化運動」,可以說是解決這一課題的集中體現。「『皇民化運動』可以說是一種日本極力推行的同化運動,包括普及日本語、崇敬神社、獎勵為國動員的共同奉仕工作、打破不屬於日本人的風俗習慣等,其運動的本體包羅萬象,但是其完成則必須以『信仰的皇民化』為必要條件。」[9]「所謂『信仰的皇民化』,就是所有臺灣人都瞻仰日本的神,讚美日本的神,相信日本的惟神之道為無上的真道,並進而成為自己的生活規範,且將這規範納入實際生活中具體實行。因此,在推翻舊信仰之前,必須確立一足以取代舊信仰的『對策』,而『對策』施行之時,就是『皇民化運動』的完成。」[10]由此可見,「皇民化運動」,著重於思想信仰的改造,也就是以國家神

8　戴國煇:《臺灣與臺灣人》(東京市:研文堂,1980年),頁208。陳孔立:《臺灣歷史綱要》,頁412。

9　陳玲蓉:《日據時期神道統制下的臺灣宗教政策》,頁230-231。

10　白井朝吉、江間常吉:《皇民化運動》(東臺灣新報社臺北支局,昭和14年10月),頁105-108。陳玲蓉:《日據時期神道統制下的臺灣宗教政策》,頁231。

道的思想來代替臺灣固有的宗教信仰。這裡所說的「對策」，應是徹底消滅舊有信仰、推展惟神之道的方式。[11]

　　隨著戰爭的擴大，日本人更強調「敬神崇祖」精神，開始出現「國有神社，家有神棚（神龕）」的口號。神社與神棚乃是在戰爭時期敬神的兩大支柱。在「國有神社」這個口號出來之後，則開始強調神社的建造、神社的參拜、「奉仕」或者「神前結婚」。「家有神棚」則強調每個家庭要安置「大麻」。「大麻」就是神符，這個神符是要放在「神棚」裡面，早晚奉祀。[12]

　　在小林總督之前，臺灣全島就已展開所謂「民風作興運動」，要求奉祀「神宮大麻」。雖然「大麻」發行量年年增加，但距「家家戶戶奉拜」的目標尚遠。小林為達成日本南進策略中的所謂使臺灣成為南進基地的重大任務，積極策畫使臺灣人無論在生活或精神方面都能夠被「同化」（皇民化）的活動。在一九三六年的「神宮大麻發行奉告祭及發行式」上，臺灣小林總督發表訓詞：

> 我皇國之尊皇與敬神一體不二，崇敬神祇之念愈深，尊皇之赤誠便愈益完美。崇敬神祇乃循祭祀大義，使日常生活更醇化，信仰更堅貞。換言之，對皇祖舉行虔敬的祭祀，實乃身為我皇民信念之根本。本島官民亟宜深思，無論所信宗教為何，每家應設神棚，安置「神宮大麻」以為祭祀皇祖之聖壇。[13]

　　不論日本人在臺灣推廣神社或發行「神宮大麻」，成效並不顯

11　陳玲蓉：《日據時期神道統治下的臺灣宗教政策》，頁231。
12　蔡錦堂主講：〈日據時期臺灣之宗教政策〉，《臺灣風物》第42卷第4期。
13　《敬慎》十一卷（1938年第30期），頁8。蔡錦堂：〈日本據臺時期的宗教政策——奉祀「神宮大麻」及發行《神宮曆》，鄭樑生主編：《第二屆中國政教關係國際學術研討論文集》。

著，究其原因就在於拒絕接受者多以「信教自由」作為抗拒之藉口。但是這個最後防線卻為小林總督的「無論所信宗教為何」之詞所衝破。小林總督親自參加「大麻」發行式及提出訓詞，其中首次提出「國體明徵」的邏輯「敬神等於尊皇」，並且強調「無論所信宗教為何」，各家應設神棚，安奉「大麻」以為祭祀天皇的聖壇。在此所謂「無論所信宗教為何」之一詞實為這篇訓詞之重點。自從發行「神宮大麻」以來，日本據臺以來，臺灣總督無視「信教自由」而公然倡導國家神道的發言，此當為其首。[14]自從發表這個訓詞以後，國家神道在臺灣便「非屬於宗教」，而是高踞「其他宗教」之上，故其地位等於已獲得官方之肯定。由於小林總督頑固推行奉祀「大麻」的政策，故各地方官員與神職者也開始盡力配合。其他宗教，例如佛教會也不得不安奉「神宮大麻」，並勸導其信徒奉祀它。[15]

第三節　日本統治對基督教發展的影響

　　臺灣割讓給日本後，隨著日本在島內統治的逐步確立，基督教在臺灣的發展也受到一定程度的影響，成了日本殖民統治者可利用的工具。

　　首先，基督教獲得了日本統治者的認同。這是由於在日臺最初的衝突中，基督教扮演了「和平使者」的角色[16]。「基督教的傳教士經常受日本官員的邀請給那些完全由非基督教徒的市民們組成的聽眾，對有關道德改革的問題發表演講。基督教正逐步被認為，是民族的宗教

---

14 蔡錦堂：〈日本據臺時期的宗教政策——奉祀「神宮大麻」及發行《神宮曆》〉，鄭樑生主編：《第二屆中國政教關係國際學術研討論文集》。

15 蔡錦堂：〈日本據臺時期的宗教政策——奉祀「神宮大麻」及發行《神宮曆》〉，鄭樑生主編：《第二屆中國政教關係國際學術研討論文集》。

16 詳見下章。

之一，也是一股有利於個人與國家公正的力量，而不只是外國的宗教。」[17]

梅甘霧牧師在《異教徒的心》一書中曾談到，日據之初，彰化城的城門在白天都有人站崗，晚上都要關門。如果不出示保證書或同類的代用品（token or guarantee）就無法進出。從鄉下來的基督徒那時常出示他們的聖詩集，這也被哨兵認為是有效的通行證。[18]

其次，教會的活動範圍得以擴大。日本占領臺灣後，並沒有打算承認清政府與外國列強簽定的不平等條約中所包含的通商口岸、領事裁判權、協定關稅、外國人的居住及擁有不動產等特權。但是為了使在臺外國人安心，並進而和列國維持和諧關係，日本決定讓外國人繼續享受這些特權的一部分。清廷治臺時期的開口港有安平、淡水二港，以及作為其附屬開口港的打狗（高雄）、基隆二港，實質上共有四港。日本政府除指定上述四港為開口港，可以居住外，並准許外國人在開口港和臺南居住從事商業。臺灣總督的這個措施，使外國人居住的範圍擴大了。因為以前外國人僅限於居住在淡水、安平、打狗三港的某些地區，現在基隆也可以了。臺南城內大部分也改做「雜居區域」，同時把大稻埕當作淡水港的一部分而准許外國人在這裡「雜居」。外國人的居住空間比以前擴大了。[19]

與此同時，日本殖民者為穩定政局而頒布的一些政令也對基督教的發展提供了條件。

在社會風俗方面，特別是在婦女問題上。如對纏足，日本人比較寬容，並不強求她們放腳，但在年輕人中，就禁止纏足。上學的女孩的數目越來越多，她們可以與男孩子自由自在地玩耍。婦女閉門不出

17　Duncan Macleod, *The Island Beautiful,* p. 217.

18　Campbell N. Moody, *The Heathen Heart: An Account of the Reception of the Gospel among the Chinese of Formosa*, Edinburgh and London, 1907, p. 34.

19　黃昭堂著，黃英哲譯：《臺灣總督府》（臺北市：自由時代出版社，1989年），頁47。

的風氣業已改變，年輕的婦女們也可以自由得外出，經常就有些人和朋友來教堂聽布道，這樣沒有信教的婦女與信教婦女之間的交流，也增加了基督教的影響。對教會來說，「這是一個最有偉大意義的社會事實。」[20]

在教育方面，日本人在島內設立了眾多的學校，要求適齡孩子都必須去上學。「這樣就掃除文盲的障礙，在早些時候，臺灣島上一千人中只有六個人可以閱讀，無知的人數是驚人的，隨著日本人公立學校在島上的建立，這些完全改變了，環境對基督教信仰的快速傳播非常有利，很明顯地表現在諸多方面：基督教書籍的銷售量、宗教小冊子，和聖經章節（Bible portions）的分發數目都穩定增長。」[21]

在宗教信仰方面，日本人實行宗教自由政策，臺灣民眾的信仰自由，並受到政府的保護。這樣使得人們能夠獨立思考，能夠按自己心中所想行事，而不用顧慮來自父輩、社會以及政治等各種權威的威脅。[22]在一八八八年，臺南醫院想在南部買一塊地進行擴建，不料卻因為當地人以會破壞「風水」而強烈反對。在此後的七年中，雙方進行不斷的談判，最終未果。但到了日據時期，該事不費一點困難就解決了。[23]

當然日本的統治也給基督教會帶來了一些挑戰。

在清統時期，由於不平等條約的規定，傳教士在臺灣有各種的特權。但隨著政權的更替，傳教士在清王朝統治下原有的特權也隨之而逝。傳教士已沒有了當初的種種便利，以查驗護照之事為例，「當滿清統治臺灣時，他們從來不會無緣無故的檢查護照；我不記得，有任

---

20 Duncan Macleod, *The Island Beautiful,* p. 220.

21 Duncan Macleod, *The Island Beautiful,* p. 213.

22 Duncan Macleod, *The Island Beautiful,* p. 216.

23 Edward Band, *Working His Purpose Out: The History of the English Presbyterian Mission. 1847-1947*, p. 130.

何清朝官吏曾主動和歐洲人攀談或查看護照。日本人正好相反，他們對護照最苛刻，絕不放棄任何檢查護照的機會，即使日本警察知道我們帶了護照，他們還是要查看護照有沒有過期。」[24]

在與日本官員打交道過程中，傳教士碰到以往未曾遇到的不便：「使人困惱的事就是日本警察的態度。……一個人除非事先報告從何處來、往何處去，否則不能在城外過夜。……除這一切外，還必須回答一些不相干的問題，如：你到底為了什麼事情，非要出城不可？在外面要停留幾天？為什麼還要回來等等。」[25]

特權的失去，也對教會的發展產生了很大的影響，「日本完全控制本島事物後，傳教士已不再有這個『保護』的特權，日本人推行各種計畫時，不喜歡別人，尤其是歐洲人來干擾。」所以傳教士感歎到「現在不再有人來找我們尋求保護了，如果有人來聖堂，那必定是天主引導他藉信仰的真光除去迷信的黑暗。這也說明傳教為什麼進展那麼慢。」[26]以往入教吃教和尋求教會庇護的現象也就不復存在了。

日本為了同化臺灣人民，積極地在島上推行日語。傳教士為了與當地臺灣人交流必須學本地方言，為了與不全懂臺灣話的日本官員充分交流，又必須學習日語。雖然在臺的大部分人口都是講閩南語的，而且長老會的主要工作對象是以漢人為主，但日本人的殖民統治是要使整個島上的居民的身體、靈魂、精神「日本化」，學日語就成為一個重要任務，巴克禮曾指出「下一代傳教士將必須學習日語。」[27]這一點，後來也成了日本人干涉教會的一個藉口。

「在日本人的引進的現代教育中，西方非基督教的文化的輸入正

---

24 Fr. Pablo Fernandez O.P. 著，黃德寬譯：《天主教在臺開教記》（臺北市：光啟出版社，1991年），頁151。

25 Fr. Pablo Fernandez O.P. 著，黃德寬譯：《天主教在臺開教記》，頁179。

26 Fr. Pablo Fernandez O.P. 著，黃德寬譯：《天主教在臺開教記》，頁152-153。

27 Hollington K. Tong, *Christianity in Taiwan: A History*, p. 54.

腐蝕著人們精神上的信仰。學生們正學著來自反基督教哲學與科學的
『錯誤』結論，而科學與基督教在日本的許多大學中被認為是對頭冤
家。但是大量的臺灣學生正在日本，通過他們這些思想都傳入臺
灣。」[28]而且隨著日本人的大量湧入，在島上的生活方式與社會風氣
也有了很大的變化。進行賭博、偷竊和抽食鴉片的人數不斷下降，但
在清王朝統治時期人們都不敢公開嫖妓，現在卻成了正當的，同時酗
酒與抽菸現象也趨上升。[29]而且日本人在島上興建了大量的醫院，積
極推廣與強制執行公共衛生，這些措施也使基督教以醫療或關心公益
來吸收信徒的方法受到衝擊。

　　在清統治時期，臺灣島上只有加拿大長老會、英國長老會以及西
班牙多明我會三個教派。日據時期，在日本人宗教自由政策之下，日
本國內的一切宗教，無論是基督新教、天主教、佛教、神道等一概傳
來。僅從日本傳來的基督教教派有：日本基督教會、日本聖公會、日
本組合基督教會、救世團（又名救世軍）、日本聖教會、日本美以美
會、第七日再臨團（即安息日會）等。從日本傳入的天主教派別有：
日本天主教、日本哈里斯特正教會（即希臘正教會）。一九二六年又
從大陸傳入的真耶穌教。一時間島上教派林立，各派都積極採取措施
爭取信徒。

28　Duncan Macleod, *The Island Beautiful,* p. 215.

29　*Christian movement in Japanese Korean and Formosa Year Book, 1921*, Federation of
　　Christian Mission, 1921, p. 325.

第九章
基督教在臺灣的傳播

第一節　基督教在臺灣傳播的兩個階段

　　根據日據時期日本宗教政策由宗教信仰自由向宗教壓制的變化，我們將基督教在臺的發展分為：第一時期的基督教與日本統治者磨合階段和第二時期的基督教受日本軍國主義全面控制階段。

一　基督教與日本統治者磨合階段（1995-1930）

　　在宗教信仰自由時期，一八九五年五月至十一月日本人以武力征服臺灣的期間，日軍與臺灣民眾衝突中，島上的基督教會處於兩難的境地。一方面，臺灣人民懷疑教徒勾結日軍。鴉片戰爭後，基督教是挾著帝國主義槍炮的餘威入臺的，而此後部分傳教士的不法活動，讓臺灣人民自然將基督教與帝國主義相聯繫。在中日甲午戰爭後日本割占臺灣的過程中，他們認為傳教士在給日本人作嚮導，幫日本人占領臺灣，因此基督教徒不斷受到打擊。當年八月底，義兵進攻駐札在斗六大林的日軍，由於武器不精，無法成功。「他們遂把一切歸咎於基督徒。散布謠言說教友為日軍做嚮導，並指控我（高恆德神父）前鋒，而當時已去世的林茂德神父緊跟在後。」這些謠言激怒了臺灣人，「有一部分教友事先得到警告，幸運地逃走。但是大部分的基督徒都被抓走，有些被處死，另外的被充做炮灰。」[1]

1　Fr. Pablo Fernandez O.P. 著，黃德寬譯：《天主教在臺開教記》，頁147。

　　另一方面，日本對傳教士也不信任，以為他們暗中唆使教徒支持和參與抗日。他們認為「歐洲人是抗日事變的煽動者。他們更相信抗日軍的武器和軍火都是歐洲人供應的。」[2]一八九五年七月在斗六的日軍為黑旗軍所打敗，不得不放棄斗六退向彰化。當時在斗六的高恆德神父於事發前幾日調走。事後日人認為高神父嫌疑很大，他們質問說，「為什麼發生反日事變時，高神父不在斗六？日本人一口咬定高神父事先知道內情而離開。」[3]

　　兩方面的懷疑，使基督教受到了很大的打擊。一八九五年十月十四日在臺南發生「麻豆慘案」，共有男女信徒十五人，以及非基督徒四人，為義軍所殺。在此之前，在打貓（今高雄）有信徒林添丁、求道者兩名及天主教徒一名亦被誣串通日軍為村民殺死。[4]東部教會在一八九五年十二月十八日被日軍燒毀。[5]北部長老教會也損失慘重。據統計，在這場衝突中信徒被殺和失蹤者共有七百三十五名，為日軍強占使用教堂有二十所。[6]這使得北部中會的教勢在很長時間內沒得到恢復。北部遭到巨大傷害可能與日軍初入臺地，對基督教的認識不明有關。

　　在一八九六年至一九〇二年的臺灣抗日運動中，仍有基督教徒被暴徒和日軍殺害的例子。在東部：「一八九六年二月二十四日在東部觀音山燒毀禮拜堂，殺死信徒三名。到一八九六年五月末，日軍到達臺東，由此東部的迫害便終止，在這動亂期間，東部的教會除了信徒的家屋多處被搶奪破壞之外，還有禮拜堂二所（觀音山及石牌）被燒毀，信徒四名被殺死。」[7]當時為鎮壓抗日義軍，日本人在臺灣各地

2　Fr. Pablo Fernandez O.P. 著，黃德寬譯：《天主教在臺開教記》，頁148-149。

3　Fr. Pablo Fernandez O.P. 著，黃德寬譯：《天主教在臺開教記》，頁148-149。

4　臺灣省文獻委員會編印：《重修臺灣省通志》，卷3〈住民志・宗教篇〉。

5　臺灣省文獻委員會編印：《重修臺灣省通志》，卷3〈住民志・宗教篇〉。

6　臺灣省文獻委員會編印：《重修臺灣省通志》，卷3〈住民志・宗教篇〉。

7　《臺灣基督長老教會百年史》，頁141。

進行「清莊」運動，肆意屠殺我臺灣同胞，其中基督教徒也難逃其劫。如一八九六年五月，日本人誣告三位天主教徒聯合叛變。他們假裝開庭審判後，就將他們殺死。[8]

在這一階段，雖然基督教有些信徒在日本侵占臺灣中喪命，但是在一九三〇年以前，基督教與日本統治者間的關係相對來說還是和諧的，日本在島上實行宗教自由政策，這為基督教的發展創造了條件。而基督教會也極力在內部加強自身的建設。日據之初，南北兩長老會分別成立了中會，教會的發展進入組織時代。在中會的領導下，教會繼續清王朝統治時期的醫療與教育的手段，取得了進步。一九一二年兩中會進行了聯合，成立臺灣大會，並進一步完善教會的組織與制度，在「三自」運動上取得進展。

二　基督教受日本軍國主義者全面控制階段（1931-1945）

「九・一八」事變之後，日本的軍國主義傾向愈演愈烈。由於大部分的臺灣教會工作都在中國人中展開，且教士對臺灣人持同情態度，這自然會引起日軍懷疑，往日基督教與政府和睦相處的局面逐漸消失。

一九三二年，北部中會在淡水舉行設教六十周年盛典。加拿大母會派出總會議長布羅恩牧師夫婦（Rev. & Mrs. W. G. Brown）來臺。日本駐加公使德川公爵事前特致電通知臺灣總督府禮遇這位宗教使節蒞臨臺灣。同時臺灣總督府總務長官、臺北帝國大學總長、臺北州知事等政府大員均到會。這是政府對教會外表上的最後一次善意表示。[9]

在這個階段，「總督府的政治和軍事政策都是在打擊西方傳教士所從事的基督教工作，日本官員的焦點是確保日本人的價值觀和理想

8　Fr. Pablo Fernandez O.P. 著，黃德寬譯：《天主教在臺開教記》，頁149。

9　《臺灣基督長老教會百年史》，頁244-245。

都能灌輸到他的殖民地的臣民中，並根除所有不同的觀點。」[10]日本指責教會思想落後，而嚴格要求其進行思想改造，即所謂的「基督教之日本化」，以配合他們的「國民精神總動員」。所以此時日本對基督教的態度有了一百八十度的轉變，「我們知道你們基督教宣揚的是愛、和平與親善。在和平時期我們並不反對。但如今日本國正處在戰爭之中，如果你們有一個字妨害或削弱在戰時的我們，我們將讓你們基督教徒和你們的教堂在世上消失。」[11]

　　日本教育當局為了要促進所謂「振興國民精神」政策，不但關心教會學校裡的精神教育，並且認為這種任務應讓日本人自己去推行。因此他們對各教會中學提出許多苛刻要求，不斷加以干涉，並控制了教會的學校。一九三五年，迫於壓力，南部長榮中學校長由日本人加藤長太郎擔任，校內的理事會也進行了改組並讓日方參與。此後，長榮女子中學也由日本人植村環任校長，次年又由番匠鐵雄接掌校務；淡水中學及女學院也被迫移交臺北州接管；天主教的靜修女中也無法倖免，由日本人小宮元之助來任校長。一九四○年五月臺北神學校校長也由日人大川正教授擔任。受此影響，臺南州教育當局要求臺南神學校也要像北部的神學校一樣更換日人為校長。

　　隨著各地激烈的排英排美運動，以前由外國傳教士一手包辦的醫院諸機關也應時局的要求而進行改組。一九三五年六月，因有日本人強迫改造臺南新樓醫院院舍及其他事情發生，南部教士會感到經營困難，決定將臺南新樓醫院出售，而合併於彰化醫院。南部大會乃向臺灣銀行籌募四萬元向南部教士會收買，並經營至太平洋戰爭末期。次

10　Acts and Proceedings of the Fifty-Seventh General Assembly of the Presbyterian Church in Canada（以下簡稱APCC），Ion. A. Hamish, *The Cross in the Dark Valley: The Canadian Protestant Missionary Movement in the Japanese Empire, 1931-1945,* Canada: Wolfrid Laurier University Press, 1999, p. 76.

11　The United Church of Canada Board of Foreign Missions, Japan Box4 File81, Onterbridge to Arnup22, September 1937, Ion. A. Hamish, *The Cross in the Dark Valley*, p. 243.

年十月，教士會又將彰化醫院無條件贈與南部大會，並歸還以前出售新樓醫院所得四萬元。北部的馬偕醫院到一九四三年十月二十五日由總督府衛生課強奪徵用作博愛會經營的醫院。

　　一九三四年日本退出國聯，對英美感情逐漸惡化，對教會的控制逐漸加強，教會已是身不由己。尤其在一九三七年「七七事變」之後，日本人在島內積極推行「皇民化運動」，發起「精神總動員運動」，要求教會參加。一九三八年起，教會因為日本人的壓力，在一切聚會及禮拜式前，都得唱日本國歌，皇宮遙拜（後來又追加一項神道教式的伊勢皇太神宮遙拜）等儀式。傳道者必須以日語傳道，否則就得辭職。羅馬字拼音的閩南語《聖經》不准使用，日本人甚至懷疑其中「含有密碼和革命的秘密情報」。[12]無論是禮拜還是教士會議都有密探監視。一九四一年教會報也因為採用羅馬字拼音而遭禁止。

　　一九三七年八月十四日，臺灣教會依照日本基督教聯盟之通牒，組織所謂「北支事變全臺基督教奉仕會」。這是由當時在臺的日本基督教會、日本聖公會、日本組合教會、日本美以美教會、聖教會、臺灣基督長老教會南部大會、臺灣基督長老教會北部大會、基督教婦女矯風會、臺灣基督教青年會等九單位所組成的。會長書記分別由日本基督教會牧師上與二郎及臺灣基督教青年會主事近森一貫擔任，並在各地教會分設支部，從事弔慰在事變死去的士兵家屬，取回舊銅、鐵器以造軍器及替政府從事各項宣傳等工作。一九四二年八月八日「北支事變全臺基督教奉仕會」改名為「臺灣基督教奉公會」。同年八月二十八日又改名為「臺灣基督教奉公團」，並議定該團規章。規章第二條規定該團目的：「奉戴對美英兩國之宣戰大詔之聖旨，發揮皇國民之本分，盡基督教報國之責，以資練成皇民為目的。」在規章第十一條規定該團事業為：「開辦以提高會員識見為目的之講習會、講演

---

12 Hollington K. Tong, *Christianity in Taiwan: A History,* p. 78.

會、修養會等，昂揚國民之戰時意識，善導國民之戰時生活，協助推行國語（日語）以使內臺一體化，舉行戰捷祈禱會等等。」[13]由此可見，基督教奉公會正像當時「皇民奉公會」一樣，成了日本人手裡的工具。這些組織的成立也給了日本人驅使全體教會一次嘗試的機會，使他們日後更容易吞併臺灣教會。

一九四〇年九月二十七日，日本與意大利、德國結成三國軍事同盟，從此便公開與英美為敵，要求臺灣教會「斷絕與外國宣道會之關係」，所有的英美傳教士必須回國。因此當年十一月在臺外國傳教士都被迫離開了臺灣。離臺之前，教士會將在臺的財產都交由本地教會處理：南部教士會在三月間把臺南的傳教士館圍地之契據，移交臺灣南部大會財團法人管理；北部教士會在十月十九日通知北部大會：將其所有土地建物設備及一切經營事業，無條件讓予北部臺灣基督長老教會。

一九四二年在基督教奉公團成立後，南北兩大會進行合一的呼聲又起。一九四三年二月二十五日，南北教會之議員八十五名在彰化基督長老會舉行典禮。當天的來賓除了日本基督教團臺灣教區長上與二郎外，總督府也派文教局宗教調查官宮本延人與會。在「創立總會」開幕時，前任大會議長陳溪圳致辭說：「今天南北長老教會聯合成立總會，不過是創設臺灣基督教團的第一步而已。今總會成立後，我們要進行的第二步乃是不分內臺之區別，在基督裡面將全體臺灣的抗羅宗基督教合而為一，以期早實現名副其實的臺灣基督教團。願大家為此努力。」[14]繼而宮本宗教調查官也致辭說：「你們今天所進行的乃是第一步，但此合一可以說已經遲了，然而第二步，即『內臺一如』的工作正在等候你們。」很顯然，總會的命運在成立典禮時已被宣告，

13　《臺灣基督長老教會百年史》，頁264。
14　《臺灣基督長老教會百年史》，頁265。

不過是為要組成的臺灣教團之前身而已。[15]在日本的一再催促下，一九四四年四月二十九日「日本基督教臺灣教團」宣告成立，統理為上與二郎，總務局長中森幾之進。至此臺灣教會完全為日本人所吞併。

　　在逐步控制教會的同時，日本人還不忘對傳教士進行洗腦，灌輸神道的宗旨及國民精神。一九四二年八月五日「北支事變全臺基督教奉仕會」為擴張其組織，在臺北召集臺灣教會全體傳教師參加該會所辦為期兩天的「全臺灣基督教傳教師練成會」，一九四三年三月及六月，傳教士們分三批被派往臺北市「大直國民精神研修所」參加為期一周的「練成會」。此練成會由總督府文教局以「基督教奉公團」名義執行。每天傳教士在天明前就被叫醒起床作「禊」（Misogi 即浸冷水）、念「祝詞」（Norito 即神道教經文）等神道教儀式，此外尚有開會、分班討論、自我檢討等事。在結束前夜，傳教士圍繞「篝火」（Kagaribi，即營火）參加「尊皇志士」的招魂祭，然後每人都要起來表白做「皇民」的信念及決意。[16]當時曾參加練成會的黃武東認為「這是一種道地的洗腦機關，是一種完全違背基督教信仰的『洗腦會』」，但當時他「未能拒絕」，「成為終身憾事。」[17]

　　在戰線迫近臺灣時，整個教會的活動隨之被監視，也無法開展任何積極的活動。此時全島盛傳美軍將由臺灣島登陸反攻，一時人心惶惶，日軍更恐臺灣人和聯軍接應，加緊迫害抗日分子，對教會人士更嚴加監視。「日本人懷疑基督徒會引美軍上岸，並說菲律賓就是這樣，」因此全力搜集在臺教會人員名單，並對有關人員進行嚴密監視。「日本人並不隱瞞這個事實，如果美軍登陸，他們打算殺掉所有基督徒，男人、女人和小孩，一份死亡名單都已編好了。」在這種情

---

15 《臺灣基督長老教會百年史》，頁265。

16 《臺灣基督長老教會百年史》，頁268。

17 黃武東：《黃武東回憶錄——臺灣長老教會發展史》（臺北市：前衛出版社，1988年），頁41。

況下，「也不免有人恐慌並退教，不過大部分人還能堅持他們的信
仰。」[18]日本的殘酷鎮壓，使教會人員的活動受到很大的限制，「隨戰
爭進展，大量的教會，特別是農村教會，被日本士兵占去，牧師只能
在家中服務。任何的基督教的聚會或定期禮拜日的戶外活動都須特別
警察的同意，會上警察要做記錄。」[19]而且「牧師無論前往所在城鎮
之外的任何堂會，都必須向警察報告。週末還要彙報整週的活動情
況，報告時如果有任何不全面的地方，警察就會成功把它指出來。」
有些人還因日本的懷疑而入獄，「二名牧師一名長老，一名教師入獄
超過四個月，被控為充當間諜和接送秘密情報。」[20]因此「當時的教
會除了主持禮拜儀式及應付日本人對教會指令的戰時宣傳外，實無法
從事任何傳教工作。」[21]

第二節　日據時期基督教各派別的發展

　　日本統治臺灣五十年間，島上教派眾多。由於各派（不包括天主
教）在臺灣發展的歷史、吸收的對象、信徒的數量等各方面的不同，
它們在這五十年中的發展各有不同。

一　長老會

　　該會是島上最大的教派。到日本殖民統治時期，長老會的入教人
數不斷上漲，「在北部日據以前每年洗禮人數在一百人上下，一八九
七年洗禮人數就已達一百五十六人，一八九八年二百四十一人，一八

18　Hollington K. Tong, *Christianity in Taiwan: A History*, p. 77.

19　Hollington K. Tong, *Christianity in Taiwan: A History*, p. 79.

20　Hollington K. Tong, *Christianity in Taiwan: A History*, p. 79.

21　《臺灣基督長老教會百年史》，頁244。

九九年就達到三百六十人。」[22]南部在前十年間（1895-1905）入教人
數就翻了一番[23]。隨著教會勢力的擴大，南北雙方的傳教區域互相接
壤。在一九〇九年末，雙方在彰化召開會議並最終確定各自的傳教區
域，規定在臺灣東海岸劃定北部教會自花蓮港以南，南部教會自觀音
山以北，各自傳到的地方相接為界；臺灣西海岸以自大甲溪口至校栗
埔直入東溪為界線。[24]清朝統治時期長老會只有數千的信徒，只有北
部冊立了二位本地牧師，教會的發展受母會的指導與資助。經過日據
五十年，長老會的教勢得到了極大的發展，一九四一年共有信徒五九
七二一人，說教所一百八十五所，布教師一百六十九人。[25]

　　以下我們對五十年來長老會的成長作具體分析。從一九〇五年
起，日本人在臺進行七次人口調查，本文以這七次的時間進行分期，
將整個基督教的成長變化與人口的變化作對比。

年份	長老會信徒總數	信徒增長率%	人口增長率%	說教所的數目
1905	12588			
1915	20307	4.898	1.362	144*
1920	28626	7.108	0.988	149
1925	29793	0.802	1.785	149
1930	37842	4.899	2.835	172
1935	44948	3.502	2.565	185
1940	44747	-0.009	2.412	185

資料來源：臺灣省行政長官公署統計室編《臺灣省五十一年來統計提要》，表512、
　　　　　表62，臺灣總督府編印《臺灣事情》大正六年至昭和十八年。
　　　　　*1916年的數字

22　W. Campbell, *Sketches from Formosa*, p. 296.

23　Edward Band, *Working His Purpose Out: The History of the English Presbyterian Mission. 1847-1947*, p. 127.

24　《臺灣基督長老教會百年史》，頁141。

25　臺灣總督府編印：《臺灣事情》，昭和18年。

　　從上表看，除在最後一個時期教會停滯發展，信徒的數量減少，說教所數目也沒有增加外，其餘各時期，信徒的數量都有增長，但在每個增長之中又有不同。一九一五至一九二〇年間的信徒增長率最高，達到了7.108%，但在說教所數目上卻沒有明顯的增加。這主要在於這個時期的一戰的進行，在戰爭形勢下信教的人會增多，但他們的經濟實力由於戰爭的影響並沒有增強，無法支持更多說教所的設立。一九二〇至一九二五年這個時期，它的信徒增長率只有人口增長率的一半，而且說教所的數目也沒有增加。這種增長不是實質的增長，而是慣性增長。

　　從整體上分析，一九〇五至一九三〇年期間，增長了二五二五四人，平均每年增長一〇一〇人，增長率4.50%，在一九三〇至一九四〇年期間，增長六九〇五人，平均每年只有六百九十人增長率1.69%。因此可以將一九三〇年作為分期，將長老會的發展分為前後兩個階段。前一個階段為良性發展時期，後一個階段為非良性發展時期。

　　從說教所的設立來看，一九一五年到一九二五年間，由於世界大戰以及戰後的經濟蕭條，說教所的增長需要大量的人力、物力的支持，所以在這十年的說教所僅增長了五所，一九三五至一九四〇年間由於戰爭的影響，說教也沒有增長。這裡可以明顯地反映出時局對基督教的影響。

二　日本哈里斯特正教會（即希臘正教會）

　　一九一四年由日本傳入臺灣。最初在嘉義東門外設置教會，其後亦在萬華新起街設立教會，旋於一九二二年廢。嗣後只有嘉義一教會。據一九三三年，日臺灣總督府之統計，計有教會一所，司教一名，日人信徒一五二人，臺灣籍信徒十七人，共一六九人而已。其教

會少有活動。[26]

三　日本長老會

日本長老教會是日本諸派中最先來到臺灣的。日本在占據臺灣之初，日本基督教徒從軍者不少。一八九六年日本基督教會傳道局派河合龜輔牧師來臺。起初只有信徒四人，後逐漸增加到十二人。由於馬偕牧師的鼓勵，臺籍信徒雖言語不通也參加日人聚會。後來遷了三次教堂。由於長老教會李春生的協助，才借得臺北新起街一幢民房當作教堂。一八九六年十一月二十二日，設立臺北日本基督教會。一八九九年，李春生又捐獻土地三百坪及二千元，在臺北西門外新建教堂，這才成為獨立自給教會。一九四○年底，日本基督教會所屬教會有十所，牧師十三人，日本人信徒一○八○人，臺灣籍信徒六八三人，共一七六三人。[27]

四　日本聖公會

該會於一八九七年傳入臺灣，次年四月二日，在臺北北門街新建布道所，後來於一九一四年遷移到臺北府前街教堂。該會在日本殖民統治時期共設有教會四所，分布在臺北、臺南、臺中和宜蘭。據日人牧尾哲著《臺灣基督教傳道史》記載：一九三○年底統計，臺北教會受聖餐者有一百八十名，受洗禮者一○五名。該年受洗者有二十名，其中男七名，女十三名，受按手禮之信徒十五名，內男十名女五名。[28]一九三六年底，臺灣總督府統計，計有教會四所，傳道者六人，日本

---

26 臺灣省文獻委員會編印：《重修臺灣省通志》卷3〈住民志·宗教篇〉。

27 臺灣總督府編印：《臺灣事情》（昭和16年版）神社及宗教。

28 臺灣省文獻委員會編印：《重修臺灣省通志》，卷3〈住民志·宗教篇〉。

人信徒六百名，臺灣籍信徒三十三人，合計六三三人。[29]到一九四○年，教會仍為四所，傳道者七人，日本人信徒增加到八○四人。臺灣籍信徒增加到六十人。合計為八六四人。[30]

五　日本組合基督教會（即公理會）

該會於一九一二年傳入臺灣。當時有會員五十五名，至一九一七年底會員增為一六九名，到一九三六年時有教會二所，牧師二人，日本人信徒四九三人，臺灣籍信徒一三四人，共計六二七人。又自創設教會以後即經營主日學校，成績甚佳。一九四○年底，日本人信徒減為四五九人，臺籍信徒減為三十八人，共四九七人。教會及牧師數仍舊。[31]

六　救世團（又名救世軍）

一九二五年，日本人羽柴士官在萬華老松町租一民房為宣講所，兼營主日學校，夜間則在路旁傳道，此為救世軍傳入臺灣之始。一九二八年日本救世軍創立人山室軍平少將，來臺視察及宣教，在臺北設支部，以日本人山本忠雄小校為小隊長（即排長），借了一所民房為會館，舉行開教典禮。不久臺北小隊升為臺灣大隊，委派日本人山本為大隊長，並升為中校，另派日本人營野上尉到臺中，設臺中小隊，後又在高雄，臺南等地也都設有小隊。據一九四○年底之統計，計有教務所（即大隊）一個，五個小隊、軍官十二名，信徒即士兵日本人二

29　臺灣總督府編印：《臺灣事情》第七章〈神社及宗教〉，昭和12年。

30　臺灣總督府編印：《臺灣事情》第七章〈神社及宗教〉，昭和16年。

31　臺灣省文獻委員會編印：《重修臺灣省通志》，卷3〈住民志‧宗教篇〉。

〇五人，臺灣籍信徒七十二人，朝鮮人一人，合計二百七十八人。[32]

七　日本聖教會（荷里寧斯教會）

一九二五年，東洋宣教會荷里寧斯教會監督日人中田重治來臺視察，日人阿部藤夫福音使便留在臺灣，次年一月三十日開始傳道，六月成立臺北聖教會協會。其後不斷有教會設立，分布在花蓮港、臺東、臺南、基隆、宜蘭、羅東及玉里等。此外以臺灣人為福音使者當有三所教會。即臺南高進元福音使，臺南北門西港王錦源福音使，及薄薄社山胞藤福音使。此教與臺灣人的關係較為密切，其信徒中臺灣人亦較多。據一九四〇年之統計，有教會十六所，福音使十九人，信徒日人二三六人，臺灣籍信徒一四八一人，外國人五十人，共一七六七人。[33]

八　日本美以美教會（Methodist）

一九三一年，日本人藤田一市牧師來臺，次年在臺北借民房設立教會。此為該教派在臺灣之最初傳道。到一九四〇年，其教勢計有教會二所，牧師四人，日本人信徒二百四十人，臺灣籍信徒七〇二人，共有九四二人。[34]

九　第七日再臨團（即安息日會）

該派為日本基督教中後來臺之派別，一九三九年才傳入臺灣。在

---

32 臺灣省文獻委員會編印：《重修臺灣省通志》，卷3〈住民志·宗教篇〉。

33 臺灣省文獻委員會編印：《重修臺灣省通志》，卷3〈住民志·宗教篇〉。

34 臺灣省文獻委員會編印：《重修臺灣省通志》，卷3〈住民志·宗教篇〉。

一九四〇年底，有教會一所，宣教人一人，日人信徒十三人，臺灣籍信徒四十七人，合計六十人。[35]

以上各派，到了第二次世界大戰期間，英加籍傳教士均先後回國，因為要管制基督教徒，故新教之中除日本聖公會及第七日再臨團以外之日本基督教會，日本組合基督教會，日本聖教會，救世團及日本美以美教會等五派，均於一九四三年合併為日本基督教團。

十　真耶穌會

該會是由中國山東的張巴拿所倡設的，是屬於靈恩派教會。該會後來傳至廈門，又從廈門由一名叫吳道源的華僑於一九二六年引進臺灣。先在彰化沿海線西、和美一帶傳教，並設立教會，隨後即向南及向北發展。到一九四五年時該教會已有二十三個會所，信徒共三八三二人。[36]

第三節　基督教在原住民中的傳播

一　清代基督教與原住民良好的互動關係

基督教在臺灣原住民中的平埔族的傳播，與基督教進入臺灣後屢次和當地漢人發生衝突相比，確實獲得了極大的成功。在南部，傳教士入臺之初就有平埔族人受洗。據統計，在清統時期，在臺灣的外國教會所吸收的信徒大部分是平埔族。英國長老會在臺努力三十年後，共有信徒一二五六人，其中近三分之二是平埔族人；加拿大長老會，

---

35 臺灣省文獻委員會編印：《重修臺灣省通志》，卷3〈住民志·宗教篇〉。
36 臺灣省文獻委員會編印：《重修臺灣省通志》，卷3〈住民志·宗教篇〉。

到一八九二年止，在臺傳教二十年後，共有信徒一七五一人，其中至少有四分之三是平埔族人。[37]

　　基督教能在平埔族中迅速傳播，但在漢人社會中卻舉步維艱，其原因在於當時的原住民社會與基督教間存在著良好的互動關係。在平埔族社會，雖然他們已為漢人文明所同化，但是他們的社會與漢人的社會仍有比較大的差距。首要特徵是邊緣化。儘管清政府對原住民採取了相當的保護措施，但我們不能否認，由於部分不法漢民欺壓等種種原因，相對於漢人而言，平埔族在整個社會，在整個社會當中屬於弱勢群體。另一個特徵是短缺化。「短缺」是對人類整個生活狀況進行描述的概念。平埔族社會首先面臨的便是經濟的短缺。平埔族人原先過的是遷移式的生活，在學習漢人的先進技術後，他們也向定耕生活轉變。但是他們的生產水平低下，無法與漢人相比。而且即使是「漢化」之後，平埔族人仍維持著原來的消費方式。在「漢化」過程中，平埔族的傳統宗教遭到削弱，出現「信仰危機」。當時平埔族的宗教意識仍然極其濃厚。與其生產水平相適應，他們的宗教，是一種自然崇拜：崇拜著無數的自然物、崇拜著無數的祖先。在他們的社會中根本沒有寺廟，神像或僧侶，也沒有上帝的觀念。隨著封建統治的加強和深入，平埔族原有的社會結構被破壞，原始的公有制為私有制所代替，族內貧富分化加劇。「富者蓄積洋銀數萬至十餘不等」、貧者「或丐於市」、「或間為別番傭工以糊口」。[38]在這種外部而來的社會變革力量面前，他們原有的信仰和價值體系已不能為他們的活動提供有意義的規範和思想，他們原有宗教的作用被削弱了。平埔族也很難從自己價值體系裡找出有意義的解釋去適應這種變化，於是他們的宗教以及由這種宗教構成的文化體系和價值觀就發生了動搖。這從根本上

37　Daniel H. Bays, *Christianity in China*, pp. 121-137。
38　周慶明：〈十七至十九世紀臺灣平埔族聚落形態的演變〉，白濱等編：《中國民族史研究（二）》（北京市：中央民族學院出版社，1989年），頁271-288。

瓦解了傳統宗教信仰的基礎。因此，傳統宗教在社會變遷中失去了它
的意義，而新的社會關係和生活方式又要有新的價值體系來支撐，這
樣就導致「信仰」危機，從而為基督教的傳入提供了契機。

　　從基督教方面來看，基督教在平埔族社會傳播正好可以對他們的
社會作出有效的補償。一方面，基督教能為原住民提供有效的庇護。
傳教士入臺，不但有強大的帝國主義做後盾，而且還有受條約保護的
特權。他們可以與清政府的高級官員打交道，或者動不動就以武力相
威脅。因此在平埔族人眼中，傳教士比漢人更有權有勢，可以從他們
那裡尋求保護。他們感到「傳教士是非常厲害的，可以迫使清政府官
員站到他們（傳教士）這一邊。如果傳教士是厲害的，那麼他們（傳
教士）正好能夠將他們從廣東客家人的壓迫中拯救出來。想來，他們
要幫助傳教士，他們要全成為基督教徒，這是應當的。」[39]一八六八
年臺灣教案後，平埔族人又看到了傳教士的力量，入教人數有開始大
規模上漲。到一八七二年止，萬金的教會已有財力購買土地以幫助那
些土地被附近客家人占去的教友。[40]

　　另一方面，平埔族的「社會短缺」，物質生活極端匱乏，生命與
安全在偶然性控制之中，饑餓、疾病和各種自然災害的威脅常常困擾
著他們。傳教士們以狂熱的宗教獻身精神奔波於高山深谷之間施醫送
藥，而他們憑藉先進技術，能比巫術及中國的民間信仰更有效地解除
人們的痛苦和不幸。因此他們的醫療與善舉贏得人們的信任。信仰基
督教成為了一時的熱潮，大量的族人加入教會。傳教士的「救世」行
為，也補償了平埔族長期受歧視而形成的自卑心理。傳教士以「救
贖」為旗號，宣傳在「上帝的國裡大家是兄弟」的基督教的平等觀，
並且做出與少數民族一家人的姿態，關心他們，幫助他們，使他們在

39　Daniel H. Bays, *Christianity in China*, pp. 121-137.

40　Daniel H. Bays, *Christianity in China*, pp. 121-137.

做人尊嚴上得到極大滿足。「儘管加入基督教並不能在物質上使平埔族更富有，也不能提升平埔族在漢人社會中的地位，而且基督教中的『罪人』比漢人的『野蠻人』的形容好不了多少。但平埔族人確實感到心理上的滿足。他們可以輕視漢人為崇拜偶像的異教徒，而不用尊重他們為文明的傳入者。」[41]

總而言之，在封建政治、經濟雙重的重壓下，平埔族人必然會產生擺脫現實的痛苦境地，追求幸福生活的願望，而當時的實際情況卻又無法以自身的力量來實現這些願望，因此，他們具有強烈的渴望得到拯救的意識；基督教的傳入正好可滿足平埔族人的願望。在這樣的互動關係下，清代基督教在平埔族間得以很好的傳播。

二　日據時期基督教與原住民互動關係的破裂

一八九六年，臺灣總督府民政局長水野遵即曾指出：「今欲在蕃地經營事業，首先須使番人服從我政府。」[42]為了掠奪山地資源，日本人對原住民實行「理番」政策。在日本理番政策的影響下，原住民的社會也發生了變遷，清統時期基督教與原住民間的互動關係被破壞。從原住民社會來分析，在物質生活方面，原住民的生活也有了極大的變化。日本人為了鞏固其在臺的統治，採取一系列的措施幫助他們發展生產、改善生活。如日人實行的「授產政策」，其內容包括，鼓勵定耕農業、對甘蔗等農作物的栽培進行技術輔導、推廣畜牧和養蠶等。殖民當局還將住山地的人口遷移至靠近平地的淺山地區。日據時期，雖然臺灣少數民族依然保持著自給自足的原始的社會生產方式。

---

41 Daniel H.Bays, *Christianity in China*, pp. 121-137.

42 伊能嘉矩：《臺灣番政志》（二），臺灣叢書譯文本第4種（臺北市：臺灣省文獻會，1957年），頁630。陳孔立：《臺灣歷史綱要》（北京市：九洲圖書出版社，1996年），頁402。

但同時其生產水平確有一定程度的提高。表現為其收穫量有明顯增
長，據有關資料統計，一九二三年，「番界有水田六千餘畝，糙米收
穫量五〇九七石」。到一九三〇年，「水田增至二〇五七七餘畝，糙米
收穫量達一一七〇三石」。[43]並且貨幣的使用在山地少數民族經濟活動
中也逐漸占有一定的地位。山地的經濟也逐漸融入臺灣的整個經濟中
去。

　　日本對原住民的統治，基本上是不觸動他們原有的社會結構。雖
然「番地」警察被賦予廣泛的權力，但它的基本職能就是維持日人對
臺灣山地的統治，並且這一體系也未延伸至住民內部。傳統宗教可在
他們的社會中仍在發揮作用。而日本也有意識地讓原住民在其統治結
構中獲得一些權力。殖民當局有意將受過日式教育的少數民族青年派
往其所在地擔任基層公職。如阿里山鄒族達邦社中受日人教育者，在
一九三〇年，已有四人擔任州廳巡查，二十二人擔任州廳警手。[44]這
使得原來在傳統社會性中地位較低的分支聯合家族，這時可以通過派
選子弟經教育途徑擔任公職，使這些家族的社會地位得以提升。

　　從基督教方面來看，最重要的是，日本人在島上確立統治之後，
傳教士們的特權隨著清政府的離去而失去，使得基督教對原住民的
「吸引力」也就失去了。當時的平埔族人的信徒素質並不高，他們的
入教動機並不是因為信仰而起的，而是一種「世俗」的動機所致。有
些族人入教就是為了尋求傳教士的「保護」，有的族人因蒙受基督教
醫療的親切，其入教系屬感情，沒有真實的信仰。同時他們的入教是
一種集體的行為，馬雅各在一八七〇年四月的信中如此寫道：「有將

---

43 陳國強、田玨：《臺灣少數民族》（南昌市：江西教育出版社，1994年），頁211。曾
　　國良：〈「理番政策」與臺灣少數民族社會變遷芻議〉，《中南民族學院學報（社）》
　　2000年第2期。

44 曾國良：〈「理番政策」與臺灣少數民族社會變遷芻議〉，《中南民族學院學報（社）》
　　2000年第2期。

近五十個家庭放棄了偶像而入教。當每一家長改信以後，整個家族都
欣然順從其榜樣而入信。」許多人並未真正瞭解福音，沒有自己的信
仰，在清代就有些信徒便不再關心於做禮拜及教會的規戒律事，有些
人乾脆離開教會，有些族人所做出的行為更有違於信徒之名。在老人
與中年人中間，酗酒的事是司空見慣的，而離婚更屬不足為奇。[45]在
這些信徒入教之後，由於信徒眾多，傳教士少，教區廣大，又忽略了
訓育培養之責。像北部，平埔族地區的教務擴展都繫於馬偕一人，在
日據之前，北部共有六十所教會，依靠馬偕一人之力是無法全部進行
教導。而且晚年的馬偕牧師又將大部分的時間致力於神學教育與既設
教會的巡視。吳威廉牧師繼承馬偕牧師的這些工作，並且特別注重教
會的建設與組織，所以在北部臺灣的積極布道工作可以說已經停頓將
近二十年之久。對這些本來信仰就不堅定的族人來說，沒有進行新的
教導堅定信仰，傳教士們能夠吸引他們入教的特權卻失去了，所以大
量的平埔族人退教。

　　在日本人統治下對原住民恩威並施，總督府除了對原住民進行武
力清剿外，還展開一系列的「撫育」、「教化」工作。經濟方面如修建
山地道路、扶植農牧業的發展、設立山地交易所；在部分山地少數民
族居住區設立療養所和施療所等公共醫療機構。日本人的這些綏撫
措施，使基督教的種種善舉顯得不那麼突出，也就失去對原住民的吸
引力。

三　基督教在原住民社會的傳播

　　在新環境下，隨著原住民社會的變化以及基督教所能提供效用的
變化，兩者間已不能形成良好的互動關係。平埔族入教的情形發生很

45　《臺灣基督長老教會百年史》，頁21。

大的變化，以北部為例，一九〇一年馬偕博士逝世之後，北部的平埔族竟有三千人退教，[46]宜蘭平原一八九四年有二十五所教會，但到一九〇一年只剩下宜蘭、蘇澳兩所了。[47]

　　在日本統治時期，由於漢人與教會關係的改善，也由於財源有限，教會的工作重心也轉向占臺灣人口大多數的漢族。如一九〇九年劉忠堅牧師被任命負責北部蘭陽方面教會重建的責任。他在當地工作數年，便將禮拜堂從快要消失的原住民鄉村，移到漢民居住的鄉村——如宜蘭、羅東、頭圍、礁溪、蘇澳、三星等。劉牧師特別以漢族密集地的宜蘭和羅東為中心，致力於傳道的工作，並取得成功。互動關係的破裂與工作重心的轉移，使得原住民入教人數大為減少。據《臺灣宗教調查報告書》第一卷統計，一九一八年加拿大長老會有漢族信徒四千四百人，熟番卻只有八百四十五人。[48]梅甘霧牧師從一八九五年起一直在彰化地區傳教，至一九〇七年為止十餘年間信徒只由八百增長到一千二百人。同時教會數目的增加也非常緩慢，一八九六年該地有六個原住民教會，到一九〇七年才增加了一個。[49]到了日據末期，由於日本的壓迫，馬偕二世被迫從學校中解職，便在北部臺灣進行傳教工作。他特意尋找曾經接受過福音的平埔族進行傳教，並且取得一定的成效。[50]

　　雖然基督教在平埔族地方的發展已陷入低谷，但那裡仍存在諸多有利因素：[51]

　　一、地人居住生態環境及生產型態的改變，使得山地原有的傳統

---

46 Ion. A .Hamish, *The Cross in the Dark Valley*, p. 32.

47 張炎憲編：《臺灣近代名人志》（一）（臺北市：自立晚報，1987年），頁34。

48 〔日〕丸井圭治郎：《臺灣宗教調查報告書》第一卷，大正八年（1919），頁206。

49 Edward Band, *Working His Purpose Out, The History of the English Presbyterian Mission. 1847-1947*, p. 137.

50 Ion. A. Hamish: *The Cross in the Dark Valley*, p. 180.

51 臺灣省文獻委員會編印《重修臺灣省通志》，卷3〈住民志‧宗教篇〉。

宗教無法有效地實行其應有的功能。稻米耕作及非傳統性經濟作物的介入已無法與山地原有的宗教體系切合並存。再加上，山地經濟又逐漸地納入到全國性經濟體系裡，在社會文化上因而產生巨變，使傳統的山地宗教乏力予以克服與適應，因此基督教的傳入乃有較大的成功機會。

二、歷經清朝及日據時期「理蕃」政策的施行，原住民傳統宗教勢力遭到很大削弱。

更重要的是，日本殖民政府特別強調風俗改良，在政策上側重禁止各類殖民政府所認定的迷信及不良風俗。在日本統治下，原住民許多部落性的宗教活動亦被視為迷信而遭到禁止。在南澳泰雅族中，日人禁止他們過自己的「年」，在奇美村的阿美族中，正月祭首部分被取消，部落性的驅魔祭、求晴祭、求雨祭等也在日人高壓政策下被禁絕，到一九三〇年已完全絕跡。這種所謂的風俗習慣改良的作法對山地各族社會產生了深遠的影響，最後導致山地傳統宗教體系的崩潰。

因此教會並沒有放棄他們的努力。一九〇九年，剛剛成立不久的北部中會第八回會議通過決議，創設北部宣道會，以便在山地族中傳教。此後教會曾多次派人對生番社調查，尋求傳播福音的機會。一九一〇年九月，北部中會的蕭安成曾前往屈尺內桶坡生番社視察；一九一一年二月，中會根據宣道會的報告，「耳聞後山有南勢蕃已經歸化有八千人左右，若其地方為宣道界限，較合宣道會之力」。但當中會派約美但與郭希信兩牧師往後山調查，意欲在這些已歸化的番社中傳教時，遭到了日本人的拒絕。[52]

一九一二年在剛成立的臺灣大會第一回會議，全體會員也熱烈地討論了山地傳教的可能性。[53]同年在臺灣召開的聯合傳教士協議會，提議應派宣教牧師及宣教醫生各一名，住在山地宣傳福音。一九一五

52　《臺灣基督長老教會百年史》，頁206。
53　《臺灣基督長老教會百年史》，頁206。

臺灣高山原住民

年宋忠堅牧師回到英國，他以母會的名義請求在臺灣山胞中開展傳道工作。馬雅各醫生新出版一本小冊子名叫 *Savages, Sick and Sound* 提議在東部阿美族中傳教。[54]這些都表現了日據時期基督教會對山地傳教的熱心，但這一切在日本人禁止向山地傳教的命令之下都無法實現。教會的種種努力由於日本政府的禁令，並沒有取得成效。而且教會的工作重心轉向占臺灣人口大多數的漢人，為此山地傳道的工作也未能積極推行。日據時期長老教會沒有派出牧師在山地傳教，只有一些基督教徒出於宗教熱情在作個人的努力。一九六年，日本人井上伊之助的父親在臺灣東部太魯閣山谷內被太魯閣族人殺死。他於一九一一年帶全家族到臺灣。雖然迫於政府的禁令而無法直接傳教，但他仍不灰心，堅持以自己的醫學知識穿梭於山地各少數民族中間。他首先在新竹工作大約六年，後來一度因為健康關係返日五年。一九二二年井上伊之助再來臺灣，暫時在平地巡迴傳教，一面順路訪問各地的番社施療。自一九二六年起的十四年間，他在臺中山胞各社服務。

　　加拿大聖公會的自給傳教士葉資（N. T. Yates）牧師，克服重重困難，與駐在臺東方面的阿美族與魯該族鄉村中，與他們共同過著極清貧的生活，前後約三十年之久。最後於一九三八年逝世於馬偕紀念醫院。

---

54 《臺灣基督長老教會百年史》，頁127。

臺灣阿美族

　　在日本的高壓政策下，雖然傳教士很難進到山界裡面宣講教義，但卻無法阻止一些山地同胞到外面來與基督教接觸，這些人便成為在山地傳播福音種子的開拓先驅。其中最主要的三人乃是芝宛、許南免、打歪。

　　芝宛女士乃「山地教會之母」，她於一九二三年開始在花蓮港教會求道，一九二四年六月領洗入教，成為山地太魯閣族的第一位信徒。在一九三○年前後，受北部女宣道會派遣返回花蓮港，以加禮宛為中心，在新城太魯閣附近傳教。許南免住在阿美部落中，一九三一年四月到淡水進入神學校念書。三年後回到東部，住在光復阿美村落中傳道。打歪於一九三一年九月來淡水念書。二年後，回到深山各部落傳教。第二次世界大戰時被日人關進監獄七年，光復後繼續活動。在他們的努力之下，山地的教會力量依然頑強的生存。一九三二年，芝宛、打歪、許南免、川島重治等太魯閣及阿美族的信徒與家眷都來參加北部教會設六十周年紀念會。[55]而且在這些人的努力下，光復之初，山地就有兩三千信徒受洗入教。這可視為是日據時期禁止向山地傳教的一種回應。

---

55 《臺灣基督長老教會百年史》，頁245。

第四節　日據時期基督教的發展特點

在基督教各派的努力下，島上的教徒人數不斷增長。據統計，從一八九八年至一九四二年間，臺灣基督教的總信徒數由一〇一四八人增至六九一八九人，在臺灣的傳教士到一九四二年則增至二百七十五人，說教所由一八九九年的七十五個增加到一九四二年二百五十九個。[56]整個日本統治時期的基督教發展，具體分析起來有如下特點：

一　以長老會的發展為代表

日本殖民統治時期雖然在島上有眾多的教派，但日本人的宗教在吸收漢人信徒方面並不成功。矢內原忠雄論及日本宗教在臺的發展時說，「日本占領臺灣的結果，雖在政治、資本及教育上，壓倒並驅逐了臺灣人原來的勢力及外國的勢力；惟有關於宗教，日本人的活動不甚振奮；對於臺灣人原來的寺廟信仰及各國基督教傳教士的傳道，幾乎完全不能染指。在占領臺灣以後，日本的神道、佛教及基督教雖隨以俱來，但僅與住在臺灣的日本人發生關係，即其活動並不影響臺灣人及臺灣先住民」[57]

在五十年的發展中，長老會的信徒數占了臺灣信徒總數的絕大部分。一九〇三年時在總計一三〇五五名信徒中有一〇三一六名為長老會的信徒，占了79.02%，到一九四二年時，島上信徒總數為六九一八九名，其中有五四五四〇名為長老會信徒，所占比例仍高達78.83%。而且本省人信徒中也是以長老會的信徒占大多數，由於資料上的原因，我們從一九一六年來看，當年總信徒數二八三八八人，本省人二

---

56 臺灣省行政長官公署統計室編：《臺灣省五十一年來統計提要》，表512。

57 矢內原忠雄：《日本帝國主義下之臺灣》第三章，「教育問題」，蔡錦堂主講：〈日據時期臺灣之宗教政策〉，《臺灣風物》第42卷第4期。

六七三二人，本省人中長老會的信徒數有二二九一三人，占本省人信徒的85.71%，也占總信徒數的80.71%。到一九四一年時，總信徒數七四六七〇人，本省人六九〇七六人，本省人中長老會的信徒數有五八〇四三人，占本省人信徒的84.03%，也占總信徒數的77.73%。[58]

二　南部長老會的發展優於北部長老會

在日據之初，島上的南北長老會的教勢據日本人大儀見統計如下：

一八九七年，南部：教會三十七所，講義所九所，信徒二二六三人，傳道者三十名。神學生十三名，傳教士八名，醫院、學校各一所。

北部，教會六十所，信徒二六三六名，傳道者六十名，神學生九名，傳教士二名，醫院、學校各一所。[59]

從日據之初的統計數字來看，北部的發展還略勝於南部一籌。特別在教會數與傳道者的數目上，北部是大大超過了南部。但這種局面沒多久就發生了變化，在一九一二年南北聯合大會召開時兩會的力量就已有明顯的不同：

一九一二年，南部有教堂九十四處，本堂牧師五人，領聖餐者三七六七人，獻金二千元；北部有教堂五十四處，本堂牧師七人，領聖餐者二〇九七人，獻金九二〇元。[60]

一九二〇年，南部有傳教士駐札的堂會二個，傳教士定期到訪的布道所一百一十個，完善教會三十六個，完全自養教會二十個，部分自養教會九十個，領聖餐者五三三四個；北部有傳教士駐札的堂會二個，傳教士定期到訪的布道所五十六個，完善教會十九個，完全自養

---

58 臺灣總督府編印：《臺灣事情》大正六年（1917）、昭和十八年（1943）。

59 山本秀煌：《日本基督教會史》，東京市：日本基督教會事務所，昭和四年（1929）。

60 Edward Band, *Working His Purpose Out: The History of the English Presbyterian Mission. 1847-1947*, p. 148.

教會九個，部分自養教會四十六個，領聖餐者二二六四個。[61]

一九三三年，臺灣長老會總會召開。南部大會有四個堂區，其中有超過三十個教會完全自養，說教師一百二十人，傳教士一百二十人，信徒達三一九五一人；北部只有一個堂區，有七個自養教會——有自己的聘請牧師的說教所六十九個，傳教士七十八人，信徒八〇九人。[62]

一九三四年，北部有一〇四一四名信徒，南部有三三四四四名信徒。[63]一九三九年，南部有一百二十個教會（congregation），三八二六〇名信徒，[64]北部有教會六十六所，信徒一〇二七〇人。[65]

從以上的幾組數據對比來看，南北之間的差距在擴大，在信徒數量上，南部的信徒數是北部的三倍，從一九三四到一九三九年間的北部教會的信徒數還有所下降；在自養的程度上，在一九一二年臺灣大會成立時，北部的本堂牧師還比南部多兩個，如果一個本堂牧師代表一個能夠自養的教會，則北部在這方面還比南部勝出一點。但此後的情形就不一樣了，在一九二〇年時，自養教會中的完善教會、完全自養教會的數目，南部是北部的兩倍。

為什麼進入日據時期以後，基督教南北的發展會有如此懸殊呢？主要在於：

首先北部的發展與以個人因素的發揮有極大的關係。在偕牧師時代，北部的傳教事業都繫於他一人上，有自立之議卻無自立之舉。至吳威廉牧師主持的時候，才有各項民主機構的設立。不過當時北部教

61　*Christian movement in Japanese Korean and Formosa Year Book, 1921*，附表二。

62　*The Chinese Recorder*, 1933, July, P480；〔日〕井出季和太《南進臺灣史考》，昭和18年（1943），頁377、379。

63　《臺灣基督長老教會百年史》，附錄四。

64　Edward Band, W*orking his purpose Out, The History of the English Presbyterian Mission 1847-1947*, p. 194.

65　黃六點主編：《臺灣基督長老教會北部教會大觀》，1972年，頁922，附錄。

會的十九位傳教士的人力主要都投入一所神學校、一所婦女傳道學校
及馬偕紀念醫院中，對教會本身少有直接的投入。在這段期間裡，教
會責任主要由劉忠堅牧師擔負，他也試圖盡力做好這方面的工作，例
如在噶瑪蘭地區針對平埔族對基督教信仰的衰落，將傳道重點移向漢
人而獲得了相當不錯的成就，但就整體而言，卻是較為無力。因此，
一九〇三到一九二二年北部長老會幾乎沒有成長。[66]在吳牧師之後，
又由馬偕一家人其女婿陳清義與柯維思等繼續負責教會的指導。

　　與此相反，南部較注重傳教士間的合作。一八九五年同時到臺的
梅甘霧牧師、廉得烈（Andrew Neilson）牧師、蘭大衛（David
Landsborough）醫生，無疑為臺灣的宣教工作增添了一股新力量。梅、
蘭兩人在彰化地區拓荒布道，擴展教區。梅牧師是一位優秀的布道
家，蘭大衛也是一位優秀的醫生，兩人結伴同工，各展所長，相輔相
成，使彰化地區的教務快速成長。在梅牧師第一個四年的任期中，就
增加了十一所教會，[67]總計在十二年間共增加了十九所教會。[68]

　　其次加拿大教會「聯合風波」的影響。北部教會在一九二三年才
開始增長。[69]但是到一九二五年，加拿大長老教會母會依多數決議宣
布正式與衛理公會及公理會合組加拿大聯合教會，反對者立即組成新
的長老教會。臺灣北部的傳教士們除偕叡廉牧師（Geroge Willian
Mackay）夫婦外都贊成聯合，但是一九二六年臺灣北部教會被劃定
歸屬加拿大長老教會。於是二十五位在臺的傳教士中有二十位在三、
四年間均離開臺灣北部。在一九二三年時傳教士劉忠堅牧師主張要使

66 臺灣省文獻委員會編印：《重修臺灣省通志》，卷3〈住民志‧宗教篇〉。

67 Edward Band, *Working his purpose Out, The History of the English Presbyterian Mission
　1847-1947*, p. 136.

68 魏喜陽：〈蘭醫生在臺灣〉，《臺灣公報社》（1967年），頁36。魏外揚：〈基督教在臺
　早期的醫療宣教〉，林治平主編：《基督教與臺灣》（臺北市：宇宙光出版社，1996
　年），頁279-298。

69 臺灣省文獻委員會編印：《重修臺灣省通志》，卷3〈住民志‧宗教篇〉。

北部教會更發展，需要增加十七位男宣道者和十一位婦宣道者，不料還未曾增加，卻失去了原有的五分之四，連劉忠堅牧師也因認同加拿大聯合教會而轉臺灣南部服務。[70] 大量傳教士的突然離去，使整個教會的工作停頓了差不多十年。[71]

三　教會發展階段的不平衡

根據上文對長老會的分析，我們擬從數量上對日據時期臺灣基督教總體發展作分析。

年份	信徒總數	信徒增長率%	人口增長率%	信徒密度（每萬人）	說教所總數	說教所密度（每十萬人）
1898	10148				75*	
1905	15081	5.823		50	139	4.57
1915	25652	5.455	1.362	74	183	5.25
1920	35282	6.583	0.988	97	195	5.33
1925	37771	1.373	1.785	95	190	4.75
1930	47940	4.884	2.835	104	232	5.05
1935	56462	3.326	2.565	108	256	4.9
1940	58798	0.814	2.412	100	258	4.39

資料來源：臺灣省行政長官公署統計室編《臺灣省五十一年來統計提要》表512、表62。
　　　　　*1899年的數據。

70　臺灣省文獻委員會編印：《重修臺灣省通志》，卷3〈住民志・宗教篇〉。

71　《臺灣基督長老教會百年史》，頁202。

　　由上表可知，單從數量上講日本殖民統治時期的基督教是一個不斷成長過程。後一個時期的總信徒數都比前個時期的有所上升。但其成長的具體過程，卻要進一步分析。本文認為：按宗教自由政策實行的時期，臺灣的基督教的發展以一九三〇年為界可分為兩個階段。前一個階段為良性發展時期，後一階段為停滯時期。

　　在一九三〇年前後各有一個時期，即一九二〇至一九二五年與一九三五至一九四〇年這兩個時期的發展處於低谷：信徒增長率低於人口的增長率，也就是說，這兩個時期的增長是一種慣性增長，信徒與說教所的密度比起前一個時期都在減少。但從整體來看，前一個時期的信徒密度由五十人增加到了一〇四人，翻了一番；在一九三〇年後的發展，人口密度反而較三十年時的下降四人。從增長幅度來看，在前一個時期信徒共增長了三七七九二人，年平均增長一一八一人，後一階段，共增長了一〇八五八人，年平均一〇八六人，在年平均信徒增長數前後就相差了近百人，而在年平均增長率上相差更大，一八九八年至一九三〇年的年平均增長率為4.972%，而一九三〇至一九四〇年的僅為2.063%。

　　我們還可從說教所的設立來分析。說教所的數目的變化比信徒人數的變化更為清楚，這是因為說教所本身需要相當的人力、物力、乃至精神力來維持的一種正式機構。它的維持需要長期力量投入。因此更能顯示教勢發展的態勢。單從量上分析，前三十一年間增加了一五七所教會，平均每年增長了五點六所，後十年間只增加了二十六所，平均年增長二點六所，前後的增長速度有明顯的不同。在密度上的對比可以看出，一九三〇年雖有一九二〇至一九二五年這個時期是低谷，但此後又開始增長。而在一九三〇年之後，雖然一九三〇至一九三五年的說教年數在增加，但其密度卻在下降。一九四〇年的密度竟然比一九〇五年的還低。可見後一個時期的信徒在增長而說教所的增長不但沒有跟上，反而越來越落後。因此從說教所的變化上我們也可

以證明這個結論是合理的。

四　教會的發展向組織化轉變

在清朝統治時期的基督教發展對傳教士個人的依賴性比較大。北部長老會，就以馬偕一人在各處傳教。南部「在這期間（1886-1895）除了教會教育之事，教會的重擔主要由甘為霖和涂為霖兩位挑起，部分由巴克禮和宋忠堅承擔，大約由於全職的傳教士不多，教會在清人統治結束之時教勢沒有或幾乎沒有增長，實際上，就領聖餐者而言，人數已在減少，一八八六年統計有一五八四名，到一八九五年只有一四四五名了。」[72]

日本殖民統治時期，教會都開始健全組織。南部教會於一八九六年成立了中會，北部教會也在一九〇四年成立了中會。一九一二年南北聯合大會成立，對教會的發展更是一個促進。到三十年代，南北兩中會分別升格為大會，臺灣大會就升格為總會。教會組織的層級架構已經具備，日據末期長老會的整個組織架構如下：總會（南北大會聯合而成）、大會（南北兩大會）、中會（南北中會下轄的各中會）、小會（各中會下轄的各小會）。[73]

五　建立了完整的教會人才培養體系

在清朝統治時期，雖然有了中學、神學、小學的創辦，但並不完備，特別在女性人才的培養上很缺乏。到日本殖民統治時期，教會在

---

72 Edward Band, *Working His Purpose Out*, *The History of the English Presbyterian Mission. 1847-1947*, p. 120.

73 周怡君：〈臺灣基督長老教會的社會運動參與（1985-1995）〉，《臺灣風物》第47卷第4期（1997年），頁9-35。

這方面繼續加以完善。南部：一八九五年由萬真珠主持，成立婦學堂，以培養婦女傳道人員。一九二八年，為了培養女性傳道人才，成立了臺南女神學；北部：一九一〇年在女學堂東南建一校舍，稱為婦學堂（Women's School），專為成人及已婚婦女教育之用。一九一四年還創辦了一所男子中學即淡水中學。同時，為了不使基督教徒家庭的孩子在日本人的教育體制下，失去信仰，並從教會中流失，主日學教育也得到了發展。一九〇八年第一個主日學機構在臺中成立，此後主日學成為教會一個重要的機構。在醫院裡，從清王朝統治時期傳教士就有意識地培養本地人員以充作助手，因此培養了一些醫療人才。

這樣一個完備的人才培養體系基本上建立起來。主日學與小學為兒童的宗教教育打下基礎；中學校是為預備青年人進入神學校，同時也為訓練更好的小學教師，以提高在地方教會所設的小學之水準，神學校是為養成更好的傳教及教會的人材，女學校則部分是為培養教會內婦女工作人員。

第十章
「本色化」運動

　　基督教作為一個外來的宗教，它如果想要順利地在中國文化系統中傳播，就不能游離於中國文化之外，它必須融入中國文化與之結合或在其中找到相關的脈絡系統，生根發展。「這種外來文化與本土文化接觸後所產生的文化變遷的過程，即是『本色化』過程。」[1]「本色化」（indigenization）原意為「土生土長」，其含義「乃是兩種不同的文化，當甲文化傳至乙文化中時，甲文化在乙文化中找到落腳點與生根點的過程或現象。甲文化如何在乙文化中找到落腳點與生根點，且甲文化之某些符號意義如何為乙文化所接受，同時在乙文化中生根發展，甚至於開花結果，其整體之過程及其中所遭遇之問題，我們皆可稱之為『本色化過程』。」[2]

第一節　「三自」運動的進展

　　「三自」指的是「自治、自養、自傳」。這個口號最早是由英國長老會在一八八一年（光緒七年）的汕頭會議上提出的。這三個方向乃當時許多傳教士針對中國教會自身的處境及面對的困難而達成的共識。消極方面，自治、自養與自傳是因應整個信仰群體遭遇的攻擊而得出來的反省，從而使中國教會能夠長遠地在經濟上、人才以及物力上做到自給自足，不再依賴西方差會的資助。積極而言，這是建立本

1　林治平：《基督教與中國本色化國際學術研討會論文集》（臺北市：宇宙光出版社，1990年），頁107。

2　林治平：《基督教與中國本色化國際學術研討會論文集》，頁107。

地教會的必要條件，中國教會一天不能在這三方面取得進展，就顯示它一天不能立根於中國社會。可以說，「三自」是建立「本地教會」的具體表現，亦是衡量「本地教會」成長的最佳標準。[3]

在日據之前，教會的有關人員就已在考慮這個問題。馬偕牧師曾說：

> 人們不斷也為自給的重大問題著想，我們教訓北部本地籍基督徒，為維持禮拜與擴張教會而獻金，這是我們的理想。但自給到底是什麼呢？我們所謂的自給的教區，即由教區的本地人負責一切的傳道工作及一切機構。北部教會等待本地人信徒自己負擔神學院、中學、醫院，禮拜堂及其他一切的機構與一切外國人或本地人的工作者之費用時，方是自給的教會。我們離開這個目標還遠，但我們已朝此方向正在邁進。現在已有四個教會能夠全自給……。[4]

到日據時期，隨著教勢的擴大，建立本地教會就越來越成為必要，教會在「三自」方向上也取得更大進步。

一　自治（self-government）

「自治」是指治理中國的教會，不再是西方傳教士的專利，本地牧師及傳道人的數目應該增加，並且更多地參與教會的會務決策，成為教會的主力與領袖。[5]由此可見「三自」的先決條件，是一群有能

---

3 邢福增著：《文化適應與中國基督徒：1960至1911年》（香港：建道神學院出版，1995年），頁68。以下簡稱《文化適應與中國基督徒》。
4 《臺灣基督長老教會百年史》，頁100。
5 邢福增著：《文化適應與中國基督徒》，頁68。

力的牧養信徒及處理教務的本地傳道者。

　　外國傳教士在臺灣首先碰到的是氣候問題。臺灣的亞熱帶氣候悶熱、潮濕，外來的傳教士很難適應，因水土不服而生病或因此而喪命者皆有之。同時語言也是另一個障礙，每個來臺的傳教士都得花一兩年的時間學習語言，否則無法接近周邊的人群。即使學會語言之後，由於文化教育背景的不同，外國傳教士與民眾之間的隔閡難免存在。但作為土生土長的本地傳教人員則有他的優勢，本地人向本地人傳教，言語自由，熟悉本地的風俗習慣，可免受許多阻力。

　　美國長老會的白達勒（John Butler）在1887年（光緒十三年）的傳教士大會中，提出了兩點必須注意的地方：首先，白氏認為普遍國人對基督教信仰的初步認識及印象，主要是從當地基督徒群體的領袖中得到。一旦他們有機會接觸福音，很自然地就會與這些傳道人比對、印證。因此，本地傳道者是社會中惹人注視的目標。其次，不僅是教外人，就算很多中國基督徒也視本地牧師、傳道人為信仰的詮釋者。在中國信徒眼中，他們無疑是基督徒生活的典範。白達勒確信，中國的福音化必須由擁有自己的牧師、運用自己方式的中國教會來實現。[6]

　　對本地人員的培養，臺灣教會在清朝統治時期就注重，但對於本地牧師的冊立則遲至日據時期才步入正軌。一八九八年四月二日，南部長老教會封立潘明珠為東港、林後、阿緱、杜君英與建功莊五堂會的牧師，是為南部第一位本地籍的牧師。五天後，劉茂坤（俊臣）被封立為臺南、木柵、柑仔林、崗仔林、拔馬五堂會的牧師，到一九四五年為止，臺灣教會共封立八十三位南部本地牧師，連潘、劉兩位共八十五位。北部在一八八五年就已冊立了嚴清華、陳榮輝兩位本地牧

6　John Butler: "*The Native Pastorate*," GCR, 1887, p. 305，《文化適應與中國基督徒》，頁71。

師，但由於偕牧師忽視對本地人員的培養，本地牧師的冊封一九〇六年之後才有穩定的增加。到一九四二年，北部共冊立四十六位本地牧師，包括嚴、陳兩位共四十八位。[7]

與此同時，教會的機構及組織制度也得以完善。日據以前，只有南部在一八七七年成立了臺南教士會（The Tainan Mission Council）處理各項事務，諸如本地傳教士的任免、譴責、待遇及調任，有關醫館及學校的規則、管理及業務，傳教士間職務的分擔，教會內一般事務等。[8]到日本統治初期，英國長老教會在中南部已有四十四所教會，信徒約一千四百餘人，並已設立中學及女學各一所。一八九六年二月二十四日，南部教會決定在臺南新樓成立首屆南部中會，稱為「臺南長老大會」。與會者二十四人，包括六位傳教士和十八位各教會長老。會中議定分設二十三個堂會。

中會成立後，逐漸加強自治的措施。南部中會於第二回春會通過「臺南小學六年章程」和「考進名章程」，並建議創辦女醫院。一八九八年南部在最初兩位牧師冊立時也有規定，要聘請牧師之教會應以全年從之薪俸提交中會。這樣數個教會聯合聘請牧師，自然不感到經濟上之困難。[9]

北部加拿大長老教會的馬偕牧師雖很早就關心本地教會的自給，但卻沒有幫助本地教會早日組織中會，使本地教會趨於自治。直至一九〇四年，北部教會經過母會的同意後，成立中會，名為「臺北長老中會」。出席會議的有吳威廉和嚴清華兩位牧師以及十三位長老。會中議定將五十七所教會歸屬十二個堂會。與此同時，北部教士會成立。

北部中會為促進各堂會自立，在首屆會議上就制定了聘請牧師之規則：（一）選臺北長老中合格傳道。（二）本島牧師束修最少者每月

7　臺灣省文獻委員會編印：《重修臺灣省通志》，卷3〈住民志·宗教篇〉。

8　臺灣省文獻委員會編印：《重修臺灣省通志》，卷3〈住民志·宗教篇〉。

9　《臺灣基督長老教會百年史》，頁106。

須龍銀二十圓。（三）牧師束修堂會掌帳者宜逐月結帳清楚。（四）堂
會須能負擔牧師束修及修理教堂雜費等費用，才可選舉牧師。而牧師
巡視教堂之房租費亦包括在內。（五）因逐月須以束修供其牧師，故
堂會每年端月須預先以六個月之束修額交其掌帳者以便供給牧師上半
年之束修，至六月亦宜備妥六個月之額交掌帳者以便供給下半年之束
修。（六）某會若欲設立牧師，須將其束修先交掌帳者。由於在首屆
中會中即制定了聘請牧師的規則，使得牧師的封立得以制度化，而進
一步在聘牧制之下有效推展本地教會自治的目的。[10]北部中會在以後
的各次會議中，議定有關教務及基本規則等事項，逐漸促成各個教會
的自立。

　　為規畫中會本身的秩序及組織，中會乃於一九〇七年制定「綱例
及辦事次序」，[11]一九二一年的第十五屆中會，又第一次創制了「臺北
長老教會憲法」。[12]一九一〇年第十一屆中會通過的「婚姻條規」，[13]
翌年中會通過的「喪事條規」，[14]一九一二年設立的「主日學教案」，
對教會的有關工作事項作了規定。於是，教會全體有了憲法，組織條
例及各種規則。整個教會可得到比較正規的訓練與管理，從此教會的
自治精神便越趨鞏固。[15]

　　本地人員的培養以及中會的成立，大大促進了自治的步伐。首先
兩中會的成立對長老會的進一步發展有極大的促進作用。在日據之
初，南北長老會曾謀求過南北聯合，就因為中會未成立而擱置。一九
〇三年二月，臺南教士會就奉英國長老會外國宣道會幹事黎牧師（Rev.
W. Dale）之命，向北部教士會之吳威廉牧師提議並詢問意見。當時吳

---

10 臺灣省文獻委員會編印：《重修臺灣省通志》，卷3〈住民志·宗教篇〉。
11 臺北長老中會議事錄第5屆，第5、6條，《臺灣基督長老教會百年史》，頁150。
12 臺北長老中會議事錄第15屆，第6條，《臺灣基督長老教會百年史》，頁150。
13 臺北長老中會議事錄第11屆，第10條，《臺灣基督長老教會百年史》，頁150。
14 臺北長老中會議事錄第12屆，第36條，《臺灣基督長老教會百年史》，頁150。
15 《臺灣基督長老教會百年史》，頁150。

威廉牧師非常贊成，但因北部尚未創立中會，北部人士擔心「聯合後不能與南部教會同盡其責，卻反而要同享其利。」所以「未便即與聯合」。[16]一九〇七年，加拿大長老教會外國宣道會幹事偕彼得博士（Rev. R. Mackay）來臺視察，當時他與吳威廉牧師曾應南部教士會之邀，在臺南討論；此為南北聯合而創設「臺灣大會」之最早提案。其時南北兩教士會都認為有聯合之必要；然而若要聯合，則應該使本地教會充分理解，方能達成。[17]正如董顯光所說的：「只要在臺灣的兩長老會仍有海外的母會支持與管理，則南北之間的聯合是困難的，只有在具有更大自治力量的中會成立後，聯合才是可行的。」[18]

其次、本地的教會領導已可以擔起教會發展的責任。據相關資料統計，南部中會到一九三〇年止共開了六十二回中會，其中臺灣籍牧師當選為議長的共有十四人，三十五人次，外國傳教士當任的有五人，二十七人次，其中在一九二〇年以後的議長全部是由臺人擔任。一九三一起南部升格為大會，至一九四五年止共召開了七屆，在所有的議長、副議長、書記、副書記四個職位中，除了第一屆的議長由劉忠堅擔任外，其餘的全部由臺籍牧師擔任。北部到一九三九年時共召開了四十三屆中會，其中有二十六屆由十三名臺灣籍牧師擔任，另外十七屆由六名外傳教士擔任。到一九四〇年時北部也召開大會，全部的職位都由臺灣人來擔任。[19]「臺灣長老會自治機構成立，使得傳教士的地位發生了變化。外國傳教士不再指導教會。大會議長（The Moderator of the General Assembly）每年都選，卻總是臺灣人。傳教士再也沒有行政權力，他們在教會中的影響來自他們在教會機構中的服務，有好些年，沒有一個傳教士成為本堂牧師。除了布道工作，傳

16　《臺灣基督長老教會百年史》，頁101。

17　《臺灣基督長老教會百年史》，頁213。

18　Hollington K. Tong, *Christianity in Taiwan: A History*, p. 62.

19　臺灣省文獻委員會編印：《重修臺灣省通志》，卷3〈住民志・宗教篇〉，頁605-609。

教士們被任命在由母會掌管的學校、神學院和醫院中工作。」[20]

二　自養（self-support）

　　自養就是教會經費，特別是牧師、傳道人的薪金，應該由會友供給，以減少外國差會對中國教會的支援，做到中國人供養中國教會。[21]

　　在臺灣基督教各派都是受母會直接領導，接受母會的資助。薛承思在一八七七年指出由外國差會來供養本地傳道者，會出現三方面不良的壞影響：一、對非基督徒來說，僱用制度會使信仰在他們心目中變得「職業化」，「相信」對他們而言，其重要性可能只在於得到一份職業而已。二、對本地教會而言，僱用制度肯定地會妨礙「自治、自養、自傳」的發展，而中國教會的威信與教導能力亦將因此受到教內、外人的漠視。三、對本地信徒來說，他們將因為受僱於「洋人」而被國人懷疑與輕視。[22]

　　因此教會在清代開始就鼓勵「自養」，雖然長老會的信徒大部分是貧苦民眾，但南部長老會在李庥報告中說：「埤頭教會在年頭決定要獻出傳教者的薪金，也要建立基金幫助生病的弟兄。打狗的信徒也願意獻出半年份的薪金，而我想我也可勸阿里港教會如此做。我從頭就鼓勵他們能早日獨立，也說中國的教會愈早能不依靠外國人，就愈能有助於建立健全的教會。」[23]到日據時期，宋忠堅牧師一直致力於該項事業，「不斷地提倡臺灣教會自養。他總是自豪地誇言南部臺灣的教會已比在中國其他任何教會離這個目標更近，並且他花了大量的

---

20 Hollington K. Tong, *Christianity in Taiwan: A History*, p. 67.

21 邢福增：《文化適應與中國基督徒》，頁68。

22 Gibson, *Mission Problems and Mission Methods in South China,* p. 223. 邢福增：《文化適應與中國基督徒》，頁72。

23 *The English Presbyterian Messenger*, June 1870, p. 133.《臺灣基督長老教會百年史》，頁14。

力氣維持教會的每年的獻金在高水準。」[24]南部教會的獻金有明顯的
增長：

年份	收入	領聖餐者
1894	1780	1265
1895	1949	1256
1896	2488	1291
1897	3732	1399
1898	4491	1745
1899	6222	1875
1900	5685*	2019
1901	7460	2204
1902	9584	2325

資料來源：*The Chinese Recorder* 1903. July P355.
　　　　　*1903年的數據。

　　這九年來，信徒的獻金是處於增長狀況，而且從平均數上看也是
如此，一八九五年平均數是1.55元，在一九○一時，平均每人捐獻是
3.40元，一九○二年平均每個信徒捐款4.12元。宋忠堅對一九○二年
教會的帳目發表看法：「其中提及的每一分錢都是由中國的基督徒捐
獻的，沒有一釐由外國人提供。」[25]

　　在宋忠堅之後，南部大會分為了四個區，這也是自養的一個標
誌。每個區都有自己的會計，母會每年繼續給南部中會捐款七千元，
這個數目大約占了南部教會每年獻金總數的十一分之一。[26]母會用於

---

24 Edward Band, *Working His Purpose Out*: *The History of the English Presbyterian Mission*. *1847-1947*, p156.

25 *The Chinese Recorder,* 1903. July, p. 355.

26 Edward Band, *Working His Purpose Out*: *The History of the English Presbyterian Mission*. *1847-1947*, p. 156.

支持牧師的撥款現在由臺灣籍的會計管理，南部（打狗——四個區之一）在自立方面已有更大的進步，只接受了撥給他們九百元中的三百元。南部教會還退還一千元以平衡神學院的財政需要。[27]

北部中會在這方面也頗有成績[28]：

> 1909年2月2日通過了創設北部宣道會的議案，規定每一所教會在農曆正月第一個禮拜日的奉獻，做為北部各地宣教之用。這項奉獻一直實行了幾十年。這是各地各教會為傳道所作的共同奉獻的首次表現。
>
> 1912年北部會傳道局開始招募「傳道局贊助員」，鼓勵本地各教會信徒捐出經費，輔助弱小教會的傳道薪金。第一年的募捐就得到贊助金共日幣1222圓，因此使教會能提高每位傳教者的薪金。[29]1922年時的贊助金為2636.80圓。[30]這項運動大大地促進了一般信徒對教會自養的覺悟與精神。
>
> 為了要扶助退休的傳教者及其家屬，北部中會於1909年設立了「孤寡會」[31]後來於1917年另外設立「傳教士養老會」。[32]翌年的中會，將這兩者合併而組成「傳教士孤寡養老會」。[33]當時的規定如下：退休的牧師每月可領12圓，退休的傳教士每月領8圓，牧師寡婦每月7圓，傳教士寡婦每月5圓。這是教會負起自

27　Edward Band, *Working His Purpose Out: The History of the English Presbyterian Mission. 1847-1947*, p. 169.

28　《臺灣基督長老教會百年史》，頁151-152。

29　1913年度*The Christian Movement in Japan*, pp. 463-464.《臺灣基督長老教會百年史》，頁151。

30　五十周年紀念「北部臺灣基督長老教會之歷史」，第107頁，《臺灣基督長老教會百年史》，頁151。

31　第9回中會議事錄第5條，《臺灣基督長老教會百年史》，頁151。

32　第21回中會議事錄第26條，《臺灣基督長老教會百年史》，頁151。

33　第22回中會議事錄第25條，《臺灣基督長老教會百年史》，頁151。

己的傳教人同生活保障上很重要的步驟。

北部信徒的奉獻也是年年增加，在1907年時的全教會全年奉獻是4267.87圓。到1912年的奉獻是7929.26圓。1914年上漲為13513.34圓，1918年為14029.74圓，次年是16829.36圓，1920年大約是2萬圓，到了1921年，一方面為慶祝設教50周年奉獻大約美金2000元以外，全年的奉獻也增加到28568.41圓。在這十五年間教會的奉獻，增加到七倍多。

除了獻金以外，自養的精神也表現在財團法人的創設上。以往各地的教堂，自建立以後其產業都用個人或「耶穌聖教」的名義來登記管理，這當然不很理想，尤以個人名義登記，後來假如其子孫的信仰有所改變，教會整個的財產便被捲入糾紛。另一方面，這些產業是教會的財產，當然也不能歸屬教士會，面臨這種問題，兩長老會便著手創設財團法人。北部中會在一九一三年開始籌畫創設之事，到一九一六年獲准成立，名為「北部臺灣基督長老教會財團法人」。[34]南部於一九一七年開始籌設，一九一九年獲准。[35]

雖然在「自養」上的獻金是逐年增多，但效果並不能讓人完全滿意，臺灣教會仍無法達到完全自養。在二戰中，由於時局的關係，傳教士撤離臺灣，由臺灣本土的傳教人員負起完全的責任。但「在失去教士的支持後，本地牧師陷入赤字，他們全靠臺灣人的捐獻無法生存，許多人必須從事世俗的工作才能維持家庭，只能花一點的時間進行傳道。」[36]雖然這裡戰爭的因素不能排除，但也說明戰前的「自養」發展並不盡人意。

出現這種結果的原因主要在於，有很多基督徒本身就是十分貧困

---

34 《臺灣基督長老教會百年史》，頁152。

35 《臺灣基督長老教會百年史》，頁119。

36 Hollington K. Tong, *Christianity in Taiwan: A History*, p. 76.

的，經濟力量有限。他們供養自己一家人的生活尚有很大的困難，當然不可能對教會有過多的捐獻。其次，信徒在承擔責任上也存在一些不正確的態度。很多基督徒由於長期接受太多傳教士的幫助，因此養成一種錯誤的心態，以為西方「傳教者是由教士會所雇傭，因之他們不必關心其薪金及行為等事。他們所關心的，往往只是自己的教會事務，以為自己的教會收支得平衡就算了事。」[37]

三　自傳（self-propagation）

「自傳」主要是鼓勵中國基督徒參與更多的布道工作。作為一個本地傳道者在這方面自不待言，普通的平信徒，更應主動地在國人面前作見證，引人歸主。[38]一般信徒在作見證方面有其重要性，雖然「一個信徒無法比一個本地牧師或傳教士所做得更多；但大量的信徒能比任何一個傳教士取得更多的成就」[39]

在「自傳」之中，澎湖宣道是比較突出的一項事業。它是一項完全由臺灣教會自己負責的工作。一八八六年六月底甘為霖及高長一同出發到澎湖，在各處視察傳教。之後教會公報也大肆鼓吹此事，認為臺灣教會的需要雖然依舊巨大，但臺灣教會不應將白白得來的再白白捨去，應勇敢負起澎湖宣道的責任，而這一定對澎湖及臺灣教會雙方都有益處。[40]教會信徒熱情獻金支持此舉，到了十二月派傳教士黃深河及學生黃能傑前往澎湖馬宮。以後南部教會為了要負起澎湖傳道之責任，常派傳道或神學生往澎湖工作。至一九一六年正式派遣楊世注牧師往澎湖傳道。楊世注夫婦駐在馬公，得便巡視澎湖諸教會。南部

37　《臺灣基督長老教會百年史》，頁69。

38　邢福增：《文化適應與中國基督徒》，頁68。

39　Campbell N. Moody, *The Heathen Heart*, p. 243.

40　*Church News*, July, 1886, .No.13, p. 91.《臺灣基督長老教會百年史》。

大會轄下之教會，依照大會之議決，每次聖餐獻金應寄交澎湖宣道會，作該宣道之費用。[41]

傳道方面還創立一些重要組織。北部，在一九○六年創設「傳道更任部」，[42]一九○八年又在臺北、宜蘭、新竹等三地區創設「傳道會」。乃是每年召開兩次，為期三天的會議，由區域內傳教者全部參加研討傳教中的實際工作以及傳教人員的培養等問題。這三個傳道會，日後（1931）合併成立「北部基督長老教會傳教士總會」。一九一二年中會為紀念北部設教四十周年起見，通過「傳道局章程」而創立「傳道局」。這可說是前「傳道更任部」的發展。該會章程主要內容如下：一、中會宜派四人與教士會合辦本局事務。二、本局所辦之事務為一、宣道設教，二、傳道薪金，三、傳道調動，四、教會戶籍。三、本局宜募集贊助員：特別贊助員，每年納金三圓以上，通常贊助員，每年納金三圓以下。該傳道局的設立大大地促進了自傳的精神。[43]

但是「自傳」是「三自」中較少被提及的一個環節，「一方面，可能人們大多以自治、自養、自傳為重要的先後次序。因此，討論這方面的言論顯然較其他兩項為少，另一方面『自傳』的實現需要的不僅是本地牧師及傳道人的努力，其平信徒在布道及見證方面也是同樣重要。」[44]然而，某些信徒的素質低下卻極大地阻礙了「自傳」的發展。

其一，尋求「保護」的心理。無論在清代還是在日據時期許多教徒都存在尋求保護的心理，由於日本對基督教的寬容，很多的民眾為了得到好處而入教，南部初期的信徒增長就是如此，北部也不例外，出現「吃教人」現象：北部的偕牧師贏得了日本人的尊重，有時候教

---

41 《臺灣基督長老教會百年史》，頁129-130。

42 第3回中會議事錄第24條，《臺灣基督長老教會百年史》，頁153。

43 第14回中會議事錄第28條，《臺灣基督長老教會百年史》，頁153。

44 邢福增：《文化適應與中國基督徒》，頁70。

徒受冤枉被捕，偕牧師可以做保證，把他保釋出來。有人利用偕牧師
的便宜來信教，做假信徒，有事時，可以托偕牧師與日本政府交涉獲
得金錢上的利益或被捕後獲得釋放。因此，會外人對基督教的人譏笑
為「吃教人」。[45]

其二，信徒中包括一些「信之不深」的未確信及未堅信者。這些
人的入教動機可能沒有太大的問題，但是他們在加入教會後，卻始終
未能穩固地建立自己的信仰；甚至，他們在信仰上亦存在有不正確的
觀點。[46]

> 由於中國傳統的功利主義色彩，人們關心的是「基督教的『上
> 帝』是否發揮其『威靈』而趕鬼、伏魔、醫病？就成為此上帝
> 及宗教的試金石了。……祈禱上帝醫病而得痊癒，求道者則排
> 除萬難進信仰之門，信者則更堅固其信心。如果祈禱上帝醫病
> 而不得治癒，便生疑心而生背離心，求助以前所拜的諸神。[47]

梅甘霧牧師描述當時臺灣的信徒時，談到他們吸引他們入教的因
素時說，「他們有著一個共同的信念是信徒的善行使他們向上帝靠
近：他們發現基督徒是一些遠離犯罪與鴉片的人們；賭博和粗口對基
督徒也是一種陌生的事；他們也想成為這樣人群中的一員。也許他們
也想從上述的罪惡中解脫；他們也曾聽過天堂，並希望信仰基督教能
帶他們到那兒。」而且在入教以後，「無論怎樣警告信徒不能有這樣
的念頭，認為他們加入了基督教，就能免去許多麻煩。但他們仍有信
心認為雖然那些神無法給予他們覺得應有的保護，但上帝是一定會使

---

45 郭和烈：《宣教士偕叡理牧師傳》，頁448。

46 邢福增：《文化適應與中國基督徒》，頁42。

47 *The English Presbyterian Messenger*, April 1881, pp. 63-64. cf. September 1884, p. 173.
　《臺灣基督長老教會百年史》，頁18。

他們免於受害的。可是他們的希望很快就破滅，豬或孩子死了，異教徒笑他們了，他們就感到洩氣。在參加了幾週或幾個月的教會活動後，他們就又回到了偶像崇拜上去。」[48]在巴克禮夫人給孩子們的信中也有提及一信徒為了給女兒治病最終背教之事。[49]

　　日本統治時期，臺灣教會在「三自」方面進步的一個重大標誌就是「臺灣大會」的成立。南北教會本是同源，在組織、教義等方面本就相似。在臺灣雖是各成體系進行活動，但一直在教務上都有互相往來。所以雙方都在醞釀著南北聯合。一九一二年，經過多年醞釀，第一屆臺灣大會在彰化召開。南部代表二十名、北部代表十四名，還有英國母會及廈門教會的人員參加。南部牧師甘為霖被推選為首屆議長。大會在三十年間共召開了二十屆大會，對「三自」的發展頗有促進[50]：

（一）文教方面

　　出版白話字與漢文聖詩，同時決定南北教會報聯合發行，北部的《芥菜子》與南部的《教會報》聯合為《臺灣教會報》。後又與高雄的《教會新報》和臺中的《福音報》合併，易名為《臺灣教會公報》，成為全臺基督長老會的正式機關報；臺灣大會非常關心聖經公會之事，也數次決議：宜各教會信徒獻金為聖經公會之用。到一九三〇年時正式規定：每年的新曆十二月第一個星期日為聖經紀念禮拜，所集獻金作聖經公會之費用，所獻之金額交大會會計師。[51]

48　Campbell N. Moody, *The Heathen Heart*, pp. 117, 120.

49　Mrs. Barclay, *Letters from far Formosa to Boys and Girls,* Edinburgh: privately Printed, 1910, p. 43.

50　《臺灣基督長老教會百年史》，頁216-236。

51　《臺灣基督長老教會百年史》，頁222。

（二）組織與人事方面

　　一九二二年四月臺灣大會准設立女執事，同年六月十八日，滿雄才牧師依照典禮設立三名，即龔瑞珠、潘蘇秀及蔡吳賀為臺南東門教會女執事。一九二六年第十二屆大會又同意設立女長老，同年六月二日臺南東門教會初次設立龔瑞珠及潘蘇秀兩名為女長老，繼而八月八日宜蘭教會設立林氏揚為女長老。一九二六年，將南部長老會在東部的所有六個教會移交北部教會管理。因而，北部教會於一九三八年劃分臺北、新竹、東部三個中會，教會勢力得以發展。

（三）制定分設中會之規則

　　一九二一年第十屆大會最後決定：1. 若有中會要分為二，該中會須有出席議員四分之三之贊成方可；2. 須該地區內的牧師最少四分之三、長老督會四分之三、長執會四分之三之准許，方可呈請；3. 分開之後所存者應仍有成立為中會之數額；4. 若要組織中會，最少須有牧師四名、長老十二名、堂會六處；5. 若有中會要分開，其原中會應呈報大會；6. 若要分設中會，宜受大會鑒定區域界限，並派人就以下事項調查：（1）最少須有牧師四名，長老十二名，堂會六處。（2）財政情況。（3）分立理由。（4）界限。[52]在這些規則之下，一九三〇年，大會准許南部中會分立四個中會。由此南部中會自然升格為「南部大會」，臺灣大會升格為「臺灣總會」。

（四）倡議南北神學校聯合

　　一九一四年，第三屆大會做出決議：南、北兩教士會將南、北兩神學校暫時在南北各授課兩年；同時協定聯合神學校地址及辦理方案。一九一五年，第四屆大會決定，臺北為南北聯合神學校地址，並

---

52 《臺灣基督長老教會百年史》，頁231。

委託南、北兩教士會建築校舍。一九一七年，臺北「雙連神學校」開設，原希望以此作為聯合神學校。但一九二六年的第十三屆大會又議定，聯合神學校的校址選在臺中，結果希望落空。不過，北部教士會在一九二五年時，仍依前議，將臺北神學校停辦兩年，由校長劉忠堅牧師率十一名學生，到臺南神學校就讀。也許因為一九二六年的決議，臺北神學校師生在臺南上課兩年結束後，北部教會就推翻前議，不承諾聯合神學校的地址在臺中設立。聯合神學校的倡議最終成了泡影。

　　總的說來，大會的成立對長老會的「三自」進程是一個很大的促進，雖然它在神學校聯合一事上沒取得成功，但在組織及制度的完善方面起了很大的作用。

　　在「三自」方面，教會雖然一開始就向「三自」這個方向努力，在實現自治與自傳的一個階段比較容易，但要達到根據於自養的自治與自傳是相當困難的。[53]因為信徒數目不多，一般人民生活水準又不高，是教會所遇最大困難是經濟上的自立（即自養）問題。

　　南部在一九二七年時報告說，「就自治而言，臺灣人的教會可以說多少（more or less）是處於獨立的狀況。然而它缺乏傳教士能夠給予的靈修上的幫助（如果外國的人員不是那樣筋疲力盡的話），去年春天，中會請求傳教士的幫助，這樣才承擔了整個教區牧師的管理責任」。[54]

　　北部教會，「臺灣人意識到了從加拿大來的太多金錢導致懶散的後果，並決定這種『麻醉劑』的數目應逐漸下降。」但北部教會遠不能擺脫母會的幫助，因為在臺灣北部七十六個教會中只有十二個能夠自養。即使自養教會的數目，從一九二四年至今（1935）已經翻了一

---

53 《臺灣基督長老教會百年史》，頁151。
54 Edward Band, *Working his purpose out: The History of the English Presbyterian Mission. 1847-1947*, p. 169.

番，但相對於教會在五十多年的努力來看卻又是令人失望的低速發展。就自傳而論，除了在已建立的堂會內傳教外，臺灣人的教會中只有二個人在 Ami（阿美）族內傳教。很明顯，取得「三自」之一是可行的，但全部實現則是一個長遠的目標。[55]如果要達到「自養」，則要減少母會每年捐助一萬美元，對臺灣一至一點五萬基督徒在一百五十萬人口中的比例，這種削減不太實際，一九三七年北部長老會年會決定，由於臺灣人的貧窮，再過十五年才達此目的。[56]

同時傳教士對於讓臺灣教會獨立承擔牧會之責並不熱心，「有些人會說『為什麼要請派傳教士？為什麼不依靠本地的工作人員在他們的同胞中傳福音呢？』應該說，如果傳教士都撤退了，島上也將會逐步地被福音化，但是這個任務的勝利實現則要推到不可預期的遙遠的未來。臺灣需要傳教士，要他們在島上充當領導者與指揮者，要他們為其訓練工作人員，要他們參與各種的機構中去，這種需要會持續好多年。眾多的本地傳道者並沒有在很大程度上支配福音工作，傳教士作為一股有進取心的、充滿活力的力量，他們對於福音工作的完成是必不可缺的。」[57]

第二節　文字、出版等「本色化」手段

基督教在臺灣的傳播主要信徒是下層民眾，其中很多人沒有讀過書。清代，當時信徒中婦女幾乎沒人能讀書，男人中讀書識字者也不過十分之一左右。[58]若要使信徒們自己閱讀聖經，靈修及查經，十分

55 APPCC, 1935, p. 54, Ion. A. Hamish, *The Cross in the Dark Valley*, p. 79.

56 *Presbyterian Record,* 64.12 (December 1939), pp. 370-371, Ion. A .Hamish: *The Cross in the Dark Valley*, p. 179.

57 Duncan Macleod, *The Island Beautiful*, p. 224.

58 F. M. Dikson Letter, Jan. 31, 1872. *The English Presbyterian Messenger*, May 1872, p. 113.《臺灣基督長老教會百年史》，頁72。

困難。但如果民眾不能自行閱讀聖經，理解教理，單靠牧師的宣講，是無法達到傳播福音的目的的。再加上文化間的誤讀，不但信徒們無法正確理解基督教內容，就是在傳道人之間互相交流，也頗有困難。在這種情形下，唯一的辦法是推行白話字。白話字是以羅馬字母拼讀閩南語，容易學習，有幾個月的工夫就夠。白話字的創用，使聖經正確的意義以一般人通用的話語寫出，因而少有誤解之事；它使讀書人與未受教育之人，及未受教育者彼此之間交流成為可能；它也將人從文盲的束縛中解脫出來。使信徒們獲知了更多的新的東西。

在白話字推行之後，「聖經、主日神糧、聖詩、教會報、與其他書刊及消息等，都以白話字發表，以供信徒閱讀。」[59]一八八五年六月《臺灣府城教會報》第一號出版。報中用羅馬白話字，記載信仰的勸導、人員變動、以及世界的大事。白話字依閩南語所定，連窮鄉僻壤的男女老少都可很容易地瞭解本島及世界各地的事件。該報在一九〇五年易名為《臺南教會報》。其次教會還出版了各種白話字的著作。有許多傳教士以羅馬白話字出版了很多有關傳教之文獻，如甘為霖的《辟邪歸正》、《播道論》、梅甘霧著《談論道理》、潘明珠著《論偶像》。也把三字經、四書等古籍，或科學知識等，摘要譯成白話字，教導信徒，使其脫離文盲的痛苦。

這裡最重要的則是巴克禮牧師用白話字進行翻譯《聖經》的工作。巴克禮牧師受英國聖經公會委託改譯羅馬字新約。一九一三年四月十一日巴克禮牧師在廈門，由該地兩名中國牧師及一名傳教士幫忙，著手改譯廈門音羅馬字《新約聖經》，至一九一四年十月二日第一次改譯工作始告結束。後來再修改付印；一九一六年五月二十八日改譯《新約聖經》第一版發行。一九二五年巴克禮博士應美國聖經公會之請並得英國母會外國宣道會之同意，擬改譯廈門音羅馬字《舊約

---

59 《臺灣基督長老教會百年史》，頁74。

聖經》。一九二六年一月巴牧師前往廈門，至一九二九年九月譯完
《創世紀》、《出埃及記》、《歷代志上卷》、及《詩篇》至《瑪拉基
書》，大約為全書的一半。至一九三〇年十二月三十日改譯之工作完
成。一九三三年十二月二十五日才全部出版。

　　教會的白話字出版物受到了廣大教徒的歡迎。一九〇二年，南部
教會報發行額為八百五十部。[60]一九〇五年七月獲得臺灣總督府之發
行許可證，嗣後臺南教會報發行部數達到二千部。[61]白話《聖經》的
出版很受信徒歡迎，一九一八年宋忠堅報告說，「去年賣了二千五百
六十四本的《聖經》與《新約》，其中一七六九本是用羅馬字母的，
七九五本用漢文。」[62]《新約聖經》在出版後的十五年間，在臺灣、
福建、以及南洋共售出六萬本。[63]隨著白話字的推廣，在教會內部，
羅馬白話字的讀者人數越來越多，如南部在一八九八至一九一四年
間，羅馬字的讀者就增加了三三八二人；在一九一四年時羅馬字的讀
者就有五三八二人，而當時的漢文讀者只有九百七十四人[64]。在一九
一八年時整全島內的羅馬字的讀者已由一九一四年的六三〇五人增加
到八〇八八人，而漢文讀者的人數卻只從一九一四年的一四〇三人增
加到一八六五人。宋忠堅在一九二三年報告說，島上總信徒數有二九
五九〇人，其中百分之三十能閱讀羅馬字母，僅有百分之六能閱讀漢
字。[65]羅馬字讀者的人數是漢字讀者人數的五倍。

　　白話字的創用及各種相關著作的出版，對教會的發展有巨大的作
用。黃武東認為，當時北部平埔族人在偕牧師逝世之後大量退教的原
因便是沒有文字傳播福音，失落訓育培養之責。這可證諸南部教會在

60　〔日〕村上玉吉《南部臺灣志》，昭和9年，頁496。

61　《臺灣基督長老教會百年史》，頁190。

62　*The Chinese Recorder,* January 1918, p. 68.

63　《臺灣基督長老教會百年史》，頁130。

64　*Formosa Mission Church Census, 1914, The Chinese Recorder,* August 1914, p521.

65　*The Chinese Recorder*, May 1924, p. 340.

玉井、新化、埔里、大社等平埔族部落的宣教成果，由於南部教會很早使用羅馬字，指導信徒閱讀羅馬字聖經、《真道問答》，南部的平埔族，並未發生和北部類似情形。[66]

　　為了避免引起臺灣同胞在心理上的排斥，教會在一些外在的表現形式上，如建築、音樂等方面盡量採取國人可以接受的方式，如在建築上教會也盡量與中國式的建築趨同。黃武東小時候在牛挑灣作禮拜時，那裡的教會就是二弄的平階厝，外形和一般民家並無兩樣，建築既非西洋式，亦無尖塔和十字架。而且臺南太平境、彰化教堂等早期建築的禮拜堂，其外觀及內部陳設較接近廟宇，裡掛有牌匾，棟、梁多漆朱紅色，只不過匾與棟樑上的題字寫的內容與基督教有關而已。連禮拜堂中的木柵都與城隍廟中的形狀相同。[67]教會音樂上也作出努力，聖詩都以本地的歌謠配曲。如「上帝創造天與地」與「咱人性命無定著」便是平埔調。[68]「基督教音樂對原住民也有吸引力，他們喜歡合唱（community singing），而且基督教的讚美詩對他們也有吸引力。為鼓勵他們，在甘為霖牧師領導下，教會還準備特別的聖詩集，其中包括一些用平埔族和其他山地族的調子譜成的曲子。」[69]在《聖經》的樣式上，也作了變化。「早期的《聖經》是以青皮布裝訂，外型似帳簿，乃是為避免親戚朋友窘迫，好讓人家以為去做禮拜乃是去收帳。」[70]

　　日據時期，臺灣教會「本色化」運動，取得了一定的成效，但總的說來，並沒有完全達到目的。「我們認為信徒的增長是衡量我們工作成敗的重要的證明之一。在臺灣所有工作的主要目標就是盡早建立

---

66 黃武東：《黃武東回憶錄》，頁40。

67 黃武東：《黃武東回憶錄》，頁36-37。

68 黃武東：《黃武東回憶錄》，頁39。

69 Hollington K. Tong, *Christianity in Taiwan: A History*, p. 68.

70 黃武東：《黃武東回憶錄》，頁39。

一個能『自養、自傳』的教會。要達到這個目標,教會必須有足夠多的信徒以承受來自周圍異教徒的壓力,並且不僅僅個人而且整個差會作為整體,去發揮影響力並有足夠強大的力量去改善目前對基督教徒生活常是不友善的狀況。」[71]但是在日據的五十年,雖然教徒的數量有了很大增長,在臺灣的總人口中卻仍是少數:在一九四一年時整個島上的教徒共有七四六七〇人,總人口數為六二四九四六八人,信徒比例不足百分之一點二。[72]

71 *The Christian Movement in Japan Korea and Formosa*, p. 319.

72 臺灣省行政長官公署統計室編:《臺灣省五十一年來統計提要》,表51、表513。

第十一章
教會教育與醫療事業

第一節　殖民者的差別教育

　　日本據臺之後，在島上建立了眾多的學校，並實行差別教育制度和強迫同化政策。在小學教育方面，他們藉口學童的日語程度及能力有別，把初等學校分為小學校、公學校和教育所三種：小學校的師資力量最強、設備最好，專收日本學童；公學校的師資和設備都很差，專收臺灣學童；教育所由警察擔任教學，根本談不上什麼設備，專收原住民。一九二二年，隨著《新臺灣教育令》的頒布，初等教育實行日臺學生共學制，實際上只有少數臺灣兒童進入小學校學習。

　　中等教育最初是為適應在臺日人升學需求而開設的。當時，總督府設立的程度較高的臺北中學、臺南中學、和臺北第一師範學校都是專收日本學生，不收臺生。而且日本對臺灣籍學生接受中等教育加以種種限制，臺籍的學生能夠升入中學的機會極少。[1]臺人子弟只有家境較殷或獲資歷助者，才能遠涉日本留學。中等教育在教學內容上，側重於臺灣地方的需要，安排了許多實用性的科目，總督府不鼓勵本地學生升學，而是力圖將他們引導到服務於社會的方向，以滿足殖民地建設對中低級人力資源的需求。

　　日本人的高等教育機構包括醫學校、農林學校、商業學校、工業學校等專科學校及臺北帝國大學。在高校招生上，採取考試與推薦相結合的辦法，所招收的學生大部分都是日本人，臺灣人民很少有機會進入大學讀書。由於日方實施「日本工業、臺灣農業」的殖民政策，

1　莊明水等：《臺灣教育簡史》（福州市：福建教育出版社，1994年7月），頁133。

極少數闖過高考關卡的臺灣籍學生也往往被工、商類學校拒之門外，只能學被他們所瞧不起的農、醫類專業。

　　為了切斷臺灣與大陸間的文化聯繫，使臺人完全日本化，除了進行不平等教育外，總督府還在島內進一步廢止漢文，推廣日語。

　　日據之初，為了吸引臺人進入公學校念書，公學校內也設有「漢文課」。但是這一舉措並非真心教化臺灣人民，而是妄圖把他們奴化成日本的順民。當時的公學校漢文課，其課文多是灌輸大和思想的內容，如「明治天皇」、「大日本帝國」、「臺灣神社」、「天長節」等樣板文章，[2]實用性很低。然而，即使如此有限的漢文教育，殖民者也不容許它的存在，不斷採取措施進行消滅。一八九八年八月十六日公布的「公學校規則」將漢文併於讀書課中，每週十二小時；一九〇四年又規定每週漢文課改為五小時；一九一八年，又改為每週二小時；一九二二年，更將所有的漢文課改為每週二小時的選修，並視地方情勢，廢除漢文課。至一九三七年四月，公學校的漢文課完全廢止。[3]

　　日方廢除漢文的意圖是司馬昭之心人人皆知，當時的《臺灣民報》認為：

> 公學校用國語教授，是同化政策的表現，……公學校不是學校，簡直是人種變造所，是要將臺灣兒童變造日本兒童，不是要教他學問，啟發他的智識，僅僅是要使他變種，變做日本人種。所以知道公學校廢止漢文科或將漢文科改為隨意科的原因，並不是因為要減輕兒童的負擔，是要減卻民族觀念，使兒童容易日本化的緣故。[4]

2　王順隆：〈日治時期臺灣人「漢文教育」的時代意義〉，《臺灣風物》第49卷第4期。

3　王順隆：〈日治時期臺灣人「漢文教育」的時代意義〉，《臺灣風物》第49卷第4期。

4　《臺灣民報》154號，頁12，〈駁臺日社說的謬論〉。王順隆：〈日治時期臺灣人「漢文教育」的時代意義〉。

　　同時，為了同化臺灣原住民，日本的國家神道也被移植到島上。一九〇一年，由國家資助的臺灣神社在島上建立，此後在各地不斷建立。在臺灣建立的這些神社有如下的特質：它不是由下而上，由民間信仰產生的神社，而是由上而下，由國家輔導創立的神社，所祭祀的神大多是在歷史上對日本有功的人。這些神社與傳統村落祭祀信仰的神社有所不同，它的國家價值觀很明顯的被表現出來。[5]對於日本來說，不斷地祭祀神社就意味著對大日本帝國的承認和順從，所以它千方百計地強迫臺灣人民接受神道思想。

第二節　日本殖民統治下的基督教學校

　　學校教育是基督教特別是新教傳教的一個重要輔助手段，長老會在清領時期就很注重學校的創辦。日據時期，基督教在臺灣也設立了很多類型的學校。

一　教會學校的類型

（一）小學

　　為了讓教徒的子弟能夠接受教育，教會就以各教堂為中心創辦了小學。收十一歲以上十四歲以下的學生，教授四書、算術、習字、聖經以及羅馬字等，有的還上地理課。一週上課六天，每天上七個小時，學制為三年。學校學生一般都住在家裡，但若是處於偏僻的山村，離教堂較遠，則可住在堂內。後來，入學的學生便不限於教徒子弟，一般的村民子弟若想入學也都允許。一般學生每年要交二、三元學費，但若是教會中貧窮教徒的子弟，無法交納的則由教會出錢。[6]

5　蔡錦堂：〈第八十五回臺灣研究研討會演講記錄〉，《臺灣風物》第41卷第4期。
6　〔日〕村上玉吉：《南部臺灣志》，頁495、504。

（二）中學

南部長老會一八八五年創辦的臺南長老教中學，是全臺第一所西式中學。最初幾任校長皆由英籍傳教士擔任。一八九四年該校遷往新樓。一九三九年與女學校一道獲得日本政府的認定，並改名為「私立長榮中學」。一八八七年二月又由朱約安姑娘和文安姑娘創辦臺南長老教女學，後改稱長榮女子中學。一九三九年改名為長榮高等女學校。

在北部，馬偕博士於一八八四年創淡水「女學堂」，係臺灣第一所女子學校，一九一六年，學堂改名淡水高等女學校，後又改為私立淡水女學院。到吳威廉牧師時又籌設男子中學，以為神學院的先修班，藉以提高神學院的水準。一九一四年四月四日，神學院遷移臺北市雙連後，即在淡水牛津學堂原校舍開辦淡水中學，一九二二年，改稱私立淡水中學。

（三）神學

為了培養下一代的傳教人員，教會也開展神學教育。南部長老會於一八七七年開辦臺南神學院。一八九五年由萬真珠主持，成立婦學堂，以培養婦女傳道人員。一九二八年，又成立了臺南女神學院，由盧仁愛姑娘（Jeanie A. Lloyd）出任校長。

北部的馬偕博士於一八八二年在淡水創辦理學堂大書院（牛津學堂），並親自擔任校長。約美但（Rev. Milton Jack, M.A.）牧師負責牛津學院後，要求入學的學生一律要國民學校畢業，在牛津學院學習六年方可畢業，同時他也對教學內容進行改進與充實。後來，理學堂大書院逐漸發展成臺灣神學院。為了訓練能幫助教會傳福音的女宣道人員，一九一〇年北部教會在女學堂東南建一校舍，大約可容納十七位學生，稱為婦學堂，專為成人及已婚婦女教育之用，由高哈拿姑娘為第一任學長。

（四）主日學

在日本統治之下，島內逐步建立起教育網，那些附屬於各鄉村教會的小學校因競爭不過設備良好、又有總督府支持的公學校而紛紛關閉，學生只得就讀公學校。但在公學校中的教育並不全是宗教教育，有些還是「非宗教」的，為了不使基督教徒家庭的孩子失去信仰，並從教會中流失，就必須廣泛地發展主日學。[7]一九〇八年，第一個主日學機構在臺中成立，此後主日學遍布臺灣大部分教堂，成為教會教育的一個重要機構。

（五）訓瞽堂

甘為霖博士專為盲人開辦的盲校，創辦於一八九一年，使用「點字書」教授學生。日本據臺後，遂於一八九七年將之改為官立的盲啞學校。

二　日本殖民統治與教會學校

日據之初，日本殖民政府對於這些教會學校並沒有進行干涉。但隨著日本據臺後整個社會環境的變化，教會牧師逐漸感覺到以往所自以為得意的教育事業已不適合於新環境。故日本據臺後，教會一直追求更完全的教育及應付新時代的傳道。偕牧師也在臨終前說：「在本宣道會過去一切的努力，只是急於布教使人聽信福音。但是於今時代已變，而且現在是急變中。如果我們不願失掉自己的地位，而積極推行所當做的，那麼我們必須更盡力於教育眾民。」[8]

偕牧師的繼任者吳威廉牧師，對北部教會的教育模式進行了變

7　Hollington K. Tong, *Christianity in Taiwan: A History*, p. 57.

8　*A Century of Mission in China*, p. 239，《臺灣基督長老教會百年史》，頁99。

革，如在女學堂方面，馬偕設立時對象是婦女，不分年齡，不拘學
歷，且其目的是培育女宣道人員。而吳牧師於一九〇四年五月九日申
請加拿大長老教會大會選派一名有教育才能的女傳教士，用以充實新
時代的婦女教育。一九〇五年，加拿大長老會派文學碩士金仁理姑娘
來臺。到一九〇七年女學堂的經營方針完全改變：一、經營適合新制
度的女學校（現今的初中部）二、招收十二歲的女子。三、教授普通
科（非養成婦女傳道人材）。當時臺灣連小學還未普及，但教會已注
意到中學程度的女子教育，這確實是比較進步的，學生的家長對此也
讚賞有加，「他們都發現淡水女學校是一所道德上很安全、社交上很
完善、宗教上與教育上極有益並且經濟上也很合算的學校。」[9]一九
一六年學校又增設了高等女學堂，並改名為淡水高等女學校，分為預
科與高等科兩部，各讀四年，大半的教學都用日文，以便各校的畢業
生可到日本上大學。

　　南部的「長老教中學」，為了申請政府「立案」，從一九二四年
起，學校就不斷增聘日本教師。一九二四年時有十三位教師，包括六
個臺灣人、四個日本人、三個英國人；[10]一九二六年時，仍然維持十
三位，但比例已改為六個日本人、五個臺灣人、二個英國人，已有日
本化的傾向。[11]到三〇年代，學校章程中更明文規定日籍教師至少要
占全部人數的二分之一以上，而教務主任、舍務主任以及修身、漢
文、歷史、地理、體操等學科主任也要由日本人擔任。[12]一九三八
年，全體教員二十一名，其中日人十一名，臺灣人八名，英國人二

9　《臺灣基督長老教會百年史》，頁148。

10　張厚基：《長榮中學百年史》，頁117。魏外揚：〈萬榮華校長與長榮中學的全人教育〉。

11　張厚基：《長榮中學百年史》，頁125。魏外揚：〈萬榮華校長與長榮中學的全人教育〉。

12　張厚基：《長榮中學百年史》，頁194-195。魏外揚：〈萬榮華校長與長榮中學的全人教育〉。林治平主編：《基督教與臺灣》（臺北市：宇宙光出版社，1996年），頁183。

名。[13]則更是進一步「日本化」了。

　　在「九‧一八」事變之前，日本殖民政府並沒有對學校的事務過多干涉。在推廣日語方面，「只要在全日制學校中使用日語，日本人也沒有對基督教育設置任何障礙。他們也沒有反對使用羅馬音白話字的《聖經》發行。」[14]神道的推行在這個時期也沒有很大的進展，一般的民眾僅是信仰固有的佛教、道教以及基督教等教派，對神道的信仰僅限於那些高官顯貴，以及在臺的日本人和政府中任職的臺灣人。而且，對要求當地人參拜神社的做法，臺灣基督教與日本基督教一樣拒絕。因為神社包含有神道教的因素，不但牴觸憲法對人民保障的信教自由，而且違背了其教育局所提倡教育與宗教分離的主張。雖然日本人對教會的這一行為沒有採取強硬措施，但教會學校也因此付出一定的代價。殖民政府認為，參拜神社是忠誠於日本的外在表現。公立學校不管是初等或中等學校的學生都被迫參加，教會學校因拒絕參拜，所以它們無法得到政府的立案，因而其學生也就根本不可能進入高等學校或學院。雖然如此，教會仍堅持這一立場，臺南教士會在一九三一年四月的報告中說「關於參拜神社問題，臺南教士會不許中學參加者，參拜神社雖是中學被政府『認定』之前提，但即使因此中學之『認定』被拒絕，也在所不惜。」[15]

　　「九‧一八」事變後，中日兩國間交惡，殖民政府急切地想將臺灣同胞同化成日本人，以便為其侵華服務。因此加緊了對意識形態的控制，學校的處境變得非常艱難。

　　日本殖民政府對教會學校的態度已經轉變，馬偕二世在談到殖民政府對北部兩所學校的態度時說，「先前我們的學校被認為是教會學校，但現在不再是這樣，在政府的私立規則下，我們的學校將被作為

---

13 《臺灣基督長老教會百年史》，頁250。

14 Hollington K. Tong, *Christianity in Taiwan: A History*, p. 57.

15 《臺灣基督長老教會百年史》，頁249-250。

私立學校對待。」[16]在總督看來，一個教會學校應是教授宗教的機構並且應像神學院那樣組成，如果不是則要受教育部的管轄。[17]儘管教會學校沒有政府的認定，但學校必須遵守政府的所有規則，否則就得關閉。[18]

日本人首先強調日語的使用。要求在學校內不許教授漢語，聖經班必須禁用漢語而用日語教授，學生們也不允許用漢語交談；教學也必須用日語，所有用漢語教授的教學都必須停止。更甚的是，所有不會講日語的老師都必須去學或者退休。一些不會講日語的老教師，只有在校內進行宗教服務。新的規則使得淡水中學的校長馬偕二世處於一種困難的境地，因為他不會說日語。不過在一九三四年秋，教育部部長對淡水中學視察後，還比較滿意，馬偕二世暫時度過難關。淡水中學在一九三五年的報告中說，淡水中學的學生在他們的宿舍內、運動場上很自然地喜歡上日語，並強調不允許使用漢語的規則。[19]此後政府進一步要求學校必須盡力培育國家精神，在學校內老師和學生都必須講日語。所有的會議都須有嚴格的記錄，學校中的老師必須有一半是日本人。淡水中學為了迎合時局，特任命學過日語的明有德（Hugh MacMillan）替代馬偕二世出任校長。連主日學內，也開始用日語教課，這樣懂得日語的孩子們就能進公學校念書。

教會學校所面臨的另一個難題是「神社參拜」問題。

起初，因信仰不同，基督教拒絕參拜神社。為了澄清身分，日本政府對國家神道解釋說神道不是一種宗教，而是一種有關帝國家族的國家禮儀，是保存國家古老傳統的愛國組織。然而在這所謂非宗教的

---

16 *APCC Formosa File re Shrine Question 1935-1937, "Mr. Barclay's Historical Statement,"* Ion. A. Hamish: *The Cross in the Dark Valley,* p. 103.

17 *APCC Formosa File re Shrine Question* 1935-1937, "Historical Statement of Events in Connection with the 'Shrine Question' as It Concerns the Tamsui Girl's School", Ion. A. Hamish: *The Cross in the Dark Valley,* p. 103.

18 Ion. A. Hamish, *The Cross in the Dark Valley,* p. 103.

19 *APCC*, 1936 p. 46, Ion. A. Hamish: *The Cross in the Dark Valley,* p. 102.

國家神道中，仍然保留有某種宗教成分，這使得想參加神道節日以示
忠心的基督教和佛教的某些教徒感到躊躇。然而，內政部（the Home
Office）對此辯解說，神道是超宗教的，作為一個忠貞臣民，不論他
本人信仰何種宗教，對神道的參拜都是他應盡的責任。[20]

　　一九三三年底，臺南中學董事會最終決定，如果非宗教的解釋能
說得清楚，那麼學生可以以個人身分參拜，因為他們以前在公學校上
學時都已經參拜過神社。不過學生去參拜神社之前，要在學校的禮堂
舉行一個基督教的儀式，……學校負責向學生解釋神社參拜的非宗教
性，這樣使他們避免了天皇崇拜的危險。[21]

　　一九三五年北部教會又接到指示，總督要求淡水中學將「遙拜
（yohai）」一詞加入到學校的課程中。日方對此解釋說，「遙拜」和
「參拜」並沒有宗教意義，此舉僅為表示尊敬。他們進一步建議，如
果教士仍有保留意見，「我們在『遙拜』一詞後，添入一條款說明這
不是宗教行為。」[22]這樣教會接受了日本人的意見，一九三五年馬偕
帶領淡水中學的學生前往神社參拜。[23]

　　除了上述要求之外，日本殖民當局又利用各種手段逐漸吞併了教
會學校。原來臺南中學董事會系由傳教士及臺灣人士各占半數組成，
其中並未包括日本人。一九三三年底，萬榮華校長回國休假的時候，
該校日人教頭（教務主任）上村一仁因為率領學生往臺南神社參拜，
被代理校長沈敦毅阻止，便勾結臺南州知事今川淵向校方要求改組董
事會。同時日人嫉妒林茂生先生在臺南高工任教，報界及皇政會等所

---

20 Edward Band, *Working His Purpose Out*: *The History of the English Presbyterian Mission. 1847-1947*, p. 181.

21 Edward Band, *Working His Purpose Out*: *The History of the English Presbyterian Mission. 1847-1947*, p. 182.

22 *APCC Formosa File re Shrine Question 1935-1937*, *"Mr. Barclay's Historical Statement,"* Ion. A. Hamish: *The Cross in the Dark Valley,* p. 105.

23 Ion. A. Hamish: *The Cross in the Dark Valley,* pp. 105-106.

謂「愛國團體」旋即開會攻擊學校的非愛國精神，並期望接管這所在
南部唯一的教會學校，以消滅該校的基督教基礎。為此，一九三四年
四月末，萬榮華校長自英國趕回臺南處理該事。他決心與日本基督教
會合作來保衛教會學校。萬校長和臺北日本基督教會牧師上與二郎，
在同年年底，完成了校董的改組及學校之改革。上與二郎牧師的日本
基督教會的背景，使得臺南州知事無話可說。一九三五年三月十四
日，新董事會所聘的新任校長加藤長太郎上任，而由上與二郎任董事
長的新校董陣容是，傳教士三位，校友會三位，日本基督教會三位，
臺南州三位，南部大會三位共十五位。[24]

　　一九三三年的臺南中學事件，影響到北部淡水的兩中學。它們常
常被報紙誣罵為非愛國者所經營的學校。其中日人的黑色愛國團體
「皇政會」之攻擊尤為厲害，他們在臺北開會指稱淡水兩所男女中學
的地盤，是清朝的不平等條約時代之永久租借地，向政府當局聲言為
何在「昭和之聖代」容許「租借地」在「皇土」上，意欲迫使教會放
棄學校讓他們經營。一九三五年四月，偽滿州國的皇帝溥儀訪問日
本，臺灣所有的公共機構都受令懸掛日本和滿州國國旗。但政府機構
在規定懸掛國旗的日期之後才將這命令傳達到兩所臺北的加拿大長老
會學校。這次失誤引起報紙的攻擊，一時「謠言四起，按國聯的說
法，教會拒絕承認滿州國是一個國家。」[25]這也給那些所謂的「愛國
團體」製造了有力的藉口去攻擊教會學校，並通過攻擊學校達到攻擊
教會的目的。[26]

24 《臺灣基督長老教會百年史》，頁250-251。

25 *APCC Formosa File re Shrine Question 1935-1937, "Mr. Barclay's Historical Statement,"* Ion. A. Hamish: *The Cross in the Dark Valley,* p. 108.

26 *APCC Formosa File re Shrine Question 1935-1937*, "Historical Statement of Events in Connection with the 'Shrine Question' as It Concerns the Tamsui Girl's School," Ion. A. Hamish: *The Cross in the Dark Valley,* p. 103.

26 Ion. A. Hamish, *The Cross in the Dark Valley,* p108.

　　不料這時，在淡水中學任教之日人教員鈴木勇辭職，並於其返回日本前，向報界誣述學校之所謂不協力時局情事，及所謂的「非愛國精神」等。結果，臺北州知事就建議將兩學校移交他們管理。「雖然宗教色彩在教育中也不錯，但作為國家教育主要方式的學校宣傳一種特別宗教是不允許的。而且在臺灣的形勢也要求將來所有滿足普通教育的學校都必須由日本人掌管。」[27]一九三六年八月臺北州教育課長忽然來接收兩校，並就任學長代辦，北部教會的學校就完全落入日本人的手中。此外，北部的臺北神學校及淡水婦女學堂兩校在一九三七年由孫雅各牧師代表加拿大教士會，轉讓給北部中會選派的理事會經營。

第三節　教會學校的作用及評價

一　為日本殖民統治服務

　　日據時期，日本殖民政府對教會學校從初期的不干涉到後來加以控制的政策，使這一時期的教會學校無不打上為日本殖民統治服務的烙印。

　　日本不願給臺灣同胞平等的教育機會，只想讓當地人的教育水平居於小學程度，為他們的侵略服務。在這種教育體制下，「除了屈指可數的幾所用以訓練初等學校教師的語言學校外，日本當局還設立了臺北醫專（Taihoku Medical College），用以培訓醫生。這些機構對於推廣日語和保持公共衛生的特別目的非常重要。但在日本人統治的前二十年內沒有為臺灣人（民）設立任何其他的中等學校。……當時島上唯一為臺灣的男孩提供一般中學教育的是在臺南的英國長老會中學

---

27 Ion. A. Hamish: *The Cross in the Dark Valley,* p. 109.

（由馬偕在淡水建立的「理學堂大書院」是一個辦有預科的神學院，加拿大的教會中學後在一九一四年才成立）。」[28]一九三二年英國駐淡水領事報告的有關臺灣教育情況的備忘錄中表明，由多明我會開辦的女中以及由加拿大和英國長老會創辦的中學，「據說可能是唯一的跟得上潮流的、並對臺灣人（民）進行有效教育的學校，」[29]「它贏得了一些臺灣人（民）的最高的讚美，如果不是因為這些機構，他們將連上學的機會都沒有，更不用說上中學了。」[30]

　　由於日人的不平等教育，臺灣同胞一般很難就讀，少數人只能念公學校，公學校畢業生能考取中學（專為日人子弟所設）的比例微乎其微，因此，作為一種選擇，教會中學成為集合全臺精英之處。教會中學的規模也在不斷擴大，臺南中學在一九一四年時，只有三名臺人、一名日人教師，六十名學生。[31]一九二〇年有九名教師，一四三名學生，百分之四十三來自基督教徒家庭。[32]一九二二年，全校學生二六〇人。[33]一九三二年又增至三〇八名，一九三八年已超過五百，有三百名住校。[34]長榮女中在一八八七年二月開校，學生只有十八名。一九〇〇年，住宿生已有六十名，一九二三年前後學生有二一二名，

28　Edward Band, *Working His Purpose Out: The History of the English Presbyterian Mission. 1847-1947*, p. 142.

29　BOFA, vol.12, Japan [F7866/2094123], Lindley to Simon, October 11, 1932, Enclosure, Memorandum respecting Education In Formosa, p. 49, Ion. A. Hamish: *The Cross in the Dark Valley,* p. 100.

30　BOFA, vol.12, Japan [F7866/2094123], Lindley to Simon, October 11, 1932, Enclosure, Memorandum respecting Education In Formosa, pp. 49-50 Ion. A. Hamish: *The Cross in the Dark Valley,* p. 101.

31　Edward Band, Working *His Purpose Out: The History of the English Presbyterian Mission. 1847-1947*, p. 174.

32　Edward Band, *Working His Purpose Out: The History of the English Presbyterian Mission. 1847-1947*, p. 174.

33　黃武東：《黃武東回憶錄》，頁47。

34　《臺灣基督長老教會百年史》，頁183。

一九三八年，學生二百八十五名，一九四三年全校有學生六百五十名。[35]淡水中學在一九三〇年代早期年平均有二百二十名男孩入學，其中有一百六十名是住宿，教學人員除了傳教士外，有十一個臺灣人，三個日本人。[36]北部女學堂一九一八年在學學生共有七十三名，一九二二年共有七十八名，一九一九年第一次由高等部畢業生的學生有四名。[37]

　　長期以來，在中國傳統的華夷思想的影響下，一般把日本人侮蔑地稱為「倭人」。此時臺灣卻偏偏成為這「倭人」的殖民地，這對臺人情感上是一個巨大的衝擊，當時的「臺灣人（民）潛意識中認為臺灣是自己的祖先所開拓的，做子孫的人有保護她的義務，乃自發性拿起身邊可作為武器的東西和日軍抵抗。」[38]臺灣割讓給日本的消息傳到臺灣後，英勇不屈的臺灣人民聯合起來，反抗日占領臺灣。他們組織抗日游擊隊，轉戰南北，無形中加強了認同意識。同時，日本也一直把臺人看作是異民族來統治。法制上規定日本帝國原來的領土稱為「內地」，日本本國人為「內地人」，對臺灣的漢人為「本島人」，臺灣的原住民為「蕃人」。日本人統治臺灣以「同化」為目的，「同化」二字也透露出日本人的優勢文化心理。為了達到「同化」的目的，日本人在島內極力推廣日語，消滅漢語，在「九‧一八」事變之後，更是達到變本加厲的地步。面對自己的文化、自己的語言將被刨根的命運，臺灣人民的民族意識日漸興起。

　　在保存「漢文」方面，書房曾發揮了主要作用。但「日據以後，科舉之途已絕，書院因之關閉，原兼具啟蒙和準備教育性質的書房，雖然未隨之一朝廢棄，惟在殖民教育政策和制度的影響下，非但日漸

35　《臺灣基督長老教會百年史》，頁187。

36　Ion. A. Hamish: *The Cross in the Dark Valley,* p. 101.

37　《臺灣基督長老教會百年史》，頁148。

38　高淑媛：〈日治時期的吳三連與抗日運動〉，《臺灣風物》第44卷第4期。

沒落，而且教育內容與功能漸變，其續存者多數終不免變成殖民初等教育的輔助機關。」[39]而且書房的教育很落後，「唯有形式的講解和強制的背誦兩個法子而已；而且早期的教材也都取自傳統的古籍。」[40]如此教育所培養出來的學生，在新式現代化教育已由日本引進的臺灣環境裡，相較之下已經不切合實際，而且畢業後也難有出路。

　　但日據之時的教會學校，特別是中學，卻沒有上述缺點：從課程式的設置上看，教會的學校所編訂的課程，除了聖經與教理外，更包括各種人文科學及自然科學。臺南長老教中學，在二十年代時校內課程有日語、物理、化學、地理、本國歷史、西洋史、東洋史、算術、幾何、代數、三角、音樂、美術、體育等，此外也有漢文。[41]淡水中學的學習課程與政府的中學一樣，除了每年必須進行聖經的學習外。所有的男孩在五年中必須學習日語、中文、英語、歷史、地理、繪畫、算術、代數學、幾何學、三角、植物學、地質學、倫理學、地理、物理、化學、音樂和聖經。男孩們也有上體育課，包括英式橄欖球、乒乓球、網球、和籃球。[42]這些既有人文科學也有自然科學的課程設置，屬於近代化的教育。

　　更重要的是，校內還有「漢文」的教學。在清領時期，為了布教方便，長老會就已創制了閩南音羅馬字，在各學校內教授，以幫助學習聖經。到日據時期，學校內仍可教授當地方言《聖經》。黃武東也介紹說，當時長老教中學的漢文有二種，一為臺音漢文，一是日音漢文，這是母校的特色，其他如臺南一中等校，均無臺音漢文。[43]在主日學中也使用羅馬字拼音，因此許多兒童可以接受母語教育。此時教會學校成了臺人們保持「漢人」身分的另一個選擇。

---

39 吳文星：《日據時期臺灣社會領導階層之研究》（臺北市：正中書局，1992年），頁96。
40 王順隆：〈日治時期臺灣人「漢文教育」的時代意義〉，《臺灣風物》第49卷第4期。
41 黃武東：《黃武東回憶錄》，頁51。
42 Ion. A. Hamish, *The Cross in the Dark Valley*, p. 101.
43 黃武東：《黃武東回憶錄》，頁51。

　　教會學校的教育，拓寬了教徒的視野，許多教徒的子弟紛紛出國留學。第一位赴美留學者周再賜，於一九一五年赴美進修神學。[44]留學日本也是如此，日據不久即有人赴日留學，一八九五年十二月，臺北大稻埕牧師周耀彩之子周福全赴日讀明治學院普通科。[45]時人杜聰明回憶指出當時教徒子弟率先入日本學校，甚至負笈留學日本、香港、歐美及中國大陸等地。略謂：

　　　在日治之初期，臺灣人不敢讀日本書，恐日人捕捉臺灣青年去做兵，但是基督教徒的父兄，多少知道世界的大勢，率先送其子弟入國語傳習所，當時自臺灣往日本者，是比今天去美國更困難，但是許多基督教徒青年立志奮發為第一批留學生，往日本讀書，譬如李延禧、周再賜、林茂生、劉青雲、楊長鯨等是也。[46]

　　日人今村義夫指出，一九二〇年前期，留日學生大半是長老教中學出身的。[47]而且在七十四名留學歐美者中，教徒至少有三十四人，占五分之二。[48]

　　日據時期的教會學校雖有一定的作用，但其作用很有限。

44　《臺灣日日新報》第6499號，大正七年七月二十六日。吳文星：《日本統治時期臺灣社會領導階層之研究》，頁124。

45　吳文星：《日本統治時期臺灣社會領導階層之研究》，頁118。

46　杜聰明：《杜聰明言論集》第二輯（高雄，1946年），頁51-52。吳文星：《日本統治時期臺灣社會領導階層之研究》，頁142。

47　今村義夫：《今村義夫遺稿集》（臺南，1926年），頁422。吳文星：《日本統治時期臺灣社會領導階層之研究》，頁142。

48　吳文星：《日本統治時期臺灣社會領導階層之研究》，頁142。

二　以服務教會為主要目的

　　教會的教育機構以服務教會為主要目的。當時南部的中學成立時，校長余饒理指出：「中學教育的目的在於實行一般教育，使學生在畢業以後，可繼續進入神學校及接受任何專門的教育，以便裨益教會及其本人。」[49]到日據時期，面對日本不斷擴大的教育網，萬榮華校長認為：「若僅致力於與官立學校競爭而擴大校舍，而忘懷於精神與德性之薰陶，則不如停閉為佳。」故寧可限制學生人數之發展，以維繫師資水準與宗教教育氣氛。[50]一九三二年學校報告中，萬校長指出，十六年來，在黃俟命校牧師的影響下，已有三〇三名學生決心信仰基督並加入教會，其中九十七名是在校時受洗的。這三〇三名中又有三十五名已經成為牧師，另有還有一些仍在神學院接受訓練，由此可見這所教會中學對於整個臺灣南部長老教會的貢獻。[51]

　　長榮女中也是如此，校內較側重基督教的訓練，以培養人才為教會服務。開設當初入學資格：只要不纏足就可以，年齡學歷不拘。雖然學校程度不高，但是學生受良好基督教的訓練，可為教會服務，或培養為主日學教員，或成為傳教士夫人。

　　淡水女中裡，「不教英語，⋯⋯要她們學習漢字是沒有用處的。學會了羅馬字拼音的土話的人，都能自讀《聖經》。能讀《聖經》，還是教育的第一目的。」[52]

　　因此教會雖有各種教育機構，但都是以服務教會為出發點的，「神學校是為養成更好的傳教及牧會的人材，中學校是為預備青年人進入神學校，同時也為訓練更好的小學教師，以提高在地方教會所設

49 黃武東：《黃武東回憶錄》，頁46。

50 《臺灣基督長老教會百年史》，頁182。

51 魏外揚：〈萬榮華校長與長榮中學的全人教育〉，收於張厚基主編：《長榮中學百年史》，頁157。。

52 臺灣省文獻委員會編印：《重修臺灣省通志》，卷6〈文教志・學校教育篇〉。

的小學之水準，女學校則部分是為培養教會內婦女工作人員。」[53]

　　同時，教會學校的數量較少，也使得它的這種作用被無形地削弱。「一九○○年殖民政府對兩長老會的中學並沒有製造麻煩。因為入學的人數太少，日本人覺得不值得去浪費精力。」[54]「從一九一四～一九一五年中部臺籍人士籌設創立私立臺中中學的經緯，亦可看出教會學校在臺灣知識份子眼中，仍未達應有的規模與水準，即使到一九三○年日本政府仍認為教會學校的經營『成績都無甚可觀』」。[55]可以說，教會對臺灣教育的貢獻是傳道的副產品，教會並非洞悉臺灣社會人民之需而開創教育事工，而是為了它本身傳道目的，為培養傳道人而設。它不是為服務社會而開創的宣教事工。[56]

第四節　日據時期的教會醫院

　　醫療是新教教會藉以傳教的一個重要手段。臺灣長老會兩位的先驅者馬雅各和馬偕來臺之時，都是借助醫療為手段進行傳道。馬雅各在臺南創立了臺南醫館，馬偕在淡水創立了淡水醫館。此後在南部還建有大社醫館、旗後醫館、彰化醫館等。

一　醫院的發展沿革

　　日本占領臺灣後，基督教並沒有放棄在醫療方面的努力。一九○五年，加拿大宣道會派一位醫療傳教士宋雅各來臺重開馬偕醫館。宋醫生到達淡水不久，這裡的人們「一聽到這些新來傳教士中的一位是

53　《臺灣基督長老教會百年史》，頁66。

54　*The Presbyterian church in Taiwan and the advocacy of local autonomy,* p. 20.

55　蔡培火：《臺灣民族運動史》，頁44-49、50-51。陳南州：《臺灣基督長老教會的社會、政治倫理》，頁77。

56　陳南州：《臺灣基督長老教會的社會、政治倫理》，頁72。

醫生時，好像全鎮的人都生病了。」他們不久就發現醫生所住的地方，有人開始前來求治。[57]另一方面，由於日本在島內大力推廣有關公共衛生的現代觀念，「人們的思想得到了開放，並對西方的外科手術有絕對的信任，所以病人或其朋友將最有難度的手術不斷的強加給醫生。」[58]因此日本統治時期的教會醫院有了更大的發展。

北部的馬偕醫院原在淡水，但淡水在日本統治時期的優勢已經喪失，為了謀求更好的發展，一九一二年，該院遷至臺北雙連。在十二月的落成儀式上，有一位加拿大人到遠東訪問，報告說「這是我所看的在東洋最好的基督教醫院」。[59]

另外，教會還創辦了新的醫院。戴仁壽醫生在北部服務過程中，就注意與關心病人當中的痲瘋病患者（舊稱「癩病」）。一九二六年十月，他得到倫敦痲瘋病救治會的援助金，購買舊雙連禮拜堂房屋開始專門治療痲瘋病患者。一九二七年殖民政府贈賜一千圓日幣，派戴醫生去考察日本、泰國、與菲律賓各國的癩者救治事業與設備。[60]一九二八年他所申請的創設「癩病救治會」方案，得到臺灣大會一致贊成。同年十一月五日政府撥款為援助金，並允許他為此事募捐，日本皇室也為建設痲瘋病院頒下一筆贈款，一九三四年，痲瘋病院樂山園終於落成。

醫院的建築規模也在擴大。一八九九年新建成的彰化醫院，有診室，手術室、藥局與禮拜廳，並有男病房二棟及女病房一棟，僅可收容十名病人。一九一一年，醫院擴建，修建了新的廚房並配備了自來水，以便能接納更多的患者。臺南醫館在一九○○年搬進新建成的醫院內，那裡有醫務所一棟，病房五棟。醫務所的一半分為診察、醫

---

57 臺北長老中會議事錄第五屆，第五、六條，《臺灣基督長老教會百年史》，頁145。

58 Edward Band, *Working His Purpose Out: The History of the English Presbyterian Mission. 1847-1947*, p. 132.

59 *Presbyterian Record,* 1913. Spring. P. 232.《臺灣基督長老教會百年史》，頁158。

60 *The Japan Mission Year Book*, 1928, p. 346.《臺灣基督長老教會百年史》，頁194-195。

療、藥劑三間，另一半為禮拜堂。住院的病人住在醫館內的病房裡，病房分為外科、內科、眼科、瘋癲病人，婦人科、產科等。婦人病房為一棟分為數十間，每一間都有鐵製的床四張。病房由二三人同住，允許他們的家人及親戚等來探訪及看護。男子的病人按眼科、外科等不同的病人分在不同的病房，一二人同住一室。病房外有一棟廚房，可以按病人的各自口味各自做飯。現在住院的有七十餘名，另外還有為了戒掉鴉片癮而入院治療的人。[61]

二　醫院的作用和評價

　　無論教會和傳教士的初衷如何，從教會醫院設立的最明顯效果來看，它仍然在很大程度上解除了疾病對臺灣人民的困擾。日據時期，臺灣的自然條件與前代相比，沒有什麼太大的改觀，對勞動人民而言，由疾病所帶來的痛苦還是他們無法解決的一大難題。在傳統的巫術不能滿足人們要求的情況下，教會醫院成為他們的最佳選擇。在一九〇三年臺南醫院有一四八六名住院病人和六六八九名在外就診。同時所進行手術的數量與種類都可與英國任何一家有一百五十張床位的醫院相比。[62]北部馬偕醫院，在一九一三年九個月來的統計為住院病人四百六十七位，門診病人四千六百位，複診治療二五六七〇次，全部治療數三〇二七〇次。」[63]一九二七年馬大僻牧師報告說「現在備有四十四位病床，一九二六年的住院病人七百四十五位，門診病人八四二五人」[64]

61 〔日〕村上玉吉：《南部臺灣志》，頁497。

62 Edward Band, *Working His Purpose Out: The History of the English Presbyterian Mission. 1847-1947*, p. 132.

63 *The Christian Movement in Japan*, 1913.《臺灣基督長老教會百年史》，頁473。

64 *The Christian Movement in Japan and Formosa*, 1927. P. 353.《臺灣基督長老教會百年史》，頁194。

　　醫院在發展過程中也培養了一批醫療人才。在初期的醫療傳道過程中，本地的一些年輕人就接受牧師的培養，一邊作為牧師傳道的助手，一邊學醫。臺南醫院的安彼得醫師，針對醫療與宣教的雙重任務曾主張「訓練本地人的醫生，使他們成為本地人的醫療傳教士，則對肉體的醫治及靈魂得救當有莫大的貢獻。」[65]到日據之後，在教會設的醫館中仍有許多的本地年輕人在學醫。在一八九五年蘭醫生與梅牧師在彰化工作時，就有兩個被宣教會指定的基督徒青年由臺南長榮中學來跟蘭醫生學醫。此後在彰化醫館內醫學生，增加到五名。一九一一年中，彰化醫院有很大進展，到現在蘭醫生所栽培的學生亦變成為能幹的醫生了。[66]但是在日本統治下這種培訓醫療傳教士的理想並沒有實現，「在日據時代醫學校設立以前，在臺灣府及彰化的醫院倒也訓練了不少本地籍的醫生。」[67]到日本人占據臺灣和國立醫院成立後，不合格人員的實習嚴格限制至完全禁止，只准正式的醫學校畢業的醫生才可以在醫院服務。因此，教會培育本地醫師的作用便自動消失，醫院的醫生只有從日本人辦的醫科大學裡選用。一九一一年後，頭一個畢業臺北醫學校來彰化基督教醫院服務的醫生，乃是鹿港人施子格先生。以後漸有臺北醫學校出身醫生來彰化醫院服務。[68]

　　雖然培養醫生的目的最終沒有實現，但教會醫院在培養護士方面卻頗有成果，新遷至臺北的馬偕醫院設有護理部，由烈以利姑娘（Miss. Isabel, Elliot）任「看護婦長」，並開辦「看護婦學」，這是臺灣正式訓練護理人員之開端。從一九一二至一九四四年，結業的護士

---

65 《臺灣基督長老教會百年史》，頁26-27。

66 《臺灣基督長老教會百年史》，頁173-175。

67 P. Anderson, *"Medical Mission Work in Formosa,"* The English Presbyterian Messenger, August 1880. P. 156, Also see E. Band, *Working His Purpose Out: The History of the English Presbyterian Mission. 1847-1947*, p. 110.

68 《臺灣基督長老教會百年史》，頁175。

共有一〇三名。[69]有的畢業生結婚並離開了護士行業，有的則到馬偕醫院或臺南醫院工作。雖然護士學校在馬偕醫院中是顯得無足輕重，但它為臺灣的長老會的醫療工作提供了足夠的護士。「有了護士，這就吸引了越來越多的女病人——她們向來不肯離開家與進醫院。臺南醫院一九〇五年的統計表明，女性的住院病人有五〇四名幾乎是一九〇一年的兩倍；同時男性的住院病人有一五三二人，也增長了近三倍。這樣有近二千的病人得到診治。」[70]

醫院還引進各種先進技術，對臺灣的醫療現代化有很大促進作用。如一九三一年十月加拿大的聯合教會的李約翰醫生（Dr. J. L. Little, B. Sc., M. D.）及其夫人（即吳花蜜醫生 Dr. Flora. Little）受英國母會派遣來到臺南新樓醫院主持院務。李醫生改善醫院的內容，外觀亦大加整頓，且增設 X 光線、紫外線與檢查室等近代的設備，並設小兒病房患者受益良多。

教會醫院的設立，一定程度上導致了臺灣人民對現代衛生觀念的接受。由於醫療傳教在臺的推行，作為教徒，對現代的醫學觀念也容易接受。在異教徒看來，「一個最有趣的現象就是那些基督教徒很少受到疾病的困擾。」如在「……一九一九年，馬偕醫院也為日本的醫療部門徵用三個月去對付由霍亂而引起嚴重的局勢。日本人和臺灣人都在那裡治療，每天都有幾個人死去。醫院附近的基督教家庭可允許前往教堂作禮拜，但是其餘的大規模聚會卻被禁止，甚至學校都被關閉。在這場災難中，死了好幾百人，然而由於傳教士和牧師在該地區傳播的知識，沒有一個基督教徒死去，他們都按當局的要求去做，然而異教徒卻完全忽略了。」[71]

---

69 賴永祥：《教會史話》第一輯（臺北市：臺灣教會公報社，1990年），頁37-38。林治平《基督教與臺灣》。

70 Edward Band, *Working His Purpose Out Working His Purpose Out*: *The History of the English Presbyterian Mission. 1847-1947*, p. 132.

71 Duncan Macleod, *The Island Beautiful,* pp. 218-219.

　　而且由於傳教士的示範以及當時的形勢要求，傳教士後代習醫的比例非常高。如嘉義人陳老英，隨洋教士習醫後開業，生有二子四女，次子陳宗惠獲慈惠醫科大學博士，孫嘉音、嘉得分別獲得愛知醫科大學及臺北帝大醫學博士，一門出三博士，三代皆為名醫。[72]據統計，早期醫學校學生即有不少是傳教士子弟；從一九○○至一九一○期間共有五五四名學生，其中來自教會家庭的有十二名占了其中的百分之二點二。[73]據初步統計，一九○二至一九○六年四十六名醫學校畢業生中至少有十名是教徒子弟，幾乎占四分之一。[74]

　　但是，從根本上講，作為教會醫院，它的根本目的還是在吸收信徒。為此，教會醫院內制訂了很多相關的措施。如對病人採取優待措施，「就像在臺南醫院中，雖然是要收藥錢的，但若是貧窮之人則會免去，有的還發給路費或伙食費。」而且在醫院制定的醫館規中，也很明顯地具有教會特色：在臺南醫館規則就有規定：一、每週的一、三、五是看病的日子，需要來就診的病人必須參加上午十點的禮拜。週四、星期日不是受診領藥的日子，但是危急病人不在此限。[75]由於漢人因傳統男女授受不親的原則，為消除臺人的對抗心理，適應中國的傳統，在臺南醫館內還規定，在醫館裡除了病人與其親戚外，若有男女間偷偷講話，要罰銅錢五十文。[76]

　　更多的病人來到教會醫院，為布道工作提供了一個非常有利、並被充分利用的機會。由醫生負責，中國的員工輪流與醫院中的牧師一起到醫院的教堂中布道，而且這些牧師也到病房中做個人布道及訪問那些回到山村的家中的病人，使他們與當地的教堂聯繫。婦女傳道會

72 吳文星：《日本統治時期臺灣社會領導階層之研究》，頁143。
73 吳文星：《日本統治時期臺灣社會領導階層之研究》，頁136，表3。
74 吳文星：《日本統治時期臺灣社會領導階層之研究》，頁141。
75 〔日〕村上玉吉：《南部臺灣志》，頁497。
76 〔日〕村上玉吉：《南部臺灣志》，頁497。

的傳教士們也把大量時間用到病房中訪問和教導病人。[77]在醫院內，醫療傳教士們也積極工作，臺灣府醫院的醫療傳教士安彼得報告說：在醫院早晚都有崇拜，而傳教士們都主領禮拜、講道、並講解基督教教義給患者們的。又為了病勢較重或不能參加崇拜的患者，就在病房內常以大聲讀《聖經》給他們聽。他也發現，與每一個患者個別談起宗教上的問題，實比在禮拜堂的講道理有效果。[78]另外在醫院內也利用書籍進行宣教，在臺南醫院內有一間病人的讀書室，其中擺放以羅馬白話字譯出的《聖經》以及其他禁煙、戒纏足等的小冊子。[79]

　　醫療傳教士們努力也取得一定的結果，甚至有由此而設立教會者。如蕭壟（現時佳里）便是由一個將近失明之人到醫館就醫，而後回去創設的教會。一九〇七年甘為霖牧師所寫的報告說：「三、四年前在蕭壟及附近之地方無教會亦無教友。而今信徒已經有三、四百人，且有兩個地方於主日聚集做禮拜。一九〇五年正月初一首次施行洗禮，來接受問道理者五十多人，接納二十名……兄弟黃水加，是前醫館之患者；傳教士未到此處以前，他就在這個地方四處傳道，頗有成果。他們最初做禮拜之地方是三間相連舊店；可是現在已建築一間禮拜堂，其建築費一千二百元皆由信徒負擔。」[80]臺南「長榮中學」的首任校長朱約安（Joan Stuart）姑娘為幫助羞怯的、排斥男性醫生的臺灣婦女，特地去學習如何助產，以後就利用助產的機會順便傳道。臺南教會中有一位名叫招官的女子，就是因朱姑娘為她助產而入教的；安平的教會，也是朱姑娘在該處助產而結的果子。[81]

77　Edward Band, *Out Working His Purpose Out: The History of the English Presbyterian Mission. 1847-1947*, p. 133.

78　P. Anderson, *Hospital Work at Tai-wan-foo*, The English Presbyterian Messenger, February 1884. P. 27 .cf. August 1880 p. 156.《百年史》，頁26-27。

79　〔日〕村上玉吉：《南部臺灣志》，頁497。

80　《臺灣基督長老教會百年史》，頁109-110。

81　杜聰明：《杜聰明言論集》第二輯，頁548。魏外揚：〈基督教在臺早期的醫療宣教〉。

　　雖然如此，教會醫院在日本統治時期的發展也有其局限性。首先就是工作量過大。雖然在島上日本人也建立了眾多的醫院，但是臺灣人還是比較喜歡前往教會醫院就診。當時臺南醫院在診察日裡有大約三百人接受診治。[82]一九〇七年，住院的病人就已達二千四百人，即使有臺灣人的助手，對一名醫生來說，這個量也太大了。[83]一九〇〇年彰化新醫館建成後，由於「蘭醫生的名聲傳揚到四方，由各地來就診的人很多。住院的患者約有一百三十人至一百四十人，擠在七十五張床上。」蘭醫生除了禮拜天以外，每天診察四百餘名病人。[84]此外蘭醫生還經常的應邀出診，而晚上還要教他的學生。入院的病人很多，英國母會對於臺灣教會醫院的人數增長感受不深，「一人負責一院」的政策遲遲不變，[85]這樣醫院的醫療工作很難滿足需求，「在一九〇三年臺南醫院有一四八六名住院病人和六六八九名在外就診，這已超過醫院職工的能力。」[86]臺南醫院在一九〇五年的統計表明，有近二千的病人得到診治，但幾乎同樣數目的應得到醫院治療的病人被拒之門外。[87]

　　過分緊張的工作使醫生的身體受到很大的損害，也使得醫院難以找到醫療傳教士，所以經常是一個醫院只有一個醫生在主持工作。醫生的調動常會影響到醫院的發展。臺南醫院在一九二七年時，鍾寶能醫生調往漳浦，而周惠霖醫生在沒有一個合格的護士的情況下繼續工

---

82 《臺灣基督長老教會百年史》，頁109。

83 Edward Band, *Working His Purpose Out: The History of the English Presbyterian Mission. 1847-1947*, p. 145.

84 Edward Band, *Working His Purpose Out: The History of the English Presbyterian Mission. 1847-1947*, p. 131.

85 杜聰明：《杜聰明言論集》第二輯，頁544，魏外揚：〈基督教在臺早期的醫療宣教〉。

86 Edward Band, *Working His Purpose Out: The History of the English Presbyterian Mission. 1847-1947*, p. 132.

87 Edward Band, *Working His Purpose Out: The History of the English Presbyterian Mission. 1847-1947*, p. 132.

作，他的妻子也為家庭之事纏身無法來醫院工作。隨後的年度報告表明，病人的數目在進一步下降，直到一九三一年，李約翰醫生到達後為止。[88]醫生的移動有時還關係到醫院的存亡。「臺南醫院由於戴仁壽醫生身體欠佳，於一九一八年辭職回國。彰化醫院也因蘭醫生的度假而關閉。這樣南部的所有醫療工作都停頓下來。」[89]北部的馬偕醫館在馬偕牧師逝世之後，也由於缺乏醫師而一度關閉。而且在吸收信徒方面，由於太多的醫療工作占去了醫療傳教士們的大部分時間，這意味他們沒有多少的時間去吸收病人入教。所以效果並不佳。

---

88 Edward Band, *Working His Purpose Out: The History of the English Presbyterian Mission. 1847-1947*, pp. 164-165.

89 Edward Band, *Working His Purpose Out: The History of the English Presbyterian Mission. 1847-1947*, p. 163.

戰後時期

（1945-2001）

　　二戰期間，日本殖民者在推行所謂「皇民化運動」中，逼迫在臺的西籍傳教士離開，再透過日籍牧師來控制各地基督教會，甚至強迫臺籍牧師參予「全臺灣基督教傳教士練成會」，進行思想改造，又要求牧師和信徒參加日本的神社崇拜。一九四四年，日本殖民地政府強行組成基督教臺灣教團，由日本聖公會臺灣傳道區及臺灣基督長老教總會合併成立。一九四五年，第二次世界大戰結束。「此種帶有政治色彩之教團，與日本政治同命運，在其戰敗時同時結束，壽命僅一年五月，教團統理日人上與二郎，於臺灣光復後，應臺灣教會之要求，於民國三十四年十月二日正式宣布教團解散，並將教團成立後從臺灣教會所侵占之機關及資產退還原主。」[1]「日後擔任過長老教會總幹事的黃武東牧師，在回憶錄中云及：『當裕仁天皇親自廣播的降詞自收音機中響起，很多日本人不敢相信或不願相信，臺灣人卻雀躍不已，奔走相告』。」[2]

　　二戰結束，臺灣回歸中國，這些事件意味著臺灣基督教發展進入了一個全新的歷史時期。臺灣教會從戰爭結束時的長老會，真耶穌會，聖公會和聖教會幾個教派[3]，發展到九〇年代的八十三個宗派[4]。許多宗派在神學思想，政治態度和社會活動諸方面千差萬別。其間的變化曲折值得今日的人們深入瞭解探析。為較為全面地闡述臺灣教會在這一時期的發展，本章將從四個角度討論二戰後臺灣基督教的發展。

1　臺灣省文獻委員會編印：《臺灣省通志》，卷2〈人民志・宗教篇〉。
2　查時傑：〈臺灣光復前後的基督教會（1940-1949）〉，林治平主編：《基督教與臺灣》（臺北市：宇宙光出版社，1986年），頁147。
3　查時傑：〈四十年來的臺灣基督教會〉，林治平主編：《基督教與臺灣》，頁159。
4　李桂玲編著：《臺港澳宗教概況》（北京市：東方出版社，1996年），頁161。

第十二章
戰後臺灣基督教的發展

第一節　戰後臺灣基督教發展的四個階段

目前臺灣學術界和教會都是按照教會發展速度，將二戰後臺灣基督教的發展分作四個階段：一九四五年至一九四九年的待開發時期；一九四九年至一九六五年的急速發展期；一九六五年至一九七九年的停滯時期；一九七九年至二〇〇〇年的緩慢增長期。

一　待開發時期（1945-1949）

二戰結束之初的臺灣基督教，正如王治心所言：「惟據我觀察所及，覺得基督教在臺灣，尚未建立起相當的基礎，而人民對於基督教，實在非常陌生」[5]。日據時期臺灣基督教會有長老會、真耶穌會及聖潔教會。這些教會都忙於收回教產恢復聚會禮拜，又恢復神學院校，所經營的醫院與學校。在一九四九年之前，逐漸有大陸的教會流入臺灣。最早進入臺灣傳教的是浸信會，一九四八年全國浸信會聯會（美南浸信會）在上海召開邊疆會布道委員會，派楊美齊牧師到臺考察傳教。一九四八年中國神召會（China Assemblies of God）的霍廣詩牧師入臺宣教。一九四九年，倪柝聲的基督徒聚會處也傳入臺灣。

總的而言，此時傳入臺灣的基督教團體較少，原臺灣的基督教會也在恢復原先工作。這一時期的重要事件是臺灣爆發的「二二八」。

5　引自查時傑：〈臺灣光復前後的基督教會（1940-1949）〉，林治平主編：《基督教與臺灣》，頁151。

「二二八事件」實際上和當時大陸人民反對國民黨獨裁政權的鬥爭一樣，都是對國民黨腐敗統治的反抗。一九四五年，當時任臺灣第一任行政長官公署的陳儀，作風官僚，「屬下貪污事件時有發生，民怨沸騰」。在另一方面，二戰時期許多應徵入伍的臺籍日軍官兵，因為日本侵略者戰敗而被遣送回臺，「這些青壯年卻因被視為『戰犯』而倍受歧視，又無謀生之途，遂有多人與黑社會掛勾，形成一股龐大的惡勢力。而當時由大陸各省來臺負責接收的人員，由於部分人員以『占領者』的姿態出現。」[6]正如臺灣神學院的林鴻信指出：二二八「最主要的是官方與民間的對立」，「而非本省人與外省人的對立」[7]。「二二八事件」爆發初期，許多基督教上層人物參加了「二二八事件處理委員會」，主張和平解決爭端。如基督教長老會的林茂生、張七郎和陳能通等人。但國民黨政權如同在其統治大陸的手法一樣，都是凶殘專制的鎮壓。許多臺籍基督教人士在參加處理委員會後，隨即被蔣介石政權逮捕殺害。這就是「二二八事件」。

很明顯，這一事件是蔣介石反動統治在臺灣的延續。但後來基督教界少數的「臺獨」分子，以「省籍情結」挑起事端。因此，「二二八事件」，「為日後在政教的關係上，特別是與本地『臺語』教會的關係上，種下了負面的因子。」[8]

基本上，這一時期臺灣基督教尚屬待開發的時期。不僅原臺灣長老會需要重建神學院，教會組織，而且大陸其他基督教團體也是初步傳放臺灣。其間雖經過「二二八事件」，但基督教發展並沒有受到太大影響。一九五〇年後，臺灣基督教會進入迅速發展的時期。

6　莊祖鯤：〈二二八事件的迷思與反省〉，蘇南洲主編：《基督教與二二八》（臺北市：雅歌出版社，1993年），頁85。

7　林鴻信：〈「二二八事件的迷思與省思」之再思〉，蘇南洲主編：《基督教與二二八》，頁91。

8　查時傑：〈臺灣光復前後的基督教會（1940-1949）〉，林治平主編：《基督教與臺灣》，頁161。

二　急速發展期（1950-1965）

　　史文森在《臺灣教會面面觀》中描述這一時期的教會發展時稱：「這個時期是臺灣空前福音門大開的好機會，到處都發出請過來幫助我們的呼聲。從大陸來臺的人心中充滿了沮喪與彷徨……如此一來過去不知名的臺灣寶島，在一夜之間變成一塊新的傳教良田。」[9]

　　這一時期臺灣的教會發展具有以下特點：

（一）教會在傳教團體，信徒人數，神學院校數急劇增加

　　「如信徒人數在民國三十七年（1948）為五萬一千人，而到民國四十九年（1960）則為二十二萬人；神學院校數，由上一階段的兩所，增加為十所；傳教團體則由原來的四個，加增為三十三個。」[10]在這些眾多教會中，臺灣長老會和俗稱稱「小群」的聚會處發展最快。從一九五四年至一九六四年的「教會信徒人數倍加運動」後，長老會成為擁有近八萬人的最大教派。而同時期的聚會處信徒人數亦占臺灣基督徒人數的百分之十五。[11]

（二）教會系統和閩南語教會系統的分野初步形成

　　原先在臺傳教的長老會是用閩南語傳道。一九四九年後，原先在中國大陸的傳教士離開中國，但仍然希望在華人地區傳教。因此，臺灣地區成了許多前大陸傳教士工作的新地點。而這些傳教士基本上只會說普通話（即國語），因此，他們建立的禮拜堂也多是國語教會。恰逢跟隨國民黨逃臺的大陸移民，很多加入基督教會，填補精神上的

9　史文森著，盧權珠譯：《臺灣教會面面觀：1980的回顧與前瞻》（臺灣教會增長促進會，1981年），頁36。

10　查時傑：〈四十年來的臺灣基督教會〉，林治平主編：《基督教與臺灣》，頁163。

11　參見李桂玲編：《臺港澳宗教概況》，頁154-156。

空虛。他們很自然地參加國語教會的崇拜。因此，臺灣教會很自然地出現了所謂「國語」和「閩南語」兩個系統的教會。

（三）政府和基督教會之間基本上相安無事

　　一方面各教會忙於本身的恢復和發展；一方面國民黨政權對基督教教會在內的人民團體進行嚴格的控制。浸信會周聯華牧師回憶說：「那個時代還是不准用『人民』，『解放』等名詞的時代，只要大陸用的，我們都不能用。我的一個學生因為唱了『天恩歌』——那歌是用北方的民歌作調，早在大陸政權以前就已經唱了，後來因為中共的『鋤頭歌』也是這個調，而不能唱，不敢唱——但唱了影響他出國。」[12]

三　停滯時期（1965-1979）

　　進入二十世紀六〇年代，國民黨政權基本上穩固了其在臺灣的統治。在美國經援的大力扶持下，臺灣經濟開始步入「起飛期」。人民生活逐漸穩定。如查時傑所說：「其所帶來的安樂，與日漸繁榮的社會，促使同胞忘記前一階段痛苦與貧窮的歲月，開始追求物質上的滿足，不僅安於宴樂與現狀，也無暇顧及到心靈上的需要，這些客觀上的因素，不僅吸收信徒困難，連原本為信徒的，也冷淡退後而不上教會了。」事實上，社會經濟工業化還帶來另外一個問題，即是社會人口流動加速，大量人口從鄉村轉移到城市。原來在鄉村的信徒大量流失，鄉村教會因此受到嚴重衝擊。

　　此時，臺灣教會發展存在的一些深層次問題漸次浮現。

　　首先是差會和教會關係的不協調。與一九四九年前的中國大陸傳教工作相同，西方差會繼續用大量財力人務補助臺灣教會發展。臺灣

---

12 周聯華：《周聯華牧師回憶錄》（臺北市：聯合文學出版社，1994年），頁160。

教會和西方差會的不協調經常出現問題。一方面,「教會難以適應差會的結構,又發現其弱點,漸漸想脫離差會和宣教士之管轄,彼此關係便日趨惡化。」[13]。另一方面,隨著臺灣經濟的發展,國際政治形勢的變化,西方差會開始撤出臺灣。根據史文森的統計,差會來臺最高峰時期在一九五一至一九六五年間,其時共有四十二個差會來臺宣教。但在一九六一至一九七九年間,就僅八個差會來臺。原先在臺工作的差會,有的也宣布屬下教會自立。如美國衛理公會總會在一九七二年宣布臺灣衛理公會完全自立。

其次是國民黨政權和臺灣部分教會的政教關係開始惡化。國民黨政權繼續延續其一貫立場,對包括宗教團體在內的民間力量加以嚴格控制。但這一時期,臺灣島內蔣介石去世,政局不穩。在島外,中華人民共和國的國際地位受到世界絕大多數國家的承認,中日、中美先後建交。臺灣國民黨政權在一九七二年被迫退出聯合國。在這種內外交困的情形下,臺灣國民黨當局統治在島內受到挑戰。所謂「黨外運動」、「美麗島事件」都是典型的政治事件,「臺獨」勢力開始抬頭。此時,以「長老會」為首的所謂「臺語教會」成為這些政治勢力反對國民黨政權的組織工具。而國民黨當局則以跟蹤、限制出國甚至拘押來對付。政教關係由緊張而對立。

再有就是教會發展模式亟須改變。經濟發展和生活豐富對教會發展的衝擊。二十世紀五〇年代的教會迅速發展主要得益於臺灣局勢的不穩定,人們在宗教中追求心靈安慰。但六〇年代後的經濟發展令臺灣教會發展困難。這一時期,大宗派為增加信徒,發展教會,紛紛舉行各式各樣的布道會,制訂增長計畫。一時間,長老會的「什一增長運動」、浸信會的「周聯華布道會」、中國學園傳道會的「我找到了」的新生命運動等紛紛出臺,力圖謀求教會增長。但成效非常有限,

---

13 史文森著,盧權珠譯:《臺灣教會面面觀:1980的回顧與前瞻》,頁37。

「國語教會中大教派之一的浸信會，十年之間，信徒人數只增加了約
五百人而已，而『臺語教會』中的臺灣長老會，十年之中，領聖餐的
人數還是一個贈數，不但沒有增加，比上一個階段還要減少幾百人
呢」。[14]與此相反的是，以「聚會所」、「真耶穌會」為代表的非主流教
派反而有明顯增長。

四　緩慢增長期（1980-2000）

　　從一九八○年至今，臺灣基督教發展邁入一個緩慢增長的新時
期。據一九八六年世界華人福音事工聯絡中心的《當代華人教會》記
載，臺灣的二千五百二十八間教會（包括布道所）分別隸屬於五十三
間宗派或差會。臺灣基督教長老會是最大的一個宗派，共有一○三九
間，占總數的47.44%；其次是中華基督教浸信會，有一百四十間教
會，占6.39%；再其次是教會聚會處，有一二一間會所，占5.53%。一
九八五年史文森統計全臺灣基督教信徒總數是三七二○○○人，占當
時總人口的1.9%，其中閩南語教會信徒一六○六五○人，占閩南語系
人口的百分之一點一；國語教會信徒一一○七三○人（其中也有相當
數目的閩南人），占外省人口4%；客家信徒一一一○○人，占客家人
口0.58%；山地教會信徒人，占山地人口25%。[15]

　　從八○年代中期開始，臺灣基督教各派聯合發動了「二○○○年
福音運動」，大力傳教。這一運動是受北美富樂神學院世界宣教的影
響，臺灣教會中一些年輕的傳道人有許多是從該校畢業的。根據「西
元二○○○年福音運動推行委員會」的統計，一九九○年一至十月臺
灣教會共增加約兩百間堂會，其總數已達二千八百多所。一九九一年

14　查時傑：〈四十年來的臺灣基督教會〉，林治平主編：《基督教與臺灣》，頁169。

15　世界華人福音事工聯絡中心：《當代華人教會》（「中華民國」）（香港基道書樓，
　　1986年），頁20。

的統計時，教徒總數約為四四三九九六，占當時臺灣總人口二千〇四十萬的2.18%，堂會數為二九二七間。「西元二〇〇〇福音運動」所作的調查顯示，一九八〇年到一九八九年的年增長率是4.09%。至於九〇年代的臺灣基督教發展，現摘錄張立經製作的臺灣教勢統計[16]：

年份 YEAR	主日出席人數 ATTENDANCE	會友人數 MEMBERS	堂會數 CHURCHES	出席人數 增長率 AGR-ATT	會友人數 增長率 AGR-MBR	堂會數 增長率 AGR-CHS
1989	200470	426775	2666			
1990	201543	422357	2785	0.54%	-1.04%	4.46%
1991	213583	443750	2927	5.97%	5.07%	5.10%
1992	222519	472894	3056	4.18%	6.57%	4.41%
1993	235651	501662	3099	5.90%	6.08%	1.41%
1994	225595	477438	3317	-4.27%	-4.83%	7.03%
1995	232725	493577	3361	3.16%	3.38%	1.33%
1996	237051	499387	3411	1.86%	1.18%	1.49%
1997	248122	537774	3519	4.67%	7.69%	3.17%
1998	257976	556445	3589	3.97%	3.47%	1.99%
1999	265555	570027	3609	2.94%	2.44%	0.56%
平均年成長率（AVG）				2.89%	3.00%	3.09%
十年增長率				32.47%	33.57%	35.37%

16　《1999年臺灣教勢統計資料和研究》，摘自www.database.ccea.org.tw/1999，資料收集人是朱三才。

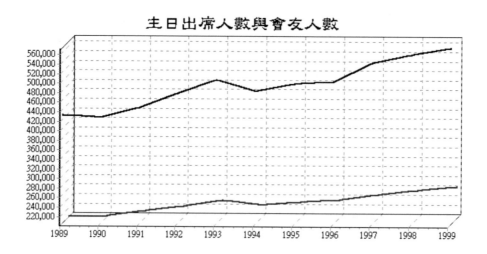

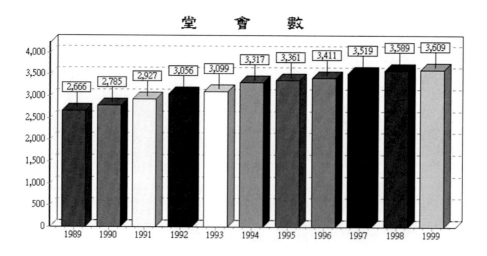

　　至於一九九九年臺灣基督教各大宗派的情況，則如下表[17]：

17　《1999年臺灣教勢統計資料和研究》，摘自www.database.ccea.org.tw/1999，資料收集人是朱三才。

序號 CODE	教派名稱 GROUP	主日出席人數 ATTENDANCE	會友人數 MEMBERS	堂會數 CHURCHES	出席／堂 ATT/CH
1	中國神召會	1362	2230	20	68
2	基督教福音浸信會	336	342	6	56
3	中華福音路德教會	860	1720	24	35
4	中華基督教浸信會聯會	13600	22641	192	70
5	基督教中華聖潔會	582	833	20	29
6	中華基督教福音信義會	180	370	7	25
7	中華基督教長老教會信友堂	1200	2400	4	300
8	基督教宣道會	1066	1180	25	42
9	敬拜中心	754	1365	13	58
10	中華基督教行道會聯會	2639	3620	31	85
11	基督教中華循理會	3517	6118	61	57
12	基督喜信會	860	1210	10	86
13	福音貴格會	70	120	3	23
14	靈糧堂	10080	20160	31	325
15	教會聚會處	32554	81383	626	52
16	基督教路德福音會	107	165	6	17
17	基督教門諾會臺灣教會聯會	1023	1591	18	56
18	中華基督教便以利教會	405	605	3	135
19	臺灣基督長老教會	98953	224817	1208	81
20	中華民國臺灣基督	814	1634	21	38

序號 CODE	教派名稱 GROUP	主日出席人數 ATTENDANCE	會友人數 MEMBERS	堂會數 CHURCHES	出席／堂 ATT/CH
	教信義會				
21	基督教救世軍臺灣區總部	238	335	5	47
22	基督教臺灣貴格會	3333	4503	39	85
23	臺灣聖教會	4986	21687	90	55
24	臺灣信義會	3650	7300	45	81
25	中國基督教信義會	550	1100	15	36
26	基督教臺北真道教會	926	1310	1	926
27	基督教臺灣崇真堂聯會	347	512	11	31
28	中華基督教衛理公會	1825	3200	29	62
29	基督教協同會聯合會	1172	2019	30	39
30	中華基督教浸信宣道會聯會	2961	3310	33	89
31	臺灣聖公會	545	1025	14	38
32	基督教中國布道會	1700	3400	12	141
33	臺北新生教團	639	764	11	58
34	臺北地方教會	4353	8706	26	167
35	臺灣基督教道生長老會	303	376	7	43
36	伊甸基督教會	340	635	2	170
37	臺灣基督教浸禮聖經會	800	1200	18	44
38	臺灣神的教會	160	360	4	40

序號 CODE	教派名稱 GROUP	主日出席人數 ATTENDANCE	會友人數 MEMBERS	堂會數 CHURCHES	出席／堂 ATT/CH
39	基督教中華聖召會	588	916	8	73
40	基督之家	617	837	3	205
41	獨立教會	14304	28608	155	92
42	基督教會拿撒勒人教會	1681	1860	30	56
43	中華基督教信義會	1052	1831	16	65
44	中華基督徒恩惠福音會	545	1090	8	68
45	中華神的教會	82	140	1	82
46	中國基督教長老會	112	162	4	28
47	基督教錫安堂	2482	4964	23	107
48	遠東福音宣揚會	94	102	3	31
49	臺灣基督四方教會	475	950	7	67
50	基督改革宗長老會	834	1003	26	32
51	基隆教會	267	534	7	38
52	基督教會臺灣宣道長老會	204	345	3	68
53	基督教臺灣神召會	818	1636	26	31
54	榮美基督教會	300	360	4	75
55	財團法人基督教中華協力會	252	309	6	42
總計（TOTALS）		224497	481893	3051	

　　總結二十世紀九十年代臺灣基督教發展，基本上有兩個趨勢：

　　第一是對祖國大陸基督教發展興趣的增加。隨著兩岸關係的發展，臺灣基督教與大陸的交流也開始進行。一九九一年臺灣基督教由

七個教派聯合組成的訪問團首次訪大陸，成員包括臺灣長老會，信義會，衛理公會，聖公會，聖教會，門諾會及天主教的代表，聖公會的簡啟聰主教任團長。除正常的訪問交流外，他們還「贈送聖經或基督教書籍，錄音帶，金錢，或者對鄉村的傳道人進行有系統的培訓。」[18]試圖影響中國大陸基督教會的發展。臺灣基督教二〇〇〇年福音運動還將一九九九年定為「大陸布道年」，試圖影響中國大陸基督教的發展。

　　第二是傳統教會發展緩慢，靈恩化的勢頭明顯[19]增強。「臺灣教會的路線由傳統較靜態的方式，漸漸轉向注重靈恩，或較活潑的方式。」[20]受世界性基督教靈恩運動的影響（如五旬節派的再度興起），臺灣教會的敬拜方式不斷更新，強調「聖靈」的工作。在此期間，一些強調屬靈的教會發展迅速。例如：靈糧堂，和撒那廣場，敬拜中心的興起。尤其是靈糧堂，目前其信徒人數已達二〇一六〇，其勢力直逼國語教會最大主流派的浸信會，更將衛理公會，聖公會等傳統教會遠遠拋在後面。教會內部充滿了各種世紀末的「見證」，如「九五年預言」（九四年初，教會界流傳一九九五年神要懲罰臺灣，屆時臺灣民進黨贏得總統選舉，即宣布「臺獨」，引起大陸武力進攻，血洗臺灣云云）；如「七號公園」事件（一九九五年三月，臺北靈糧堂為了市政府在其對面興建第七號公園時，未拆除一尊原址為廟宇的佛教神像，而號召信徒和教會向臺北市政府抗議，發動信徒圍繞公園七圈向「偶像」宣戰，一人一信向政府當局投訴。一時間鬧得滿城風雨）。

　　第三是逐漸有聯合的趨勢。「如一九九〇年七月成立的『中華基督教福音協進會』，即聯合了臺灣各大教派領袖及機構的代表參加，

18 王家炎：〈談中國大陸的福音事工〉，《中國與福音》第20期，1990年10月。
19 龐君華：《處境神學的處境反省：戰後臺灣新教本土神學的建構與發展》，東南亞神學研究院神學碩士論文，1999年（未刊稿）。
20 國際佛學研究中心，靈鷲山般若文教基金會主編：《兩岸宗教現況與展望》（臺北市：臺灣學生書局，1992年），頁174-175。

這在臺灣基督教歷史上是前所未有的，連臺灣長老會也參加了『二○○○年福音運動』，被稱為『空前未有的合作』」。[21]

第二節　四個宗派的案例分析

　　為具體分析二戰後臺灣基督教的發展，必須從各個具體教會加以分析。在臺灣基督教五十餘年的發展中，有四個教會特別值得人們注意。它們分別是基督教長老會、基督教聚會處、基督教浸信會和新約教會。它們分別代表著臺灣教會發展的四個類型：閩南語系統的長老會；國語系統的浸信會、衛理公會；獨立教派聚會處；新興教派的新約教會。它們也反映了基督教會內對政治的四種態度：長老會與世俗政治運動合流，對國民黨政府採取激烈對抗的態度；浸信會、衛理公會有限度地和國民黨政府合作；聚會處完全不理會現實的政治；新約教會則因為宗教的原因與政府激烈對抗。

一　閩南語教會主流派──長老會

（一）歷史與現狀

　　長老會是臺灣目前最大的教會組織。據統計：一九九八年，該會共有信徒二一八一六○人，占全臺灣基督教信徒的半數左右。長老會也是在臺灣發展歷史最長的教會。在臺灣基督教發展之初，該會以臺灣大甲溪為界分為北部加拿大背景的長老會和南部英國背景的長老會。南北兩部互不統屬。一九一二年南北長老會聯合結為友好團體，二戰結束後，日本人撤出臺灣。長老會趁勢接收了原來日本基督教臺灣教團所遺留的大部分產業。

21　李桂玲：《臺港澳宗教概況》，頁194。

　　北部教會在一九四六年加拿大傳教士劉忠堅牧師協助下，接收臺北市幸町日本基督教堂（今日的長老會濟南堂）、大正町日本聖公會堂（今日之長老會中山堂），以及日本聖潔教會、和平東路日本美以美會會堂。而長老會南部教會在光復後首屆大會上，決議接收教區內所有日本人教會。「此外北部大會並收回日人徵用之臺北神學校暨馬偕醫院及接辦淡水中學校、淡水高等女學校及宮前女學校。南部大會則復辦臺南神學院、臺南新樓醫院、彰化基督教醫院、臺灣教會公報社，及接辦臺南長榮中學與長榮女子中學」。[22]

　　一九四五年，原北部大會議長陳溪圳開始籌組二戰後首屆北部大會和接收日人教產等事。一九四六年三月，在臺北神學院召開光復後首屆大會，議決更改大會機構，向祖國教會致謝等事宜。一九四六年二月，南部長老會也在臺南東門教會召開大會，選舉楊士養為議長，黃武東為副議長。會上提出盡快和北部大會合併，要求英國長老會派遣宣教士來臺等內容。同年，英國、加拿大長老會均表示將重返臺灣協助長老會宣教。為發展長老會勢力，黃武東，陳溪圳等人於一九五〇年提出南北合一基本方案，倡議南北合併。隨後，南北長老會分別召開臨時大會，通過了南北合一方案。一九五一年三月七日，第一屆臺灣基督教長老會總會召開。合一後的臺灣基督教長老會架構和教勢[23]，如一九五七年臺灣基督教長老會總會年鑒所述：

　　長老會制訂教會法規確訂教會內部架構，共分總會、中會、區會和小會四級。總會由南北兩大會各選出四十名議員組成；會內設正副議長、正副書記、正副會計，由總會議員組成。總會在休會期間，設置常置委員（簡稱常委），決定一切會務。常委下設一總幹事負責全面執行常委決議。另外設有傳道處、青年處、教育處、山地宣道處、

22　臺灣省文獻委員會編印：《臺灣省通志》，卷2〈人民志・宗教篇〉。
23　臺灣省文獻委員會編印：《臺灣省通志》，卷2〈人民志・宗教篇〉。

財務處、事業處、法規委員會、培考委員會、信條委員會、聖詩委員會、交誼委員會、事務所籌建委員會、財團法人董事會、臺灣教會公報社理事會、神學院董事會、彰化醫院董事會、獎慰會、長榮中學董事會、長榮中學董事會、長榮女子中學董事會、建設委員會、歷史委員會、選送委員會。

　　在地方，長老會設有中會，小會[24]。中會的結構模仿總會，議員由所屬各堂會的長老，傳道，執事組成，是長老會的中堅骨幹。小會即是地方教堂，設有堂會，支會，布道所等宣教細胞組織。長老會內部人員的級別分別是牧師／長老，傳道，執事。長老會內牧師又稱為長老，執事則是管理教會庶務事務的人員。長老會還設有傳教士從事開拓教會發展的工作。二戰後長老會首任議長是黃彰輝，黃武東等人任常委委員。從一九四九年至一九六五年間，長老會在臺灣發展迅速。

年份	中會及地區數	堂會數	傳教人員	信徒人數
1953年	13	282	199	不詳
1956年	18	320	225	50,665
1964年	19	856	678	79,916

　　如前所述，長老會推動的一九五四年至一九六四年「教會信徒人數倍加運動」成效顯著。一九六六年開始至一九七○年，長老會推出一個所謂「新世紀宣教運動方案」，「這方案逐年分成都市、農村、工業、山地，及海外五個單元，以對臺灣社會結構的變化做調適與因應」[25]。到了七○年代末，長老會教徒總數達到近二十萬人。一九八

---

24 據瞭解，現年來長老會地方架構上還設立了區會，這些區會下設有若干小會，但由於小會數量不足以稱中會，故稱為區會。這些區會大部分以族群劃分，如賽德克區會，魯凱區會，東部排灣區會。

25 黃伯和：《宗教與自決——臺灣本土宣教初探》（臺北縣：稻鄉出版社，1990年），頁111。

〇年代，長老會參加了「西元二〇〇〇年福音運動」。九〇年代開始，臺灣長老會仍有較穩定的發展。下表是一九九〇至一九九八年臺灣長老會信徒數的變化圖：

年份	1991	1992	1993	1994	1995	1996	1997	1998
信徒	209901	201657	216810	217218	222263	224268	224817	218260

　　截至二〇〇〇年，長老會總會下共有：東部中會、七星中會、臺北中會、新竹中會、臺中中會、彰化中會、嘉義中會、臺南中會、高雄中會、壽山中會、屏東中會、太魯閣中會、阿美中會、東美中會、西美中會、排灣中會、泰雅中會、布農中會、中布中會、南布中會、東部排灣區會、鄒族區會、達悟區會、魯凱區會、普悠瑪區會、瑟基克區會。其中臺南中會的信徒人數最多，一九九八年達二〇五八六人。

　　二戰後長老會的教務工作有以下三個基本特點：

1　有較強的所謂「臺灣本土」色彩

　　它基本上是個閩南語教會，百分之九十以上的長老會教堂在推廣閩南語，甚至在《臺灣教會公報》上也用閩南語發佈消息。在會中，普通話常常不稱作國語，而被稱作北京話。臺灣原住民（即高山族人士）是該會重要的組成部分。在七〇年代末，會內有十個山地部族，教徒人數約六、七萬人。

2　國際聯繫密切

　　除與加拿大、英國的長老會保持密切聯繫外，臺灣長老會還是普世教會協會、亞洲基督教協會、世界歸正教會聯盟的成員。長老會本身還在世界其他地區設立分支機構，美國和日本都設有中會，「如在日本成立了『日本臺灣教會中會』，所屬基層教會有東京臺灣教會、池袋臺灣教會、川越臺灣教會和千葉佐倉傳道所。」

3　會內運作採民主代議制，沒有卡里斯瑪式（charisma）的領袖核心

　　長老會的議長任期一年，每年總會都必須進行改選。總會閉會期間的常委會負責決定會中事務，而負責執行的卻是總幹事。總幹事任期五年。但總幹事不得是常委會成員，只負責執行常委會的決議。

　　目前，現任長老會總幹事是羅榮光，總幹事之下設有專業及行政助理總幹事張德謙；書記及事工助理總幹事莊淑珍；研究發展中心主任黃伯和。

　　專業及行政助理總幹事張德謙屬下的機構有：一、重建關懷站，宣教基金，神學教育，聯合大學；二、傳福，平安基金會（林信道負責）；三、信仰與教制，發行室（邱瓊苑負責）；四、利巴嫩山莊（林霓玲負責）；五、法規（鄭英兒負責）；六、謝緯營地（林芳鍾負責）；七、音樂，原住民建堂募款（林生安負責）；八、培育，歷史，臺省山地（亞薩臘負責）；九、山地宣道會（酋卡爾負責）；十、財務，庶務，美南差會，宣教中心（許承恩負責）。

　　書記及事工助理總幹事莊淑珍屬下的機構：一、傳播，傳教士人事，客宣（莊淑珍負責）；二、傳道，西元二○○○年福音（徐信得負責）；三、教育，族群母語、閩南語《聖經》新譯（邱瓊苑負責）；四、婦女，牧傳會（林霓玲負責）；五、教社，社福（鄭英兒負責）；六、青年，大專（林芳鍾負責）；七、原宣傳道（林生安負責）；八、原宣教育，族群母語（亞薩臘負責）；九、原宣教教社，松年（酋卡爾）。

　　研究與發展中心主任黃伯和屬下的機構有研究組，發展組，資料組，分別由江淑文，蔡森昌和葉美智三人負責。

　　在神學教育方面，長老會設立了四所神學院。一是巴克禮一八七六年在臺南市創立的臺南神學院；二是一八八四年馬偕在臺北創立的

臺灣女子神學院；三是馬偕一八九二年在臺北創建的臺灣神學院；四是一九四七年高俊明牧師在花蓮縣創立的玉山神學院，培養對象是原住民傳道人。

（二）政治及社會活動

長老會「名聲」大振的重要原因，是因為該宗派在臺灣政治舞臺上的「突出」表現。當然，長老會參加激進的政治活動，箇中原因並不簡單，基本上有神學思想，歷史因素和社會環境的背景。

從神學背景來看，長老會的源頭是十六世紀歐洲宗教改革三大派中的加爾文教。加爾文教要求完全廢除天主教（大公教）的教會官僚體制，把最基層的「牧師教區」改變成由信徒組成的一個宗教單位。然後，信徒共同推舉宗教單位中宗教操守最好，行政能力最強，經營能力最好的為「長老」。而宗教單位與宗教單位之間又相互簽署協議彼此聯繫，結合成更大的組織。現任臺灣長老會研究發展中心主任的黃伯和聲稱「今日的臺灣基督長老教會，做為改革宗陣營的一個教會，自然承受了一套牢不可破的改革宗傳統，不論是神學的反省，教會的體制，或是信仰生活的模式，都有線可循的與改革宗遺傳相結連。」[26]黃伯和等人認為：改革宗的神學即是介入世界，號召人民起來反抗國家暴力。教會本身則是站在先知的立場，在國家和人民之間傳達上帝的旨意。因此該會長老董芳苑自誇說：「臺灣基督教長老會除了宣揚耶穌基督的福音外，也是一個最關懷社會品質與政治品質的教會。因為這個教團的走向受德國神學家潘霍華（Dietrich Bonhoeffer, 1906-1945）的『基督教世俗主義』（Christian secularism）的影響，就是強調『信仰基督就是跟隨基督及實踐他的教訓。因為基督的福音真理是於世俗社會中行出來的，而不是在禮拜堂裡信出來的』」[27]。長老

---

26 黃伯和：《宗教與自決──臺灣本土宣教初探》，頁62。
27 宋光宇：《宗教與社會》（臺北市：東大圖書公司，1995年），頁192。

會認為教會必須在社會上扮演「先知」和「祭司」的角色。為此，長老會在一九五一年第一屆總會召開時，決定設立特別救災委員會，救濟因颱風而受災的百姓。一九六四年總會召開在第十三屆年會時正式成立「社會服務委員會」；第三十一屆年會上改組為「社會服務發展委員會」；第三十六屆又將此組織更名為「教會與社會委員會」。長老會自稱「教社」。

　　從歷史的因素來看。部分長老會人士國家身分認同十分模糊。在日據時期，長老會內一些人習慣了在日本殖民地統治下的生活，他們自認為原先是「日本人」，後來才是「中國人」，現在要做「臺灣人」。另外，長老會部分人士在「二二八事件」中受到國民黨政權的無辜鎮壓，形成一個難以解開的心結。當時花蓮鳳林教會長老會張七郎，黃武東牧師的兒子等許多會內人士都被國民黨政權殺害。其中確有一些人是因國民黨的「恐共症」而無辜受害的。這一事件釀下日後長老會與國民黨政權的仇恨。另一方面，臺灣長老會的國際背景也令它與國民黨當局關係緊張。臺灣長老會在一九五一年加入普世教會協會（World Council of Churches，簡稱 W.C.C），是臺灣基督教會中唯一加入普世教協的教會組織。

　　普世教會協會是一個世界性基督教會聯盟，一九六一年接納前蘇聯和東歐共產主義國家的基督教會為正式會員。一九六六年，普世教協中央評議會更表示贊成聯合國接納中華人民共和國[28]。長老會和國民黨政權的衝突表面化也是從普世教協開始的。由於長老會內部對於普世教協中央評議會關於中華人民共和國加入聯合國一案有分歧，函請臺灣國民黨當局「內政部」[29]。國民黨當局回文中強烈暗示長老會要退出普世教協。一九七〇年七月，長老會被迫退出普世教協。據周

---

28 林本炫：《臺灣的政教衝突》（臺北縣：稻鄉出版社，1990年），頁104-105。

29 林本炫：《臺灣的政教衝突》，頁104-105。

聯華牧師回憶,「在美國有一個專與普世教協作對的萬國基督教會聯合會(以下簡稱萬國教聯——I.C.C.C)。這兩個世界性組織間的矛盾,我們不必贅述,總之萬國教聯比較小,對全世界的影響力也不大,是一個相對保守,反黑人,反閃族(猶太人),反共產黨的一個從長老會中分裂出來的一個教派。正因為它反對長老會,所以它就要拆散長老會。」萬國教聯創設人麥堅泰(Carl McIntire)到臺灣之後,「麥堅泰自稱是反共的,也以打擊長老會作他的對象。他的理論是『普世教協』裡有共產國家在組織中,一定是親共的;臺灣長老會參與了『普世教協』,一定也是親共的。它開始與黨部甚至情治機構聯絡,供給資料,然後在臺灣聯絡一些『大陸』來的基督徒,和過去『皇民化』的基督徒,不斷製造臺灣長老會『靠不住』的謠言,硬逼長老會退出普世教協,限制長老會傳道出境,尤其是去參加普世教協的會議。」[30]事實上,長老會和國民黨當局的矛盾早就存在。一九六三年,長老會欲聯合其他教會,成立「臺灣基督教聯誼會」,國民黨當局就搶先成立「中華基督教協進會」,逼使其他教會加入。一九六五年,長老會的百周年紀念大典也受到國民黨情治機構的監視破壞。「普世教協」案只是雙方衝突表面化的開始。只不過此時的長老會還沒有能力和國民黨當局對抗,因此被迫退出普世教協。

但二十世紀七〇年代開始,部分長老會人士開始在臺灣政治運動上嶄露頭角。七十年代初正是尼克松訪華,國民黨政權被驅離聯合國,日本等西方國家相繼和臺灣國民黨當局斷交的時期。臺灣國民黨當局在國際上面臨著空前的孤立,島內「臺獨」分子看準時機,開始利用在民眾的影響力及廣泛的海外關係,率先公開挑戰國民黨權威,將「臺獨」主張付諸實際的政治行動。此時的臺灣長老會由高俊明擔任總幹事。在高俊明的領導下,長老會成為一股不可忽視的「臺獨」勢力。

---

30 周聯華:《周聯華回憶錄》(臺北市:聯經出版事業公司,1994年),頁269-270。

　　高俊明於一九二九年出生在臺南，父親是醫生，高家是臺南望族，家境富裕。但高俊明年小體弱多病，完成中學課程後，高俊明就進入神學院就讀，畢業後長期服務於臺灣山地原住民的宣教工作。一九四七年，他在花蓮縣壽豐鄉鯉魚潭邊創立了玉山神學院（簡稱玉神）。這是一所專門培養長老會原住民傳道人員的神學院。在傳道期間，高俊明曾到加拿大麥基爾大學進修政治制度學。一九七〇年，高俊明當選為長老會的總幹事，連選連任，掌握該會權力達十九年之久。在他的領導下的長老會，長老會和黨外反國民黨運動合流，不斷推出「臺獨」的政治主張。李達在《臺灣宗教勢力》中說：「在高俊明的主持之下，充分顯露了一切以向政治的現實權力進軍的目的。其政治主張，也與海外的政治組織遙相呼應……」[31]

　　一九七一年開始，長老會連續發表了三個聲明和宣言。一九七一年美國總統尼克松訪問中國的前夕，臺灣社會各界非常關心形勢發展。周聯華牧師回憶：當時聖公會、衛理公會、浸信會、長老會、天主教等人士在一九六三年開始組織過聯合會，討論與國事有關的事件。一九七一年，這個聯合會推定了三個代表（包括周聯華牧師）在臺南神學院校長住宅，起草一份宣言。但天主教、浸信會、衛理公會的代表否決了這份宣言，只有長老會一票贊成。長老會要求把這份宣言拿回長老會上宣讀通過，並作為自己的宣言公布。其後，長老會將宣言進行修改、增刪。這就是一九七一年年十二月十九日的長老會《臺灣基督教會對國是的聲明與建議》。這個聲明「宣稱臺灣住民的人權是上帝所賜，臺灣主權屬於臺灣全體住民，呼籲臺灣政府採取『德國模式』，以突破難關，並舉行中央民意代表全面改選，以利民主團結與國際尊嚴」[32]。一九七五年十一月十八日，長老會又選擇美

---

31 李達編著：《臺灣宗教勢力》（香港：廣角鏡出版社，1988年），頁35。
32 李達編著《臺灣宗教勢力》，頁36。

國總統福特訪問中國前夕，發表《我們的呼籲》，再度強調《國是聲明與建議》的內容，並要求國民黨政府推行民主政治。一九七七年八月十六日，臺灣長老會在美國國務卿范錫訪問中國前夕，向美國卡特政府發表《人權宣言》，要求美國政府尊重臺灣的「人權」，公然要求國民黨「政府於此國際情勢危急之際，面對現實，採取有效措施，使臺灣成為一個『新而獨立的國家』」[33]。長老會的想法是「假如臺灣仍屬於中國的內政問題，那麼，中共就隨時使用武力；但是，假如臺灣和大陸分離，中共便必須謀取對臺灣之事再加考慮，因為它必須對爆發的國際爭端付出代價。」[34]

　　這三份聲明的矛頭直指臺灣國民黨當局。面對長老會的挑戰，國民黨政權回擊乏力。一九七五年政府治安人員，以牴觸國語推行為由，沒收了長老會內泰雅語《聖經》及聖詩，又沒收羅馬拼音《聖經》及閩南語《聖經》。但「長老會屬於國際宗教團體，臺灣政府不欲使國際上少數政治的宗教人物，趁機破壞臺灣本已相當孤立的形象，實為主因」[35]。臺灣政府的軟弱助長了長老會「臺獨」勢力。一些長老會基層牧師如林弘宣、黃昭輝、蔡有全等人都開始和「黨外運動」聯繫。一九七九年十二月十日，「美麗島事件」爆發。這是長老會和「黨外運動」正式合流的開始。一九七九年，長老會借所謂「世界人權宣言十周年」，舉辦「人權祈禱會」。黨外運動分子施明德等人要求參加，並在高雄舉行「人權大會」。國民黨採取鎮壓措施。施明德經林文珍等人介紹，藏身在長老會總幹事高俊明處。國民黨隨即逮捕了高俊明等人。張俊雄（後任「臺灣行政院長」）當時擔任高俊明的辯護律師，指稱高是「宗教良心犯」，不應被捕等[36]。但高俊明最終以知

---

33 李達編著：《臺灣宗教勢力》，頁37。

34 李達編著：《臺灣宗教勢力》，頁36。

35 李達編著：《臺灣宗教勢力》，頁43。

36 張俊雄：〈照亮黑暗歷史的路〉，《臺灣基督長老會與美麗島事件》（網路版）。

情不報罪判刑。此後，長老會進一步走到國民黨政權的對立面，牧師上街遊行，絕食抗爭等成了該會在八○、九○年代頻頻舉行的活動。

　　蔣經國去世後，長老會會友李登輝上臺，長老會的「臺獨」聲浪更加高漲。隨著二○○○年臺灣民進黨掌握政權，長老會在推動「臺獨」運動的角色逐漸從臺前走到幕後。但長老會的「臺獨」思想根深柢固，不斷地推動國民黨、民進黨走向「臺獨」路線。「臺獨」分子李登輝和長老會的關係就十分密切。李登輝早年任職臺灣「農復會」時是聚會處的信徒，其後任臺北市市長時轉到長老會濟南堂。據長老會牧師翁修恭稱：「李登輝對長老教會精神，有相當程度的瞭解」，翁修恭並表示：「李登輝很愛護教會，並且有高度的政治智能。在長老會會遭受各方清剿時，他並未避諱長老教會，反而選擇了長老教會聚會」。正是在長老教會中，李登輝對著民進黨主席姚嘉文夫人周清玉的面，說：「民進黨要辦就要辦好，我希望你們是成功的反對黨，大家一起來競爭」[37]。一九九九年，李登輝推出「兩國論」，長老會極力支持。長老會在二○○○年一月的《教會公報》上稱：「七月初世界歸正教會聯盟執委會在臺北舉行，由臺灣基督長老教會做東。七月九日該聯盟代表由臺灣基督長老教會代表陪同會見李登輝『總統』，談話間李『總統』堅定指出：『一個中國，不包括臺灣』，並說明在臺灣的『中華民國』和在大陸的中華人民共和國是兩個不同的國家。當天下午李登輝『總統』接見德國記者時，又更進一步闡述『兩國論』。長老教會立刻發表對『兩國論』的肯定與呼籲，期望更進一步制定新憲法、公投立法、以臺灣之名加入聯合國。」[38]

　　在國民黨統治時期，長老會在一九九九年「由主張透過公投確立『臺灣主權』的人士發起『四一○催生公投法絕食行動』，獲得長老

---

37 李達編著：《臺灣宗教勢力》，頁25。
38 臺灣長老會：《臺灣教會公報》第2496期（網路版）。

教會的強力支持。四十六屆總會年會中通過支持聲明，並鼓舞牧師信徒參與。該項行動持續至四月廿日，國民黨占多數的立法院仍未予以正面響應，最後由絕食已經十一天的高俊明牧師宣布結束行動。絕食行動進行時，許多信徒牧師輪流參加立法院前的靜坐，各地也有聲援行動。彰化基督教醫院更派遣整組醫療人員在場協助。雖然絕食行動落幕，但全民聯署推動公投立法的工作仍持續。此外，長老教會也決定以中區會為主，在教會內舉辦臺灣前途公民投票。」[39]

　　二〇〇〇年臺灣「總統」選舉，民進黨人陳水扁上臺。高俊明榮升「總統府」的「國策顧問」。陳水扁為穩定統治，在兩岸關係上含糊其詞，未能如某些「臺獨」分子所願——宣布「臺灣獨立」等。長老會遂在《教會公報》發表社論，警告「政府要正視『一中』的危險性」。長老會總幹事羅榮光也站出來宣稱：「臺灣是一個『主權獨立』的『國家』，所陳述的事實不只在於政治上的意義，在文化上臺灣人要追求多元族群的包容文化和海洋文化，在心靈上臺灣人要追求認同鄉土和國家的歸屬感和安全感。所以臺灣應該推動『一個臺灣 vs.一個中國』的宣導運動，與中國共同尋求一個和平相處、互相尊重的關係，來擺脫大一統的思想桎梏」[40]

　　二〇〇一年，臺灣長老會總會國際研討會的報告宣達該宗派在新世紀臺灣政治社會問題上的立場——依然是打著「人民自決」走宗教干預政治，實現「臺灣獨立」的目標。報告一方面為臺灣民進黨上臺，擺脫中國「枷鎖」而歡呼，另一方面，長老會又「清醒」地認識到：「臺灣最近經驗了政黨間的政權轉移，新的政治領導階層，得以掙脫往昔領導者所背負的中國內戰的烙印與枷鎖。此項自由賦予臺灣一個真正的『國家』地位，雖然它仍遭受到軍事的恐嚇。我們不該天真地以為一次權力的轉移，就能建構全盤民主的來到」。因此，長老

39　臺灣長老會：《臺灣教會公報》第2496期（網路版）。

40　臺灣長老會：《臺灣教會公報》第2523期（網路版）。

會要繼續介入政治，爭取人民的自決。「我們確信自決不會因為『獨立國家』的建立而停止。它也運用在內外的政治、經濟、文化以及教會等範圍」。對民進黨政府，長老會「應對政府採取批判性支持的立場」。報告中也提到和大陸的交流，聲稱「夥伴教會與普世教會機構可以針對臺灣與中國兩方基督徒共同感興趣的題目召集多邊會議，暫且將政治的歧見置放一旁，來討論共同關心的議題」[41]

　　總的來看，長老會積極參與政治社會活動，固然是堅持加爾文思想的結果。但他們打著「民主」，「人權」的旗號，有意無意將「民主」和「民粹」，「人權」和「主權」的概念混淆起來。蔣氏政權的白色恐怖統治受到包括大陸，臺灣人民在內的中國人的共同反對。長老會卻企圖利用人民對國民黨政權統治的不滿，試圖將其轉化成對大陸人民、中國文化的不滿。實際上，長老會內部並非鐵板一塊，以臺灣神學院為中心的北部地區的牧師和許多信眾並不認同長老會總會挑起政治爭端的作法。在「退出普世教協案」，透過《對國是的聲明與建議》，《人權宣言》等重大事件中，長老會北部教會都有不同的聲音。臺北長老會濟南堂的牧師翁修恭不支持長老會的「臺獨」立場[42]。陳溪圳牧師也認為，「不應濫用權利，做些超出宗教範圍的事」等等[43]。而且，在臺灣宗教界，長老會也只代表一部分宗教群體。如臺灣宗教研究學者宋光宇所說「長老教會一直奉歐美的喀爾文教義為正統信仰，並以此為準則，來激烈的批判它所面對的臺灣社會及文化，形成了這個教會始終不能與臺灣社會及文化相調和的現象。」[44]這種自以為義的排他性突出體現在長老會的宣教語言上。長老會始終堅持「臺語」崇拜，不僅教會名稱是閩南語白話字（TAI-OAN-KI-TOK-LO

41　臺灣基督長老教會總會信息網：《臺灣基督長老教總會2001年國際研討會總結報告》（網路版）
42　李桂玲編著：《臺港澳宗教概況》，頁189。
43　林本炫：《臺灣的政教衝突》。
44　宋光宇著：《宗教與社會》（臺北市：東大圖書公司，1995年），頁194。

KAUHOE），臺南神學院也以會「臺語」為招生條件。儘管長老會內有三分之一的原住民信徒，但城市中的長老會仍然一律用閩南語講道，「堅持使用很少人能懂的羅馬拼音《聖經》等，不管在場許多是不熟悉閩南話的外省人，原住民，甚至不懂羅馬拼音的本省人。」而且，「因為原住民閩南語不夠流利，打不進總會的核心。直到一九八七年，才選出有史以來第一位原住民『議長』林建二。」[45]許多長老會原住民信徒在離開原山地長老會到中心城市謀生時，城市長老會也沒有注意到他們在語言上的需要，堅持閩南語作崇拜，迫使許多原住民轉到其他浸信會等國語禮拜堂。

　　值得注意的是，長老會內許多人一直貫徹著本土主義的信念，濃厚的排外情緒，卻又與政治環境相結合，在神職的外衣下，使得其「臺獨」立場更為穩固，更有煽動性。關於長老會的「本土神學」將在下文詳細論述。

二　國語教會主流派──浸信會和衛理公會

　　基督長老會當然不是臺灣基督教主流派的全部。臺灣基督教內還有許多極具社會影響力的「國語教會」。這些教會的出現始自二戰結束之初。當時「從大陸來臺之基督徒，起初皆在長老教會作禮拜，後來因語言關係，乃另定時間分開舉行禮拜。因為本省人傳教士中懂國語者甚少，乃請從大陸來臺之信徒中有講道恩賜之人主持講道」。一九四九年後，「甚多基督徒隨政府遷臺。從前在大陸傳教之一部分差會就派代表來臺考察，最初是召集屬於長老教會者以外，就陸續歸自己之教派。」因為他們以國語作為教會崇拜語言，人們遂稱之為「國語教會」，並延續至今。雖然現在一些「國語教會」也開設有閩南語

45　李達編著：《臺灣宗教勢力》，頁54。

語，客家語甚至英語教堂，但人們仍然習慣稱之為「國語教會」。「國語教會」的宗派林立。其中，浸信會和衛理公會的發展尤其值得我們注意。

（一）浸信會

　　浸信會全稱「中華基督教浸信會」。浸信會是臺灣國語基督教的代表。根據一九九九年臺灣浸信會自己的統計，當年浸信會會友人數有二二六四一人[46]，人數上是僅次於長老會，聚會處和真耶穌會之後的第四大基督教宗派。另據一九八四年十月華福會的統計，中華基督教浸信會有一百四十間教會，占百分之五點五，僅次於長老會和真耶穌會的堂會數目。[47]

　　浸信會歷史起源於十七世紀的英國，當十六世紀的後半葉與十七世紀初葉時，有一群基督徒「發現加入教會者應是指著信而受浸的成人，重生得救的信徒，因當時普通是為嬰兒洗禮，因此這群強調只有相信基督的人才能受浸（全身沒入水中）而且要求受過點水禮的人應再次接受浸禮的信眾，又被稱為重浸派。浸信會亦由此開始」[48]。一八三六年第一位浸信會傳教士叔未士（J. Lewis Shuck）來華傳教，首個傳教地點是澳門。叔未士屬於美南浸信會。截至一九四九年，浸信會在中國共有信徒一二三〇〇〇人。[49]而浸信會到臺灣發展，源自於該會的邊疆布道運動。一九二一年，楊美齋前往東北宣教，開始了該會的邊疆布道運動。抗日勝利，一九四八年二月浸信會吳立樂教士（Miss Lila Florence Watson）代表中華浸信會少年團聯會，從上海到臺灣訪問。同年六月，全國浸信會邊疆布道委員會決定派遣楊美齋到

---

46 中華基督教浸信會聯會：《會員教會及所屬布道所1999年度人數統計》（網路版）。
47 世界華人福音事工聯絡中心編著：《當代華人教會》（臺灣），頁17。
48 中華基督教浸信會聯會：《浸信會沿革》（網路版）。
49 中華基督教浸信會聯會：《浸信會沿革》（網路版）。

臺灣考察。十月，美南浸信會派遣明俊德教士（Miss Olive Bertha Smith）到臺灣工作。十一月第一屆全國浸聯會在上海揭幕，會上推舉楊美齋為臺灣區幹事。

一九四八年六月，楊美齋到臺灣，在臺北新生南路，馬棣聲處開始家庭聚會。馬棣聲應該是中華基督教浸信會的第一個臺灣信徒之一。一九四八年浸信會徐松石牧師到臺北訪問，馬棣聲、鍾平山、陳超等八人一起由徐松石施浸禮入會。楊美齋等人更在臺北仁愛路建立第一所浸信會教堂，楊美齋是首任牧師。這是浸信會在臺灣發展的開始。

根據浸信會自己總結，他們在臺灣最初十五年可以分作四個階段：

一九四八年夏至一九四九年春為預備時期，只有家庭聚會。一九四九年春至一九五二年夏，為點的發展時間。在這幾年中，臺北、高雄、基隆、新竹、臺中、嘉義、臺南等西部七大城市，相繼開始工作，並且成立了教會。一九五二年秋季起，為面的發展時期。各教會開布道所，並且擴展到東部去。布道所也漸漸成立教會。一九六一年起，各教會布道所更向成長自給和發展的道路邁進。[50]

到一九七〇年，臺灣浸信會已有「中西傳道同工二百餘人，會友將近萬數，主日學學生約六千餘人」。會內傳道機構包括：家庭聚會、教會和布道所。浸信會設有臺灣浸信會神學院。該神學院於一九五二年成立，地址在臺北市中山北路，其後搬到臺北市郊東南山下。美國傳教士柯理培任院長，教職員有周聯華、杭克安、楊美齋等人。學院內分神道學、教會教育，及教會音樂三個系。這是當時長老會外的唯一一間神學院，也是當時唯一的國語授課神學院。[51]另外，浸信會設有基督教文字中心和廣播電視部進行文字和傳媒布道工作。

---

50 徐松石編：《華人浸信會史錄》第三輯：臺灣地區（香港浸信會出版部，1971年），頁10-11。

51 周聯華：《周聯華回憶錄》，頁151-152。

和長老會總會、中會、小會的體制不同，浸信會的體制相對較鬆散，各堂會獨立運作，各堂會之間設立聯會。一九五四年，臺灣浸信會聯會成立，並通過憲章。憲章規定：浸信會聯會由各會員組成，尊重各會員的「神主」、「獨立」、「自治」的權利。但聯會又列出會內各會員的基本信仰要求，如「全部聖經六十六卷。均為啟示。完全無誤……基督教乃藉童貞女馬利亞，因聖靈懷孕而降世者……本會堅持政教分離及信徒皆祭司之精神」[52]。另外，所有浸信會聯會成員均需施全身浸禮等等。聯會每年召開一次大會，選舉執行委員會、主席。執行委員會設總幹事一職，任期二年。另設七個執行部，包括：國內傳道部、大陸事工部、國外傳道部、教育訓練部、社會服務部、研究發展部、財務管理部。

臺灣浸信會隸屬於世界浸聯會，而美國南方浸信會在臺灣浸信會發展過程中有很大的影響。臺灣浸信會的許多牧師是美國南方浸信會培養的。因此，臺灣浸信會的教義偏向於基要派，在信仰時遵守耶穌是童貞女所生，《聖經》完全無誤等說法。

（二）衛理公會[53]

在國語教會中，衛理公會也是值得注意的案例。衛理公會屬於以衛斯理宗——英國衛斯理宗約翰・衛斯理（John Wesley, 1703-1791）的宗教思想為依據的各教會（如衛理公會、循道公會等）的統稱。十八世紀產生於英國，主張聖潔生活及社會改良，注重在下層群眾中進行傳教活動。衛斯理宗原係英國安立甘教會（亦稱聖公會）內的一派，後逐漸成為獨立的宗派，早期主要傳布於英、美等地。美國獨立後，美國衛斯理派的教徒隨之脫離聖公會而組成獨立的教會，教會命

---

52 中華基督教浸信會聯會：《聯會相關規章》（網路版）。

53 以下有關臺灣衛理公會的資料大部分來自中華基督教衛理公會全球信息網www.Methodist.org.tw

名為美以美會（Methodist Episcopal Church），這是基督教新教衛斯理宗教會之一。後分裂成為美以美會、監理會、美普會、循理會和聖教會等。而後美以美會、監理會、美普會於一九三九年合併成為衛理公會（The Methodist Church），一九四一年在中國原來分屬該三會的部分也合併為中華基督教衛理公會（The Methodist church in R.O.C）。後來再於一九六五年與聯合弟兄會合並成為聯合衛理公會（The United Methodist Church）。

　　該會最早一八四七年傳至中國福州，其後逐漸發展至全國。一九四七年為衛理公會來華宣教百周年，當年本會在中國有宣教士五百餘人、會友十餘萬人，大學、神學院十餘所，及許多醫院、診所與一般學校，是國內基督教的最大宗派。

　　一九四九年後，部分衛理公會友跟著國民黨政權來臺。一九五二年初，美國衛理公會傳教士黃安素（Ralph A. Ward）和芮理察（Richard C. Raines）、富品德等人到臺灣，探討臺灣衛理公會發展的可行性，他們返回美國後即向差會方面建議在臺灣建立衛理公會。「一九五三年元月由黃安素會督、聶樹德牧師（Edward K. Knettler）、陳維屏牧師在臺北自由之家，舉行開拓工作招待茶會，是為衛理公會在臺之始，隨後陸續來的宣教士有穆謁仁牧師、裴敬恩醫生、樂威廉牧師等人。是年臺北衛理堂正式成立，並分別在臺中、臺南等地開始家庭聚會。」[54]

　　一九五六年美國衛理公會總議會批准成立香港臺灣臨時年議會，黃安素擔任首任會督（Bishop, 1952-1959），聶樹德任臺灣區教區長。其後有穆維德會督（Bishop Arthur J. Moore, 1959-1960）、施梅士會督（Bishop W. Angie Smith, 1960-1962）。一九六二年香港臺灣年議會第七屆會議上決定香港，臺灣分別建立各自的年議會。一九六三年臺灣

54　《中華基督教衛理公會簡史》，中華基督教衛理公會全球信息網www.Methodist.org.tw.

首屆衛理公會年議會成立。芮理察（Bishop, 1963-1964）任會督，有十一位牧師，二位退休牧師，一位女執事，六所教堂，六所會所，會友約兩千人。一九六四年至一九六八年，臺灣衛理公會年議會由美國傳教士華納（Hazen G. Werner, 1964-1968）任會督，美國人穆謁仁任北教區長，方大林牧師任南教區長。

　　一九六九年美國衛理公會差會打算退出臺灣。當年魏克會督（Lioyd C. Wicke）召開協商會，決議一九七二年起美國總議會不再派美國會督到臺灣，並撤回對臺灣臨時年議會及有關機構的資助與宣教士。美國方面的決定對臺灣衛理公會的打擊很大。一九六九年十二月，臺北衛理堂舉行特別年議會，會上推選端木愷校長出席一九七○年美國衛理公海外機構委員會議，報告臺灣教會的現狀及對差會政策的反應。一九七○年第八屆臺灣臨時年議會召開，美國衛理公會泰勒會督（Prince A. Talylor）應邀參加，他在會上再次強調總議會要求臺灣衛理公會自立，會上並決定一九七二年美國衛理公會總會給予臺灣衛理公會自立的權利。一九七二年三月臺灣衛理公會正式宣布為自立教會，這是衛理公會來華一百二十五年後首次實現組織和經濟上的真正獨立。在會上，劉子哲牧師選任首屆會長，吳承禧當選牧職會副會長，簡鴻基當選會友會副會長。美國傳教士羅愛德會督（Bishop T. Otto Nall, 1968-1972）主持簽發自立文件，隨後完成交接工作。一九八五年，第二十二屆衛理公會年議會決定改會長制為會督制，下設牧職會長及會友會長。據臺灣衛理公會自稱「本會設立會督制度乃象徵在宣教上的獨立性及向華人傳講福音的使命」。馬來西亞衛理公會方中南會督主持按立賁建華牧師為第一任會督，「並選任郝文章牧師為牧職會長、梅翰生校長為會友會長，至此本會進入另一新的里程碑。嗣後歷經牧者多年來齊心努力，至今已在全臺設立了二十二間教會，和一所以印尼華僑為主的華恩團契，並於馬祖設立教會一間。一九九六年召開第卅三屆臨時年議會，會中順利補選出曾紀鴻牧師為新任會

督。本會在臺不單著重宣教事工，對社會服務工作亦不遺餘力。如早
期的生命活水診所、合作參與東海大學的設立、設立衛理女中、和參
與東吳大學設校、參與發行基督教論壇報等」[55]

　　下表列出一九八九年至一九九九年之間，臺灣衛理公會的教勢情
形[56]：

年份 YEAR	主日出席人數 ATTENDANCE	會友人數 MEMBERS	堂會數 CHURCHES	出席人數 增長率 AGR-ATT	會友人數 增長率 AGR-MBR	堂會數 增長率 AGR-CHS
1989	1168	2381	19			
1990	1265	2416	19	8.30%	1.47%	
1991	1332	2543	20	5.30%	5.26%	5.26%
1992	1407	2434	21	5.63%	-4.29%	5.00%
1993	1481	2324	21	5.26%	-4.52%	
1994	1528	2398	21	3.17%	3.18%	
1995	1564	2455	22	2.36%	2.38%	4.76%
1996	1600	2560	24	2.30%	4.28%	9.09%
1997	1638	2718	24	2.38%	6.17%	
1998	1638	2872	25		5.67%	4.17%
1999	1825	3200	29	11.42%	11.42%	16.00%
平均年成長率（AVG）				4.61%	3.10%	4.43%
十年增長率				56.25%	34.40%	52.63%

55　《中華基督教衛理公會簡史》，中華基督教衛理公會全球信息網www.Methodist.org.
　　tw

56　摘自database.ccea.org.tw/statics/1999/28.htm

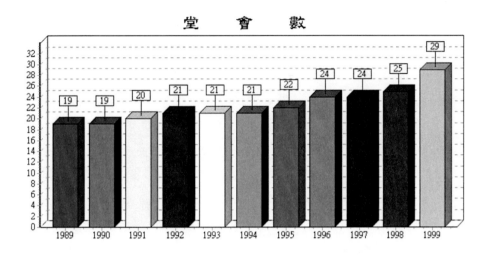

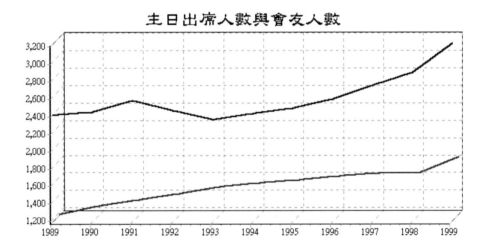

(三) 國語教會的立場

　　浸信會和衛理公會兩個派別是國語教會系統的代表。在總體上，國語教會採取和國民黨政權合作的態度，積極參與社會服務活動，但不認同長老會激烈的社會政治行動。他們大部分是和國民黨政權在一九四九年前後遷移到臺灣，許多國民黨政要也都是國語教會的信徒，因此，他們不會視國民黨政權為「外來政權」。以衛理公會為例，七

〇年代政府查禁閩南語羅馬字《聖經》，衛理公會沒有表示意見，國民黨政府指長老教會搞「臺獨」時，衛理公會隨即終止了與長老教會的合作。現任衛理公會會督曾紀鴻並且曾質問長老會：「長老教會是不是只有認同本土，覺得其他都不重要。」[57]

要分析臺灣國語系統基督教會的政治社會立場，浸信會的周聯華牧師是個典型子。周聯華，一九二〇年三月七日生於浙江寧波慈溪縣，自幼在上海長大求學，滬江大學畢業。在求學期間，周聯華加入浸信會，其先後在上海神學院，美南浸會神學院修讀神學，主修新約，獲神學博士（後改為哲學博士）。一九五四年，周聯華返回臺灣浸信會神學院任教授，先後主持過懷恩堂，亞洲浸會神學研究院院，凱歌堂、懷恩堂、藝人之家的負責牧師，東海大學校董會董事長，臺灣世界展望會董事長，宇宙光雜誌社董事長，二〇〇〇年福音運動主席，臺灣基督教福音協進會主席等，有《如此我信》、《講道法》、《饒恕的福音》、《出人頭地》、《成長中的痛苦》等三十餘部著作和譯作。

周聯華曾是蔣介石、蔣經國父子的「宮庭牧師」。周聯華早年回臺灣浸信會時，經張群夫人（浸信會領袖之一）介紹到宋美齡的中華基督教婦女祈禱會，其後宋美齡邀請周聯華擔任蔣介石等國民黨政要參加的士林凱歌堂的講道工作。國民黨的一些高層人士如張學良，李登輝等也都是士林凱歌堂的常客。「宮庭牧師」的職位令周聯華認識了許多高官顯貴，但也同樣受到國民黨情治單位的注意。周聯華曾有機會當選世界浸信會聯會主席，也打算到香港崇基學院擔任教職，但因為國民黨情治機構的阻撓而未能成行。他甚至曾有過離開臺灣的念頭。不過，面對臺灣國民黨當局對基督教會的各類控制措施，周聯華的政治態度顯得非常溫和。周聯華本人主持過蔣介石、蔣經國、蔣孝文祖孫三代的追思禮拜，並曾奉蔣經國之命到過國民黨軍隊政戰部學

---

57 《時代論壇》1999年3月14日。

校擔任教官，嘗試在國民黨軍中設立牧師等等。[58]

　　周聯華又是位「社會牧師」，時常為臺灣社會和教會四處奔走。尤其是退休之後，他在臺灣島內外更為活躍。一九九〇年，臺灣島內「省籍情結」抬頭，不少「異議」分子借「二二八事件」挑起所謂「本省人」與「外省人」的仇視。周聯華遂在曠野社舉辦的「二二八追思禮拜」作「真平安」的講道。他的講道說：「在我這短短三十幾年服事上帝和服務在臺灣的人中，我發覺在以前大家不大講，事實始終存在，而最近因為政治氣候改變，把原先蘊藏在心裡的逐漸表達在外面，所謂『本省人』和『外省人』中間的分歧。我自己從來沒有如此分過，一般人是難免的。雖然在『公眾場合』，我們都是中國人，不過在私底下，還是有本省人和外省人之分……想當年在抗戰的時候，許多不同省籍的人都到四川，四川人也把所有不是四川的『外省人』叫『下江佬』，假如當年有臺灣人在四川，也是四川的『外省人』」。他最後感言：「我不夠資格代表任何人，我只是和我有同樣心態，從民國三十六年以後來的，把這塊土地當作自己的土地，希望不分省籍，只有一條心來愛臺灣，也希望有一天會回大陸，一起建設大陸中的一個人，我代表著他們向所有二二八的受難家屬，尤其是因著誤解而造成『二二八事件』中受傷害的本省同胞道歉」[59]一九九一年後，周聯華多次返回大陸訪問，兼任南京愛德基金印刷有限公司董事會董事，一九九三年底還邀請了汪維藩牧師和《天風》雜誌主編沈承恩訪問臺灣。這是一九四九年後大陸基督教界首次踏足寶島臺灣。周聯華支持大陸的「三自」運動，對中國大陸基督教進入「後宗派時期」表示支持。他在國內外多個場合表達對大陸基督教「三自」愛國運動的支持，反對西方和港臺地區一些教會對大陸基督教的滲透。二〇〇一年一月，他參加香港浸會大學「近代的中國基督教宗派」學術

58　周聯華：《周聯華回憶錄》。

59　蘇南洲：《基督教與二二八》，頁24-25。

研討會。他在會上指出：

> 中國基督教已經沒有宗派。雖然有些信徒願意在星期六（安息
> 日）禮拜，有些信徒喜歡在星期日下午擘餅；各人可以按照各
> 人的喜好，但仍是一個教會。中國的教會是蒙福的。這正是聖
> 經所說的：「我們曉得萬事都互相效力，叫愛上帝的人得益
> 處，就是按他旨意被召的人。」（羅馬書8：28）每次到中國旅
> 行，若有主的老僕人或使女告欣我，他或她是「某某會
> 『底』」的時候，我都很心痛。心痛的原因是，沒有宗派的
> 他，是人在福中不知福。但等我再思考時，就發覺也許是我多
> 慮了，他或她也許僅是「君子不忘本」罷了。但如果某某有一
> 天來了，可自由地組織教會，或暗暗地組成教會時，那才真使
> 我傷心。不知道有多少的宗派在等那一天。他不知道沒有外來
> 宗派，只發展自己的教會，有多美。國內的教會常把宗派離開
> 中國當作是剪斷「臍帶」。既然我們已獨立成長了，就不要再
> 去認「乾爹」、「乾媽」了。[60]

三　獨立教派──聚會處

除了上述閩南語、國語的主流教派外，以聚會處為代表的臺灣基
督教獨立教派也非常活躍。所謂獨立教會，是基督教傳教運動中的特
殊現象。史文森認為：「這種教會遍滿世界各國，其中有些完全是本
地人建立，不受任何西差會之影響或支持，也有些是從西方背景之教
會中分出來的。」之所以稱其為獨立教派，是因為他們由本地基督徒
組成，並且在行政和經濟上完全不受西方差會的影響。聚會處和真耶

---

60 周聯華：《宗派的形成，功過與未來》。

穌會就是二十世紀初年在我國產生的本土基督教。教會聚會處即是一個典型例子，該會在一九二一至一九二三年間由倪柝聲在福州創辦，一九二七年倪柝聲將聚會處帶到上海。此後，上海成為聚會處的最大中心。據估計，一九四九年全國共有七百多處教堂，七萬信徒，是全國發展最快的教會[61]。一九四六年有聚會處的信徒移居臺灣。一九四七年五月在臺北開始有擘餅聚會。一九四九年臺灣基督教聚會處首個會所成立。一九五〇年，嘉義、臺南、宜蘭、基隆、臺中、高雄等地的聚會處紛紛成立。在臺灣，李常受是聚會處的領袖。

　　聚會處在臺灣發展一直非常迅速，其中心是臺北會所。會內有負責出版有關書籍及雜誌的福音書房。臺灣前「總統」李登輝也曾是聚會處的信徒。下表列出臺北會所信徒數的變化表[62]：

年代	經常聚會人數	受浸人數估計值
1953	2000	8695
1968	4600	20000
1970	5400	24347
1972	6500	28695
1974	8000	34782

　　目前教會聚會處是臺灣第二大基督教教會，估計會所數目在五十至六十之間，人數則在三萬五至四萬人之間。[63]在臺灣，聚會處是僅次於基督長老會的第二大教會。下面簡述臺灣地區聚會處發展的幾個特點[64]：

---

61 史文森著，盧樹珠譯：《臺灣教會面面觀——1980的回顧與前瞻》，頁80。
62 瞿海源：〈人格、刻板印象與教會的復振過程〉，《臺灣宗教變遷的社會分析》（臺北市：桂冠圖書公司，1997年），頁274。
63 瞿海源：〈人格、刻板印象與教會的復振過程〉，《臺灣宗教變遷的社會分析》，頁273。
64 以下總結臺灣聚會處各方面的特點，主要是引用瞿海源〈人格、刻板印象與教會的復振過程〉，《臺灣宗教變遷的社會分析》。

（一）信徒背景和經濟特色

　　根據史文森的調查，聚會處的成員大部分來自大陸省，雖然曾在臺北設立閩南語的會所，但沒有成功。在臺灣南部也一樣。所謂「在外籍居民較多的地方多半會有聚會處」。該會分布在臺北、汐止、基隆、石門、淡水、三重、泰山、新莊、板橋、中和、永和、新店、土城、桃園、中壢、佳安、竹東、新竹、頭份、苗栗、東勢、豐原、清水、臺中、清泉崗、霧里、埔里、水里、中興新村、彰化、鹿港、員林、社頭、南投、斗六、虎尾、嘉義、朴子、新營、新化、臺南、岡山、高雄、屏東、鳳山、小港、東港、臺東、花蓮、蘇澳、宜蘭、馬公、金門、馬祖等處。但一般都是大陸籍人士聚居地。在職業背景上，聚會處多以公務人員、教師、軍人、學生和少量商人。「目前更以大專學生為他們新生的一代，發展速度非常的快，只是臺北一地就至少有一千名以上的學生是屬於聚會處的。擔任公務的人也深入各個階層，例如行政院、調查局、省政府、市政府、廣播電臺。而大專院校，中小學的教員們也有不少是聚會處的信徒。因此，一般說來他們平均的教育程度和經濟狀況都算是中等或中等以上。」[65]

　　臺灣聚會處歷來不尋求外國差會的支持，尋求經濟獨立。他們不接受具名的捐款。「他們每傳到一地，都先在信徒家裡聚會，到了人數差不多時，才集資建會所，當人數再超過某一限度時可能再重新建會所。幾乎全靠當地信徒自己（當然，外地的信徒也可以捐款）。在這時，教會也形成一股很奇特的奉獻熱潮，許多人甚至為了奉獻把自己的存摺，手飾都拿了出來。因此，在財政上聚會處是向來不成問題的。所有信徒的奉獻都不准記名，否則要遭退回，這樣子，教會可以獨立的使用經費而不受捐款多的人的干涉。」[66]

65　瞿海源：〈人格、刻板印象與教會的復振過程〉，《臺灣宗教變遷的社會分析》，頁292。
66　瞿海源：〈人格、刻板印象與教會的復振過程〉，《臺灣宗教變遷的社會分析》，頁292。

（二）教義與崇拜儀式

　　與長老會、浸信會、衛理公會等主流教會不同，聚會處是中國人或已奉教的中國基督徒對外來的基督教的響應。在教義上，他們主張「走出教派，歸回《聖經》」，拒絕接受任何教派的傳統教義禮節，並自行編訂教義。無論是大陸時期的領袖倪柝聲和臺灣時期的領袖李常受，他們都堅持《聖經》的絕對權威，但又往往根據自己的意見來解釋《聖經》。著名的如倪柝聲的「靈，魂，體」三分法和「使徒的職分」。倪柝聲曾在《工作的再思》一書中說：「我們有一個目的，就是盼望在工作上完全照《聖經》去做。我們有一個雄心，就是要照著神的話語去做。我們相信，《聖經》就是神的話語，是最高的標準，是完全的榜樣，是充滿權威的命令。我們有一個雄心，要按著這些去做，一點也不虧損，一點也不缺少……」。這是一種以《聖經》為絕對標準的看法，有明顯的原教旨主義傾向。李常受的思想較倪柝聲更為激進。李常受，一九〇五年生在山東，母親是美南浸信會的會友。一九二五年，李常受在汪佩真影響下接觸聚會處。一九三二年，李常受見到倪柝聲，從此加入聚會處。一九四九年八月，李常受到臺北宣傳聚會處，訓練聚會處人員。從此，李成為臺灣聚會處的領袖。據稱：在李常受的領導下，臺灣聚會處「五、六年間，聖徒人數有百倍擴增，達四、五萬人」。一九六三年，李常受移居美國加州，繼續指揮臺灣各地的基督教聚會處。一九九七年五月，李常受病死在美國。在基督教界，甚至聚會處內部，李常受都是一個極有爭議的人物。在一九六七年，李常受發起「呼喊運動」，翌年提出在聚會時要重複大聲呼喊「哦」、「主」、「阿門」、「哈利路亞」。與倪柝聲堅持《聖經》的絕對權威不同，李常受對基督教有自己的「理解」。他聲稱「基督是被造的」，否定「三位一體」的基督教教義等。李常受也否定「天堂」的存在，並貶低《聖經》的價值，宣稱神話語的時代已經被神的

靈時代所替代,認為《聖經》非信徒必要研讀的經典,信徒只要活在「靈」之中就行了。在李常受的領導下,部分聚會處甚至成為基督教主流派眼中的異端[67]。一九六六、一九七〇年,聚會處先後在臺灣、香港兩地發生過兩次嚴重分裂。一部分人反對李常受的精神指導,要求回復聚會處早期倪柝聲的思想。

在教會內容的崇拜儀式上,聚會處的聚會「不只次數頻繁,而且場面活潑熱烈。聚會中並沒有一個人出來主持,參加的會眾可以自由發言,也可自由地帶領大家唱詩歌,形式上很不受拘束」。會內有主日聚會、青年聚會、愛筵福音聚會、福音聚會、擘餅聚會時,發言做見證的人較少,而多半是在唱詩讚美主,另加上擘餅的儀式。一九八〇年代,李常受從美國返回臺灣時,更提出直禱、直讀以及變更聚會形式的做法,鼓勵會友出來站講臺作見證。

(三)卡里斯瑪式的領導和平信徒參與運動

與教義上的極端性和崇拜儀式靈活性相對應的,臺灣聚會處在組織上也存在著卡里斯瑪式領導和平信徒積極參與的雙重性。各地聚會處彼此獨立,沒有類似長老會的總會、浸信會的聯會之類的中央機構。各地教會自稱為「某某地方教會」,實行長老治會的原則。教會內的組織可分為二部分:一部分是事務的日常管理,一部分是所謂「造就」的系統——負責各種「屬靈」或福音活動的帶領。負責管理的是長老、執事,他們負責教會的日常事務;負責「造就」的是先知、教師或傳福音者。教會內只有長老同工,教會負責,會所負責,分家負責,小排負責,沒有一個掌管全部教會事務的牧師。雖然聚會處沒有一個集權式的領導中心,但有著很強的向心力。李常受曾是臺

---

67 國內東方閃電,被立王等邪教組織的早期領導人都和李常受系統的「呼喊派」有關係。

灣聚會處的領導人物。「這從該會不定期出版的《教會通問》中來往的
通信函件中可清楚地看出，絕大部分的各地教會領袖寫信時都寫給 L
（指李常受──筆者），回信也由 L 回，有時 L 因病或因故不能回信
時才由其他的人作答。」「該會在一九五九年的《全臺同工學會記要》
中說『主僕 L 兄弟近日來深深感覺，十年來神在臺灣這裡的工作，目
前到了一個轉彎的時候，應該有一個新的起頭，他蒙神指示今後的工
作當怎樣前去，工作的方向是什麼，同工們當如何做成他的工，同工
個人在這工作裡應該如何，因此召集了一次同工聚會。』在一九六〇
年，L 又一次在臺北召集全臺同工聚會，決定今後工作的原則與方向，
及同工的搭配與調動。這一類的全臺同工聚會差不多每年都舉行，而
且多半由 L 主持。」[68]李常受這樣的領袖人物在聚會處信徒中有很高
的權威，「該教會的會眾並不是以 L 為名義上的領袖而是把他神化
了，成為精神上的靈魂人物」。根據韋伯宗教社會學理論，李常受在
聚會處中施行的是卡里斯瑪式（Charisma）[69]的領導，運用其人格上
的權勢（charismatic authority）來領導臺灣聚會處的發展。

　　但領袖人物的存在並沒有影響到平信徒的參與。由於組織架構上
沒有一個中央性的機構，也沒有「牧師」這類職務。因此，聚會處非
常強調信徒的參與。「幾乎每一個信徒都有『作工』的義務，一般的
平信徒不只幫忙教會做事務性工作，更被鼓勵或自動地參與傳福音的
工作，青少年服事工作，兒童服事工作。尤其傳福音一項，他們幾乎
是全體總動員，並不像其他的教派只依賴少數的同工和神職人員，因
此在工人對平信徒的比例上，該教會是最低的（1：390，真耶穌教為
1：340，其他各教派則為1：54）」。在聚會處，平信徒被「有計畫地
鼓動從事在別的教會是專門神職人員去做的事情。因此，在基本上，

68　瞿海源：〈人格、刻板印象與教會的復振過程〉，《臺灣宗教變遷的社會分析》，頁288。
69　參韋伯（Max Weber）著，劉援、王予文譯：《宗教社會學》（臺北市：桂冠圖書公
　　司），1993年。

聚會處的平信徒和工人之間的關係非常密切，也配合得很好。」[70]事實上，臺灣聚會處能夠成為臺灣基督教第二大派，重要原因就是這種對平信徒參與教會工作的鼓勵。

四　新興教派──新約教會[71]

在臺灣，與國民黨政權發生過激烈對抗的不只是長老會，還有所謂「新約教會」。根據李達《臺灣宗教勢力》一書中描述：「一九八六年秋，黨外舉行的數次演講與街頭政治活動，都可以看到新約教徒高舉『暴政必亡』、『打倒蔣家政權』的標語，在群眾之間示威抗議，頗令人側目，保守派人士因此目之為『邪派』」[72]一時間，新約教會引起世界轟動。美國《紐約時報》，臺灣宗教學者紛紛對該派的活動展開調查。

這個被視為「邪派」的新約教會，其實是華人地區基督教會內新興教派（Sect）之一。新約教會的創始人是香港電影明星江端儀。江端儀原是香港長城影業的演員，藝名「梅綺」。在一九五七年，她因宿疾難治，對人生無望，轉而尋找宗教的慰藉，遂脫離電影圈，四處傳道。但江端儀對傳統教會的教義和活動非常不以為然，認為「表面的宗教活動，聯誼會或以改良社會，服務社會的活動取代了救恩真理」。她尤其反對大宗派對社會福音的態度，認為必須強調屬靈的需要。一九六一年，江端儀在一次講道完畢後的禱告中經驗了舌音方言（glossolalia）。在基督教靈恩運動中，這是所謂天上的清潔語言（heavenly language），證明信徒被神的靈所充滿。江端儀從此轉向五旬節派

---

70 瞿海源：〈人格、刻板印象與教會的復振過程〉，《臺灣宗教變遷的社會分析》，頁285。
71 有關新約教會的描述主要參考自彭菲：〈神示與先知：一個宗教團體的研究〉，收嫌瞿海源編：《臺灣宗教變遷的社會政治分析》。
72 李達編著：《臺灣宗教勢力》。

（pentecostalism）[73]的靈恩思想。江端儀將其心得寫成《生命證道集》，一九六三年出版。該書一方面批評其他基督教派（包括五旬節派）或多或少都有錯誤，攻擊世俗娛樂——電視、廣播、電影等；另一方面要求信徒以《約翰一書》第五章六至十節的記載作為信仰的基礎，即要信「血、水、聖靈」的拯救。一九六三年，江端儀和一群支持她的香港信徒成立了首個新約教會，並到星馬等地華人地區傳道。她們傳講所謂「全備真道」和「教會真理」，組成「靈恩布道團」，因此新約教會又稱「基督靈恩布道團」（Grace of Jesus Christ Crusade）。故名思義，江端儀強調聖靈充滿與說方言。一九六六年，江端儀病死，其女兒張路得承繼她的工作，張路得提出「工頭」、「時代器皿」的概念，自命是新時代的「使徒」和「先知」，對新約教會作一元化的領導。張路得勸人接受「血、水、聖靈——全備真道」的新約教會。在她的領導下，新約教會發展迅速。

　　起初新約教會活動區域只限於港九星馬一帶，然而一九六三年臺灣聚會處大分裂，部分信徒因不滿會所而離開，他們認定江端儀建立的新約教會才是末世的唯一真教會，因而在臺灣成立了新約教會，現在臺灣新約教會負責人洪以利亞，就是在一九六三年離開臺南聚會處，成為新約教會信徒。起初，臺灣的新約教會也服從江端儀、張路得的領導。但張路得後來和臺灣新約教會的陳貴芳結婚。陳貴芳畢業於臺灣政大新聞系，也是在一九六一年聚會處大分裂時，離開聚會處進入新約教會的。婚後的陳貴芳和張路得攤牌。在陳的影響下，結婚後的張路得陸續提出一些教會發展新方向，比如：允許信徒看電影電視，可以參考其他教派的書籍等。一九七六年，張路得去信世界各地

---

73 從十九世紀開始，受循道衛理宗「完全成聖」理論和美國「聖潔運動」的影響而碰現的一個靈恩派運動，主要強調信徒要「受聖靈充滿」，外在標誌則是「說方言」、「講靈語」等，我國近代「耶穌家庭」、「神召會」等基督教組織也明顯受到五旬節派的影響。

新約教會，聲明放棄自己「工頭」和「時代器皿」的身分，認為是個人崇拜。張路得也公開向會友否認自己的工頭職分，並對新約教會反對其他宗派教會的心態作了深度的反省，強調在基督裡的合一，並非指形式上的合一，而是基督生命的合一，她改變了許多新約教會原本所持守的信條，因而被洪以利亞斥為叛徒，於是二人正式決裂，新約教會也從此分裂為二：在港九星馬的新約教會是由張路得所領導的主流新約教會，雖仍堅持靈恩路線，但是承認其他的宗派教會；臺灣新約教會則由洪以利亞領導，維持新約教會原來的激烈路線。

　　洪以利亞原名洪三期，臺灣省嘉義人，他本身是務農子弟，又在農校學習過，後來經營雙連堀失敗，遂進入長老會牧會。後來又進入聚會處，因閱讀江端儀的《生命證道集》，也被江端儀的行為感動，加入新約教會並接受江端儀的按立。臺灣的新約教會信徒大部分來自聚會處，各地新約教會共有二十九個。信徒多以退伍軍人居多，年輕信徒多半是大學或專科的畢業生。他們都是社會上被「邊緣化」的一群。

（一）信仰與組織

　　臺灣新約教會非常強調使徒和先知的職分，認為教會是由先知和使徒建立的，而神的啟示也是透過先知和使徒傳達予會眾，唯有他們才有資格領受從神寶座而來的信息。這等先知使徒組成「靈恩布道團」，專門供應從寶座領受來的信息予各地的新約教會，因此全省新約教會的信息都是相同的。「靈恩布道團」目前以洪以利亞、畢勝、酈迦勒、張約翰為主，尤其是洪以利亞，又被稱為「列國先知」。新約教會主要教義有以下三點：

1 所謂「血、水、聖靈全備真道」

　　江端儀在《生命證道集》中寫著：「『作見證有三，就是聖靈、水與血』（約15：8），這是天父為祂愛子耶穌基督所作的完全見證。基

督徒都當完全領受，缺一都是不可的。」徹底認罪悔改重生，即領受寶血赦罪的恩典是「血的見證」；信而受洗（水）歸主名下，並受《聖經》真理的造就是「水的見證」；接受聖靈的浸，被聖靈充滿，有能力為主作見證，是「聖靈的見證」。起初新約教會的這般教導實在是頗具真理性，所以吸引了很多熱心追求主的弟兄姊妹，但是後來卻因過於強調這三樣才是全備的真道，而產生爭議。例如特別指出「水」乃象徵分別為聖的真道，因而信徒脫離原宗派、歸附使徒帶領、建造聖靈所設的新約教會，而形成與各宗派間的間隙。另一例子是他們認為信徒必須受耶穌寶血、水與聖靈的洗禮才算真正得救，而以「說方言」作為受聖靈浸禮的憑據，顯得有些高舉方言，藐視因信稱義的真理。

2　所謂「聖靈重建新約教會，拆毀宗派公會」

新約教會認為宗派公會沒有得到神的啟示，沒有聖靈的膏油與光照，所以神揀選江端儀以聖靈重建新約教會，唯有建立在使徒與先知的新約教會，才是末世的真教會。神要重建新約教會就須拆毀宗派公會的教會，也就是將教會中清心愛主的人帶離教會，他們也常奉主名拆毀宗派公會教會。新約教會對一般宗派公會教會的福音內容也有些微詞：認為他們祇會強調神的愛、神的憐憫，卻忽略了神的公義。所以新約教會總是以正義的使者自居，不論教會還是政府，只要他們認定是抵擋上帝旨意的，絕對抗爭到底。

3　所謂「一個人，一座山」

在洪以利亞所著《神所揀選的——一個人一座山》書中第九十三頁記載：「神的靈突然感動我發出宣告：『主說，我已經立我的君在錫安我的聖山了。』」這啟示性的感動是洪以利亞在一九七八年十二月二十二日禱告時得到的，當時新約教會已建立在高雄縣甲仙鄉小林村

的雙連堀，因此新約教徒認為洪以利亞就是神所膏立的那個人，而雙連堀就是那座錫安聖山，這也就是此地稱為錫安山的典故。

　　在組織上，新約教會的核心是「基督靈恩布道團」和一般信徒。所謂「基督靈恩布道團」即是新約教會內的專職傳教人員。而該會的《神在地上的見證中心》一書更認為：「新約教會的重建應當在『一元領導』的原則之下，指導所有的『屬靈職事團』進行工作」。他們把教會內部人士分作五等：「第一是使徒，他直接與寶座上的神直接相交，因為『神的話不是向每個信徒講的』，就唯獨他能夠『代神傳言』。第二就是『先知』，他可以在神的『啟示』之下明白神的話語，把神的心意加以宣達和解釋。第三是傳福音的，他可以將將使徒和先知所傳達的神旨再轉給一般剛信或尚未相信的人。第四是牧師，即照管教會，關懷信徒的人。第五是教師，是教導信徒如何保持信心，有好行為的人。」[74]在這五等中，使徒的權力最大，即是神的代表，又是新約教會的總管。先知也是新約教會中的領袖人物。而其他三類是任何平信徒都可以擔任的。所謂「一元領導」實際上就是「使徒」洪三期的個人領導。所有信徒都必須絕對服從，否則即是「分裂新約教會的背道者」[75]。

（二）政教關係

　　新約教會是臺灣基督教內少數激烈反對國民黨政權的基督教派：

> 新約教會信徒於一九八一年十月十日在《紐約時報》刊登全頁廣告，對國民黨政府的迫害提出控訴，而且後來的抗爭愈演愈

---

74 彭菲：〈神示與先知：一個宗教團體的研究〉，收嫌瞿海源編：《臺灣宗教變遷的社會政治分析》，頁674-675。
75 彭菲：〈神示與先知：一個宗教團體的研究〉，收嫌瞿海源編：《臺灣宗教變遷的社會政治分析》，頁674-675。

強烈。最後，雖然國民黨政府讓步，讓新約教會返回錫安山建立自己家園，然其中新約教會所出版的文宣，在迫害下的信仰告白及對天國末日指望，實為現今啟示錄的教會受逼迫類型。新約教會信仰文件中指出，上帝的兒子基督的顯現是來除滅魔鬼（國民黨政權）的作為。文件中說國民黨統治的劣根本質根本沒有改變，上帝要革它的命，而革國民黨的命是順乎天（上帝旨意）且應乎人（民意）。文件又說今天上帝對國民黨的命令不是修改「國安法」，乃是徹底打碎制訂「國安法」的國民黨。新約教會所盡的革命職事，不是壓迫國民黨放寬黑名單，乃是全然打碎製造黑名單的國民黨。文件中又說上帝託付新約教會革命的使命是出埃及。人類歷史的改寫不再操在人的國，而是操在列國先知，取決於新約教會。而列國先知率領新約教會在地上的革命行動，將成為人類歷史的中心。所以列國先知的革命是照著上帝的旨意，打碎暴君除滅暴政，結束人國，進入神國永享太平。[76]

　　為了對付新約教會，國民黨在李登輝任內，還設立綠野專案處理這一教派的問題。

　　與長老會因為世俗原因與國民黨政權激烈抗爭不同，新約教會對國民黨當局視如寇仇，主要是因為其激烈的教義而與國民黨當局的衝突。這就是所謂「錫安山事件」。所謂「錫安山」是位於高雄縣甲仙縣小林村的雙連堀。一九六三年，洪三期和幾位退伍軍人在離開聚會處之後，變賣了家產，打算在臺南市以外尋找一塊「合神心意」的土地居住，並且以牧羊，耕種為生，進行墾荒工作。但洪三期初時的墾荒工作失敗，洪三期被迫下山到臺南開西藥房。在開藥房時，洪三期

---

76 王崇堯：《世紀末日情結類型的神學思考》www.ttcs.org.tw/church/25.2/02.htm

加入新約教會，受按立為職事。洪三期並將雙連堀獻給張路得。張路
得在一九六七年將這座山取名「錫安山」，派遣新約教會教徒上山開
墾居住。自此，雙連堀成了新約教會的神山，信徒陸續來到此處開
墾。洪三期掌握臺灣新約教會領導權後，正式啟用雙連堀／錫安山作
為全臺灣新約教會的退修營地。在山上，新約教會的信徒過著初期教
會「凡物公用」的生活。一九七九年，洪三期定居雙連堀，作為指揮
全臺灣新約教會的中心。洪並作預言：「神已癈除中東的耶路撒冷，
另選擇了遠東的錫安山。臺灣小林的錫安山，就是先知以賽亞所預言
的耶和華殿的山，萬民都要流歸這山，朝拜錫安大君王！」洪甚至聲
稱「錫安山必永遠堅立」。

　　但洪三期在山上不久，國民黨當局在持續多年的實地觀察後，決
定採取干涉行動。一九八〇年一月，高雄縣警察局派人上山將洪三期
等人「請」下山，理由是：新約教會是「居報戶藉」，違反了「承租
土地不自為耕作，私自讓由他人開墾，應自即日起終止租約，交還林
地」。到了一九八〇年四月，警察將所有新約教會徒全部趕下山，實
際上，臺灣「政府處理的方式是外表以執行法律為名，實際上卻希望
新約教會不要再聚居山上，使他們難於管理」。此舉結下了新約教會
和國民黨當局多年的仇恨。洪三期等人不甘心預言失敗，一方面將預
言失敗合理化（justify），指出是國民黨當局的措施是撒旦的攻擊，
「魔鬼興起錫安仇敵，搶奪了神子民的家業，考驗錫安子民是否真正
愛慕聖山」。另一方面，洪發動新約教會不斷訴諸法律，街頭抗爭等
行動，詛咒「暴君蔣氏父子」。一些新約教會信徒在洪三期的鼓動
下，於一九八〇年代初搬回雙連堀附近的小林村河灘上，一九八二年
被國民黨當局拆毀。不久，新約教會繼續在小林河灘搭設帳蓬。一九
八四年，高雄縣政府以「河川公地不容違建」為由，再次拆除了信徒
搭建的草棚帳蓬。外在壓力沒有使新約教會瓦解，反而加強了他們的
內部凝聚力和極端反對外在社會建制的精神。洪三期公然宣稱：「起

來，攻擊人的國，教世上君王永遠滅亡！願災禍臨到錫安的仇敵，我們要奉主的名咒詛他們！」

李登輝上臺後，國民黨當局對新約教會的控制有所減弱。一九八七年解嚴前夕，宣布一貫道合法化，默許新約教會回到錫安山。但洪三期等人將國民黨政府默許新約教會重返錫安山視作洪本人預言的驗證，更加堅信洪的領導。其極端反社會、反建制的情緒絲毫沒有減弱。這一點可以從一九九七年臺灣《中國時報》的一篇報導看出。臺灣宗教學者林本炫的文章報導說：

> 位於高雄縣錫安山的基督教新約教會教徒，自五月份起為子女辦理集體退學，並且將其子女安置在錫安山的「伊甸家園」裡自行教育。從現行的法律來看，新約教會這些家長已經違反了「強迫入學條例」的相關規定，這一點應該沒有疑問。所以，日後可能引起的司法訴訟，其結果也大致上可以預期。不過，這個案件還是有可以討論的地方。從教育的層面來看，這些教徒不滿現有的學校制度，宣稱其教會學園的設立是為了顛覆現有的體制，就這一點來說，和人本基金會的「森林小學」有類似之處。但是，新約教會的「伊甸學園」所要進行的是「神本教育」，和森林小學所強調的「人本教育」卻絕對是不同的。何以說新約教會的學員是「神本教育」？這可以從該學園老師的談話看出來。他們對現有體制內學校最不滿的有兩點，一是學校裡傳授「進化論」的科學觀點，認為人是由猴子所演變而來，完全違反聖經中上帝創造人類的「創造論」教義。第二則是他們反對子女在學校中向國旗、國父遺像等「偶像」行禮，因為這違反聖經中「不可拜偶像」的訓諭。[77]

---

77 臺北市《中國時報》1997年5月7日，第11版。

　　臺灣一九九九年「九二一」大地震後，新約教會咒罵國民黨政權：「昏君李登輝離經背道，竟稱罹難者為大菩薩，又要人與他分享《聖經》詩篇。一面拜偶像，一面拜耶穌，混淆視聽，致使百姓不分真假，心持兩意，大大得罪真神教主——耶穌基督，惹動神的忿怒，致使臺灣慘遭大地震、大災難！罪魁禍首李登輝，有禍了！神的烈怒必要臨到李登輝，國民黨政權！」[78]目前，臺灣的新約教會擴展到海外二十餘處，東南亞、大洋洲、北美等地也有新約教會的蹤影。

---

78 錫安山全球信息網home.zion.org.tw/zion/chinese

第十三章
基督教與社會服務

第一節　臺灣教會社會服務工作概況

　　在教會內部，社會服務工作又稱為社會機構事工。基督教會從事社會服務工作。一方面是西方基督教會的傳統，根據《聖經》(《馬太福音》：第10章第8節)，耶穌的工作是「醫治死人，叫死人復活，叫長大痲瘋的潔淨，把鬼趕出，你們白白得來，也要白白的捨去」。在西方，許多著名學府、醫院和慈善機構早期都曾是教會的社會機構，如著名的哈佛大學、耶魯大學等。在另一方面，它又是基督教的重要傳教手段。

　　臺灣宣教士史文森指出，「機構和社會服務事工通常是負責特殊的事工……他們通常是為了社會某種需要而設立，多是由差會所創辦。機構設立之主旨，是為扶助教會，其推行的事工都是教會本身在功能和經濟上難以負擔的，而機構之專業同工，獻出更多的時間和才幹從事福音的工作」，「醫療，教育和社會服務，經常在福音工作上扮演重要的角色，透過這些媒介預備人心接受福音。」這些機構是「為滿足人們生理，心理，教育和物質之需要，在臺灣早期的宣教事工中，此乃不可缺少的主要部分」[1]。「在一八九五年以前，奉派來臺的二十名男性宣教士中，醫療宣教士占了七名，比例高達三分之一強；在一九四五年前奉派來臺的六十名男性宣教士中，醫療宣教士占了二十三名，比例也高達三分之一強。」[2]社會服務對臺灣基督教發展的影響由此可見一斑。

1　史文森著，盧樹珠譯：《臺灣教會面面觀》，頁85-96。
2　魏外揚：〈基督教在臺早期的醫療宣教〉林治平主編：《基督教與臺灣》，頁281。

　　二戰後，從一九五〇年代臺灣許多新的基督教服務機構逐漸興起，改變了以往長老會一家獨大的地位，一九六〇年代是基督教服務機構出現的高峰期，七〇年代後平穩發展。根據一九八一年史文森的調查，臺灣教會機構大致可分為：「醫院、學校、育幼院、學生工作、文字工作、傳播工作、社會服務工作、聖經事工、其他」。下文就列出各項工作的統計數字[3]：

一　醫療機構

醫療	創辦年期	病床數／住院人數	同工數		經費來源百分比				
			專職	兼職	海外	教會	個人	收入	其他
彰化基督教醫院	1896	230／240	592	5	4.7	1.8		93.5	
嘉義基督教醫院	1962	130／91	171	4	1			99	
二林基督教醫院	1964		5	8					100
恆春（信義財法）醫院	1967	12／6	16		25		25	50	
高雄基督教信義醫院	1967	36／22	38	4	1		2	97	

3　史文森著，盧樹珠譯：《臺灣教會面面觀》，頁349-357。

醫療	創辦年期	病床數／住院人數	同工數		經費來源百分比				
			專職	兼職	海外	教會	個人	收入	其他
臺東基督教醫院		60／54	84	10	30			70	
馬偕紀念醫院	1880	575／517	1264	24				100	
基督教門諾醫院	1955	137／103	225	5	8	0.1	1	90.9	
屏東基督教（財法）醫院	1953	163／147	184	4				100	
埔里基督教醫院		103／49	106		15			85	

二　學校教育

教育機構	創辦年期	學生數	教職員工數		經費來源百分比				
			專職	兼任	海外	教會	個人	收入	其他
彰化基督教醫院	1896	1564						95	5
私立長榮高級中學	1885	5700	6	2				100	

教育機構	創辦年期	學生數	教職員工數		經費來源百分比				
			專職	兼任	海外	教會	個人	收入	其他
淡水基督書院	1959	534	24	40		50		50	
中原大學	1955	7000	280	44				100	
嘉義私立協同中學	1967	1462	42	12	0.5			99.5	
馬偕高級護理職業學校	1880	523	32	7				100	
聖德基督書院	1956	130	9	21	10		10	80	
東吳大學	1901	9500	303	383				100	
新埔工業專科學校	1967	2500	145	43				100	
淡水工商管理專科學校	1967	4822							
東海大學	1955	5500			5			90	5
衛理女子高級中學	1961	841	59	10				100	

教育機構	創辦年期	學生數	教職員工數		經費來源百分比				
			專職	兼任	海外	教會	個人	收入	其他
彰化培元高級中學	1957	465		1				100	

三　育幼工作

育幼事工	創辦年期	兒童數	工作人員數		經費來源百分比				
			專職	兼任	海外	教會	個人	收入	其他
新竹伯大尼兒童之家		33	10		70		5	25	
屏東伯大尼兒童之家	1964	106	13	2	15	35	35	15	
臺北伯大尼育幼院	1964	58	19			1.54	98.5		
屏東殘盲女子教養院	1960	26	3	100					
臺中光音育幼院	1953						100		
基督教勝利之家	1963	87	23			33	33		34
彰化喜	1965	101	17		10	5	20	25	40

育幼事工	創辦年期	兒童數	工作人員數		經費來源百分比				
			專職	兼任	海外	教會	個人	收入	其他
樂保育院									
聖道兒童之家	1951	122	10		40	5	20	25	40
花蓮殘盲女子教養院	1955	58			100				
基督教新生兒童之家	1977	46	5	1	100				

四　學生工作

學生工作	創辦年期	參加人數	職員數		經費來源百分比				
			專職	兼任	海外	教會	個人	收入	其他
校園福音團契	1956		36		40	5	25		30
高雄大專學生中心	1967		1		35	10	15	25	15
臺北山地學生中心	1969		1			3	2	95	
芥菜種會臺東山地學生中心	1978		1	1					100

五　文字事工

文字事工	創立年	教職員數		經費來源百分比				
		專職	兼任	海外	教會	個人	收入	其他
神召會文字中心	1953	2		90			10	
臺北浸信會文字中心	1954	14		30			70	
嘉義浸信會文字中心	1960		1	30			70	
基隆浸信會文字中心	1951	2						
新竹浸信會文字中心	1968	1		100				
臺中浸信會文字中心	1961	1		30			70	
中華民國聖經公會	1955	12	2	85	10		5	
中華協助傳道中心	1968	3		50				50
中國家庭聖經聯盟	1970	2		75	20	5		
中國主日學協會	1967	33	3			1	99	
中國信徒布道會臺灣分會	1962	19	2	80			20	
中華福音廣傳團契	1971		6				100	
校園書房	1957	39		0.05		0.05	99.9	
和平書房	1976	1	5				100	
基督教論壇報	1965	4			50		50	
基督教青年書房	1976	1	1				100	
浸宣出版社	1951	5	6	30			70	

文字事工	創立年	教職員數		經費來源百分比				
		專職	兼任	海外	教會	個人	收入	其他
宇宙光雜誌出版社	1973	15	1	9.2	6.9	6.0	77	
基督教人人書房	1976	6					100	
好消息出版社	1974							
聖光書室	1955		1				100	
主力雜誌社	1970	9	1				100	
屏東信義文字中心	1967	2		70				30
嗎哪書局	1965	1					100	
三一文化事業有限公司	1976	1	2			50	50	
臺中長老會文字中心	1979	2	1				100	
道聲出版社	1951	1						
臺灣基督徒布道團	1960		1		50	50		

六　傳媒

傳播事工	創辦年期	職員數		經費來源百分比				
		專職	兼任	海外	教會	個人	收入	其他
主臨萬邦中國分會	1953	6	10	80		5	15	
藝術團契	1969					100		
基督教視聽聯合會	1961	6	2	30	43	7	20	
愛的呼聲	1962	2	3			95		
信義廣播中心	1967	13	2	90	10			

傳播事工	創辦年期	職員數		經費來源百分比				
		專職	兼任	海外	教會	個人	收入	其他
信義之聲電視廣播部	1970	3	7	60		25	15	
基督教救世傳播協會	1960	44	3	15			85	
基督教遠東廣播中心	1951	17	3	60	40			
臺灣福音廣播團契	1961	1	2	80		20		

七　社會服務

社會服務	創辦年	職員數		經費來源百分比				
		專職	兼任	海外	教會	個人	收入	其他
藝術之家	1975	1	3					100
基督教兒童福利基金會	1949	184	14	70	2	28		
基督教勵友中心	1973	3	1	5	15	30		50
基督教良鄰會	1965		2			100		
主恩服務社	1969	15	15			50	50	
我們咖啡屋	1970	4	2				100	
基督教社會互談會	1967	11		70			30	
高雄基督教青年會	1963	21	105	1		2	97	
臺南基督教青年會	1955	25	87			10	90	
臺北基督教女青年會	1948	40				10	90	

社會服務	創辦年	職員數		經費來源百分比				
		專職	兼任	海外	教會	個人	收入	其他
臺灣基督教福利會	1954	7		80		20		
基督教社會服務處	1979	2		100				
基督教福利會三重學生輔導中心	1978	2	1	100				
臺灣世界展望會	1956	139	1	100				

八　其他社會服務

其他社會服務	創辦年期	職員數		經費來源百分比				
		專職	兼任	海外	教會	個人	收入	其他
亞洲神學協會	1968	5		90				10
浸宣聯會埔里水頭山莊	1972	2	1	50			50	
萬國兒童布道團		4		80		5	15	
中華民國福音聯誼會	1953						50	50
中華基督教醫務人員團契	1975	8	3		40	50	10	
中國學園傳道會	1964	30		30	17	50		3
中華海外宣道協會	1968	2				98		2
基督徒服務中心	1974	6	12	90		10		
基督教信仰研經中心	1978	1	2					100
基督教從業人員協會	1962	3	14	1		86	13	

其他社會服務	創辦年期	職員數		經費來源百分比				
		專職	兼任	海外	教會	個人	收入	其他
真理指南聖經函經課程	1977	3		85	5	10		
福音布道協會	1968	1	2	50	30	20		
基督教逐家文字布道協會	1960	7		80	5	15		
國際基甸中華民國總會	1960	5					100	
喜信聖經函授學校	1969	1			70	30		
福音信義會關谷福音中心	1970	1					100	
神召會國際函授學校		4	100					
鐵砧山夏令營	1965	1			10	10	80	
生命之光聖經函授學校		5		50	40	5	5	
中國海員布道會	1978	1	12	10		90		
基督教耕耘會	1958	2	1			33	33	34
臺北詩歌福音隊	1971		9	20				80
臺灣工業福音團契	1970	4	5	13	23	54		10
臺灣麻瘋救濟協會	1954	2	1	63	18	19		
臺灣教會增長促進會	1972	1					20	80
世界福音宣道團	1980	3	7			100		
世界基督教護教反共聯合會中華民國總會	1969		34			1	99	

　　為深入探討，下文就基督教大學教育、基督教會醫療服務工作、基督教新聞出版工作等分別作論述。

第二節　臺灣教會大學[4]

　　臺灣基督教大學出現在臺灣光復之後。現有：真理大學、東海大學、東吳大學和中原大學等學府。其中，東海大學、東吳大學和中原大學是臺灣最具學術水準的三所基督教大學。

　　據王成勉教授的研究：「東吳大學於一九五四年在臺復校，而東海大學和中原理工學院（即中原大學前身）在一九五五年開辦，三校前後相差僅一年，可謂是在同樣的時代背景下建立學校。」一九四九年，國民黨逃臺初期，經濟匱乏，人心惶惶。在整個五〇年代，臺灣國民黨政府傾全力鞏固在臺灣的統治，故此，「政府所著重的，仍以國防外交為主（如國防支出占中央歲入的百分之八十以上），故成本需要極大的高等教育，有相當時期沒有成長。在一九五四年東吳在臺復校以前，在臺的高等教育已有九年沒有增長，一直是維持在抗戰勝利的四所大學院校。」[5]在此情況，基督教大學的出現正好彌補了政府高等教育的不足。時至今日，這三所臺灣基督教大學已走過近五十年的歷史。下面分別介紹三所大學。

4　以下臺灣基督教大學的描述，主要根據王成勉教授的《臺灣基督教大學教育的檢討》，林治平：《中原大學實施全人教育之理念與實踐之研究》，周聯華等：《基督教大學的角色與任務》，臺北市：雅歌出版社，1995年以及《二十一世紀亞洲基督教大學面對的挑戰——香港中文大學崇基學院五十周年校慶國際學術研討會》（2001年5月9-11日）等。

5　林治平主編：《基督教與臺灣》，頁210。

一　東吳大學

　　臺灣東吳大學是原大陸東吳大學旅臺同學會推動創建的。大陸的東吳大學是美國衛理公會在蘇州創立的。解放後，原東吳大學在院系調整後合併。一九五一年在臺灣的原東吳大學校友倡議復校，校友們捐錢捐物，在臺北漢口街成立了東吳補習夜校。其後，以黃仁霖為首的東吳校友聯絡國民黨政府要員王寵惠和衛理公會臺灣、香港區會督黃安素（Bishop Ralph Ward），籌建東吳大學。黃安素「負責向美國教會推展工作，以爭取經費，充作復校之用；而黃仁霖及其他校董則在尋找校地，籌募基金與物色新任校長上努力」，其中，王寵惠、黃安素會督分任正副董事長。

　　一九五四年，臺灣「教育部」核准東吳大學法學院先行復校，下設法律，政治，經濟，會計及外國語文學系。事實上，東吳大學的復校與傳教士黃安素的大力支持有關。最初，美國衛理公會並沒有意願在臺灣重建本宗派的大學，對於臺灣基督教的發展也興趣不大。但黃安素努力說服下，衛理公會派遣三人調查團到臺灣，最後決定支持東吳大學復校。東吳大學因此得到第一筆一萬五千美金的捐款，購習外雙溪的校址。隨後，黃安素不斷遊說各方捐款，建成了該校初期的幾座大樓。

　　根據東吳大學校史記載：

> 民國四十年，本校旅臺同學會，鑒於本省大專院校過少，失學青年日增，倡議在臺復校。因恪於法令，乃先設東吳補習學校，組成董事會，並聘丘漢平博士任校長，暫借臺北市漢口街一段十五號為校舍，於是年十一月開學。民國四十一年，董事會改組，共推王寵惠博士為董事長，陳霆銳博士為副董事長。旋因丘校長辭職，改聘施季言先生為校長。民國四十三年七月，教

育部以東吳補習學校辦學績效卓著，核准東吳大學復校，並令先行恢復法學院，設法律、政治、經濟、會計四學系，附設外國語文學系。董事會聘請陳霆銳博士出任院長，並與衛理公會恢復固有關係。民國四十四年六月，陳霆銳院長辭職，董事會推江一平、富綱侯、施季言三先生組成院務委員會管理院務。九月，聘請曹文彥博士繼任院長。民國四十五年夏，奉准增設中國文學系。同時在士林外雙溪覓置土地十五甲為校址，興建校舍。民國四十六年六月，曹院長奉派出國，董事會聘石超庸博士繼任院長。民國四十七年三月，董事長王寵惠博士逝世，改由黃仁霖博士繼任董事長。九月，外雙溪新校址之教學大樓建築完成，命名為寵惠堂。部分學系遷入新校園上課。民國四十八年夏，學生活動中心雙層大廈落成，上層暫用為禮堂及圖書館，可容千人；下層用為餐廳，可供四百餘人進餐。另男、女生宿舍及院長、教授、員工住宅等亦相繼興工，並於民國五十年全部完成。民國五十年秋，全校由臺北市漢口街遷來外雙溪現址。民國五十三年秋，安素堂〈禮拜堂及圖書館聯合大樓〉及學生活動中心大廈兩翼房屋同時建築竣工。民國五十六年春，黃董事長奉派出國，董事會改推孫科博士為董事長。民國五十七年夏，增設商學系及商用數學系。成立文、商兩學院，恢復大學名義。石超庸院長被推為首任校長，不久病逝，由桂崇基先生接任校長。民國五十八年八月，桂校長因病辭職，董事會聘端木愷博士繼任校長。同年，成立數學系。十二月，奉准恢復完全大學建制，設文理、法、商三個學院。民國五十九年秋，增設物理、化學兩系，併合並原隸文理學院之數學系，另成立理學院；文理學院則恢復原文學院名稱。同時設立經濟學研究所暨夜間部。商學系更名為企業管理學系。民國六十年，設中國文化研習班，專為外籍學生講授我國語言、文

字及文化課程，以促進國際友誼，傳播中華文化。民國六十年秋，設法律學研究所。並購置臺北市延平南路書院段土地，興建城中校區第一大樓。民國六十一年夏，奉准增設歷史、音樂、電子計算器科學等三系，及外文系東方語言組。民國六十二年夏，增設會計學研究所、社會學系、及外文系德文組。民國六十二年秋至六十三年春，理學院科學館及男、女生宿舍各一幢，先後興建竣工並啟用。民國六十三年夏，增設中國文學研究所及國際貿易學系。民國六十三年九月，為使音樂系有一適合音樂教學之獨立環境及設備，特興建音樂館一座，除各種專用教室外，並備有可容三百餘人之音樂廳。又建單身宿舍一幢，使單身外籍教師能長期安心在校教學。同月，董事長孫科博士病故。民國六十四年春，董事會改推楊亮功博士為董事長。民國六十四年夏，文學院外國語文學系所轄英國語文、東方語文及德國語文三組，均獨立設系。法律系。民國七十二年八月一日，端木校長退休，副校長楊其銑先生繼任校長。未久，董事會改選，推舉端木先生為董事長。民國七十六年秋，端木董事長逝世。董事會改選，推舉王紹堉先生任董事長。同年起，學生會推派代表參加校務會議。民國七十九年八月，聘教務長章孝慈先生為副校長，並兼任教務長。民國八十年八月，楊其銑校長以健康欠佳請辭，董事會決議准休假半年，請章孝慈副校長代理校務。民國八十一年元月，本校所訂八十至八十三年度之「四年中程校務發展計畫」經教育部評定獎助臺幣肆仟零壹拾萬元，居全國二十所私立大學校院之冠。民國八十一年二月，楊校長辭職，董事會聘章副校長繼任校長。並改聘楊前校長為名譽校長。民國八十二年八月、九月，先後與大陸政法大學、蘇州大學簽訂學術交流合作協議書。

　　目前，東吳大學已發展成為含括文、外語、理、法、商五學院廿二學系的一所中型大學。不過，和衛理公會辦學時的初衷相悖，東吳大學雖與臺灣衛理公會保持有脆弱的聯繫，校內基督教色彩甚為薄弱。東吳大學復校時，延用的是母校的校訓──「養天地正氣，法古今完人」。校內的黃安素會督紀念堂內有教堂和校圖書館。教堂由校牧主持。根據王成勉的論述：「根據東吳大學的組織章程，有關校牧室與校牧的條文為：『本校設校牧室，設主任一人，由校教兼任。校牧由校長聘任之，協助處理信仰事務。』東吳大學的組織系統也顯示校牧室如同人事室、會計室、秘書室、聯絡室一樣，直屬校長，但與教學系統、教務、訓練等分開」，「董事會並無教會代表，也無基督教方面相關的政策或措施。雖然在校長的任有人選常為東吳的校友，但校友未必是基督徒，同時也無意標榜過去這方面的歷史或精神。」[6]東吳大學復校之初，學生必須一學期參加幾次指定的宗教晨會，由基督教人士作演講。但在一九八〇年代末，宗教晨會也被正式取消。一萬多學生的大學內，僅有一位校牧。該校雖號稱是基督教大學，但已沒有什麼基督教色彩。

二　中原大學

　　中原大學位於臺灣桃園縣中壢。最初是在一九五一年，當地士紳桃園縣長徐崇德、中壢客家世族國大吳鴻麟、臺灣省府委員吳鴻森等人，見當地沒有高等學府遂向臺灣教育部表達籌建大學的願望。其後，該計畫得到賈嘉美牧師（Rev. James R. Graham）以及華人基督徒經濟部次長張靜愚、工礦公司董事長郭克悌等人的支持。他們在一九五三年組成了「基督教中壢農工學院籌備委員會」。同年八月，籌備

6　林治平主編：《基督教與臺灣》，頁210。

委員會召開第一次董事會，決定由國民黨元老鈕永健任董事長，郭克梯和賈嘉美為副董事長。創辦學校的分工與東吳大學相類：徐崇德等地方士紳負責取得土地，傳教士賈嘉美負責向海外籌集辦學經費，張靜愚等人協助學校向政府立案。

　　最初擬稱「基督教中壢學院」，而後「因創校諸公多由大陸來臺（賈嘉美牧師亦係來華第二代牧師，從小生長在中國大陸），心中念念不忘神州中原，故改名為中原」。中原大學的創辦之初，「在人事、經費、土地設備等方面都有層出不窮的問題」。最根本的是經費和人事問題，鈕永鍵在任職董事長的同年，就赴美就醫。教員和院長都沒有合適人選；賈嘉美牧師的籌款能力遠不及黃安素，學校的經費非常困難。據學生回憶：「當年僅有一棟大樓，包辦了教室、辦公室、教堂、教員休息室、男女生宿舍、實驗室、圖書館、餐館、廚房。……學校經費不足，時有斷炊之慮。前景飄搖，董事會中教職員內部處處人事不合，勾心鬥角，明爭暗鬥，教授無心教授，學生無心向學，人心惶惶。」一九五五年，學校才開始正式開班授課，稱為「基督教中壢農工學院」，正式立案名時為「私立中原理工學院」，下設物理、化學、土木、水利四系。

　　一九五六年五月謝明山接掌院長一職。謝明山是倫敦大學化工博士，並曾在教會任神職。在他任職校長的十三年中，中原大學漸上軌道。在宗教教育方面，謝明山推動所謂「師生團契」，「基督徒必須參加，而非基督徒自由參與，由團契來推動日常生活的各項事務與活動。二為設立小組禱告會與主日崇拜，常邀請名牧來證道。三為開辦宗教課程，以『宗教哲學』為名列入人文學科之中，使基督教的道理得以讓學生學習。」

　　一九七一年韓偉接任中原大學校長。韓偉原為美國賓夕法尼亞州立大學教授，也是個虔誠的基督徒。在他掌校期間，「以宣教教師（Missionary Teachers）名義，呼籲有志基督徒前來中原，『不僅傳授

知識、技術、治學方法，也是傳講，他就是道路、真理、生命的那一位』」[7]。一九七二年，韓偉在中原大學成立校牧室，「負責全校的宗教活動與宗教哲學課程。校牧室的編制是有校牧室主任一人，校牧三名及助理數名。校牧在中原所參與或涉及的事務非常多，除禱告會、退修會、布道會、輔導師生的團契活動外，並安排每週三上午的基督教專題演講週會。中原在每週三上午教堂開放，供學生自由參加禮拜，而全校在此時段不得排課。」「中原在教學課程上也突出其宗教性。目前規定大一必修宗教哲學，另外安排人生哲學供大二選修。此外還開設工程倫理和商業倫理，生死學等通識課程。」中原大學的董事會中「有固定的教會界代表人士，校長，三長及主要人事均為基督教。在教師方面約有百分之十幾的基督徒，但職員方面則高達百分之三十幾。」韓偉辭職後，接任中原大學校長一職的還有阮大年、尹士豪等人。一九八〇年，中原大學增設商學院，同年臺灣教育部正式承認中原大學的大學資格。

　　和東吳大學相比，中原大學明確標榜自己是一所中國的基督教大學。其校訓稱：「中原大學之建設；本基督愛世之忱；以信，以望，以愛；致力於中國之高等教育……」

三　東海大學

　　和上述兩校艱辛的創辦歷程相比，東海大學的創立則是一個精心策畫，財力充裕的計畫。由於一九四九年後，大陸十三間基督教大學在院系調整中被取消。美國聯董（United Board）失去了在中國大陸推展基督教高等教育的機會。一九五二年，原聯董執行秘書芳衛廉

7　林治平：〈以中原大學落實全人教育的經驗迎接二十一世紀的挑戰〉，《二十一世紀亞洲基督教大學面對的挑戰》二〇〇一年香港中文大學崇基學院五十周年國際學術研究討會。

（William Fenn）到臺灣訪問。之後，聯董決定在臺灣設立駐臺代表，前奧伯林神學院院長葛蘭翰（Thomas W. Graham）被指派為駐臺代表，和芳衛廉共同籌設一所全新的基督教大學。臺中市當局承諾收購一百四十三公頃土地作為校址，因此東海大學的地址就選在臺中市西郊的大度山。

　　他們推舉前教育部長杭立武作籌備會和董事會主席，但籌備會的代表名額安排頗有奧妙：三個臺灣長老會代表，三個大陸基督徒代表和三個西方教會代表。籌備會成立的董事會成員也是五個西方人，五個臺灣人和五個大陸人。因為美國傳教士芳衛廉聲稱：「這是一所為臺灣人（Formosans）而建的基督教大學，大陸人與西方人占著重要但又是次要的部分。而這所大學也是為了服務臺灣人民」。儘管芳衛廉聲稱是要建立所臺灣的基督教大學，但東海大學的創建明顯受到大陸基督教大學創辦發展歷史的影響。鑒於二十世紀三〇年代，中國教會大學普遍的世俗化趨勢。芳衛廉在建校之初，就訂下新學校的標準是：「由基督徒團體所帶領；有一個基督徒的教學團體，他們在較豐厚的待遇下推行真正的人文教育；在一個不超過五，六百人的小型大學中，並不計畫發展各種學科，而是要訓練學生能務實，民主，具有職業感，能與學校環境與臺灣環境相結合，最後能服務於教會，國家。」在東海大學校董事會第二次會議上正式通過了芳衛廉的理念，明確宣稱東海大學的基督教立場。這與一九二七年大陸基督教大學爭取立案後的傾向模糊辦校宗旨的基督教字眼相比有很大的區別。

　　但東海大學創立之初，同樣遇到問題。一是校長人選，聯董希望由大陸人作校長，美國人，臺灣人任副校長。校董會曾一度考慮由前福建協和大學校長，時任聯董駐臺第二任代表的陳錫恩任校長，但陳錫恩當時已是美國公民，無法就任。直到最後，才由曾約農出任校長一職。另一個問題是聯董的願望和臺灣教育當局的規定之間的衝突。主要是大學（University）和學院（College）的爭論。臺灣當局延用

大陸時期的政策，要求高等教育機構至少有三個學院才可以稱為大學。聯董固然想東海成為一所著名的大學，但又只想建立小型的文理學院，堅持不肯開辦工學院、農學院或醫學院。曾約農校長為此一度和聯董發生爭論。到一九七〇年，東海才開辦了工學院，達到教育當局的大學標準。但從總的來看，東海大學的創辦還算順利。東海大學的建築還請著名設計貝聿銘參加，破土動工的儀式由時任美國副總統尼克松主持。由於聯董財力雄厚，單是一九五四年聯董投入東海大學的資金近五十萬美元。

　　聯董雖然對東海大學抱有很大希望，投入大量人力物力。創校之初，聯董方面規畫了勞作制度、通才教育（general education）、圖書館開架制度、學生榮譽制度等先進的教育制度。但東海大學建校之後的發展與聯董的最初預計相差甚遠。首先是學校師生的基督徒比例根本無法達到芳衛廉的初衷。校董會最初要求教員的基督徒比例在百分之八十以上，但建校之後從來沒有達到這個目標。在學生方面，建校之初學生基督徒比例還有三分之一，此後逐步減少。一九七二年開始，聯董逐年遞減對東海大學的補助，一九七七年完全停止補助。

　　學費成了東海大學的主要收入來源。為了發展，東海大學唯有打破以往六、七百人小型大學的設想，成為萬餘名學生的中型大學。在此情況下，東海大學仍然堅持保持基督教大學的特性。東海大學的董事長，校長均由基督徒出任，負責基督教教育的校牧室屬於東海大學的正式編制，校牧室並負責安排學生必修的宗教概論一科，通識教學中也有舊約概論、新約概論、信仰與科學等，有正式的學分等。一九九五年，王亢沛博士接任第六任校長。一九九八年東海大學擁有六個學院，三十個學系，一個獨立研究所，（30個學士班，24個碩士班，6個博士班），專任教職員七九二人（教師420人，助教111人，職員261人），學生一三九六〇人（研究生1030人，日間部9712人，夜間部1770人，第二部1448人）。

第三節　醫療服務機構

　　所謂基督教醫療殘障工作是指基督教團體或基督教徒個人出資興辦的醫療殘障服務機構。基督教在臺灣的早期發展就非常注意醫療和殘障工作，視其為重要的傳教輔助。臺灣南部的首位宣教士馬雅各就是個醫生。臺灣北部教會的開創者馬偕也是牙科和治瘧疾的醫生，「創立了北部的第一所西式醫院」[8]。在一九九六年，當時教會醫療包含：「一家準醫學中心，八家地區綜合教學醫院，五家區域醫院，二家準區域醫院，三家地區專科醫院等。」教會醫療在平衡臺灣社會醫療資源，提高臺灣地區醫療工作的道德水準方面都有一定貢獻。在人們的印象中，「教會醫院在醫療品質與經營效率上均在其他體系之上。雖然教會醫院之醫療資源就數量上而言，所占的比例並不大，但卻遍布全省各處，尤其在偏遠地區或醫療資源缺乏的地方，教會醫院更顯出其重要性，加上歷史悠長為開創的功臣，百年間於山巔水澗靜靜耕耘者，故在臺灣醫界扮演相當重要的角色。」[9]

　　在殘障工作方面，教會開辦有各類的機構以服務肢體殘障、腦性麻痺、語言障礙的人士。在早期，殘障工作主要由外國宣教士主持、由外國差會提供經費支持。如「屏東勝利之家、樂山療養院、伯大尼之家、阿尼色弗兒童之家、新莊盲人重建院等」。此後，一些華人基督徒以財團法人的形式創設各類殘障機構，「如張培士的第一兒童發展中心、李林樹的啟智技藝訓練中心、陳五福的慕光盲人重建院。」[10]臺灣教會在殘障慈善工作中始終扮演著重要地位。在一九八一年，「臺灣殘障福利機構的預算總金額直接由各省縣市政府社會局所支持的經費僅占總預算額的23%弱，國內外教會團體的援助卻占26.7%強，

8　魏外揚：〈基督教在臺早期的醫療宣教〉，林治平：《基督教與臺灣》，頁281。

9　徐麗慧：〈教會醫療在臺灣〉，林治平：《基督教與臺灣》，頁302。

10　游慶培：〈基督教殘障工作綜合報導〉，林治平：《基督教與臺灣》，頁311。

約占每年殘障總預算的四分之一」[11]。在一九九六年，「臺灣地區四十七所殘障福利機構中，由基督徒或天主教團體創辦的就有二十二所，將近占了一半的比例」[12]。下表[13]根據一九九六年游慶培的統計報表：

機構名／負責人	服務對象*	職員數	學員數	成立年代	備註
臺灣盲人重建院／曾文雄	視	25	50	1953	新莊 9985588
慕光盲人建院／陳五福	視	9	25	1959	羅東 581001
畢士大教養院／倪康藩	多、智、肢（視）	21	60	1955	花蓮 222417
惠明盲童育幼院（盲校）／陳淑靜	盲、多、智	103	214	1957	臺中 661024
伯大尼兒童之家／張振榮	腦、智（肢）	40	145	1955	屏東 7367264
阿尼色弗兒童之家／傅約翰	肢	13	76	1958	臺東 223194
勝利之家／劉佩	肢、腦	62	89	1950	屏東 7367264
喜樂保育院／瑪喜樂	肢、智、多	49	119	1957	彰化 8960271
第一兒童發展基金會／張培士	智、多	140	400	1969	臺北 7209236
樂山療養院／劉寶鏗	智、肢	20	20	1923	八里 6101643

11　游慶培：〈基督教殘障工作綜合報導〉，林治平：《基督教與臺灣》，頁313。

12　游慶培：〈基督教殘障工作綜合報導〉，林治平：《基督教與臺灣》，頁311。

13　游慶培：〈基督教殘障工作綜合報導〉，林治平：《基督教與臺灣》，頁315。

機構名／負責人	服務對象*	職員數	學員數	成立年代	備註
啟智技藝訓練中心／李林樹	智、肢、多	90	214	1966	中壢 4525864
向上兒童發展基金會／李慶昌	智、肢	48	98	1942	臺中 7209236
黎明啟智中心／陳則明	智、語	19	47	1966	花蓮 321220
長老會殘障關懷中心／陳博文	殘障人士	8	13	1978	高雄 2235601
伊甸殘障福利基金會／劉俠	殘障人士	120		1971	臺北 77723868
創世基金會／曹慶	植物人	20	60	1975	臺北 3955571

*：視，指視障；肢，指肢體殘障；多，指多重障礙；腦，指腦性麻痺；語，指語言障礙

第四節　新聞出版機構

臺灣基督教文字出版工作最有代表性的當屬林治平領導的財團法人宇宙光機構和臺灣長老會的臺灣教會公報社。

一　臺灣宇宙光雜誌社

臺灣宇宙光雜誌社在一九七三年九月創設。創辦人多是旅居美國的華人基督徒。「發行人一職由韓時俊先生擔任，並聘請於力工、包忠傑、陳仲輝、楊勝世、劉國安、劉翼淩、徐大麟為宇宙光雜誌社的委辦會委員。編輯則由劉翼淩先生擔任，義工林治平先生亦於此時參與，社址暫租新生南路一段一六〇巷一號一日式房屋之小客廳」。一

九七四年，「因著傅積寬、修澤蘭夫婦的奉獻，宇宙光以象徵性的一元租金，租下了北市羅斯福三段二二七號羅斯福大廈樓十六坪大的房間，充作辦公室使用」。一九七五年，鑒於「宇宙光委辦會委員均旅居美國，連繫召集諸多不便，乃於本月由委辦會特派於力工先生前來臺灣，另邀修澤蘭、韓時俊、李德華、吳勇、吳元晃、傅積寬、蔡仁理、李秀全、張曉風、韓偉、殷穎、邵遵瀾等人，成立管理委員會，並聘修澤蘭女士出任管理委員會主席一職。」同年，管理委員會聘請劉翼淩任宇宙光雜誌社社長，林治平以義工身分任職副社長及總編輯。一九七七年，劉翼淩辭去宇宙光雜誌社社長，由林治平接任。林治平原為中原大學全職講師，在宇宙光的工作屬於義工性質。在林治平的推動下，宇宙光雜誌社成為臺灣教會文字出版工作的重要中心。林治平現時為中原大學人文及教育學院院長，多年致力基督教與中國文化關係的研究。在他的主持下，宇宙光雜誌社發展成為宇宙光全人關懷機構。

　　宇宙光機構在臺灣教會內外非常活躍。以一九九八年為例，當年宇宙光機構的預算達六千八百八十萬元，具體活動有：

　　輔導中心「同理心訓練團體」開班；視聽部新開「當我們同在一起」（國語）廣播節目，於「全民電臺」播出；一九九八年度百人大合唱開始練唱，本年度共招收團員約二百二十人，演唱「黃河大合唱」組曲及各類詩歌、合唱曲；開辦宇宙光第一期「教牧人員 RET 工作坊」；宇宙光門市規畫為「宇宙光人文書店」，除開放舒適的閱讀環境外，並規畫了有聲書視聽區；由新聞局主辦的第六屆「臺北國際書展」，假臺北世貿中心舉行，宇宙光代表具名申請籌辦，並由宇宙光、校園、以琳、救世傳播、天恩、道聲、證主、雅歌、聖經公會組成聯合攤位參展；林治平於二月下旬應邀前往河南鄭州「升達大學」，主講

「現代化的再思——一位臺灣知識分子對中國未來前景的承擔」；月底再轉往香港「建道神學院」主講「全人教育」；「全人關懷與輔導」演講，邀請盧明教授、賴念華講師主講「兒童偏差行為的認識與輔導」以及「藝術治療的特色與應用」；宇宙光百人大合唱假浸信會神學院舉辦一九九八年度退修會，除合唱集訓外，更設計了聖樂崇拜、獨唱研習、小組表演等節目；五位應屆結訓的新志工加入了「關懷熱線」的事奉，擔任「關哥哥」、「懷姐姐」的熱線接聽工作；宇宙光送炭一九九二「為老人小孩籌建天倫館」活動，在三月二十六日假新竹縣峨眉鄉天倫館會址舉辦落成感恩禮拜；林治平應邀前往北京大學外語學院、北京師範大學、天津南開大學、西安科技大學、西北工業大學、武漢華中師範大學、杭州大學，以「全人教育」與「全人關懷」為主題進行多場講座；由宇宙光輔導中心主辦的「全人輔導——健康家庭研討會」，於四月二十四、二十五日假臺北市立圖書館國際會議廳舉行；林治平應「沙巴神學院」之邀，在沙巴神學院十周年公開講座中談「福音與文化」……

正式與臺北靈糧堂簽約購買靈糧大樓九樓，作為全人關懷工作全面拓展的新基地，並預定於九月交屋。整個簽約購屋、整建工程費用，共約需款新臺幣七千餘萬元；以「瞭解臺灣、認識臺灣」為主題所舉辦的「基督教臺灣史——史料與回顧」國際學術研討會，邀請國內外知名學者十餘位，於五月二十八、二十九日假臺北市立圖書館國際會議廳舉行；為配合「宇宙光傳播中心」更名為「宇宙光全人關懷機構」，我們的網站也正式更改網址為 www.CosmicCare.org；第四屆「海峽兩岸師生共赴未來夏令營」，由中原大學、福州大學與宇宙光聯合主辦，自七月十四日至二十四日，展開為期十一天的營會活動；一九九

八年度百人大合唱，十月七日假中原大學、十月十七日假中央
研究院、十月二十五日假臺北衛理堂、十月三十一日假新店行
道會舉行年度系列公演，本年以「黃河大合唱」組曲為主題，
談基督徒與愛國……[14]

　　宇宙光雜誌社的政治立場比較傾向中立，積極從事基督教與中國
本色文化關係的研究，林治平本人也時常在兩岸三地交流活動。多年
來，宇宙光出版了大量中國文化和基督教關係的書籍，如：

《基督教入華百七十年紀念集》，林治平主編（1977年）；
《近代中國與基督教論文集》，林治平主編（1981年）；
《理念與符號》，林治平主編（1988年）；
《基督教與近代中國文化論文集》，李志剛著（1989年）；
《基督教與中國本色化論文集》，林治平主編（1990年）；
《中國基督教大學論文集》，林治平主編（1992年）；
《基督教與近代中國文化論文集（二）》，李志剛著（1993年）；
《基督教與中國論集》，林治平著（1993年）；
《他們寫過歷史》，魏外揚著（1993年）；
《文化的盛衰》，王成勉著（1993年）；
《民國基督教史論文集》，查時傑著（1994年）；
《基督教與中國現代化論文集》，林治平主編（1994年）；
《貝德士的名單》，魏外揚著（1995年）；
《全人教育國際學術研討會論文集》，林治平主編（1996年）；
《徘徊於耶儒之間》，梁家麟著（1997年）；
《基督教與近代中國文化論文集（三）》，李志剛著（1997年）；

---

14 http://www.CosmicCare.org，2001年。

《鏡頭走過——內地會在華百三十年圖片集》，顧衛民輯（1998年）；

《傳愛組曲——宣教士在華足跡》，魏外揚著（1998年）；

《臺灣基督教史——史料與研究回顧論文集》，林治平主編（1998年）；

《宗教教育研討會》（1999年6月4-5日，集結成冊，但未出版）。

二　臺灣長老會教會公報

　　和宇宙光積極關注中國文化的態度不同，臺灣長老會教會公報社則是一個臺灣「本土」色彩濃厚的報業機構。《臺灣教會公報》是臺灣第一份印刷物，由臺南神學院院長巴克禮牧師於一八八五年創辦：

　　一八八一年元月，英國長老教會贈送臺灣第一台印刷機和排字架、鉛字等給臺南教士會。正好，巴克禮牧師回英國休假，他利用時間去印刷廠學印刷、檢字、排版等方法。於一八八四年元月回來臺南後，在五月廿四日裝置好機器，開始印刷工作，這是臺灣最早的印刷業，也是「新樓書房」的誕生。早期教會多以推廣學習「羅馬字」為主，印刷品也是以「羅馬字」為出版物品。一八八五年七月，在巴克禮牧師主持下，在臺南發刊臺灣最早的報紙「臺灣府城教會報」第一號，也就是今天臺灣教會公報的創刊號。創刊號出版四頁，第二號起為八頁。

　　這份臺南府城教會報主要功能是：

　　（一）傳揚福音：說明傳教士來臺灣的目的，是為了要傳揚上帝拯救的信息，並勸勉人研讀聖經。（二）鼓勵會友研讀聖經。（三）喚起會友關心創辦中學的重要性，並鼓舞會友將子弟送入中學。（四）傳

達各地教會動態，使教會與教會之間能互相關懷。這份報紙最大的功能，除了讓會友瞭解各地教會動態外，也藉著教會報充實信仰內涵。

　　一九〇五年，《臺灣府城教會報》改名為《臺南教會報》。一九二八年一月，與北部中會所發行之刊物《芥菜子報》合刊，並更名為《臺灣教會報》。最後定名為《臺灣教會公報》，乃是一九三二年一月一日，集合《臺灣教會報》、《教會新報》（高雄中會辦）、《福音報》（臺中中會辦）等而成的。在同年五月一日這些合併在一起而成的《臺灣教會公報》出刊。

　　一九四一年四月，日本殖民政府勒令停刊《臺灣教會公報》，並關閉報社。一九四五年八月十五日，日本戰敗投降，由高金聲牧師以私人身分設法負責，於當年十二月恢復公報的出刊。而後高金聲牧師將公報與報社交返南部大會。臺灣教會公報於一九七三年十二月二十四日由月刊而改周刊，並再次認定它乃是「臺灣基督長老教會總會機關報」之角色。

　　臺灣教會公報社得到了西方教會勢力的長期支持。「一八九四年，英國長老教會為積極推動文字傳道事工，捐獻一大筆錢給臺灣教會，蓋印刷廠。這棟古老的印刷廠就座落在現今臺南神學院圖書館右前方。而在一九八三年，德國的教會希望臺灣長老教會能在文字傳道事工發揮更大的力量，又奉獻一大筆經費蓋了現今的『臺灣教會公報社『大樓於臺南神學院在青年路頌音堂之左邊。這棟的報社大樓，除了設置書房外，並設置有打字、出版、印刷等設備。」該報現在的地址是在臺南市七〇一青年路三三四號。

　　作為基督教長老教會總會的機關報，教會公報社與國民黨當局長期對立。「一九八七年二月廿二日出刊的教會公報，因刊登『二二八事件』之相關史料文章，而遭到查禁沒收。在此之前，也就是一九七〇年代到八七年之間，公報時常遭到郵局查扣，甚至委託捷運公司載送，也莫名其妙的全數遺失，這些情形至今依然偶爾發生，許多國內

外訂戶讀者常收不到公報。一九七七年八月，臺灣基督長老教會發表舉世矚目的『人權宣言』聲明時，所有報章雜誌均被國民黨政府勒令不得刊登報導該宣言內容，而該月公報同時被扣押於郵局。」

　　事實上，《臺灣教會公報》毫不掩飾自己的「臺獨」立場。在每期的時事評論中，總不忘記要為民進黨的政策「背書」。如二〇〇一年四月一日二五六一期的《教會公報》中，該報刊登的時事評論——〈立委禍國殃民〉一文。這篇時論是沖著二〇〇一年臺灣「立法委員」選戰而來的。文中將民進黨人陳水扁上臺後臺灣經濟政治各方的亂象歸咎於在野黨控制的「國會」。又為小林善紀、金美齡等人在《臺灣論》的言行受到「立委」攻擊而抱屈。最後，時論畫龍點睛地呼籲：「立委在立院沒有發揮其職責，就好像先知所指責：『達官顯要好像狼群在撕碎獵物；他們以殺害人民發不義之財。』（以西結書23章27節）這正是現今臺灣人民必須徹悟並覺醒，珍惜手中的選票，來匡正的局面。」用《聖經》的話來服務某個政治派別，進行黨同伐異的政治鬥爭，這也可以說是臺灣長老會的一貫做法。

　　而這種做法並沒有為大多數臺灣民眾所接受，《臺灣教會公報》的閱讀人數一直很少。教會公報社自己也承認：「目前，教會公報的訂戶只有五、六千份。這個數字使它至今雖有一百十四年歷史，仍然無法完全自給自足。」不過教會公報社自己對此現象的解釋是：「由於前有荷蘭、日本及現今中國人之統治，臺灣人一直在語文之事工上猶疑不前，並且有一種無以名狀的自卑感，這是造成今天教會公報事工不彰之因。」實際上，《臺灣教會公報》只是反映了臺灣長老會總會中部分人物的政治觀點和要求，並沒有為臺灣主流社會所認同。報紙銷量不佳是很自然的。

　　總的來看，臺灣教會的社會服務事業，尤其在教育、醫療殘障、文字出版方面非常活躍。除文字出版工作之外，臺灣基督教社會服務機構的政治傾向並不明顯。但臺灣教會社會服務機構也存在一些問

題：首先是經濟問題沒有真正解決，許多機構有四分之一來自海外，臺灣本地教會的經費支持最少；其次是人才缺乏，特別是在基督教教育、醫療機構，許多醫師和教師都不是基督徒；再有是設備器材的不足。實際上，教會機構和臺灣本地教會關係欠佳是最根本的問題。通常，醫療殘障工作、教育工作和文字出版工作等社會服務機構有其自己的發展規律和獨特要求。尤其是一個機構創立之後，其發展要滿足整個社會環境的要求，但教會只占臺灣社會的少數。加上，許多社會服務機構是由西方差會資助成立，和本地教會在分配西方差會資源上存在著競爭關係。因此，許多社會服務機構與本地教會漸行漸遠，甚至矛盾重重[15]。社會服務機構固然指責教會給予的支持太少，但教會方面又認為：「機構的設立，其角色是教會的婢女，為她的主人——『教會』向世人表達福音的愛和關懷，可是機構導向一種反角色的危機，由於他們向教會要求無盡之經費和人才的支持，以致把教會最優秀的人才吸收了，以經濟和人才比較下，形成機構工作為首要，教會牧師工作為次要的錯誤」[16]。

---

15 一九四九年前大陸基督教的發展也有同樣問題。徐以驊在《教會大學與神學教育》一書中評價近代中國教會大學史時寫道：「教會大學在中國作為現代高等教育的先驅，對我國教育、醫療、科學技術乃至社會生活各個層面的貢獻和影響是毋庸置疑的。……教會大學通過為教會輸送人才對中國基督教運動產生了直接的作用，但這種直接作用也不全是積極的，明朗的」。徐氏之所以如此論斷，主要是認為：教會大學「作為福音媒介卻是廣種薄收，得不償失」；教會大學消耗了西方差會大量財力人力，而使得中國教會「幾乎處於挨餓的地位」，嚴重影響了中國直接宣教工作的開展。徐氏甚至認為「出席耶路撒冷世界宣教會議的中國代表團、中華基督教青年會、中國基督教教育調查團、中華基督教教育會都曾提出過教會學校的宗教標準，如果按照這些標準來衡量，二〇年代後的教會大學很少有合格者……以此觀之，嚴格意義上的教會大學在中國竟是不存在的！」

16 史文森著，盧樹珠譯：《臺灣教會面面觀》，頁85-96。

第十四章
神學思想的新路向

　　在基督教會中，所謂「神學」有很多不同的概念，但基本上都是「用清楚則較有系統的方式，說明基督教的教義」的一門學問。[1]西方當代神學家保羅・蒂利希（Paul Tillich）在描述「系統神學」時，指出其「不是一種歷史研究，它是一種建造性的工作。它並不打算告訴我們過去的人對基督教信息的想法是什麼，乃是要替基督教的信息提出一種詮釋，是適切於現代的情況的。」[2]換言之，蒂利希這一定義中最重要就是指出神學是要「適切於現代的情況的一種基督教詮釋」。臺灣基督教在面對二戰後不斷變遷的社會，也提出了許多神學路向，這些神學思想集中反映了不同宗派的意識形態，影響著今後臺灣基督教的發展。其中，「本土神學」「本色神學」兩個趨向尤須值得重視。

第一節　「鄉土神學」與「出頭天」
——「本土化」神學之批判

　　二戰後，臺灣島內基督教，尤其是長老會內湧現了一股「本土神學」的浪潮。這股「本土神學」最初在二十世紀六〇、七〇年代打著「亞洲神學」的旗號，以擺脫西方神學對亞洲教會的宰制為號召，逐漸演變成為八〇、九〇年代臺灣地區極富政治色彩的「本土神學」。

1　Millard J. Erickson，黃漢森譯：《神學探討入門：神學是什麼》（香港：種籽出版社，1982年），頁5。

2　Millard J. Erickson，黃漢森譯：《神學探討入門：神學是什麼》，頁73。

在這股所謂「臺灣本土化」神學思潮中，黃彰輝、宋泉盛、王憲治，黃伯和三人是代表人物。

一　「本土神學」始作俑者黃彰輝

　　黃彰輝，他出生在日本統治的時代，接受日文教育，後獲教會保送到英國留學，因為太平洋戰爭在英國滯留近十一年之久，等他返國後，臺灣已由國民黨政府接收。一九六八年離開臺灣，任職於普世教協。他除了用中文名字「黃彰輝」外，其英文名有兩個一是普通話音的 C. H. Hwang，二是日文譯音 Shoki Coe。由於黃彰輝長期在海外推動「臺灣人自決運動」，被臺灣國民黨當局禁止回境。一九八七年臺灣解嚴，他獲准返臺，但在一九八八年病逝在倫敦。黃彰輝是臺南神學院的第一位華人院長，二戰之後任臺南神學院院長達十八年之久。他的思想影響了好幾代長老會的神學思想，一九七三年他在普世教協神學教育基金會年會上提出了所謂「神學處境化」，認為過去的本色化神學（indigenization）受限於過去的傳統文化，無法適應現時的社會變遷和文化動態，要求亞洲基督教面對現實處境，「在處境中的處境化」（contextuality-contextulization）。黃彰輝的這一神學思想為日後臺灣本土神學思想的系統提出準備了理論基礎。在他之後的臺南神學院院長宋泉盛，遂系統地提出了一系列「亞洲神學」的觀點。

二　宋泉盛與「亞洲神學」

　　宋泉盛於一九六五年至一九七〇年間接替黃彰輝擔任臺南神學院長一職，其後辭去臺南神學院職務前往普世教協工作。他在國際神學界享有一定聲響，主要是因為他系統提出了「亞洲神學」。其作品先後有《耶穌，被釘十字架的人民》、《孟姜女的眼淚：一個流行在中國

民間的政治神學故事》、《第三眼神學》、《故事神學》、《亞洲基督教神學的方法議》，以及九十年代宋泉盛的《蓮花世界中的十字架》。

　　根據東南亞神學研究院龐君華的分析：

> 宋泉盛的神學起點在於他對西方神學中「拯救歷史」的批判。他反對這種一線性的拯救史觀，因為從神揀選以色列民族直到現在的西方教會的過程中，被宣教前的亞洲文化在基督教的神學中是沒有地位的。在這種觀點下，西方教會對亞洲的宣教，自然不會尊重亞洲的文化，將之視為異教的文化。宣教亦成為文化上的征服。然而，如果上帝過去能將異教的波斯王古列，巴比倫的尼布甲尼撒成就他的旨意的話，上帝亦是非以色列民族的主。換言之，上帝亦在非以色列民族未認識基督教時在其中工作。所以亞洲文化中，自然有上主的工作。因此亞洲文化在神學上也就有意義。[3]

　　實際上，宋泉盛在神學表達方式上用文學性的語言，採用民間故事的表述，確曾給人以耳目一新的感覺。但宋泉盛的「亞洲神學」中有著明顯的政治偏向和意圖。

　　正如何光滬一九九五年在〈「本土神學」管窺〉一文中對宋泉盛《耶穌，被釘十字架的人民》一書所作的評價：

> 人，不論是被剝削者還是剝削者，不論是被壓迫者還是壓迫者，不論是被隔離者還是隔離者，不論是被歧視者還是歧視者（姑不論在實際生活中這些身分是交叉混雜的），都不是神……宋對社

3　龐君華：《處境神學的處境反省：戰後臺灣新教本土神學的建構與發展》，東南神學研究院神學碩士論文，1999年（未刊稿）。

會歷史問題的簡單化的分析，也是極其容易誤導的。書中反覆
給讀者灌輸這麼一種印象，似乎富人，統治者，文化或宗教上
的多數派或上層人士，男人，白人，社會階級在上的人乃是一
切苦難的根源，而窮人，被統治者，少數派，下層人士，婦
女，有色人，原住民等等則幾乎成了正義的化身。當宋博士滿
懷激情地倡言他們的鬥爭時（有時候幾乎給人以號召「算老
帳」的印象），他似乎忘記了正義與寬恕和愛的內在關係對社
會階級劃分的過分強調同樣危險的，是對民族主義或地方主義
的過分強調。（在第十六頁上竟說出香港，新加坡和日本「出
賣」亞洲之類不通的話！）

　　何光滬並指出：「不顧及整體的極端民族主義或極端地方主義對
於本民族本地區的危害，近年來在前蘇聯和前南斯拉夫的事態中已得
到了證明」。[4]事實上，黃彰輝、宋泉盛都是積極的「臺獨」分子，長
期參加所謂「臺灣自決運動」。他們的神學思想雖然多是在流亡海外
時提出的，但很快就影響到臺灣島內的「本土神學」。其中最有代表
性的當屬王憲治的「鄉土神學」、黃伯和的「出頭天神學」。

三　王憲治與「鄉土神學」

　　王憲治是臺灣聖公會神職人員，雖然聖公會是世界基督教新教一
大派別，但一九四九年遷臺的聖公會教勢始終不振。聖公會神職人員
的培養必須和臺灣長老會合作。王憲治就是在一九六○年代臺南神學
院接受神學訓練，一九七二年到美國聖公會的神學院深造。一九七五
年起，王憲治在臺南神學院任教，他完全認同長老會的「臺獨」立

4　何光滬：〈「本土神學」管窺〉，《道風》1995年第2期。

場。一九七八年王憲治完成東南亞神學研究院的博士課程。他雖然不是長老會信徒，但也參與臺灣的「黨外運動」。一九七九年王憲治和黃彰輝、彭明敏等人到美國國會聽證，為「臺獨」辯護。一九七九年「美麗島事件」後，王憲治擔任陳水扁、謝長廷等人的辯護律師。一九八〇年代末，王憲治受聘為民進黨中央的仲裁委員會委員。一九九三年，王憲治離開了臺南神學院，一度創辦過「臺灣神學文化研究院」，一九九六年病逝。

　　王憲治早年的神學代表作是《道德經之自然觀及其神學意義》，這是王憲治攻讀東南亞神學研究院的博士論文。在這篇論文中，王憲治以「自然觀」的角度，將道家老子《道德經》和基督教《聖經》進行全方面比較，這些比較在認識論、解釋學諸多方面突破了以往中國神學思想的局限，不失為一篇本色神學建構的力作。但在一九七〇年代末，王憲治的神學思想發生了重要轉向，他的神學起點不再放在基督教和中國文化之間關係，而試圖建立和鼓吹臺灣的「鄉土神學」。

　　「鄉土神學」要求神學反省與臺灣社會政治生活相結合。這固然是無非厚非的要求，但問題在於：「鄉土神學」又試圖在文化認知、身分認同上徹底切斷臺灣和中國大陸的文化臍帶。在王憲治等鄉土神學家的筆下，臺灣成了「亞細亞孤兒」或「歷劫佳人」。「這個『美麗島』三百多年來歷經了荷蘭、明朝遺臣鄭成功、清朝、日本及二次大戰後國民政府的統治。每一個統治的階段都是臺灣人民受壓迫的過程」；「二次大戰後，日本戰敗後放棄臺灣，『中日和約』中並未言明臺灣的地位誰屬，只是要求日本放棄臺灣的統治，唯一提及『臺灣應歸還中國』的聲明，則是在一九四三年蔣介石參加的四強開羅會議中所提出的宣言。但是在鄉土神學的分析中宣言並不等於國際條約，所以是沒有效力的。」

　　在切斷大陸和臺灣的文化淵源之後，王憲治提出了所謂「新的民族」。在他的「鄉土神學」眼中，祖國大陸成了「埃及」，臺灣則是上

帝應許的「迦南地」。而臺灣人就是要出「埃及」的「以色列人」（無
怪乎今日的「臺獨」分子會自認為「摩西」和「約書亞」——筆
者）。王憲治說：「臺灣民族在種族與文化之認同上，有別於中華民
族，是顯而易見的事實。」既然臺灣人是「新的民族」，因此「新而
獨立的國家」成了王憲治等人迫切追求的目標。至此，王憲治也完成
了其為「臺獨」服務的「鄉土神學」。

　　王憲治「鄉土神學」的歷史邏輯是非常荒謬的，姑且不論歷史上
臺灣自古以來就是中國的領土，即是王憲治口中推崇備治的「臺灣人
民」，也是在三百多年來中不斷移民而來的大陸同胞。王憲治苦心孤
詣地將帝國主義的侵略和中國人民收復臺灣領土的事件等同起來，虛
構一個從無何有之鄉而來的「臺灣人民」。這個「臺灣人民」的概念
根本無法自圓其說。但王憲治的神學在「臺獨分子」的眼中卻非常受
歡迎，被認為是臺灣本土神學的先聲。其後，臺南神學院黃伯和進一
步將王憲治「鄉土神學」發展，提出了所謂「出頭天神學」。

四　黃伯和與「出頭天神學」

　　黃伯和，一九五一年生於臺灣彰化縣。早年在臺南神學院就讀任
教。一九八二至一九八三年，黃伯和在美國紐約協和神學院進修神學
碩士，其後進修東南亞神學研究院神學博士學位課程，現任臺南神學
院系統神學教授，臺灣長老會研究發展中心主任。黃伯和的著述頗多，
先後有《孕育於文化的神學》（1986）；《旅向亞洲的神學》（1985）；
《宗教與自決：臺灣本土宣教初探》（1990）等。其代表作是《奔向
出頭天的子民：從臺灣俗語『出頭天』探討拯救的神學意義》（臺北
市：稻香出版社，1991年）。這篇著作是黃伯和在攻讀東南亞神學研究
院神學博士學位，在宋泉盛、王憲治和前臺南神學院院長蕭清芬的指
導下所作的博士論文。下文試就黃伯和的「出頭天神學」作一分析。

　　黃伯和「出頭天神學」以閩南俗語「出頭天」作為研究起點。黃伯和認為，民間「俗語」是反映民族「心性特質」，「乃是契合族群文化之傳統與心性特質的」。在肯定了民間俗語的神學意義之後，黃伯和找到了「出頭天」這個俗語。黃伯和分析了「出頭天」這個詞的語源，認為漢語普通話（所謂國語）中沒有「出頭天」一詞。「臺語俗語『出頭天』乃是源自原來閩南話的『出頭』一語，在臺灣經過轉型變義，而融入臺灣獨特經驗而形成的。即或不然，從資料顯示看，『出頭天』一辭的豐富意涵，及其因流傳廣泛而成為口習耳熟的俗語，是以臺灣為其發展的歷史舞臺殆無疑義」[5]。黃伯和所說的「資料」，是指杜嘉得編寫，巴克禮補編的《廈英大辭典》以及廈門大學中國語言文學研究所漢語方言研究室主編的普通話閩南方言詞典。黃伯和認為：閩南語中也有出頭一詞，但沒有「出頭天」的正式辭彙。「出頭天」這個詞是「臺語」所特有的。雖然廈門大學中國語言文學研究所漢語方言研究室的普通話閩南方言詞典已明確記載有「出頭天」一詞，並指出有「從困苦的環境中解脫出來」的意思[6]。但黃伯和卻強辯說：「『出頭』一詞的意涵發展出與『出頭天』同樣指『解放』、『脫困』的意思，乃是近年在共產革命後的中國閩南為推展普通話的需要。」

　　實際上，黃伯和想要說的是：「『出頭天』雖為閩南方言，然依辭典的記載，以及其意涵之發展觀之，其與臺灣經驗有特別密切的關係，若非形成於臺灣，則其豐富意涵必是以臺灣經驗為背景發展而成。」[7]黃伯和如此用心地證明「出頭天」是臺灣「本土文化」的產

5　黃伯和：《奔向出頭天的子民：從臺灣俗語「出頭天」探討拯救的神學意義》（臺北市：稻香出版社，1991年），頁29。

6　廈門大學中國語言文學研究所漢語研究室：《普通話閩南方言詞典》（福州市：福建人民出版社，1982年），頁108。

7　黃伯和：《奔向出頭天的子民：從臺灣俗語「出頭天」探討拯救的神學意義》，頁31。

物，而獨立於中國文化之外，是因為「出頭天」一直是島內外「臺獨分子」的「神主牌」。早在一九七二年，美國的「臺獨」分子就在紐約成立所謂「臺灣基督徒爭取自決協會」。這是臺灣基督教長老會的「臺獨」分子盜用臺灣基督教的名義，在海外進行分裂活動的組織。黃彰輝任主席。「臺灣基督徒爭取自決協會」下設有五個分支機構：加拿大「多倫多臺灣基督教會」、「芝加哥臺灣基督教會」、「紐約臺灣基督教會」、「舊金山臺灣基督教會」及「安雅堡臺灣基督教會」。該會出版季刊名稱即是《出頭天》（*Self-determination*）。[8]

　　黃伯和要證明這些「臺獨」分子「出頭天」的合理性，就必須在文化上切斷「出頭天」的大陸根源，將其變成臺灣文化的獨特產物，然後用神學理論將其神聖化。因此，黃伯和處理完「出頭天」的語源研究後，將「出頭天」和基督教的拯救觀相比附（關聯）：「無論舊約時代、新約時代甚或初期教會，拯救的觀念都有一條主線，那就是一個在邊緣的或受壓制的群體，掙扎脫穎而出的歷程」。因此，黃伯和認為：「縱使『拯救』意涵在聖經中因著不同使用實況而具含不同意義，就如『出頭天』俗語亦因使用背景不同而衍生不同意涵，但是這些不同所指的意涵卻仍圍繞著字義的本質──『擴展』、『釋放』而發展的。可見『拯救』與『出頭天』兩詞在字義的本質上是具有共通之處的……」[9]

　　最後，黃伯和在結論中說：

　　　　希望本論文所嘗試的以神學角度詮釋的「出頭天」瞭解，能有
　　　　助於辨識，見證臺灣歷史，文化所具含的拯救與盼望。同時，
　　　　藉文中所做的批判性反省，能激勵臺灣人民共同為臺灣的歷史

8　李桂玲：《臺港澳宗教概況》，頁184。
9　黃伯和：《奔向出頭天的子民：從臺灣俗語「出頭天」探討拯救的神學意義》，頁58。

及文化之去腐除弊而努力，以喚起臺灣人民更積極參於臺灣文化的改造運動，投身臺灣前途與命運的塑造。[10]

綜觀二戰後臺灣「本土神學」的三個代表人物，宋泉盛的「亞洲神學」、王憲治的「鄉土神學」以及黃伯和的「出頭天神學」。雖然他們的神學研究取向，思想深度各有不同，但都是圍繞臺灣所謂「自決」（self-determination），試圖用神學思想來證明他們推動的「臺獨運動」的「合理性」。故此，所謂「本土神學」是不折不扣的政治神學。它和它所服務的「臺獨運動」一樣，都是別有用心的。

首先，「本土神學」嚴重歪曲事實，漠視文化和歷史的真實。雖然神學是對歷史和現實的一種詮釋，但詮釋的過程必須尊重基本的歷史真實。但在臺灣「本土神學」中，王憲治將明末清初移民從大陸度過黑水溝到臺灣比附作以色列人出埃及過紅海到迦南，黃伯和則將「出頭天」這個閩南俗語劃為臺灣「本省人」的發明。這些都是從現實政治目的出發，歪曲基本歷史常識，妄圖完全割裂臺海兩岸的文化臍帶，將大陸人民（他們的祖先）等同於荷蘭、日本等外來殖民者。正如臺灣學者龐君華所說：即使在臺灣解嚴之後，「臺獨」勢力抬頭，但「把臺灣當作是一個與中國在文化上是完全分割的立場，在學術研究中是少有的。」[11]「本土神學」也成了當前臺灣島內「臺獨」分子搞「文化臺獨」的理論工具。

其次，「本土神學」突顯出少數臺灣人自閉排外的島民心態。這一點突出表現在他們對一九四九年後移居臺灣的外省移民的無端蔑視。在黃伯和的筆下，這些外省籍人士具有「波茨坦科長式的無知、

---

10 黃伯和：《奔向出頭天的子民：從臺灣俗語「出頭天」探討拯救的神學意義》，頁203。

11 龐君華：《處境神學的處境反省：戰後臺灣新教本土神學的建構與發展》（東南亞神學研究院香港分院，神學碩士論文，1999年〔未刊稿〕），頁78。

落後、貪污，與驕詐的文化性格」。而經過光復後幾十年外省人的統治，連「舊移民的臺灣人（指本省人）也在政治、社會腐化的影響下，逐漸學會了（或說強化）貪污，狡詐等惡習」[12]。這些話勿寧是在說一九四九年後移居臺灣的外省人士是文化性格上的劣等族群。黃伯和等人在這裡無端抹去了國民黨上層腐化官僚和廣大外省平民的區別，故意用國民黨當權者的作風作為標籤貼在整個外省移民和中國文化的身上。這樣做無非是要標榜「本省人」在文化性格上是優等族群。

再次，「本土神學」在神學理論上同樣有很大局限性。所謂「鄉土」、「出頭天」的神學建構主要是針對臺灣中閩南裔族群，其他族群（客家人、外省人、原住民）的感受和經驗都被排除在王憲治，黃伯和的神學視野之外。另外，王憲治、黃伯和等人將神學上有關「拯救」「上帝國」的超然性概念如此貼近地比附「出頭天」、「自決」這樣的現實政治性概念，實質上是將現實政治的主張取代基督教會一直強調的「對上帝國的期盼」，這些同樣引起許多教會人士的不安和爭議。再有，本土神學對傳統神學傳統（尤其是人的罪性）視若無睹，將「臺獨運動」神化，公然推崇「臺獨政治運動」。這根本上沒有神學對人性反省和批判的特點。

第二節　會通與轉化──「本色化神學」之分析

在臺灣，王憲治、黃伯和等人的「本土神學」建構並不是二戰後臺灣神學的唯一趨向。許多基督教人士脫離狹隘的「臺獨情結」，開創出「神學本色化」運動的新路向。所謂「本色化神學」就是按著某一群體的獨特處境，以其固有的思維方式去思考有關基督教信仰的

---

12 黃伯和：《奔向出頭天的子民：從臺灣俗語「出頭天」探討拯救的神學意義》，頁163。

事，並用其文化中的素材來將這些思想表達出來[13]。「本色化神學」源自二十世紀中國大陸的基督教界，照燕京大學教授劉庭芳的說法，是「中華信徒接受了這些舶來禮物，必須自己去從混雜的結合品中，把基本要素提出來，與自己的民族與國家的歷史與經驗，憑著神的指導，重新配合，成為中華本色的基督教教義才能算自己的教義。教會的典章、儀節、禮儀、組織，都是一樣。」[14]「本色化運動」[15]是對二十世紀二〇年代興起的非基運動的響應，試圖走出一條溶入中國文化的基督教，二戰後的臺灣基督教界承繼了這一運動的方向。

　　二戰後，臺灣基督教延續了祖國大陸基督教本色化運動，繼續致力於基督教和中國文化的溝通。因為「中央研究院」近代史研究所呂實強說：「基督教與中國文化吵架已吵了一百多年，但卻從來沒有見過面。」換言之，呂實強認為：基督教之所以在中國滯礙難行，是因為從沒有和中國文化有真正的溝通。有鑑於此，臺灣一些神學家試圖和中國文化（尤其是儒家思想）有真正的「會通」。在這場「會通」運動中，一九八〇年代初周聯華和蔡仁厚兩人的辯論尤其值得注意。

一　基督宗教中國化？還是中國基督化

　　蔡仁厚，早年畢業於廣州大學，任臺灣東海大學哲學系主任。他是臺灣新儒家的代表人物，專攻儒家哲學、中哲史、宋明理學，著有：《孔孟荀哲學》、《宋明理學》、《儒家心性之學論要》、《新儒家的精神方向》、《中國哲學史大綱》、《中國哲學的反省與新生》、《牟宗三學思年譜》、《孔子的生命境界》等書。一九八〇年元旦，蔡仁厚在臺

13　Charles C. Ryrie, "Basic Theology," Weaton, Victor Books, 1986, pp. 9-10.

14　林榮洪編：《近代華人神學文獻》（香港：中國神學研究院，1986年），頁625。

15　參見張西平、卓新平主編：《本色之探：20世紀中國基督教文化學術論集》，北京市：中國廣播出版社，1999年。

灣輔仁大學主辦的「國際哲學會議」上宣讀一篇題為《儒家精神與道德宗教》的論文。論文中對基督教入華以來在「本色化」運動提出了六點疑問：

一、人人皆可以成為基督嗎？

「儒家可以說人皆可以為堯舜，佛教說人皆可以成佛，道家也可以說人人可以成為真人。這幾句話，都是以他們全部的教義作根據的。」「如果依據基督教義，不可以直接地說『人皆可以為基督』，只能說人人跟隨基督，這就表示它與儒釋道三教之關，有著重要的差異性。」

二、耶穌是人，還是神？是「神而人」？還是「人而神」？

三、除了接受耶穌作救主，人還有沒有自我救贖的可能」？

四、在宗教會通的立場上，是耶穌獨尊呢？還是與孔子、釋迦……同尊？

五、非基督宗教，是否只具有接觸基督福音的那種「合法」的地位，而最後由於完成了預備階段的使命，就必須讓位？還是非基督宗教也同樣有它永恆的獨立的地位。

六、在宗教的會通上，是基督宗教中國化？還是中國基督化？[16]蔡仁厚認為「在中國，對宗教開放，乃是一個長遠的歷史事實。但開放是開放宗教信仰，不干涉百姓信仰的自由，而並不表示中華民族願意為外來的宗教所化！因此，我們屢次說到，外來的宗教傳入中國，必須尊重儒家在中國文化中的主位性，而不可喧賓奪主。」[17]

---

16 蔡仁厚、周聯華、梁燕城合著：《會通與轉化：基督教與新儒家的對話》，臺北市：宇宙光雜誌社，1985年。

17 蔡仁厚、周聯華、梁燕城合著：《會通與轉化：基督教與新儒家的對話》。

　　蔡仁厚的論文點出了基督教和儒家思想之間的根本分歧。其中第一、二、三、四個問題，是在探討基督教和儒、佛、道諸教在修養功夫，成聖途徑上的根本差異。而第五個問題是批評基督教會在對待其他宗教文化時，或明或暗的擺出「唯我獨尊」的姿態。第六個問題實際上前面五個問題的總結，也是蔡仁厚的根本觀點——「外來的宗教傳入中國，必須尊重儒家在中國文化中的主位性，而不可喧賓奪主」。總而言之，作為新儒家的代表，蔡仁厚以中國傳統文化（道統）的繼承者自居，認為基督教必須融入中國文化，而非中國文化基督教化。蔡仁厚的論文在學術界引起了很大反響。臺灣《哲學與文化月刊》、《鵝湖》、《中國文化月刊》等刊物紛紛發表了這篇論文，傅偉勳等著名哲學家都表示支持。宇宙光雜誌社的林治平遂請周聯華牧師在一九八二年的《宇宙光雜誌》發表〈新儒家與基督教的對話〉一文逐條響應蔡仁厚的質疑。

二　「普世性」和「民族性」

　　在修養功夫和成聖途徑上。周聯華提出，不僅人人皆可成堯舜，而且人人皆可以成基督。關於耶穌神性與人性的爭議，周認為：「耶穌是亦神亦人」，「基督徒認為耶穌的『人而神』僅是信仰的一半，另一半是耶穌的『神而人』。我們並不認為『人而神』和『神而人』兩者之間，只能採取其一，而是兩者可以兼得的。至於『人人可以成為基督』不必以耶穌的『人而神』為前提。」蔡仁厚提出在成聖的道路上，「人人都需要上帝的救恩嗎？」這個問題實質上是：人是否有自我救贖的可能。因為基督教一直強調只有信仰基督，才能得救。周聯華沒有直接回答這個問題，而是首先介紹了基督教內部對救贖方式的差異，最後指出：「人能不能自救的問題，基督信徒的答案是否定的」。周聯華的理據是從基督教的原罪論出發，來否定人有自我救贖的可能。

　　針對蔡仁厚對基督教「唯我獨尊」態度的批評。周聯華的響應是
「拜耶穌，尊孔子，敬祖宗」。周明確指出，耶穌是神，須拜；孔子
是人，只可以尊。「非基督宗教有沒有永恆獨立的地位？有，當然
有，它們可以永遠獨立。至少以我來講，我現在沒有併吞它們的雄
心，相信將來也沒有。」周聯華還指出：儒家思想不是中國思想的全
部，「今日的中國人還有其他因素」。[18]

　　最後，周聯華響應了蔡仁厚有關「中國基督教化，抑基督教中國
化」的問題，周聯華提出了幾個立場：（一）「中國」不能「基督教
化」，因為周聯華認為國和教是兩個不同概念，基督教不是宗教，而
是信仰；（二）中國「人」可以「基督」化。周聯華坦承這是他所盼
望和努力的方向；（三）基督教不能中國化。中國基督徒沒有資格使
「基督教中國化」，因為基督教是屬於中國人的，但它也屬於世界其
他國家的。基督教有它的普世性。

　　周聯華指出「神學的本色化是基於兩個基本信念：（一）我們的
上帝是普天下人的上帝，祂不單是以色列人的上帝，也是希臘人的上
帝、日耳曼人的上帝、維京人的上帝，亦是中國人的上帝、日本人的
上帝，各方各族人的上帝；（二）各地的文化雖各異，但每一個文化都
有其合乎神的心意的、美善的東西，也有受罪的影響而變質的東西。
因此，我們可以透過各地本有的文化去認識同一位上帝，又由同一的
信仰去淨化我們的文化。」

　　周聯華繼承了二十世紀初年華人神學家在建立本色化神學方面的
貢獻，但他也在二十世紀初早期華人神學家的本色化神學中「許多文
章屬於『我們也有』的類型，例如耶穌講『愛』，我們即刻想到『我
們也有』，孔子曾講『仁』，於是以『仁』來解釋『愛』。這多少有些
『削足適履』之嫌。另一些文章是比較性的，例如比較孟子的義和保

---

18 蔡仁厚、周聯華、梁燕城合著：《會通與轉化：基督教與新儒家的對話》。

羅的義等題目的研究。這就是所謂瞭解神學和瞭解本地了」。周聯華
認為「這些僅是本地神學的準備工作，我們需要的是『融會貫通』」。
在周聯華看來，從事本色化神學的人「最難的一個字是『忠』字。
『我』要忠於自己，不能見人說人話，見鬼說鬼話，不能欺騙，不能
為了達到效果，任意適應遷就」。歸根結柢，周聯華相信，本色化神
學是「中國人易於基督化的一種方法或手段，不僅是『求適應，溝
通，以期與各個國家的文化傳統相會通相融合』，並且也是基督徒在
所傳揚福音的那個國家裡的生死存亡的關鍵。」

　　從神學理論的角度來看，周聯華在「匯通與轉會」的討論中，堅
持了基督教信仰的「普世性」和「民族性」的結合，反對「任意適應
遷就」，顯得持平合理。而宋泉盛等人的「出頭天神學」刻意追求所謂
「鄉土意識」，抹殺中國文化在建構神學的地位，顯得牽強附會。周
聯華在「匯通與轉化」的討論中一方面堅持基督教的普世性，另一方
面強調基督教與中國文化（尤其儒家）的對話，神學立論平和中正。
不過，周聯華本人接受的是美國南方浸信會神學訓練。他在建立本色
化神學的過程中，只是將其視為「方法或手段」，對話的態度雖然親
切，但立場依然強硬；而且正如周聯華自己所說儒家早已不是中國人
全部想法，儒家思想自然也不應該是基督教和中國文化對談的唯一對
手，諸如道家，民間信仰等中國普化宗教（diffused religion）的思想
同樣是基督教建構本色神學的重要因素。但周聯華對此甚少談論。

　　從二十世紀初中國基督教強調的本色化（Indeginization）到二十
世紀末開始港臺教會強調的「關聯化」（Contextulization），都是對十
九世紀開始以歐美地區為中心的基督教海外宣教運動的反思與批判。
這種反思一直延續到今日，深刻影響著亞非地區基督教神學思想的發
展。臺灣地區自然也不能例外。問題是：以臺南神學院為中心的臺灣
「鄉土神學」、「出頭天神學」建基在臺灣少數人的政治訴求之上，有
的是黨同伐異，談不上客觀公正的文化反省，更說不上自我批判的意

識。這些神學之所以大行其道，一方面是服務於島內「臺獨勢力」的現實政治鬥爭，另一方面也迎合了當代某些西方人的神學趣味。而周聯華等人在耶儒對話中試圖調適基督教與中國文化的關係，為基督教在中國文化中建立自己的位置。從《會通與轉化》一書中，我們可以清楚地看到這一點。周聯華的本色化神學延續了二十世紀中國早期神學家趙紫宸、吳雷川和徐寶謙等人的努力，但對話仍然是圍繞著儒家思想的幾個議題。從近百年來的實踐來看，建立中國本色化神學必須進行新的探討。

縱觀臺灣基督教在戰後發展的四個時期，無論是五、六○年代的迅速增長期，七○年代的停滯期，抑或八十年代之後的緩慢發展期，人們會發現：臺灣基督教的發展與島內社會政治經濟的整體變化有著密切關係。比如，衛理公會就因一九七○年代中美關係的改變，美國衛理公會突然撤離，而受到沉重打擊。臺灣長老會的政治態度也是隨著島內「臺獨勢力」的發展而不斷變化著。

當然，臺灣基督教只是臺灣宗教界的一小部分。臺灣基督教學者林治平自己也承認：「直至今日，基督教在臺灣越來越成為一個弱勢團體。大體言之，臺灣基督徒人口只占總人口的百分之二，約四十萬人左右，而經常到教會作禮拜的人大概只有百分之一，約二十萬人左右⋯⋯」[19] 不過，和釋、道兩教、民間信仰等中國本土宗教形態不同，基督教雖然人數較少，但組織比較嚴密，國際聯繫密切，運作能力遠遠超過一般宗教。

總體而言，西方差會勢力基本上已撤出了我國臺灣地區的直接宣教工作。根據史文森的統計：在一九八一年，只有百分之八的臺灣教會由西方差會全權管理，其餘的臺灣教會都已獨立運作[20]。除了部分

19 林治平：〈從撒種的比喻論福音在臺灣的傳播〉，林治平：《基督教與臺灣》，頁439。
20 史文森著，盧樹珠譯：《臺灣教會面面觀——1980的回顧與前瞻》，頁64。

的獨立教派（如聚會所、真耶穌會及新約教會）外，大部分臺灣教會
在社會上都有一定的影響力。尤其是臺灣長老會，這個宗派的政治態
度，神學觀點雖不是臺灣當前基督教的主流，但其教友人數較多，
「臺獨」思想根深柢固，對兩岸問題上往往流於泛政治化的考慮。而
浸信會、衛理公會等國語主流派教會的政治立場溫和，在兩岸人員交
流，學術研討的活動中顯得較為積極主動。因此，我們必須對臺灣基
督教的發展加以密切注意。

後記

　　本書為國家社科基金規畫項目，本人是項目負責人。在本書編寫過程中，根據課題申報提出的要求擬出編寫大綱，分別指導研究生李穎、徐生忠、翁偉志就相關專題撰寫碩士論文，有李穎《清季臺灣教案研究》、徐生忠《荷據時期基督教在臺灣的傳播及其影響》、翁偉志《日據時期臺灣基督教研究》及朱峰《戰後臺灣基督教》等。後在統編過程中，對這些論文作了修改。

　　本書各章節執筆分工如下：

　　　　林金水：代前言
　　　　徐生忠、李　穎、：第一、二章
　　　　李　穎：第三、四、五、六、七章，參考文獻，附錄一、二
　　　　翁偉志：第八、九、十、十一章
　　　　朱　峰：第十二、十三、十四章

　　在全書統纂定稿的過程中，李穎協助主編做了大量的工作，特此致謝！

　　主編為福建師大閩臺區域研究中心兼職研究員，該書在撰寫過程中得到福建師大閩臺區域研究中心的支持和幫助。最後向臺灣萬卷樓圖書公司負責人和編輯表示感謝，使本書能得以付梓問世。

林金水於金橋花園

二〇二一年十一月二十五日

參考文獻

中文

《臺灣社會經濟史全集》

《臺灣教會公報》

臺灣文獻叢刊若干種

中國方志叢書臺灣地區若干種

中央研究院近代史研究所編印　《教務教案檔》

中國近代史資料叢刊續編　《清末教案》　中華書局

中國科學院歷史研究所第三所編　《近代史資料》

故宮博物館　《籌辦夷務始末》（咸豐、同治、光緒）　故宮博物院
　　　　影印本

北京故宮博物館　《清季教案史料》　北京博物院鉛印本

連　橫　《臺灣通史》　臺北市　臺灣商務印書館　1983年版

D.G.E著　中山大學東南亞歷史研究所譯　《東南亞史》　北京市
　　　　商務印書館　1982年

馬克思韋伯著　于曉、陳維綱譯　《新教倫理與資本主義精神》　上
　　　　海市　上海三聯出版社　1987年

薩努西·巴尼著　吳世璜譯　《印度尼西亞史》　商務印書館　1962年

Fr Pable Fernandenz 著　黃德寬譯　《天主教在臺開教記》

宓克著、嚴復譯　《支那教案論》　南洋公學譯書鉛印本

戚加林　《臺灣史》　臺北市　自立晚報社　1991年

廈門大學鄭成功歷史調查研究組編　《鄭成功收復臺灣史料選編》
　　　　福州市　福建人民出版社　1982年

福建師範大學歷史系鄭成功史料編輯組編　《鄭成功史料選編》　福
　　　州市　福建教育出版社　1982年

施聯朱　《臺灣史略》　福州市　福建人民出版社　1980年

楊彥傑　《荷據時代臺灣史》　南昌市　江西人民出版社　1992年

臺灣省文獻委員會編印　《臺灣省通志》、《重修臺灣省通志》、《臺灣
　　　省通志稿》

徐謙信　《荷蘭時代臺灣基督教史》（前篇）　臺北市　臺灣教會公
　　　報社　1965年

薛光前、朱建民主編　《近代的臺灣》　臺北市　正中書局　1972年

林治平主編　《近代中國與基督教論文集》　臺北市　宇宙光出版社
　　　1985年

林治平主編　《基督教與臺灣》　臺北市　宇宙光出版社　1996年

林治平主編　《基督教與中國本色化國際學術研討會論文集》　臺北
　　　市　1990年

刑福增　《文化適應與中國基督徒：一八六○至一九一一年》　香港
　　　建道神學院　1995年

莊明水　《臺灣教育簡史》　福州市　福建教育出版社　1994年

錢玏主編　《基督教與少數民族社會文化變遷》　昆明市　雲南大學
　　　出版社　1998年

林再復　《閩南人》　臺北市　三民書局　1985年

王啟宗　《臺灣的書院》　臺灣「行政院」文化建設委員會　1987年

楊碧川　《簡明臺灣史》　臺北縣　第一出版社　1987年

陳碧笙　《臺灣地方史》　北京市　中國社會科學出版社　1982年

顧長聲　《傳教士與近代中國》　上海市　上海人民出版社　1981年

張力、劉鑒唐　《中國教案史》成都市　四川省社會科學院出版社
　　　1982年

陳孔立　《清代臺灣移民社會研究》　廈門市　廈門大學出版社
　　　1990年

陳孔立　《臺灣歷史綱要》　北京市　九洲圖書出版社　1996年

林仁川　《大陸與臺灣的歷史淵源》　上海市　文匯出版社　1991年

林仁川、黃福才　《閩臺文化交融史》　福州市　福建教育出版社　1994年

顧衛民　《基督教與近代中國社會》　上海市　上海人民出版社　1996年

楊天宏　《基督教與近代中國》　成都市　四川人民出版社　1994年

高賢治　《臺灣三百年史》　臺北縣　眾文圖書公司　1978年

陳銀昆　《清季民教衝突的量化分析》　臺北市　臺灣商務印書館　1991年

郭廷以　《臺灣史事概說》　正中書局　1975年

李志剛　《基督教早期在華傳教史》　商務印書館　1985年

楊富森　《中國基督教史》　商務印書館　1968年

秦家懿、孔漢思　《中國宗教與基督教》　香港　三聯書店有限公司　1989年

曹永和　《臺灣早期歷史研究》　聯經出版事業公司　1981年

山崎繁樹、野上矯介　《1600-1930年臺灣史》　臺北市　武陵出版公司　1988年

《中國近代現代史論集》　臺北市　臺灣商務印書館　1985年

林文慧　《清季福建教案之研究》　臺北市　臺灣商務印書館　1989年

臺灣基督長老教會總會歷史委員會編　《臺灣基督長老教會百年史》　基督教在臺宣教百周年紀念叢書委員會出版　1965年

唐逸主編　《基督教史》　北京市　中國社會科學出版社　1993年

《簡明基督教百科全書》　上海市　中國大百科全書出版社上海分社　1992年

郭和烈　《宣教量偕叡理牧師傳》　臺灣宣道社　1971年

《中國基督教史研究書目——中日文專著與論文目錄》　臺北市　中華福音神學院出版社　1981年

《閩臺區域文化研究》　北京市　中國社會科學出版社　二○○○年

陳玲蓉　《日據時期神道統治下的臺灣宗教政策》　臺北市　自立晚
　　　報社文化出版社　1992年

黃昭堂著　黃英哲譯　《臺灣總督府》　臺北市　自由時代出版社
　　　1989年

臺灣教會公報周刊　《臺灣古早教會巡禮》　臺南市　人光出版社
　　　1997年

黃武東　《黃武東回憶錄──臺灣長老教會發民展史》　臺北市　前
　　　衛出版社　1988年

沙百里著　耿昇、鄭德弟譯　《中國基督徒史》　北京市　中國社會
　　　科學出版社　1998年

張炎憲編　《臺灣近代名人志》　臺北市　自立晚報　1987年

吳文星　《日據時期臺灣社會領導階層之研究》　臺北市　正中書局
　　　1992年

臺灣省行政長官公署統計室編　《臺灣省五十一年來統計提要》　臺
　　　北市　1946年

陳南州　《臺灣基督長老教會的社會、政治倫理》　臺北市　永望文
　　　化事業公司　1991年

李桂玲編著　《臺港澳宗教概況》　北京市　東方出版社　1996年

蘇南洲主編　《基督教與二二八》　臺北市　雅歌出版社　1993年

史文森著　盧權珠譯　《臺灣教會面面觀：1980的回顧與前瞻》　臺
　　　灣教會增長促進會　1981年

周聯華　《周聯華牧師回憶錄》　臺北市　聯合文學出版社　1994年

世界華人福音事工聯絡中心　《當代華人教會》　香港基道書樓
　　　1986年

龐君華　《處境神學的處境反省：戰後臺灣新教本土神學的建構與發
　　　展》　東南亞神學研究院神學碩士論文　1999年（未刊稿）

國際佛學研究中心　靈鷲山般若文教基金會主編　《兩岸宗教現況與
　　　展望》　臺北市　臺灣學生書局　1992年

黃伯和　《宗教與自決──臺灣本土宣教初探》　臺北縣　稻鄉出版
　　　社　1990年

宋光宇　《宗教與社會》　臺北市　東大圖書公司　1995年

林本炫　《臺灣的政教衝突》　臺北縣　稻鄉出版社　1990年

周聯華　《周聯華回憶錄》　臺北市　聯經出版社　1994年

李達編　《臺灣宗教勢力》　香港廣角鏡出版社　1988年

張俊雄　《照亮黑暗歷史的路》　《臺灣基督長老會與美麗島事件》
　　　（網路版）

臺灣基督長老教會總會信息網　《臺灣基督長老教總會2001年國際研
　　　討會總結報告》（網路版）

中華基督教浸信會聯會　《會員教會及所屬布道所1999年度人數統
　　　計》（網路版）

世界華人福音事工聯絡中心編著　《當代華人教會》

中華基督教浸信會聯會　《浸信會沿革》（網路版）

徐松石編　《華人浸信會史錄》（第三輯：臺灣地區）　香港　浸信
　　　會出版部　1971年

中華基督教浸信會聯會　《聯會相關規章》（網路版）1999年3月14日

蘇南洲　《基督教與二二八》　臺北市　基文社　1993年第2版

周聯華　《宗派的形成、功過與未來》

瞿海源　〈人格、刻板印象與教會的復振過程〉　《臺灣宗教變遷的
　　　社會分析》　臺北市　桂冠圖書公司　1997年

韋伯（Max Weber）著　劉援、王予文譯　《宗教社會學》　臺北市
　　　桂冠圖書公司　1993年

王成勉　《臺灣基督教大學教育的檢討》　臺北市　雅歌出版社
　　　1995年

林治平　《中原大學實施全人教育之理念與實踐之研究》　臺北市
　　　雅歌出版社　1995年

周聯華等　《基督教大學的角色與任務》　臺北市　雅歌出版社
　　　1995年

《二十一世紀亞洲基督教大學面對的挑戰──香港中文大學崇基學院
　　　五十周年校慶國際學術研討會》　2001年5月9-11日

Millard J. Erickson　黃漢森譯　《神學探討入門：神學是什麼》　香
　　　港　種籽出版社　1982年

黃伯和　《奔向出頭天的子民：從臺灣俗語「出頭天」探討拯救的神
　　　學意義》　臺北縣　稻香出版社　1991年

廈門大學中國語言文學研究所漢語研究室　《普通話閩南方言詞典》
　　　福建人民出版社　1982年

林榮洪編　《近代華人神學文獻》　香港　中國神學研究院　1986年

張西平　卓新平主編　《本色之探：二十世紀中國基督教文化學術論
　　　集》　北京市　中國廣播出社　1999年

蔡仁厚、周聯華、梁燕城合著　《會通與轉化：基督教與新儒家的對
　　　話》　臺北市　宇宙光雜誌社　1985年

《中華基督教衛理公會簡史》　中華基督教衛理公會全球信息網
　　　www.Methodist.org.twdatabase.ccea.org.tw/statics/1999/28.htm

《一九九九年臺灣教勢統計資料和研究》　摘自www.database.ccea.org.
　　　tw/1999收集者：朱三才

王崇堯　《世紀末日情結類型的神學思考》　www.ttcs.org.tw/church/
　　　25.2/02.htm

錫安山全球信息網 home.zion.org.tw/zion/chinese

www.CosmicCare.org 2001年

日文

幸田春義　《臺灣統治史》　大正十三年

丸井圭治郎　《臺灣宗教調查報告書》第一卷　大正八年

竹越與三郎　《臺灣統治志》　一九〇五年　東京市

村上玉吉　《南部臺灣志》　臺南共榮會發行　昭和九年

井出季和太　《臺灣治績志》　臺北　一九三七年

《南進臺灣史考》　東京市　一九四三年

山本秀煌　《日本基督教會史》　東京市　日本基督教會事務所　昭
　　和四年

臺灣總督府編　《臺灣事情》　大正五年至昭和十八年

〔日〕村上直次郎譯、〔日〕中村孝志校注　《巴達維亞城日記》
　　東京市　平凡社　一九七五年

英文

The Chinese Recorder, Published at Foochow in 1867 as *"The Missionaty
　　Recorder."* at Foochow in 1868-1872 as *"The Chinese Recorder
　　and Missionary journal."* and at Shanghai, 1874 et seq. Beginning
　　About 1911 the name was shortened to *"The Chinese Recorder."*

Armstrong, Robert Cornell, *The Christian Movement in Japan Korea and
　　Formosa, A year book of Christian Work, Japan,* Published by
　　the Federation of Christian Missions

Edward Band, *Working His Purpose Out, The History of the English
　　Presbytreian Mission 1847-1947,* London, Cheng-Wen Reprint

Edward Band, *Sketches From Formosa,* London, Edinburgh, New York,
　　Cheng-Wen Publishing Company, Taipei, 1972

Bays, Daniel H., *Christanity in China,* Stanford, California, 1996

Broomhall, Marshall, *The Chinese Empire,* London

Campbell, W., *An Account of Missionary Success in the Island of Formosa,* London, 1889

Campbell, W., *Formosa Under the Dutch,* Reprinted by Cheng-Wen Publishing Company, Taipei, 1972

Cohen, Paul. A., China And Christianity, The Missionary Movement and the Growth of Chinese Antiforeignism, 1860-1870, Cambridge Mass, 1963

Davidson, J. W., *The Island of Formosa,* Toronto, 1923, Department of Asia and Middle Eastern Studies, University of Pennsylvania, 1999

Carrington, George Williams, *Foreigners in Formosa,* San Francisco, 1978

Hamish, Ion. A., *The Cross in the Dark Valley, The Canadian Protestant Missionary Movement in the Japanese Empire 1931-1945*, Canada, Wolfrid Laurier University Press, 1999

Johnston, Jas., *China and Formosa, The Story of the Mission of the Presbytreian Church of England*, London, 1897

Latourette, K. S., *A History of Christian Missions in China,* New York, 1929

Lin, Christine Louise, *Sino-Platonic Papers, The Presbyteian Church in Taiwan and the Advocacy of Local Autonomy,* Mackay, G. L., *From Far Formosa,* New York/Chicago/Toronto, 1895

Duncan Macleod, *The Island Beautiful, The Story of Fifty Years in North Formosa,* Toronto, 1923

Matheson, Donald, ESQ, *Narrative of the Mission to China of the English Presbyteian Church,* London, 1866

Moody, C. N., *The Saints of Formosa, The Heathen Heat, An Account of* the reception of the Gospel Among the Chinese of Formosa, Edinburgh and London, 1907

Pickeving, W. A., *Pineering in Formosa,* London, 1898

Princely Men in the Heavenly Kingdom

Ryrie, Charles C., *Basic Theology, Weaton, Victor Books, 1986*

Hollington K. Tong, *Christianity on Taiwan: A History,* Taipei, China Posy, 1961

Wong, Chong-Gyiau, *The Emergence of Political Statements And Political Theology in The History of the Taiwanese Prebyterian Church,* Boston University School of Theology Dissertation, 1992

附錄

附錄一
臺灣基督教大事記

一六二四年
荷蘭傳教士米歇爾·塞多瑞抵臺。

一六二五年
七月，荷蘭傳教士羅瑞茲抵臺。

一六二七年
五月四日，荷蘭第一任傳教士喬治·干治士抵臺。

一六二八年
干治士用拉丁字母拼寫新港語，編輯了一本新港語詞典。
聖誕節，新港社已有一一〇人無論男女老少都能背誦祈禱文。

一六二九年
干治士出版《臺灣略說》。
荷蘭第二位傳教士羅伯特·尤紐斯抵臺。

一六三一年
三月，干治士在新港社為中國第一批五十名新教信徒舉行洗禮。
干治士被召回巴達維亞。

一六三三年
一月，新港社全部村民開始信仰耶穌上帝。
干治士第二次抵臺。

一六三四年

干治士與尤紐斯提出訓練原住民充任傳教士，遭到東印度公司的拒絕。

　　新港社共有七百多人接受洗禮。

十一月，尤紐斯隨荷蘭軍隊討伐南部各社。

一六三六年

二月，在新港舉行了為期三天的有二十八個村社參加的南北諸番社歸

　　順典禮。

　　尤紐斯到北部蕭壟、麻豆、目加溜灣傳教

四月，對南部的放索社進行考察。

五月，尤紐斯到大目降為當地信徒舉行首次安息日。

　　尤紐斯在新港社開辦的一所培養本地傳教士的男、女學校開學。

十二月，目加溜灣社民全部拋棄偶像，並修建教堂與牧師宿舍。

一六三七年

四月，利未士牧師、林禮文牧師抵臺。

十月，干治士第二次離臺。

十一月，尤紐斯與利未士在麻豆、蕭壟主持偶像拋棄典禮。

一六三八年

放索基督教學校開學。

一六四一年

尤紐斯離臺到巴達維亞接受詢問，並於同年返臺。

一六四二年

尤紐斯回國，范布倫牧師抵臺大員、蕭壟兩地建立教會會議。

一六四三年

哈約翰牧師抵臺。

一六四六年
哈約翰牧師病逝。

一六四七年
哥拉維斯牧師、瓦提烈牧師抵臺。

十月，大員、蕭壠兩地教會聯合會議開幕。

一六四八年
漢布魯克牧師抵臺。

一六五一年
格拉維斯貪污事件。

哥拉維斯牧師、瓦提烈牧師離臺。

一六五五年
五名荷蘭傳教士抵臺，成為荷蘭在臺傳教士最多的一年。

一六五七年
麻豆傳教士培訓學院成立。

一六六一年
漢布魯克牧師被處死。

一六六二年
鄭成功收復臺灣，荷蘭傳教工作在臺終結。

一八六〇年
英國長老會杜嘉德牧師、馬肯查牧師到淡水、艋舺考察。

一八六四年
英國第一任傳教士馬雅各醫生抵達臺南調查。

一八六五年

馬雅各醫生正式來臺傳教。

六月十六日，馬雅各醫生在臺灣府城西門外的看西街租屋設教，被定
　　　為長老會在臺灣開教的紀念日。

　　　馬雅各醫生被當地民眾趕往打狗。

十一月，馬雅各醫生在必麒麟陪同下前往岡子林平埔族遊歷。

一八六六年

六月，在旗後建立第一座禮拜堂。

八月，宣牧師為四名信徒施洗，並舉行聖餐儀式，這是近代第一次聖
　　　餐儀式。

一八六七年

馬雅各醫生在埤頭禮建立拜堂。

年底，李麻牧師夫婦來臺。

一八六八年

樟腦糾紛案。

一八六九年

六月，第一批七名臺南府信徒接受洗禮。

一八七○年

李麻牧師在拔馬建堂，馬雅各醫生在木柵建堂。

八月，李麻為六十二名平埔族信徒施洗。

一八七一年

二月，德馬太醫生來臺。

九月，馬雅各醫生、李麻牧師到大社、內社、埔里等社訪問。

十一月，馬雅各醫生回國休假，甘為霖牧師抵臺。

十二月，北部第一位加拿大長老會傳教士馬偕牧師來臺。

一八七二年
三月，在李庥牧師、德馬太醫生的陪同下前往北部考察。

三月九日，馬偕牧師、李庥牧師一行抵達淡水，被定為北部教會開教
　　　紀念日。

八月，在五股坑建立北部第一所基督教堂。

一八七三年
甘為霖牧師到臺灣北部加拿大長老會傳教區域進行訪問。

馬偕牧師在北部為第一批四名信徒施洗。

一八七四年
第一次長執會議在打狗召開。

甘為霖牧師成功征服了嘉義城。

馬偕牧師在新港建立禮拜堂。

一八七五年
打狗傳教士養成班成立。

第二次長執會議在臺灣府召開。

加拿大長老會傳教士華雅各醫生來臺。

新店教案。

一八七六年
臺南神學校成立。

南北教會及教職與任職者協議會召開。

三重埔教案。

一八七七年
臺南教士會成立。

馬偕牧師征服艋舺，並與張聰明結婚。

一八七八年
甘為霖牧師再次北上加拿大長老會傳教區域進行訪問。

一八八〇年
臺南府人民阻礙英國長老會建立女學堂。

一八八一年
巴克禮牧師往臺灣東海岸傳教。

一八八二年
第四次長執會議在臺灣府召開。
臺灣北部理學堂大書院落成。

一八八四年
一月，北部女學堂落。

一八八五年
六月，臺南利崙教案。
九月，臺灣南部基督教中學開學。

一八八六年
甘為霖牧師與高掌向澎湖、彰化傳教。

一八八七年
南部基督教女子學校開學。

一八九一年
甘為霖創南部盲人學校。

一八九五年

五月十四日，臺南發生「麻豆慘案」有信徒十五名被殺。

九月，日本的基督教會首次派出三名慰問使節來臺。

十月，巴克禮牧師等人引日軍進入臺南城。

　　　梅監霧、廉德烈、蘭大衛三位牧師受英國母會的派遣來到臺灣，對日後南部的發展作出了重要貢獻。

一八九六年

日本聖公會傳入臺灣。

二月二十四日，南部首屆中會在臺南新樓中學成立。

一八九八年

四月，南部中會首次冊立了兩位本地牧師。

一八九九年

一月十二日，英國母會外國宣道會長 Rev. Alex. Conell, M.A., B.D 代表英母會大會來臺訪問。

一九〇一年

六月二日，北部開教先驅馬偕牧師逝世。

一九〇四年

一月，臺南市之教會人士發起一個創辦英和學院（Anglo-Japanese College）的運動，並提出請願書到教士會，未被通過。

十月十四日，北部中會在淡水牛津學堂成立，同時傳教士們也成立了「教士會」。

一九〇五年

五月，一八八五年創辦的《臺灣府城教會報》易名為《臺南教會報》，並在同年七月間獲得臺灣總督府之發行許可證。

一九一〇年

南北中會確定界線：北部教會自花蓮以南，南部教會自觀音山以北，
　　各自傳到的地方相接為界；臺灣西海岸以自大甲溪口至校栗埔直
　　入東溪為界線。

一九一二年

十二月二十四日，臺灣大會成立大會在彰化西門街禮拜堂舉行。該會
　　的成立對臺灣長老會的發展起了巨大的作用。

十二月二十六日，新建的馬偕紀念醫院在臺北雙連落成典禮，北部的
　　傳教中心開始由淡水遷往臺北，此後臺北神學校也由淡水遷來
　　臺北。

一九一三年

巴克禮牧師受英國聖經公會委託，在廈門改譯廈門羅馬字新約聖經。
一九一四年結束，一九一六年第一版發行。

北部中會決定創設「財團法人」，並於一九一六年七月獲總督府認可。

一九一四年

日本哈里斯特正教會（即希臘正教會）傳入臺灣。

四月四日，北部教會成立淡水中學。

一九一五年

由於「噍吧事件」的影響，有二十二名教徒被捕，其中死刑七名，無
　　期徒刑十二名，釋放三名。

一九一六年

四月，甘為霖牧師受臺灣總督府民政長官邀請，連續四夜向政府官員
　　與紳士演講。

一九一七年

三月十日，南部中會決定創設「財團法人」，並於一九一九年三月二
　　十六日獲得通過。

一九一八年

十二月，巴克禮牧師被英國聖經公會任命為該會榮譽終身總裁。

一九二一年

三月六日，南部的開教先驅馬雅各醫生在英國去逝。

九月九日，甘為霖牧師在英國去逝。

一九二二年

巴克禮牧師和助手楊士養，在上海編輯督印杜嘉德的《增補廈門音漢
　　英大辭典》，次年春由上海商務印書館出版發行。

一九二三年

六月十三日，北部教會發展中的重要人物吳威廉牧師去逝。

一九二四年

九月二十六日，首次南部臺灣基督長老教會傳教士總會在臺南太平境
　　禮拜堂創立。

一九二五年

日本救世軍傳入臺灣。

巴克禮牧師應美國聖經公會之請並得英國母會外國宣道會同意，擬改
　　譯廈門音羅馬字舊約聖經。一九二七年著手開始，至一九三〇年
　　完成。

加拿大長老會母會發生「聯合風波」，此事對北部長老會的發展影響
　　巨大，大部分的傳教人員因此撤出北部。

日本聖教會（荷里寧斯教會）傳入臺灣。

四月，臺北神學校校長劉忠堅牧師率領學生十一名來臺南神學校就學。

九月十日，南部中會議決：所屬的東部各教會全部交給北部中會培養。

一九二六年

三月，「真耶穌會」傳入臺灣。

九月八日，南部中會第五十七回會議決定將轄內分為高雄、臺南、嘉
　　　義、臺中等四區，並使之成立「區議會」施行分區自治，為試
　　　辦性質。

一九二八年

一月，《臺南教會報》與北部中會所發行之《芥菜子報》合併為《臺
　　　灣教會報》

四月七日，為培養女子傳道人材，臺南女神學開辦。

一九三一年

關於神社參拜問題，臺南教士會決定不許本教會所辦之中學參加。

日本美以美教會傳入臺灣。

三月三日，首屆「南部臺灣基督長老會教會大會」在臺南市東門禮拜
　　　堂成立。

一九三二年

一月一日，《臺灣教會報》與《教會新報》以及《福音報》三報聯
　　　合，稱為《臺灣教會公報》，三月北部中會也決議合刊於《臺
　　　南教會報》的《芥菜子報》仍合刊於《臺灣教會公報》。
　　　「北部新人運動」。

四月，加拿大長老會會母會總議長布羅恩（Rev. W. G. Brown）夫婦來
　　　參加北部教會設教六十周年紀念大典。

一九三四年
四月三十日，癩病醫院樂山園落成同時開院，該院由戴仁壽醫生主持。

一九三五年
三月十四日，臺南中學改組，由日本人擔任新董事長與校長。

一九三六年
四月，臺灣長老會兩會邀請大陸著名布道家宋尚節博士來臺舉行奮興
　　大會。

一九三七年
八月十四日，臺灣的九個基督教團體包括兩長老會與天主教會，應總
　　督府的要求，加入了「北支事變全臺基督教奉仕會」（該會於
　　一九四二年改稱「臺灣基督教奉公團」）。

一九三八年
八月，北部的淡水中學及女學院為日本吞併。

一九三九年
臺灣的四位青年應「東亞傳道會」之勸募前往中國大陸日軍占領地區
　　傳教。
第七日再臨團傳入臺灣。

一九四三年
二月，南北長老會於彰化「創立總會」。

一九四四年
四月二十九日，「日本基督教臺灣教團」宣告成立。

一九四五年
臺灣回歸中國。

二月十三日，臺灣教團組織「臺灣教團戰時挺身隊」。

二月二十八日，「二二八事件」。

一九四六年

高俊明牧師在花蓮縣創立的玉山神學院，培養對象是原住民傳道人。

二月，南部長老會也在臺南東門教會召開大會，選舉楊士養為議長，
　　黃武東為副議長。會上提出盡快和北部大會合併，要求英國長
　　老會派遣宣教士來臺等內容。同年，英國、加拿大長老會均表
　　示將重返臺灣協助長老會宣教。

三月，北部長老會在臺北神學院召開光復後首屆大會，議決更改大會
　　機構，向大陸教會致謝等事宜。

十月，美南浸信會派遣明俊德教士（Miss Olive Bertha Smith）到臺灣。

一九四八年

二月，浸信會吳立樂教士（Miss Lila Florence Watson）代表中華浸信
　　會少年團聯會，從上海到臺灣訪問。

六月，全國浸信會聯會（美南浸信會）派楊美齊牧師到臺考察傳教。
　　中國神召會（China Assemblies of God）的霍賡詩牧師入臺宣教。

一九四九年

基督徒聚會處傳入臺灣。

臺灣基督教聚會處第一個會所成立。

一九五〇年

黃武東、陳溪圳等人提出南北合一基本方案，倡議南北合併隨後，南
　　北長老會分別召開臨時大會，通過了南北合一方案。

一九五一年

三月七日，第一屆臺灣基督教長老會總會召開。

臺灣長老會加入普世教會協會（World Council of Churches, 簡稱
　　W.C.C.），是臺灣基督教會中唯一加入普世教協的教會組織。

一九五二年

美國衛理公會傳教士黃安素和芮理察、富品德等人到臺灣，探討臺灣
　　衛理公會發展的可行性，

一九五三年

元月，由黃安素會督、聶樹德牧師（Edward K.Knettler）、陳維屏牧師
　　在臺北自由之家，舉行開拓工作招待茶會，是為衛理公會在臺
　　之始，隨後陸續來的宣教士有穆謁仁牧師、裴敬恩醫生、樂威
　　廉牧師等人。是年臺北衛理堂正式成立，並分別在臺中、臺南
　　等地開始家庭聚會。

一九五四年

臺灣浸信會聯會成立，並通過憲章。
一九五四年至一九六四年長老會推動的「教會信徒人數倍加運動」成
效顯著。

一九六三年

臺灣首屆衛理公會年議會成立。
江端儀和一群支持她的香港信徒成立了第一個新約教會，並到星馬等
　　地華人地區傳道。

一九六六年至一九七○年

長老會推出一個所謂「新世紀宣教運動方案」。

一九七○年

七月，長老會被迫退出普世教協。

一九七一年

十二月十九日，長老會發表《臺灣基督教會對國是的聲明與建議》。
　　　　這個聲明「宣稱臺灣住民的人權是上帝所賜，臺灣主權屬於臺
　　　　灣全體住民，呼籲臺灣政府採取『德國模式』，以突破難關，
　　　　並舉行中央民意代表全面改選，以利民主團結與國際尊嚴」。

一九七二年

三月，臺灣衛理公會正式宣布為自立教會，這是衛理公會來華一二五
　　　　年後首次實現組織和經濟上的真正獨立。

一九七三年

九月，臺灣宇宙光雜誌社在創設。

一九七五年

十一月十八日，長老會又選擇美國總統福特訪問中國前夕，發表《我
　　　　們的呼籲》，再度強調《國是聲明與建議》的內容，並要求國
　　　　民黨政府推行民主政治。

一九七七年

八月十六日，臺灣長老會在美國國務卿范錫訪問中國前夕，向美國卡
　　　　特政府發表《人權宣言》，要求美國政府尊重臺灣的「人權」，
　　　　公然要求國民黨「政府於此國際情勢危急之際，面對現實，採
　　　　取有效措施，使臺灣成為一個『新而獨立的國家』」

一九七九年

十二月十日，「美麗島事件」爆發。這是長老會和「黨外運動」正式
　　　　合流的開始。
長老會借所謂「世界人權宣言十周年」，舉辦「人權祈禱會」。黨外運
　　　　動分子施明德等人要求參加，並在高雄舉行「人權大會」。

一九八五年

第二十二屆衛理公會年議會決定改會長制為會督制，下設牧職會長及
　　會友會長。

八○年代中期開始

臺灣基督教各派聯合發動了「二○○○年福音運動」，大力傳教。

一九九○年

七月，成立的「中華基督教福音協進會」。

一九九一年

臺灣基督教由七個教派聯合組成的訪問團首次訪大陸，成員包括臺灣
　　長老會、信義會、衛理公會、聖公會、聖教會、門諾會及天主教
　　的代表、聖公會的簡啟聰主教任團長。

一九九一年後

周聯華多次返回祖國大陸訪問，兼任南京愛德基金印刷有限公司董事
會董事。

一九九三年底

周聯華還邀請了汪維藩牧師和《天風》雜誌主編沈承恩訪問臺灣。這
　　是一九四九年後大陸基督教界首次踏足寶島臺灣。

一九九九年

長老會在「由主張透過公投確立臺灣主權」的人士發起「四一○催生
　　公投法絕食行動」。
李登輝推出「兩國論」，長老會極力支持。

二〇〇〇年

一月，長老會在《教會公報》上稱：「七月初世界歸正教會聯盟執委
　　　會在臺北舉行，由臺灣基督長老教會做東。」

七月九日，該聯盟代表由臺灣基督長老教會代表陪同會見李登輝。

附錄二
來臺傳教士英漢名對照表

十七世紀荷蘭駐臺傳教士

英文	漢文譯名	來臺年代	備註
Rev. Georgius Candidius	干治士牧師	1627-1631 1633-1637	兩度來臺
Rev. Robertus Junius	尤紐斯牧師	1629-1641 1641-1643	一六四一年曾回巴達維亞
Rev. Assuerus Hoosgeteyn	何貞士丹牧師	1636-1637	病逝於目加溜灣
Rev. Joannes Lindeborn	甯德本牧師	1636-1639	被解職遣回
Rev. Gerardus Leeuwius	利未士牧師	1637-1639	病逝於熱蘭遮城
Rev. Joannes Schotanus	蘇格搭拿斯牧師	1638-1639	被解職遣回
Rev. Joannes Bavius	巴維斯牧師	1640-1647	病逝於熱蘭遮城
Rev. N.Mirkinius	密克爾紐斯牧師	1641-？	
Rev. Willeam Elberts	耶路巴茲牧師		
Rev. Hans Olhoff	阿勒豪夫		
Rev. Josephus Balbiaen	巴爾比安		
Rev. Carolus Agricola	阿格理哥拉		
Rev. Joot van Bergen	約書得		
Rev. Andreas Merkinius	馬其紐斯		
Rev. Jan	約翰		
Rev. Jan Symonz	西門		
Rev. Jan Michiels	米歇爾斯		

英文	漢文譯名	來臺年代	備註
Rev. Simon Van Breen	范布倫牧師	1643-1647	
Rev. Joannes Happartius	哈約翰牧師	1644-1646	病逝於熱蘭遮城
Rev. Daniel Gravius	哥拉維斯牧師	1647-1651	
Rev. Jacobus Vertrecht	瓦提烈牧師	1647-1651	
Rev. Antonius Hambroek	漢布魯克牧師	1648-1661	被鄭成功所殺
Rev. Gilbertus Happartius	哈帕特牧師	1649-1652 1653-？	一說一六五三年再次來臺後不久病逝（楊彥傑）；一說到一六五六去世（甘為霖）。
Rev. Joannes Cruyf	克魯夫牧師	1649-1662	被鄭成功俘虜，遣回
Rev. Rutger Tesschemaker	特斯徹馬克牧師	1651-？	一說一六五一～一六五三，在臺病逝（楊彥傑）
Rev. Joannes Ludgens	魯德根茲牧師	1651-？	一說在澎湖病逝（楊彥傑）
Rev. Gulielmus Brakel	布克拉爾牧師	1652-？	抵臺後不久病逝（楊彥傑）
Rev. Joannes Backerus	巴克爾斯牧師	1653-？	
Rev. Abrahamus Dapper	達帕爾牧師	1654-？	
Rev. Robertus Sassenitus	薩森尼紐斯牧師	1654-？	
Rev. Marcus Masius	馬修斯牧師	1655-1661	一說鄭成功入臺後逃往日本（楊彥傑）
Rev. Petrus Masch	默斯牧師	1655-1662	被鄭成功所殺
Rev. Joannes Campius	甘庇斯牧師	1655-1662	被鄭成功所殺
Rev. Hermannus Buschof	布索夫牧師	1655-1657	

英文	漢文譯名	來臺年代	備註
Rev. Arnoldus a Winsem	威澤繆斯牧師	1655-1662	被鄭成功所殺
Rev. Joannes de Leonardis	列奧那第斯牧師	1656-1662	一說一六五五～一六六一，被鄭成功俘虜遣回中國（楊彥傑）
Rev. Jacobus Ampzingius	安波金斯牧師	1656-1662	被鄭成功所殺；一說一六五六～一六五七，病逝於二林（楊彥傑）
Gulielmus Vinderus	汶德魯斯牧師	1657-1659	病逝於臺灣
清統治時期英國駐臺傳教士			
Dr. J. L. Maxwell and wife	馬雅各醫生和夫人	馬雅各1865-1871 夫人1883-1884	兩度來臺
Rev. H. Ritchie and wife	李庥牧師和夫人	李庥1867-1879 夫人1867-1884	李庥牧師逝世於臺南府
Dr. M. Dickson and wife	德馬太醫生	1871-1879	
Rev. W. Campbell and wife	甘為霖牧師	1871-1917	
Rev. T. Barelay and wife	巴克禮牧師	1875-1935	逝世於臺南
Rev. D. Smith and wife	施大闢牧師	1876-1882	
Dr. P. Anderson and wife	安彼得醫生	1879-1910	
Rev. W. Thow	涂為霖牧師	1880-1894	逝世於臺南府
Miss. E. Murray	馬姑娘	1880-1883	
Rev. J. Main	買雅各牧師	1882-1884	因病歸國
Rev. W. R. Thompson and wife	佟牧師	1883-1887	
Mr. G. Ede and wife	余饒理牧師	1883-1896	

英文	漢文譯名	來臺年代	備註
Dr. J. Lang	萊約翰醫生	1885-1887	
Miss. A. E. Butler	文安姑娘	1885-1924	
Miss. O. Stuart	朱約安姑娘	1885-1913	
Miss. M. Barnett	萬真珠姑娘	1888-1926	
Dr. G. Russel and wife	盧加敏牧師和夫人	1888-1892	在大社因傷寒送回臺南府途中逝世
Rev. D. Ferguson and wife	宋忠堅牧師和夫人	1889-1921	夫人於一九〇四年病逝於臺南
Dr. W. M. Gairns and wife	金醫生和夫人		一八九三～一八九五
清統治時期加拿大駐臺傳教			
Rev. George Leslie Mackay	馬偕牧師	1872-1901	一八七九年底回國渡假，一八八一年返臺
Rev. James B. Fraser	華雅各醫生	1875-1877	
Rev. Kenneth F. Junor	閔虔益牧師	1878-1882	因病回國休假
Rev. John Jamieson	黎約翰牧師	1883-1891	病逝於淡水
Rev. William Gauld	吳威廉牧師	1892-1923	
日據時期英國駐臺傳教士			
David Landsborough	蘭大衛醫生	1895-1936	
Campbell N. Moody	梅監霧牧師	1895-1931	
A. B. Neilson	廉得烈牧師	1895-1929	
J. Laidlaw Maxwell	馬雅各醫生	1900-1923	
F. R. Johnson	費仁純牧師	1900-1908	
A. E. Daviss	戴美斯牧師	1908-1909	
Hope Moncrieff	何希仁牧師	1909-1915	

英文	漢文譯名	來臺年代	備註
W. E. Montgomery	滿雄才牧師	1909-1950	
Edward Band	萬榮華牧師	1912-1940	
D. P. Jones	曹恩賜牧師	1917-1919	
Percival Cheal	周惠霖醫生	1919-1932	
L. Singleton	沈毅敦牧師	1921-	
Dansey Smith	鍾寶能醫生	1923-1926	
R. H. Munford	文甫道醫生	1925-1933	
E. Bruce Copland	高瑞士牧師	1929-1931	加拿大聯合教會牧師
R. G. P. Welghton	衛清榮牧師	1933-1947	
G. Graham Cumming	甘堯理醫生	1933-1937	
F. G. Healey	希禮智牧師	1934-1941	
日據時期加拿大駐臺傳教士			
Thurlow Fraser	華德羅牧師	1902-1904	
Milton Jack	約美但牧師	1905-1917	
James Y. Ferguson	宋雅各醫生	1905-1921	
Duncan Macleod	劉忠堅牧師	1907-1927 1928-1940 1946-1949	駐南部 駐北部 第二次來臺駐北部
George William Mackay	偕叡廉牧師	1911-約1930	
G. Gushue Taylor	戴仁壽醫生	1911-1918 1923-1940	駐南部 駐北部
A. A. Gray	倪阿倫醫生	1913-1919	
Kenneth W. Dowie	羅虔益牧師	1913-1924	
Kenneth A. Denholm	達虔益醫生	1920-1922 1928-1937	駐北部 駐南部

英文	漢文譯名	來臺年代	備註
Walter George Coates	高華德牧師	1921-1927	
David F. Marshall	馬大辟牧師	1923-1927	
Hugh Macmillan	明有德牧師	1924-	
Flora M. Gauld	吳花密醫生	1924-1927	
Donald Black	陸醫生	1925-1927	
Robert B. Mcclire	羅明達醫生	1927-1930	
John T. Fleming	傅理明牧師	1927-1930	
James I. Dickson	孫雅各牧師	1927-	
J. D. Wilkie	偉彼得牧師	1929-1937	
M. G. Graham	源醫生	1929-1932	
Eugene Stevens	須醫生	1929-1939	
John L. Little	李約翰醫生	1931-1936 1936-1939	駐南部 駐北部
Donald C. Bews	妙道拿醫生	1939-1940	

作者簡介

林金水

　　一九四六年八月出生，福州人。一九六九年到建陽插隊，一九七〇年南平紡織廠工人，一九七五年廈門大學歷史系畢業，一九八一年中國社會科學院研究生院中外關係史碩士研究生畢業。曾任福建師範大學宗教文化研究所所長、歷史系副主任、主任、社會歷史學院院長，教授。專門史、世界史、宗教學碩士研究生導師，專門史博士研究生導師。享受國務院政府特殊貢獻津貼。

　　一九八六至一九八八年比利時魯汶大學中歐研究中心訪問學者、一九八九至一九九〇年美國哈佛大學費正清東亞研究中心訪問學者、二〇一三年臺灣清華大學客座研究員、二〇一五年華中師範大學中國近代史研究所特聘教授。現任福建師大閩臺區域研究中心研究員、中國基督教史研究中心主任、中國明史學會利瑪竇分會名譽會長、福建省文史研究館館員。

本書簡介

　　本書是中國大陸第一部全面系統研究臺灣基督教會歷史與現狀的專著。本書以時間順序為經，以重大事件為緯，在詳實、準確記錄臺灣基督教歷史的同時，也客觀反映兩岸之間的歷史淵源與民族情感，是一部集學術價值和社會價值於一身的論著。

　　本書將基督教在臺灣傳播的歷史劃分為四個時期，並對各個時期

的發展態勢作了扼要的論述。其中荷據時期基督教在臺灣的傳播是中國基督教史上的第一頁，開創了在華辦學傳教的先河。鴉片戰爭後英國和加拿大傳教士以手術刀開創了基督教在臺灣傳播的新紀元，是基督教在臺灣基本絕跡二百年後的復興。這一時期基督教「三自運動」開始展開，教案時有發生。日據時期，基督教在臺傳播轉入低潮。在以上三個時期可以發現，傳教士傳教手段雖時有變化，但均以武力為後盾。現實利益是華人入教的基本考慮，反對外來侵略仍是教案發生的主要原因。一九四五年臺灣光復後，臺灣基督教獲得較大的發展空間，但卻捲入了錯綜複雜的政教紛爭中。

福建師範大學文學院百年學術論叢·第七輯 1702G04

臺灣基督教史

主　　編	林金水	
總 策 畫	鄭家建　李建華	

發 行 人　林慶彰

總 經 理　梁錦興

總 編 輯　張晏瑞

編 輯 所　萬卷樓圖書股份有限公司

　　　　　臺北市羅斯福路二段 41 號 6 樓之 3

　　　　　電話 (02)23216565

　　　　　傳真 (02)23218698

發　　行　萬卷樓圖書股份有限公司

　　　　　臺北市羅斯福路二段 41 號 6 樓之 3

　　　　　電話 (02)23216565

　　　　　傳真 (02)23218698

　　　　　電郵 SERVICE@WANJUAN.COM.TW

香港經銷　香港聯合書刊物流有限公司

　　　　　電話 (852)21502100

　　　　　傳真 (852)23560735

ISBN 978-986-478-807-1

2023 年 1 月初版二刷

定價：新臺幣 680 元

如何購買本書：

1. 劃撥購書，請透過以下郵政劃撥帳號：

　 帳號：15624015

　 戶名：萬卷樓圖書股份有限公司

2. 轉帳購書，請透過以下帳戶

　 合作金庫銀行　古亭分行

　 戶名：萬卷樓圖書股份有限公司

　 帳號：0877717092596

3. 網路購書，請透過萬卷樓網站

　 網址 WWW.WANJUAN.COM.TW

大量購書，請直接聯繫我們，將有專人為

您服務。客服：(02)23216565 分機 610

如有缺頁、破損或裝訂錯誤，請寄回更換

國家圖書館出版品預行編目資料

臺灣基督教史/林金水主編. -- 初版. -- 臺北
市：萬卷樓圖書股份有限公司, 2023.01 印刷
　　面；　公分. -- (福建師範大學文學院百年學
術論叢；第七輯)

ISBN 978-986-478-807-1(平裝)

1.CST: 基督教史　2.CST: 臺灣

248.33　　　　　　　　111022312